Das Verhältnis von Stabilität und Flexibilität auf dem deutschen Arbeitsmarkt

Ina Krause

Das Verhältnis von Stabilität und Flexibilität auf dem deutschen Arbeitsmarkt

Schließungs- und Flexibilisierungsprozesse betrieblicher Beschäftigungsstrukturen

Springer VS

Dr. Ina Krause
Universität Bielefeld
Bielefeld, Deutschland

Dissertation Friedrich-Schiller-Universität Jena, 2011

ISBN 978-3-531-19601-5 ISBN 978-3-531-19602-2 (eBook)
DOI 10.1007/978-3-531-19602-2

Die Deutsche Nationalbibliothek verzeichnet diese Publikation in der Deutschen Nationalbibliografie; detaillierte bibliografische Daten sind im Internet über http://dnb.d-nb.de abrufbar.

Springer VS

Gedruckt auf säurefreiem und chlorfrei gebleichtem Papier

Springer VS ist eine Marke von Springer DE. Springer DE ist Teil der Fachverlagsgruppe Springer Science+Business Media.
www.springer-vs.de

Inhalt

Abbildungs- und Tabellenverzeichnis

Tabellen

Abbildungen

1 Einleitung

1.1 Entstehungshintergrund der Studie

Die vorliegende Studie beschreibt eine empirische Studie, welche als Dissertationsvorhaben im Rahmen des Teilprojektes B2 „Betrieb und Beschäftigung im Wandel“ am Sonderforschungsbereich 580 „Gesellschaftliche Entwicklungen nach dem Systemumbruch. Diskontinuität, Tradition und Strukturbildung“ durchgeführt wurde. Das Forschungsprojekt B2 „Betrieb und Beschäftigung im Wandel wird von der deutschen Forschungsgesellschaft seit dem Jahre 2001 bis Mitte des Jahres 2012 gefördert. Die Leitung des Projektes führen und führten Herr Prof. Dr. Christoph Köhler, Herrn Prof. Dr. Olaf Struck (2001-2010) und Frau Dr. Alexandra Krause (2010-2012).

Der Sonderforschungsbereich 580 ist ein interdisziplinäres Verbundprojekt der Friedrich-Schiller-Universität Jena und der Martin-Luther-Universität Halle-Wittenberg. Ziel der Forschungsvorhaben des Sonderforschungsbereiches 580 ist es, die beobachtbaren Prozesse des gesellschaftlichen Wandels mit dem Fokus auf die besondere Situation Deutschlands seit der deutschen Wiedervereinigung in zahlreichen sich gegenseitig ergänzenden, langfristig angelegten sozialwissenschaftlichen Forschungsprojekten tiefer gehend zu analysieren. Das Teilprojekt B2 „Betrieb und Beschäftigung im Wandel“ ist hierbei im Arbeitsbereich B „Beschäftigung und Arbeitsmarkt“ angesiedelt und fokussiert vor allem darauf, Veränderungen in den Beschäftigungsverhältnissen im internen und externen Segment des deutschen Arbeitsmarktes zu untersuchen und zu erklären.

Die vorliegende empirische Studie knüpft sehr eng an die allgemeine Fragestellung des Forschungsprojektes B2 „Betrieb und Beschäftigung im Wandel" an und beleuchtet diese anhand einer feiner spezifizierten Analyseperspektive. Die empirische Studie war möglich, da die Autorin im Zeitraum der Jahre 2004 bis 2010 wissenschaftliche Mitarbeiterin des Forschungsprojektes war und in dieser Zeit auch intensiver bei den Arbeiten zur Erstellung der empirischen Datenmaterialien sowie an der Auswertung der empirischen Daten mitwirken konnte. Für die sehr intensive Unterstützung bei der Entwicklung und Fertigstellung des Dissertationsvorhabens möchte sich die Autorin bei den drei Projektleitern sowie den weiteren Projektmitarbeitern an dieser Stellen noch einmal ganz herzlich bedanken.

1.2 Fragestellung und Vorgehen

Das konkrete Vorhaben der vorliegenden empirischen Studie besteht darin, die Wandlungsprozesse in der Wirtschaftsstruktur Deutschlands stärker für die Erklärung beobachtbarer Wandlungsprozesse betrieblicher Beschäftigungsstrukturen heranzuziehen. Dabei wird unter den Wandlungsprozessen der Wirtschaftsstruktur Deutschlands die Zunahme der Beschäftigung im Dienstleistungsbereich im Vergleich zur Beschäftigung im Produktionssektor verstanden. Ebenfalls thematisiert wird aber auch die Bedeutungszunahme wissensintensiver und höhere Qualifikation erfordernde Arbeitstätigkeiten.

Die Erklärungsmodelle der Entstehung und Erhaltung betrieblicher Beschäftigungssysteme, wie sie im Rahmen des Forschungsprojektes „Betrieb und Beschäftigung im Wandel" entworfen wurden, sollen in der vorliegenden Studie somit um eine spezifische

Perspektive erweitert werden. Anhand theoretischer Vorüberlegungen wird die Hypothese entwickelt, dass sich in Bezug auf die Entstehung, Durchsetzung und Adaption von beobachtbaren betrieblichen Beschäftigungsstrukturen zwischen den drei Wirtschaftssektoren Produktion, traditionelle Dienstleistungen sowie neue wissensintensive Dienstleistungen sehr unterschiedliche Muster herausbilden, während sich innerhalb der drei Wirtschaftssektoren spezifische Vergleichbarkeiten finden.

Zur Begründung dieser spezifischen empirischen Fragestellung wird auf die sektorentheoretischen Überlegungen von Daniel Bell verwiesen, welche in neuerer Zeit auch Gerald F. Davis (2009a) in seiner Analyse des gesellschaftlichen Wandels in den USA aufgreift (vgl. Kap. 2.3). Die Motivation, die empirische Fragestellung auf die avisierte Weise zuzuspitzen, entwickelte sich in der Auseinandersetzung mit der intensiven Debatte um die Destabilisierung der Beschäftigung auf dem deutschen Arbeitsmarkt (vgl. Kap. 2.2), im Rahmen derer nicht nur die Jenaer Soziologen kontroverse empirische Befunde ins Feld führen.

Den theoretischen Rahmen der vorliegenden Studie bildet aber die Organisationstheorie (vgl. Kap. 3.1). Für die theoretische Begründung der spezifischen empirischen Fragestellung wird dabei zunächst auf die auch dem Projekt „Betrieb und Beschäftigung im Wandel" zu Grunde liegenden konzeptionellen Überlegungen der Denkrichtung des ökonomischen Institutionalismus verwiesen (vgl. Kap. 3.2). Die spezifische Analyseperspektive sowie die zentralen Forschungshypothesen der Studie werden dann allerdings aus den theoretischen Überlegungen abgeleitet, die im Rahmen der Debatte zur Reformierung der Arbeitsmarkttheorie unter Rückgriff auf ältere institutionalistische Theorieansätze im englischsprachigen Raum formuliert und im deutschsprachigen Raum aufgegriffen wurden. (vgl. Kap. 3.3). Hierbei wird die Diskussion über die Bedeutung von Branchenkulturen als Orientierungsrahmen für betriebliche Entscheidungsprozesse aufgegriffen und im Hinblick auf die in der

Studie verfolgte Fragestellung nach der Bedeutung des wirtschaftsstrukturellen Kontextes, in dem betriebliche Organisationen agieren, für die Vereinbarung betrieblicher Beschäftigungsarrangements zugespitzt. Allgemeiner formuliert wird untersucht, inwiefern der Branchenkontext für die Erklärung der Entstehung und Erhaltung betrieblicher Beschäftigungsstrukturen und betrieblicher Beschäftigungssysteme herangezogen werden kann. Diesbezüglich wird deutlich herausgearbeitet, dass im Rahmen der empirischen Untersuchungen ein Mehrebenendesign angestrebt wird, da nur so die avisierte Erweiterung der Analyseperspektive um die Beobachtung von Merkmalen, die den wirtschaftsstrukturellen Kontext betrieblicher Organisationen beschreiben, erreicht werden kann.

In Kapitel 4 wird dann aber nochmals auf die einschlägigen Befunde aus dem DFG-Forschungsprojekt B2 „Betrieb und Beschäftigung im Wandel“ verwiesen, an welche die empirischen Analysen anknüpfen (vgl. Kap. 4.2). Im Rahmen der Diskussion der empirischen Befunde des Forschungsprojektes kann dabei nochmals die Relevanz der feiner spezifizierten empirischen Fragestellung der vorgelegten empirischen Studie aufgezeigt werden (vgl. Kap. 4.3).

Da sich die empirischen Untersuchungen auf die gleiche Datenbasis stützten wie die bisherigen multivariaten Analysen des DFG-Forschungsprojektes (vgl. Kap. 4.2.2), wird zur Begründung des Analysedesigns der Innovationswert der in der Studie angestrebten Analysen herausgearbeitet (vgl. Kap. 4.3). Anknüpfend an die ausführliche Darstellung und Begründung des Analysedesigns, werden weiterhin die den Analysen zugrunde liegenden Forschungsdaten näher vorgestellt (vgl. Kap. 4.4).

In der Zusammenfassung des Kapitels 4 können somit die empirischen Fragestellungen, welche in den Kapiteln 5, 6 und 7 verfolgt werden, differenzierter benannt und in den Bezug zueinander sowie zu der zentralen Forschungsfrage gestellt werden.

In der vorgelegten Studie wird dabei ein Brückenschlag zwischen bekannten Befunden aus der Arbeitsmarktforschung hinsichtlich der Dynamik der sozialen Schließung in einzelnen Segmenten des deutschen Arbeitsmarktes und theoretischen Überlegungen in der neueren ökonomischen Arbeitsmarkttheorie, die stärker die Kontextabhängigkeit der Gültigkeit von Erklärungsmodellen hervorheben, angestrebt.

Dabei wird im Rahmen der Studie die Gültigkeit der entwickelten Forschungshypothese anhand eines mehrdimensionalen empirischen Forschungsdesigns geprüft. Dieses basiert auf den Ergebnissen der in Kapitel 5 näher dargestellten Clusteranalyse. Anhand dieses Verfahrens können unter Rückgriff auf verschiedene Indikatorvariablen der betrieblichen Beschäftigungsstabilität, Betriebstypen in einem Sample von kleineren und mittleren betrieblichen Organisationen identifiziert werden, die sich, bezogen auf das betriebliche Beschäftigungssystem, sehr stark gleichen.

In einem ersten Analyseschritt werden die identifizierten Betriebstypen in Kapitel 5 deskriptiv näher untersucht und beschrieben.

In einem nächsten Schritt wird anknüpfend an die Analyseperspektive des Projektes „Betrieb und Beschäftigung im Wandel" der Blick auf die Entstehung und Erhaltung von Beschäftigungsstrukturen im Kernbereich betrieblicher Beschäftigung (Dimension 1) gerichtet. Es ist das Ziel der empirischen Analysen, welche in Kapitel 6 ausführlicher beschrieben werden, die Entstehung und Erhaltung flexibler (mittelfristig stabiler) Beschäftigungsstrukturen im Kernbereich der Beschäftigung in kleineren und mittleren betrieblichen Organisationen näher zu untersuchen sowie Elemente der Entstehung und Erhaltung langfristig stabiler Beschäftigungsstrukturen zu identifizieren.

In einem weiteren, daran anknüpfenden Analyseschritt werden in Kapitel 7 die Nutzungszusammenhänge atypischer Beschäftigungsformen in kleineren und mittleren betrieblichen Organisationen näher analysiert. Hierdurch wird der Blickwinkel der empirischen Untersuchungen erweitert, indem nicht nur die Beschäftigungsstrukturen im Kernbereich betrieblicher Beschäftigung näher analysiert werden. Im Rahmen der empirischen Analysen in Kapitel 7 ist es möglich, Befunde über die Entstehungsbedingungen betrieblicher Stamm-Rand-Belegschaftsstrukturen (Dimension 2) in kleineren und mittleren betrieblichen Organisationen aufzuzeigen.

Die spezifische Fragestellung der empirischen Studie nach dem Zusammenhang des Wandels der Wirtschaftsstruktur Deutschlands und den Veränderungen in den Beschäftigungsformen und Beschäftigungsverhältnissen auf dem deutschen Arbeitsmarkt wird in beiden empirischen Teilkapiteln 6 und 7 in je spezifischer Weise aufgegriffen. Anhand empirischen Analysen wird untersucht, inwiefern der überbetriebliche Kontext in den die betrieblichen Organisationen eingebunden sind, Rückschlüsse auf die Entstehung von stabilen Kernbelegschaften sowie auf die Nutzung spezifischer Formen atypischer Beschäftigung zulässt. Im Fokus der Betrachtung steht dabei die Frage nach dem Einfluss des wirtschaftsstrukturellen sowie regionalen Kontextes. Darüber hinaus wird in Kapitel 7 diskutiert, unter welchen Kontextbedingungen eine externe Flexibilisierungsstrategie betrieblicher Organisationen für die Beschäftigten sowohl der Rand- als auch der Kernbelegschaften mit höheren Prekarisierungspotenzialen verbunden ist.

Um den wirtschaftsstrukturellen Kontext, unter dem betriebliche Organisationen agieren, stärker in die Analyse einzubeziehen, wird in den Berechnungen des ersten empirischen Teils in Kapital 6 auf das Instrumentarium der Mehrebenenanalyse zurückgegriffen. In Kapitel 7 wird demgegenüber stärker mit der Modellierung von branchenspezifischen Analysemodellen gearbeitet, welche vergleichend gegenübergestellt werden.

Zusammenfassend werden dann die Befunde, die in Kapitel 5 bis 7 detaillierter diskutiert werden, in Kapitel 8 aufeinander bezogen.

In den Schlussfolgerungen, die sich aus der empirischen Studie für die Arbeitsmarkttheorie ableiten lassen, kann nochmals zusammenfassend aufgezeigt werden, dass die Anwendung der theoretisch hergeleiteten Analyseperspektive detailltiefe Befunde liefert, die die bisherigen Erklärungsansätze der Ausdifferenzierung betrieblicher Beschäftigungssysteme systematisch ergänzen (vgl. Kap. 8.3).

Des Weiteren werden aus den Ergebnissen der Studie Schlussfolgerungen für die Debatte um die Destabilisierung der Beschäftigung auf dem deutschen Arbeitsmarkt, wie sie in der empirischen Arbeitsmarkt- und Gesellschaftsforschung geführt wird, gezogen. Konkret wird darauf verwiesen, dass mit dem Wandel der Wirtschaftsstrukturen sich insbesondere Beschäftigungssegmente ausweiten, für die bislang keine hinreichende sozialpolitische Lösung der dauerhaften Integration der Beschäftigten in das deutsche Sozialversicherungssystem beziehungsweise in das deutsche System industrieller Beziehungen entwickelt wurde (vgl. Kap. 8.2).

2 Stand der Forschung

2.1 Identifikation relevanter Forschungsfelder und -befunde

In dieser empirischen Studie soll, wie bereits einleitend aufgezeigt wurde, untersucht werden, inwiefern Wandlungsprozesse der Wirtschaftsstruktur Deutschlands in Zusammenhang mit beobachtbaren Veränderungen auf dem deutschen Arbeitsmarkt, beziehungsweise konkreter mit den Veränderungen in den Beschäftigungsformen und Beschäftigungsbeziehungen, stehen.

Um diese noch sehr allgemeine Fragestellung weiter auszuformulieren, bedarf es zunächst der Darstellung einschlägiger empirischer Forschungsbefunde, welche zum einen die Veränderungen in den Beschäftigungsformen und Beschäftigungsbeziehungen auf dem deutschen Arbeitsmarkt zum Gegenstand haben. Zum anderen ist es gleichfalls nötig, die Ergebnisse des Forschungsfeldes darzustellen, in welchem die Veränderungen in der Wirtschaftsstruktur Deutschlands sowie deren gesellschaftliche Auswirkungen näher beschrieben und analysiert werden.

Nun gibt es bislang kaum eine Studie, die die systematische Verknüpfung der zwei Forschungsfelder in den Mittelpunkt der Analyse rückt. Somit sollen im vorliegenden Kapitel die Befunde zweier, größtenteils nebeneinanderstehender Forschungsfelder diskutiert werden. Zum einen wird die aktuell vor allem von Arbeitsmarkt- und Industriesoziologen intensiver geführte Debatte um die „Destabilisierung der Beschäftigung“ als Ausgangspunkt genommen, um zentrale Befunde der empirischen Arbeitsmarkt- und Mobilitätsforschung zu skizzieren. Die häufig kritisierte Widersprüchlichkeit, der in diesem Forschungsfeld vorgelegten Befunde über die Veränderung von Beschäftigungsformen und Beschäftigungsverhältnissen soll dabei intensiver diskutiert werden. Zum anderen werden ältere Befunde der Debatte um die Auswirkungen struktureller Veränderungen der Wirtschaftsstruktur auf die Gestaltung des gesellschaftlichen Institutionensystems[1] und auf die Strukturen von Arbeitsorganisationen aufgegriffen und im Kontext der These vom „Ende der Organisationsgesellschaft", wie sie in neuerer Zeit von Davis (2009a, b) entworfen wurde, weiter diskutiert.

Im vorliegenden Kapitel kann gezeigt werden, dass in beiden Debatten immer auch die Frage verfolgt wird, welche Veränderungen im deutschen Beschäftigungssystem aktuell stattfinden und wie sich diese auf das gesellschaftliche Institutionen- und politische Regulationssystem auswirken. Bei der Beschreibung gesellschaftlicher Wandlungsprozesse wird dabei im Kern beider Debatten jeweils auf die Beschreibung und Erklärung der Veränderungen von Beschäftigungsformen und Beschäftigungsbeziehungen abgestellt.

Es ist das Ziel der vorliegenden Studie, die in den jeweiligen Forschungsfeldern vorgeschlagenen Erklärungszusammenhänge der Flexibilisierung, aber auch der Stabilität von Beschäftigungsformen und Beschäftigungsbeziehungen systematischer aufeinander zu beziehen. Dies ist nur nach einer genauen Sichtung der Forschungsbefunde und der Identifikation von offenen Forschungsfragen sowie der Einbettung dieser in ein mehrere Ebenen umfassendes Analysedesign möglich. Das vorliegende Kapitel soll somit maßgeblich zur Entwicklung des Analysedesigns der avisierten empirischen Untersuchung beitragen. Anhand der Diskussion vor-

---

[1] Unter dem Begriff des gesellschaftlichen Institutionensystems werden in Anlehnung an den Strukturfunktionalismus das Vorhandensein von formalen Organisationen (Betriebe, Gewerkschaften, politische Organisationen, Gerichtswesen), die das Zusammenleben der Individuen einer Gesellschaft regulieren, sowie die Beziehung dieser Organisationen untereinander, die sich aus der gesetzlich verankerten Grundordnung oder aufgrund der Zuordnung von gesellschaftspolitischen Funktionen durch die handelnden Akteure ergeben, verstanden. (vgl. Esser 1996, S.375ff)

liegender empirischer Befunde kann weiterhin die verfolgte Fragestellung näher begründet und spezifiziert werden.

2.2 Die Debatte um die Destabilisierung von Beschäftigung in der empirischen Arbeitsmarkt- und Mobilitätsforschung

2.2.1 Die Kontroverse

Im letzten Jahrzehnt wurde in der empirischen Arbeitsmarktforschung eine intensive und recht kontroverse Debatte um die Veränderungen der Beschäftigungsbedingungen in der deutschen „Arbeitsgesellschaft" geführt. Deren zentrale Schlagwörter waren die Begriffe „Destabilisierung" und „Flexibilisierung". Im Rahmen dieser Debatte wurde von einem Forschungsstrang der empirischen Arbeitsmarktforschung insbesondere die zunehmende Destabilisierung und Flexibilisierung der Beschäftigungsbeziehungen (Blossfeld et. al. 2006, Sennett 2000) und die damit einhergehende Verunsicherung am Arbeitsmarkt problematisiert. Von einem anderen Forschungsstrang wurden demgegenüber Befunde aufgezeigt, die eher eine Zunahme oder zumindest einen Erhalt der Stabilität von Beschäftigungsbeziehungen auf dem deutschen Arbeitsmarkt belegen (vgl. Mayer et. al. 2010, Erlinghagen/Knuth 2004; Winkelmann/Zimmermann 1998).

Anknüpfend an Bourdieus These der Prekarisierung von Beschäftigung (Bourdieu 1998) wurden vor allem von qualitativ arbeitenden Sozialforschern die Destabilisierungsprozesse in den Beschäftigungsbeziehungen (vgl. Holst et. al. 2010, 2009, Bernhard et. al. 2008; Bultemeier et. al. 2008; Brinkmann et. al. 2006, Voss-Dahm 2005, Voß/Pongratz 1998) sowie die Destabilisierung des Systems industrieller Beziehungen (Streeck 2001, Dörre 2010) und Destabilisierungstendenzen im gesellschaftlichen Verteilungssystem allgemein (Dörre et. al. 2009, Dörre et. al. 2004) analysiert.

Von einigen Vertretern der qualitativen empirischen Arbeitsmarktforschung konnte dabei eine These der neuen Spaltung des deutschen Arbeitsmarktes in Insider- und Outsidergruppen entworfen werden (vgl. Köhler/Krause 2010, 395ff). Dieser „neuen“ Spaltung am Arbeitsmarkt wird ein hohes Maß an gesellschaftlichem Konfliktpotenzial zugesprochen, zu deren Bewältigung bislang keine oder nur unzureichende sozialpolitische Strategien und Praktiken etabliert wurden (Dörre 2009).

Demgegenüber wurden in dem Forschungsstrang der quantitativen Arbeitsmarktforschung Veränderungen auf der Makroebene des Beschäftigungssystems beobachtet. Einerseits wurden hierbei Mobilitätsindikatoren wie die Konzepte Labour- und Jobturnover (vgl. Cramer/Koller 1988) oder Verbleibdauern in Beschäftigung herangezogen (vgl. Mayer et. al. 2010; Giesecke/ Heisig 2010; Buchholz 2008; Erlinghagen 2006, 2005, 2004; Struck et. al. 2007; Struck et. al. 2006; Diewald/Sill 2004; Erlinghagen/Knuth 2004; Winkelmann/Zimmermann 1998). Andererseits wurde durch die Beobachtung der zunehmenden Nutzung „neuer“ Beschäftigungsformen (Wagner 2010; Hohendanner/Gerner 2010; Giesecke 2009, Bellmann et. al. 2009; Keller 2009; Bremer/Seifert 2008; Seifert 2005) der Wandel des deutschen Beschäftigungssystems analysiert.

Die Forschungsanstrengungen in der quantitativen Arbeitsmarktforschung zielten zunächst darauf, die These der Destabilisierung betrieblicher Beschäftigungsbeziehungen auf dem deutschen Arbeitsmarkt weitgehend zu widerlegen. Hierbei wurden zum Teil gegenläufige Befunde aufgezeigt, die sich letztlich aber sehr gut dadurch erklären lassen, dass in den Studien unterschiedliche Indikatoren zur Anwendung kommen (vgl. Mayer et. al. 2010, Giesecke/Heisig 2010). Insgesamt wird aber hinsichtlich der Intensität der Wandlungsprozesse im deutschen Beschäftigungssystem vorsichtiger beziehungsweise differenzierter argumentiert als von den Vertretern der These der neuen Spaltung am Arbeitsmarkt. Allerdings wird etwa ab Mitte der 1990er Jahre in den Befunden der quantitativen Arbeitsmarktforschung auch mehrheitlich ein Trend der zunehmenden Destabilisierung und Flexibilisierung betrieblicher Beschäftigung beobachtet. Bestätigt wird der Befund allerdings nur in der differenzierten Betrachtung einzelner Beschäftigtengruppen (vgl. Diewald/Sill 2004; Struck et. al. 2007; Struck et. al. 2006; Bellmann et. al. 2009, Giesecke/Heisig 2010).

Über den Kreis der Vertreter der empirischen Arbeitsmarktforschung hinaus wurde die Frage nach den fundamentalen Wandlungsprozessen im deutschen Beschäftigungssystem schon länger, etwa seit Anfang der 1980er Jahre intensiv diskutiert. Dabei regten die steigenden Arbeitslosenquoten in der früheren BRD Anfang der 1980er Jahre und ein stetiger Globalisierungsprozess (vgl. Bonß 1999) eine Debatte um die Destabilisierung des Normalarbeitsverhältnisses[2] (vgl. Bosch 1986; Dombois 1999; Voß/Pongratz 1998; Beck 1999; Vobruba 2000; Bosch 2003) und die Neukonstituierung des Normallebensverlaufs[3] (Mayer 1990, Schmid 2002) an. Wobei in dieser Debatte die Destabilisierung der Beschäftigungsverhältnisse, die zunehmende Diskontinuität im Erwerbsverlauf und die Generalisierung des Arbeitslosigkeitsrisikos als zentrale Indikatoren der Beschreibung von Destabilisierungsprozessen auf dem deutschen Arbeitsmarkt verwendet werden (vgl. Mutz et. al. 1995). Um die zentralen Argumente der intensiven Debatte, bezogen auf den Wandel betrieblicher Beschäftigungsformen und betrieblicher Beschäftigungsverhältnisse innerhalb der empirischen Arbeitsmarktforschung, verständlich herzuleiten, wird im Folgenden auch auf einige gesellschaftstheoretische, historisch-vergleichende Ansätze dieser frühen Diskussion verwiesen.

---

[2] Siehe Mückenberger 1985, Kress 1998 zur Definition des Begriffes Normalarbeitsverhältnis.
[3] Siehe Kohli 1985 zur Definition des Begriffs Normallebenslauf.

2.2.2 *Einige Befunde der qualitativen und historisch-vergleichenden Arbeitsmarktforschung*

Bereits Mitte der 1980er Jahre entwirft Ulrich Beck das Konzept der Risikogesellschaft (Beck 1986). Hierbei zeichnet er ein Szenario vom Ende der Arbeitsgesellschaft und dem Übergang in ein „risikoreiches System flexibler, pluraler, dezentraler Unterbeschäftigung“ (Beck 1986, 236).

Dem Konzept von Beck folgt in gewisser Hinsicht der Ansatz von Günter Voß und Hans Pongratz (vgl. Voß/Pongratz 1998), welcher zwar nicht ein Ende der Arbeitsgesellschaft prognostiziert, dennoch aber einschneidende Veränderungen bezüglich der Allokation und Organisation von Arbeit beschreibt:

> „Bisher dominierte bei uns eine Form von Arbeitskraft, die darauf ausgerichtet und dazu ausgebildet war, ihre Arbeitsfähigkeit an einen Betrieb gegen Lohn zu verkaufen und sich dann eher passiv Kontrollanweisungen zu unterwerfen. Nun entsteht jedoch eine regelrechte Umkehrung der Anforderungslogik. Arbeit heißt zukünftig immer weniger die Erfüllung fremdgesetzter Anforderungen bei geringen Gestaltungsspielräumen und fixen Ressourcen. Zunehmend ist fast das genaue Gegenteil verlangt: eine aktive Selbststeuerung im Sinne allgemeiner Unternehmenserfordernisse, die im Detail erst definiert und für die Ressourcen erst beschafft und kostenbewusst gehandhabt werden müssen.“ (Voß 2001, 8)

Dies bedeutet auch, dass sich typische Erwerbsverläufe verändern und die stetige betriebsexterne berufliche Weiterbildung an Bedeutung gewinnt. Ebenso gehören kurze oder längere Phasen von Arbeitslosigkeit zunehmend häufiger in den Erfahrungshorizont aller Beschäftigtengruppen. Günther Schmid spricht sich im Rahmen dieser Debatte für die politische Gestaltung von „Übergangsarbeitsmärkten“ sowie „Übergangsbeschäftigungsarrangements“ aus, um den Flexibilitätsbedürfnissen auf dem Arbeitsmarkt einen entsprechenden Rahmen zu geben (vgl. Schmid 2002).

Klaus Dörre geht noch einen Schritt weiter und beschreibt nicht nur einschneidende Veränderungen im Beschäftigungssystem und der Arbeitsorganisation, sondern im deutschen Akkumulationsregime insgesamt:

> „Neben der fortschreitenden Internationalisierung der Wirtschaft zeichnet sich das neue Regime durch folgende Merkmale aus: Es betont mittels Privatisierung und Deregulierung die Stellung des Marktes in der Gesellschaft. Es vollzieht den Übergang vom Manager- zu einem Aktionärskapitalismus, der die Stellung der Eigentümer bei der Unternehmenskontrolle und damit auch das Interesse am kurzfristigen Gewinn stärkt. Es basiert in hohem Maße auf der Expansion einer „Informational economy“ (Castells 1996) einer Informationswirtschaft, deren Basistechnologie alle anderen Branchen durchdringt. Es verdankt seine Dynamik wissensintensiven Leitsektoren (IT-Branche, Telekommunikation, Bio- und Gentechnologie, neue Werkstoffe, elektronische Medien). Es macht Wissen auf neue Weise zum Rohstoff wirtschaftlicher Leistungsfähigkeit, was eine dramatische Beschleunigung der Innovationsdynamik bedingt. Es treibt die Tertiarisierung der Wirtschaft voran. Es entstrukturiert die Arbeitsverhältnisse; einem schmelzenden Kern stabiler, geschützter Normalarbeitsverhältnisse steht die Expansion verschiedenster Formen flexibler und prekärer Beschäftigung gegenüber. Schließlich transformiert es die gesellschaftlichen Konsumnormen, indem es mittels „innerer Landnahmen“ neue Bedürfnisse weckt.“ (Dörre 2002, 25)

Die im Zitat benannte These der „inneren Landnahmen“ des kapitalistischen Akkumulationsregimes arbeitet Klaus Dörre in neueren Schriften in ein theoretisches Konzept um, was vor allem zum Ziel hat, kapitalistische Dynamiken in der Gegenwartsgesellschaft grundlegend zu kritisieren. Dabei konstatiert er, dass es der gegenwärtigen Gesellschaft an einem funktionierenden Regulierungssystem fehlt. Dieses wäre nötig, um den von Dörre als „finanzmarktkapitalistisch“ bezeichneten Dynamiken im deutschen Beschäftigungssystem Grenzen zu setzen und somit eine Wiederherstellung von Stabilität und Planungssicherheit für die Arbeitnehmer zu befördern und den Prozess der Wiederbelebung „alter neuer“ gesellschaftlicher Spaltungstendenzen aufzuhalten. (vgl. Dörre 2009). Dörre rückt somit, gestützt auf Befunde, die die These der Destabilisierung von Beschäftigungsverhältnissen bestätigen, deren gesellschaftspolitisch relevanten negativen Folgen in den Mittelpunkt der Argumentation und kann somit eine umfassende Kritik der aktuellen politischen Regulierungspraxis entwerfen und begründen.

Der zugespitzten Argumentation von Dörre kann allerdings die Analyse der Wandlungsprozesse am Arbeitsmarkt und in der Arbeitsgesellschaft, welche Georg Vobruba (2000) vorlegt, entgegengestellt werden. Vobruba betont die Besonderheiten der Arbeitsmarktdynamik in Deutschland und die im historischen Vergleich geringe Wahrscheinlichkeit, eine gesamtgesellschaftliche Vollbeschäftigungssituation überhaupt herzustellen. Gleichzeitig diskutiert er aber das gesellschaftliche Konfliktpotenzial, was sich ergibt, wenn an der Vollbeschäftigung als gesellschaftlichem Leitbild für Individuen und Sozialpolitik festgehalten wird (Vobruba 2000).

Zusammenfassend ist festzustellen, dass die sozialwissenschaftliche Debatte der qualitativ und historisch-vergleichend arbeitenden Forschergruppen vor allem darauf abzielt, eine Debatte über eine neue Regulierungspraxis auf dem Arbeitsmarkt in Gang zu setzen. Diese Debatte nimmt dabei den Prozess der zunehmenden sozialen Spaltung der Gesellschaft in „Insider- und Outsidergruppen" in den Fokus und zielt darauf ab, politische Steuerungsmechanismen zu identifizieren, die diesen Prozess umkehren oder zumindest aufhalten können (vgl. auch Lessenich 2009; Rosa 2009). Eine Lösung des Problems, wie eine Regulierungspraxis auf einem flexibilisierten Arbeitsmarkt aussehen kann, ist dabei aber noch nicht in Sicht. Selbst die Frage, inwieweit überhaupt eine Regulierung flexibler Arbeitsmärkte möglich ist, wurde bislang nicht abschließend diskutiert. Die sozialwissenschaftliche „Frontmachung" der Vertreter der These einer zunehmenden „sozialen Spaltung" durch die Destabilisierung von Beschäftigung (Kronauer 2010, Bude 2010, Vogel 2009, Dörre 2005) ist aber ein wichtiger Bestandteil dieser Debatte, und dies verstehen die Vertreter dieser These auch als eine der zentralen Aufgaben einer kritischen Soziologie (Dörre 2009).

2.2.3 Einige Befunde der quantitativen Arbeitsmarktmobilitätsforschung

Innerhalb der Gruppe von Sozialwissenschaftlern, die anhand von quantitativen Analysen repräsentativer Massendatensätze Wandlungsprozesse am deutschen Arbeitsmarkt abbilden, wurde anfangs die These einer zunehmenden Destabilisierung der Beschäftigung auf dem deutschen Arbeitsmarkt sehr stark kritisiert. Die Kritik stützte sich auf empirische Studien, deren Befunde die konzeptionellen Überlegungen beispielsweise von Ulrich Beck 1986 oder Günter Voß und Hans Pongraz 2001 zunächst widerlegen. Dabei wurde im Rahmen dieser Analysen der Blick auf die Dynamik am Arbeitsmarkt gerichtet. Analysiert wurden zunächst nur Indikatoren, die die überbetriebliche Mobilität am Arbeitsmarkt abbilden (Erlinghagen/Knuth 2004, Winkelmann/Zimmermann 1998). Weiterhin wurde die überbetriebliche Mobilität einzelner Beschäftigtengruppen wie etwa Qualifikationsgruppen oder Berufseinstiegskohorten genauer untersucht (Struck et. al. 2007; Erlinghagen 2006). Es wurde außerdem danach differenziert, ob die Mobilität aufstiegsorientiert oder abstiegsgefährdend ist (Erlinghagen 2006). In einigen Analysen konnten darüber hinaus auch innerbetriebliche Mobilitätsprozesse analysiert werden, wodurch die Bedeutung interner Arbeitsmärkte für die Gestaltung von Karriereprozessen auf dem deutschen Arbeitsmarkt gemessen werden konnte (Diewald/Sill 2004, Giesecke/Heisig 2010).

Zeigen beispielsweise Marcel Erlinghagen und Matthias Knuth (2004) sowie Marcel Erlinghagen (2002), dass sich im Zeitraum von 1976 bis 1995 die Beschäftigungsdynamik nicht grundlegend verändert hat, so schauen sie sich die Verweildauer der Beschäftigten im Betrieb in den Daten der IAB-Beschäftigtenstichprobe[4] an

[4] Hierbei handelt es sich um eine 1%-Stichprobe, die aus der Beschäftigtenstatistik der Bundesagentur für Arbeit gezogen und für die Wissenschaft über faktische Anonymisierungsverfahren aufbereitet wird. Der so erstellte Forschungsdatensatz weist eine hohe Repräsentativität bezogen auf die deutsche Erwerbsbevölkerung auf.

und stellen fest, dass die Beschäftigungsverhältnisse eher „dauerhafter“ geworden sind. Sie schlussfolgern aus diesem Befund, dass von einer extern-numerischen Flexibilisierungspraxis der Unternehmen im genannten Zeitraum nicht ausgegangen werden kann (Erlinghagen/Knuth 2004). Zu ähnlichen Ergebnissen kommen Rainer Winkelmann und Klaus F. Zimmermann für einen Zeitraum von 1974 bis 1994 (vgl. Winkelmann/Zimmermann 1998). Weiterhin verweist Marcel Erlinghagen (2005) darauf, dass Schwankungen in Bezug auf die Quote unfreiwilliger Austritte aus Beschäftigungsverhältnissen für den Zeitraum 1983 bis 2002[5] sich im Wesentlichen durch konjunkturelle Schwankungen erklären lassen. Einen eigenständigen Zeiteffekt, der auf die Zunahme von Beschäftigungsunsicherheit hindeuten würde, schließt Erlinghagen hier zunächst aber aus (Erlinghagen 2005).

Neuere und detailgenauere Ergebnisse zeigen jedoch einen seit Mitte der 1990er Jahre, auch in Massendaten aufzufindenden moderaten Destabilisierungstrend der Beschäftigung auf dem deutschen Arbeitsmarkt, welcher sich für einzelne Beschäftigungsgruppen deutlicher beobachten lässt (Diewald/Sill 2004; Erlinghagen 2006; vgl. Struck et al. 2006, 2007).

Marcel Erlinghagen (2006) berichtet anhand des IAB-Regionalfiles[6] zunächst eine Destabilisierung der betrieblichen Beschäftigungsdauer in Westdeutschland, indem er die durchschnittliche Beschäftigungsdauer der Beschäftigten in dem Regionalfile der Jahre 1983/84 mit dem der Jahre 1990/1991 vergleicht. Er zeigt dann aber anhand von multivariaten Analysen, dass die Destabilisierung letztlich einige Beschäftigtengruppen stärker trifft, wie beispielsweise Geringqualifizierte.

---

[5] Marcel Erlinghagen nutzt hierbei die Daten des vom Deutschen Institut für Wirtschaftsforschung erhobenen Sozioökonomischen Panels, die bislang einzige repräsentative Haushaltsbefragung, die eine Beobachtung über einen längeren Zeitraum zulässt und auch aufgrund des Paneldesigns Längsschnittbeobachtungen ermöglicht.

[6] IAB-Regionaldaten ist hierbei die Abkürzung für eine Stichprobe aus der Historikdatei der Bundesagentur für Arbeit, die vom Institut für Arbeitsmarkt und Berufsforschung als regionenbezogener Scientifiv Use-File aufbereitet wurde.

Olaf Struck et. al. (2007) zeigen weiterhin anhand von IAB-Regionaldaten[7], dass die Stabilität der Beschäftigung im Zeitvergleich seit Anfang bis Mitte der 90er Jahre sinkt[8], wobei dies vor allem in den Beschäftigungsgruppen zu beobachten ist, die jeweils fünf Jahre vor der Messung schon länger als vier Jahre im Betrieb beschäftigt waren. Der beobachtbare Destabilisierungstrend ist somit nicht eindeutig für alle Beschäftigtengruppen nachweisbar und zeigt sich beispielsweise auch erst seit dem Jahre 2000 in der Gruppe der „Betriebseinsteiger". Er lässt sich jedoch deutlicher beim Stammpersonal beobachten. Gleichzeitig steigt aber die Wahrscheinlichkeit direkter Betriebswechsel ebenfalls an, und somit können Struck et. al. schlussfolgern, dass die erhöhte Arbeitsplatzmobilität nicht zwangsläufig mit einer höheren Instabilität der Beschäftigung einhergeht, sondern auch eine Veränderung im Arbeitsmarktverhalten der Beschäftigten impliziert.

Sandra Buchholz (2008) schlussfolgert demgegenüber aus ihren Befunden anhand der SOEP-Daten, dass sich im Kohortenvergleich von Berufseinsteigern der Jahre 1994 bis 2001, verglichen mit den Kohorten der Jahre 1984 bis 1989 und sowie 1990 bis 1993 sowohl in West- als auch Ostdeutschland deutliche Destabilisierungstendenzen widerspiegeln. So ist der Einstieg nicht nur generell schwieriger und häufiger mit mehreren Betriebswechseln verbunden, auch streckt sich die Bewährungsphase, die sich durch befristete Beschäftigungsverhältnisse auszeichnet, wesentlich länger hin. Innerhalb dieser Bewährungsphase hat auch das Risiko eines Übergangs in Arbeitslosigkeit zugenommen. Gleichzeitig verweist sie auf eine zunehmende Spaltung der Arbeitsmarktchancen von Berufseinsteigern zugunsten von Hochschulabgängern.

---

[7] Siehe Fußnote 6.

[8] Wobei die Beschäftigungsstabilität hier über den Anteil der Beschäftigten gemessen wurde, die länger als fünf Jahre im Betrieb verbleiben, wobei bei der Darstellung zwischen Beschäftigtengruppen, die schon eine gewisse Dauer im Betrieb beschäftigt sind, differenziert wird. Konkret wird die Überlebensrate für die Gruppen bis zwei Jahre im Betrieb, zwischen zwei bis vier Jahren, zwischen vier bis sechs Jahren, zwischen sechs bis acht Jahren und über acht Jahre im Betrieb beschäftigt ist. Für alle Gruppen sind schrumpfende Anteile zu beobachten.

Martin Diewald und Stephanie Sill (2004) zeigen schließlich im Querschnittvergleich der SOEP-Panelwellen, dass überbetriebliche aufstiegsorientierte Betriebswechsel in Westdeutschland seit Mitte der 1990er Jahre abnehmen, während die überbetriebliche Mobilität insgesamt zunimmt. Darüber hinaus legen sie dar, dass innerbetriebliche Wechsel, die mit einem Karriereabstieg einhergehen, zunehmen, die innerbetriebliche Mobilität aber nahezu konstant bleibt. Johannes Giesecke und Jan Paul Heisig (2010) bestätigen diesen Befund auch in neuerer Zeit, indem sie für den Zeitraum ab 2001 bis 2006 sogar eine Abnahme innerbetrieblicher Wechsel sowohl westdeutscher Männer als auch westdeutscher Frauen im Vergleich zum Zeitraum 1985 bis 2001 nachweisen. Sie beschreiben weiterhin die Abnahme des Anteils karriereorientierter interner Beschäftigungswechsel an allen internen Wechseln für die Gruppe westdeutscher Männer, während sie für die Gruppe westdeutscher Frauen keine Abnahme interner Aufstiegsmobilität beobachten.

Johannes Giesecke und Jan Paul Heisig legen eine detailtiefe Untersuchung der Entwicklung der westdeutschen Arbeitsmarktmobilität für den Zeitraum der Jahre 1985 bis 2006 vor und folgen dabei dem in den ausgewählten Studien nachgezeichneten Trend einer immer stärkeren Spezifizierung der Analyse von Mobilitätsprozessen einzelner Beschäftigtengruppen auf dem deutschen Arbeitsmarkt. Herauszuheben ist bei der Studie von Giesecke und Heisig, dass sie neben den bekannten Differenzierungskriterien von Beschäftigungsgruppen (Qualifikation und Geschlecht) auch die Arbeitsmarkterfahrung als wichtigen Parameter vorschlägt. Weiterhin berücksichtigen Giesecke und Heisig auch die Betriebsgröße und die Branche als wichtige Kontextmerkmale, um die Untersuchungsperspektive von Mobilitätsprozessen auf dem deutschen Arbeitsmarkt weiter zu schärfen. Dabei ist es bemerkenswert, wie ihre zentralen Befunde einige konträre Ergebnisse älterer Studien zusammenführen. Konkret weisen sie auf eine deutliche Veränderung innerbetrieblicher Erwerbsverläufe hin, wobei sich demgegenüber aber keine umfassenden Destabilisierungstendenzen, sondern Indizien für eine Zunahme der Ungleichheit in Bezug auf die Destabilisierung von Beschäftigten zwischen verschiedenen Beschäftigtengruppen zeigen. Giesecke und Heisig (2010) machen nochmals deutlich, dass sie ihre zentralen Befunde nur durch einen tiefengeschärften Blick gut interpretieren können:

> „Neben der Nutzung aktueller Daten und der expliziten Betrachtung innerbetrieblicher Wechsel ergänzt unser Beitrag die bisherigen Studien, indem er die zeitliche Entwicklung der Arbeitsplatzmobilität getrennt für fünf sozio-strukturelle Merkmale analysiert. … Eine genaue Untersuchung der gruppenspezifischen Mobilitätsmuster, …, ist erstens theoretisch relevant, weil sie helfen kann, plausiblere von weniger plausiblen Spielarten der Destandardisierungsthese zu unterscheiden. Die These des Abbaus von internen Arbeitsmärkten etwa lässt besonders starke Destabilisierungstendenzen für die Beschäftigten großer Firmen erwarten. Zweitens ist zu vermuten, dass sich hinter den Befunden einer im Aggregat nur begrenzten Veränderung von Mobilitätsmustern wesentlich deutlichere Veränderungen für einzelne Beschäftigtengruppen verbergen können. Schließlich ist die gruppenbezogene Perspektive auch von sozialpolitischem Interesse, weil sie Aufschluss über Gruppen mit besonderen Arbeitsmarktproblemen und über den Beitrag von Arbeitsmarktprozessen zum Anstieg der Ungleichheit von Löhnen, Einkommen und anderen Erwerbschancen geben kann." (Giesecke/Heisig 2010, 408)

Indem Giesecke und Heisig die Mobilitätsprozesse umfassend und in der Ausdifferenzierung für verschiedene Beschäftigtengruppen untersuchen, können sie zunächst entgegenstehende Befunde belegen und begründen. Beispielsweise bestätigen Giesecke und Heisig den Befund, dass interne Arbeitsmärkte abgebaut werden. Gleichzeitig verweisen sie aber auch darauf, dass die Befunde von Erlinghagen und Knuth (2004), die gegen eine generelle Destabilisierung von Beschäftigung sprechen, nachvollziehbar sind, da sich Destabilisierungstendenzen betrieblicher Beschäftigungsbeziehungen auch in den Befunden von Giesecke und Heisig nicht allgemein, sondern nur für einzelne Gruppen empirisch aufzeigen lassen.

Es ist diese detailgenaue Analyseperspektive, die auch in der vorliegenden empirischen Studie angestrebt wird, um eine differenzierte Analyse der Wandlungsprozesse im deutschen Beschäftigungssystem vorzulegen. Die bisherigen Befunde der Arbeitsmarktmobilitätsforschung sollen hierbei – ähnlich wie bei Giesecke und Heisig – als Ausgangspunkt und Begründung dafür dienen, sich mit den Wandlungsprozessen in verschiedenen betrieblichen Beschäftigungssystemen differenziert auseinanderzusetzen. Allerdings setzt die empirische Analyse in der vorliegenden Studie nicht bei der Beobachtung von Mobilitätsprozessen einzelner Beschäftigtengruppen an, sondern bei der Analyse der Beschäftigungsstrukturen von kleineren und mittleren betrieblichen Organisationen und stellt somit die Veränderungen in den Beschäftigungsstrategien von Betrieben in den Vordergrund der Erklärungsmodelle.

2.2.4 Empirische Befunde neuerer Untersuchungen zur Ausweitung atypischer Beschäftigungsformen

Mit der Diskussion sowie der politischen Umsetzung der sogenannten Hartz-IV-Reformen ist neben der Arbeitsmarktmobilitätsforschung ein anderer Zweig der quantitativen empirischen Arbeitsmarktforschung wieder zu neuem Leben erwacht: die Auseinandersetzung damit, welche Beschäftigungsformen betriebliche Organisationen wählen, um ihren Personalbedarf zu decken, und inwiefern eine Abweichung vom sogenannten Normalbeschäftigungsverhältnis[9] gesellschaftliche oder betriebswirtschaftliche Folgen verursacht. Dabei liegen neuere Befunde sowohl aus der praxisnahen soziologischen Forschung (Dütsch/Struck 2011; Krause 2011; Wagner 2010; Holst et, al. 2010, 2009; Giesecke 2009; Keller 2009; Bremer/Seifert 2008; Voss-Dahm 2005; Bosch 2003) als auch aus der wirtschaftswissenschaftlichen Berichterstattung (Eichenhorst et. al. 2010; Hohendanner 2010; Bellmann et. al. 2009; Crimmann et. al. 2009; Kelleter 2009) vor.

[9] Gemeint ist hier das sozialversicherungspflichtig unbefristete Vollzeitbeschäftigungsverhältnis.

Mit den gesellschaftlichen Auswirkungen einer veränderten Praxis betrieblicher Organisationen im Bereich der Nutzung von Beschäftigungsformen, die vom Konzept des sogenannten Normalarbeitsverhältnisses abweichen, setzen sich beispielsweise Sandra Buchholz (2008), Hartmut Seifert und Wolfram Bremer (2008), Johannes Giesecke (2009) sowie Martin Diewald (2010) auseinander. Im Rahmen dieser empirischen Studien und konzeptionellen Überlegungen wird aufgezeigt, inwiefern sich für einige Beschäftigtengruppen aufgrund einer veränderten betrieblichen Praxis bei der Vereinbarung von Vertragsverhältnissen höhere Arbeitslosigkeitsrisiken oder Prekarisierungspotenziale von bestehenden Beschäftigungsverhältnissen herausbilden.

Im Rahmen dieser neu entfachten Debatte wurde der Begriff „atypische Beschäftigung" auf die Agenda der sozialwissenschaftlichen Forschung gehoben, um den Untersuchungsgegenstand, mit dem man sich intensiver auseinandersetzte, fassbar zu machen. Inzwischen hat das Statistische Bundesamt eine genaue Definition des Begriffes vorgelegt, die nicht ohne Kritik, aber dennoch mit grundsätzlicher Zustimmung aufgenommen wurde. Konkret besagt diese Definition: Allen sogenannten „atypischen Beschäftigungsformen" ist zunächst einmal gemeinsam, dass die vereinbarten Beschäftigungsbedingungen formal von der für den deutschen Arbeitsmarkt typischen Form der Beschäftigung, dem Normalarbeitsverhältnis, abweichen (vgl. Keller 2009). Konkreter bedeutet dies, dass sich atypische Beschäftigung über die Abgrenzung gegenüber dem Normalarbeitsverhältnis anhand der Kriterien 1) Teilzeitbeschäftigung unter 20 Stunden, 2) Befristung des Arbeitsverhältnisses, 3) keine hinreichende Integration in die sozialen Sicherungssysteme oder 4) Nichtidentifikation von Arbeits- und Beschäftigungsverhältnis definiert. Dabei werden insbesondere die Vertragsarrangements befristeter Arbeitsvertrag, Teilzeitbeschäftigungsverhältnis unter 20 Stunden, geringfügige Beschäftigung und Zeitarbeit vom Statistischen Bundesamt als atypische Beschäftigungsformen benannt (vgl. Statistisches Bundesamt 2008).

Neuere Analysen des Institutes für Arbeitsmarkt und Berufsforschung (IAB) weisen auf einen Bedeutungszuwachs atypischer Beschäftigungsformen auf dem deutschen Arbeitsmarkt insbesondere seit Anfang des neuen Jahrtausends hin (Bellmann et. al 2009). Dabei wird deutlich, dass weniger die befristeten oder extern-flexiblen[10] Beschäftigungsformen, wie Leiharbeit und freie Mitarbeit, für einen Rückgang der Beschäftigung im Normalarbeitsverhältnis verantwortlich sind, als vielmehr die Zunahme von Teilzeitbeschäftigungsverhältnissen. Der Trend in Richtung von Teilzeitbeschäftigungsarrangements besteht dabei bereits seit Ende der 1980er Jahre (Bosch 2003). Wird dieser dominante Trend der Zunahme von Teilzeitbeschäftigung einmal ausgeblendet, so sprechen die Entwicklungen der Bestandszahlen in atypischen Beschäftigungsformen wie Befristung oder Leiharbeit eher für einen nur sehr langsamen Wandel der Beschäftigungsformen am deutschen Arbeitsmarkt. Dies zeigt auch die empirische Untersuchung, welche Wagner (2010) publiziert und in welcher bezogen auf die Anzahl aller erwerbsfähigen Personen in Deutschland dargestellt wird, dass der Anteil der Beschäftigten, die in Vollzeit eine befristete Stelle innehaben, als Leiharbeiter arbeiten oder aber selbstständig tätig sind, im Zeitraum 1985 bis 2007 insgesamt nur geringfügig zugenommen hat.

Es gilt als eine der eingängigsten Erklärungen für die zunehmende Nutzung atypischer Beschäftigungsformen (vgl. Bellmann 2009, 361), dass bei deren Nutzung für die Betriebe ein großer Vorteil darin besteht, die Beschäftigten auf die eine oder andere Art längerfristig stärker als im sogenannten Normalarbeitsverhältnis an den unternehmerischen Risiken zu beteiligen. Dies wird erreicht,

---

[10] Unter extern-flexiblen Beschäftigungsformen werden alle Beschäftigungsformen verstanden, bei denen zwischen dem Arbeitnehmer und dem realen Arbeitgeber kein direktes Arbeitsvertragsverhältnis besteht und somit der Beschäftigungsaufbau und -abbau ohne die Berücksichtigung gesetzlicher Kündigungsschutzregeln erfolgen kann (Dütsch/Struck 2011).

indem die Gewährung von Beschäftigungssicherheiten oder die Zahlung von Löhnen flexibler an die wirtschaftliche Situation des Betriebes angepasst werden kann. Es finden sich aber auch andere Erklärungsansätze, wie etwa die Nutzung von Kostenvorteilen, die der Gesetzgeber bewusst als Anreiz setzt, um die Vereinbarung atypischer Beschäftigungsformen, wie beispielsweise Minijobs, zu befördern (vgl. Eichenhorst et. al. 2010) oder aber Veränderungen in der Personalrekrutierungsstrategie, wobei atypische Beschäftigungsformen wie Befristung oder Leiharbeit als Instrumente des Personalscreenings eingesetzt werden (vgl. Dütsch/Struck 2011; Hohendanner/Gerner 2010).

Die Beteiligung der Beschäftigten an unternehmerischen Risiken kann auf unterschiedliche Weise erfolgen, was sich in den verschiedenen Beschäftigungsarrangements, die als atypisch bezeichnet werden, widerspiegelt. Eine Möglichkeit ist die zeitliche Begrenzung der Weiterbeschäftigungssicherheit des Arbeitsverhältnisses. Für risikoaverse Arbeitnehmer bedeutet diese Abweichung vom bisherigen Normalarbeitsverhältnis, dass auch die Lebens- und Karriereplanung mit einer größeren Unsicherheit hinsichtlich der Gewährleistung des Lebensstandards und der Sicherung eines Erwerbseinkommens verbunden ist (vgl. Diewald 2010). Bremer und Seifert (2008) zeigen diesbezüglich, ähnlich wie Buchholz (2008) und auch Giesecke (2009), dass die erhöhte Unsicherheit atypisch Beschäftigter auch eine reale Grundlage hat. Anhand der Daten des sozioökonomischen Panels für den Zeitraum der Jahre 1987 bis 2006 ist ersichtlich, dass insbesondere die atypischen Beschäftigungsformen Leiharbeit und Befristung mit einem höheren Risiko des Überganges in die Arbeitslosigkeit behaftet sind als ein sozialversicherungspflichtiges unbefristetes Beschäftigungsverhältnis.

In anderen atypischen Vertragsarrangements äußert sich die Übertragung von unternehmerischen Risiken vom Arbeitgeber auf die Beschäftigten in Form einer über das Beschäftigungsverhältnis unzureichenden Absicherung gegen soziale Risiken. Dies gilt insbesondere für die Beschäftigungsformen geringfügige Beschäftigung oder auch freie Mitarbeit (vgl. Eichenhorst et. al. 2010), welche in neuerer Zeit auch häufiger als atypische Beschäftigungsform diskutiert wird.

In atypischen Beschäftigungsverhältnissen wird somit das Prinzip der „Selbstverantwortlichkeit", welches im modernen Wohlfahrtsstaat allgemein, vor allem aber in der letzten Dekade, einen neuen Aufschwung erlebt (vgl. Lessenich 2009, 162ff), stärker in den Kontext der Beziehung zwischen Arbeitgeber und Arbeitnehmer hereingezogen. Allerdings muss in diesem Zusammenhang nochmals betont werden, dass allein die Beschäftigung in einem atypischen Vertragsverhältnis nicht zwangsläufig mit einer „prekären" Beschäftigungssituation gleichzusetzen ist. Es gilt deutlich zwischen unterschiedlichen Formen und Nutzungszusammenhängen atypischer Beschäftigung zu unterscheiden, um zu bestimmen, in welchem Maße sich durch dieses Vertragsarrangement, die Beschäftigungs- und Lebenssituation des Arbeitnehmers im Vergleich zum Normalarbeitsverhältnis unsicherer oder auch prekärer darstellt (vgl. Brehmer/Seifert 2008; Eichenhorst et. al. 2010).

Zusammenfassend weist die geschilderte Diskussion darauf hin, dass für ein umfassendes Bild der Veränderungsprozesse im deutschen Beschäftigungssystem auch Wandlungsprozesse im Hinblick auf die Wahl der Beschäftigungsformen berücksichtigt werden müssen. Die ausschließliche Analyse von Mobilitätsraten zwischen verschiedenen Beschäftigungsverhältnissen oder der Verweildauern in internen betrieblichen Arbeitsmarktsegmenten ist spätestens mit der Implementierung des Gesetzespaktes „neue Dienstleistungen am deutschen Arbeitsmarkt" in den Jahren 2001 bis 2004 nicht mehr geeignet, um ein ganzheitliches Bild der sozialen Lage einzelner Beschäftigtengruppen auf dem deutschen Arbeitsmarkt zu zeichnen. Dieser notwendigen Erweiterung einer Analyse der Wandlungsprozesse betrieblicher Beschäftigungssysteme soll in der vorliegenden Studie Rechnung getragen werden.

2.2.5 Schlussfolgerungen aus den Forschungsbefunden der empirischen Arbeitsmarkt- und Mobilitätsforschung im Hinblick auf das Untersuchungsziel der Studie

Wie bei der Diskussion einiger aktueller Befunde aus der empirischen Arbeitsmarkt- und Mobilitätsforschung gezeigt werden konnte, lassen sich trotz verschiedener Indizien, die für die Destabilisierungsthese sprechen, aus den vorgestellten empirischen Studien keine eindeutigen Hinweise herauskristallisieren, in welche Richtung sich die Beschäftigungsbeziehungen auf dem deutschen Arbeitsmarkt in der Gesamtheit entwickeln. Es bleibt die Frage bestehen: Sind oder werden Beschäftigungsverhältnisse allgemein betrachtet tatsächlich instabiler, als sie es noch vor 20 Jahren in Westdeutschland waren? Diese Frage bedarf, wie oben ausführlich dargestellt, einer sehr differenzierten und vielschichtige Prozesse einbeziehenden Analyse, zu welcher auch die vorliegende empirische Studie einen Beitrag leisten will. Festzuhalten ist der letztlich nahezu von allen empirischen Arbeitsmarktforschern geteilte Befund, dass sich auf dem aktuellen Arbeitsmarkt tatsächlich ein Wandel in den Beschäftigungsformen und Beschäftigungsarrangements in Richtung Destabilisierung von Beschäftigung vollzieht. Dieser betrifft aber nicht alle Beschäftigungsgruppen gleichermaßen, und anhand der vorliegenden Befunde wird kein einheitliches Bild der Auswirkungen dieses beobachtbaren Trends gezeichnet.

In der Rückschau der zitierten Studien der empirischen Arbeitsmarktforschung fällt weiterhin auf, dass die Erklärungen für die Wandlungsprozesse in den Beschäftigungsformen und Beschäftigungsverhältnissen bislang noch wenig systematisch erscheinen und gleichfalls sich die Vertreter der verschiedenen Forschungsstränge hinsichtlich der Erklärung beobachtbarer Wandlungsprozesse nur recht wenig aufeinander beziehen. Dabei finden sich einige Erklärungsmomente die immer wiederkehren, wie etwa der Terminus Globalisierung oder technologischer und organisatorischer Wandel. Ein einheitliches Bild kann aber auch hier bislang nicht aufgezeigt werden. Es kann somit beim jetzigen Forschungsstand nur schwerlich das Ziel gesetzt werden, einen umfassenden Erklärungskatalog für beobachtbare Wandlungsprozesse im deutschen Beschäftigungssystem zu entwerfen und somit die Betroffenheit einzelner Beschäftigtengruppen eindeutig nachzuweisen. Dennoch setzt die empirische Fragestellung der vorliegenden Studie an diesem Punkt an. In der angestrebten empirischen Untersuchung soll ein Erklärungsmoment für die Heterogenitäten in den Formen der Beschäftigungsverhältnisse oder Beschäftigungsarrangements stärker herausarbeitet. Konkret wird der Frage nachgegangen, welche Bedeutung der wirtschaftssektorale Kontext, dem betriebliche Organisationen zuzuordnen sind, für die Ausgestaltung der Beschäftigungsarrangements spielt.

Die angestrebten Analysen setzen, wie bereits in Abschnitt 2.2.3 angedeutet, bei der Untersuchung der Beschäftigungs- und Organisationsstrukturen kleinerer und mittlerer betrieblicher Organisationen an, um Erklärungszusammenhänge zu prüfen, die die Aushandlungsprozesse betrieblicher Beschäftigungsarrangements näher beschreiben. Das zentrale Untersuchungsziel besteht dabei allgemein formuliert darin, die These einer generellen Abnahme der Stabilität betrieblicher Beschäftigungsarrangements auf dem deutschen Arbeitsmarkt empirisch zu prüfen. Im Rahmen dieser Analysen soll aber der Mehrdimensionalität des Begriffes „Stabilität betrieblicher Beschäftigungsarrangements" Rechnung getragen werden. Zu berücksichtigen ist die Dimension der zwischenbetrieblichen Mobilität sowie die Dimension der Aushandlung traditioneller oder atypischer Beschäftigungsarrangements.

Die im letzten Abschnitt spezifizierte abhängige Variable „Stabilität der Beschäftigung" wird somit anhand eines mehrdimensionalen Designs untersucht. Eine Clusteranalyse, deren Ergebnisse in Kapitel 5 ausführlicher diskutiert werden, dient dabei der näheren Differenzierung der Dimensionen des avisierten Untersuchungsgegenstandes. In den Kapiteln 6 und 7 sollen dann die empirischen Analysen bezogen auf weitere spezifizierte empirische Forschungsfragen dargestellt werden.

Eine Besonderheit der vorliegenden Studie besteht des Weiteren darin, dass der wirtschaftsstrukturelle beziehungsweise der Branchenkontext[11] in den betriebliche Organisationen eingebunden sind über die Entwicklung einer eigenen Branchenkategorisierung als ein sehr zentrales Erklärungselement für die Aufklärung der Heterogenität betrieblicher Beschäftigungsarrangements herausgehoben wird. Diesem Analysefokus liegen die Überlegungen zu Grunde, dass auch die Kontexte in die betriebliche Organisationen eingebunden sind die Herausbildung betrieblicher Beschäftigungsstrukturen entscheidend prägen und dass diesem Sachverhalt bisher in empirischen Studien aber auch in der Arbeitsmarkttheorie allgemein zu wenig Aufmerksamkeit geschenkt wurde. Im folgenden Abschnitt 2.3 wird zur näheren Begründung dieser Überlegungen auf einige ältere wirtschaftstheoretische Konzepte verwiesen. Es werden die Befunde einer Denkrichtung aufgezeigt, die den Zusammenhang zwischen der Entwicklung der Wirtschaftsstruktur Deutschlands und der Herausbildung eines spezifischen, den Wirtschaftsprozess steuernden Institutionen- und Organisationssystems beleuchten. Dabei wird darauf verwiesen inwiefern diese Überlegungen mit der Ausdifferenzierung unterschiedlicher betrieblicher Beschäftigungssysteme auf der Ebene betrieblicher Organisationen in Zusammenhang stehen. Weiterhin wird die aktuelle Relevanz dieser Denkrichtung anhand der Diskussion der Gesellschaftsanalyse von Gerald F. Davis dargestellt.

Die Darstellungen im folgenden Abschnitt 2.3 dienen im Gesamtkontext der Studie dazu, die empirische Forschungsfrage weiter zu spezifizieren sowie die Formulierung von Forschungshypothesen vorzubereiten.

[11] Die Branchenvariable wird in der vorliegenden Arbeit als zentrale Indikatorvariable der Abbildung des wirtschaftsstrukturellen Kontextes herangezogen.

2.3 Die wirtschaftstheoretische Debatte um die postindustrielle Gesellschaft beziehungsweise das Ende der Organisationsgesellschaft

2.3.1 Der sektorentheoretische Ansatz oder die Wiederbelebung einer fast vergessenen Gesellschaftstheorie

Erste Überlegungen darüber, inwiefern der Wandel einer Gesellschaft von einer auf Industrieproduktion ausgerichteten Arbeitsgesellschaft hin zur postindustriellen Gesellschaft mit einem hohen Beschäftigtenanteil im Dienstleistungssektor fundamentale Veränderungen im gesellschaftlichen Institutionensystem erfordert und hervorruft, legen in den 1950er bis 1970er Jahren die Vertreter der Sektorentheorie, Colin G. Clark (1940), Jean Fourastie (1954) sowie Daniel Bell (1973) vor. Ihre zentrale These besagt, dass sich mit dem Bedeutungswandel von dominanten, den Lebensunterhalt der Bevölkerung sichernden Tätigkeitsfeldern – Feldarbeit, Industrie oder Dienstleistung – auch das gesellschaftliche Leben und somit auch das Institutionensystem einer Gesellschaft wandelt. Dabei ist vor allem die Herausbildung neuer „Beschäftigungsstrukturen" beziehungsweise neuer „Arbeitsorganisationsstrukturen" ausschlaggebend dafür, dass auch eine Anpassung an die Lebensbedingungen der Individuen einer Gesellschaftsformation und somit im gesellschaftlichen Institutionensystem allgemein erfolgt beziehungsweise notwendig wird.

Insbesondere Daniel Bell greift in seinen wirtschaftshistorisch-vergleichenden Analysen auf eine schematische Unterscheidung des Entwicklungsstandes von unterschiedlichen Gesellschaften zurück, die er in Auseinandersetzung mit den Entwicklungsprozessen des Wirtschaftssystems einer Gesellschaft sowie den Lebensstilen von Menschen herausarbeitet (vgl. Bell 1976, 132). Diese schematische Unterscheidung soll im Folgenden aufgegriffen werden, um daran anschließend darzustellen, welche Relevanz Bells

Überlegungen auch heute noch für die Beschreibung des neueren gesellschaftlichen Wandels (Bäthge 2000, Bäthge/Wilkens 2001, Dostal 2001, Davis 2009a,b) sowie den Wandel der Beschäftigungsformen und Beschäftigungsverhältnisse haben.

2.3.2 Daniel Bells Theorie der postindustriellen Gesellschaft

Das Analyseschema der Theorie sozialen Wandels von Bell (1973, 1976) differenziert zwischen unterschiedlichen gesellschaftlichen Formationen und ordnet weiterhin jeder gesellschaftlichen Formation ein Axialprinzip zu. Der Begriff Axialprinzip beschreibt in Bells Theorie die fundamentale Machtressource in einer bestimmten Wirtschafts- und Gesellschaftsformation und soll verdeutlichen, wie sich das individuelle und kollektive wirtschaftliche Handeln auf diese Machtressource ausrichtet (vgl. Bell 1976, 112ff). Das Axialprinzip stellt somit die Referenzkategorie der Optimierungsbestrebungen aller handelnden Akteure im jeweiligen Wirtschaftssystem dar.

Bell unterscheidet entsprechend der Sektorentheorie zwischen einer vorindustriellen, industriellen und nachindustriellen Wirtschafts- und Gesellschaftsformation. In der vorindustriellen Wirtschaftsformation prägen vor allem die mit der Begrenzung von Boden und Ressourcen verbundenen Konflikte die Entscheidungs- und Aushandlungsprozesse zwischen den individuellen und kollektiven Akteuren. In der industriellen Phase verschieben sich die Interessen der Akteure darauf, das Wirtschaftswachstum durch die Kontrolle von Investitionsentscheidungen zu steuern und zu befördern. In der nachindustriellen Wirtschaftsformation steht demgegenüber das Problem der Verhinderung von Informationsdefiziten im Mittelpunkt von Entscheidungs- und Aushandlungsprozessen zwischen den individuellen und kollektiven Akteuren des Wirtschafts- und somit auch des Gesellschaftssystems. Bell bezeichnet dies als die Zentralisierung und Kodifizierung des theoretischen Wissens.

Dabei weist schon Bell (1973) darauf hin, dass sich mit der Verschiebung der Orientierung von wirtschaftswachstumsfördernden Investionsentscheidungen kollektiver wirtschaftlicher Akteure in Richtung der Vermeidung von Informationsdefiziten die Bedeutung der Ballung von Wirtschaftskraft in größeren Organisationseinheiten wie Betrieben oder Unternehmen, die als zentrale Entscheidungsträger des wirtschaftlichen Systems agieren können, zunehmend auflöst. Die Entwicklung einer industriellen zu einer postindustriellen Wirtschafts- und Gesellschaftsformation belegt Bell hierbei durch den Anteil und die Bedeutung der Beschäftigung in den verschiedenen Sektoren: Landwirtschaft, Produktion und Dienstleistungsgesellschaft.

Verortet man die Gedanken von Bell allerdings nicht auf der Ebene eines Gesellschaftsvergleiches, sondern nutzt seine Überlegung für die vergleichende Analyse funktioneller Logiken betrieblicher Organisationen in den verschiedenen Wirtschaftssektoren, so lässt sich argumentieren, dass in den betrieblichen Organisationen des Wirtschaftssektors industrielle Produktion von je her die Optimierung von Transaktionskosten und des Einsatzes der verfügbaren Technik avisiert wird und diese Logik auch auf das Beschäftigungssystem in der betrieblichen Organisation angewandt wurde. Bezogen auf die Aushandlungsprozesse von Beschäftigungsbeziehungen, hieße dies, dass den zentralen Annahmen der „Neuen Institutionenökonomie“, die für die Erklärung von Schließungsprozessen auf dem Arbeitsmarkt herangezogen wurden (vgl. Kapitel 3.1), in den Produktionsbranchen eine sehr hohe Vorhersagekraft zugesprochen werden kann, da beispielsweise die Prämissen der Transaktionskostentheorie eine Langfristorientierung auf die Optimierung von Prozessen und Verfahren zur Einsparung von Investitionskosten ja gerade unterstellen (Näheres vgl. Kap. 3.1).

Bell (1976, 115ff) argumentiert weiterhin, dass die Steuerung über Investitionsentscheidungen und somit die Optimierung von Verfahren und Prozessen nicht die vorrangige Zielstellung in einem Gesellschaftssystem ist, in welchem Dienstleistungstätigkeiten die Wirtschaftsstruktur dominieren. Vielmehr stellt er die Zentralisierung und Kodifizierung des theoretischen Wissens[12] als das axiale Prinzip der Akteure der Dienstleistungsgesellschaft heraus. Somit lässt sich für die Steuerung betrieblicher Prozesse und bezüglich der Personalentscheidungen in betrieblichen Organisationen der Dienstleistungsbranchen vermuten, dass anstatt einer Orientierung auf die langfristige Einsparung von Transaktionskosten dem Ziel der Verhinderung eines Informationsdefizites eine größere Bedeutung zugesprochen wird. Diese Annahme bestätigen auch Bäthge und Wilkens 2001 sowie Dostal 2001 in ihren empirischen Untersuchungen, welche in einem Sammelband dokumentiert sind, in dem die intensive Debatte deutscher Sozialwissenschaftlicher in den 1990er Jahren über die Entwicklung und Ausformung der Dienstleistungsgesellschaft Deutschland zusammengefasst wird.

Daniel Bell (1976, S. 135) verweist außerdem in seiner Gesellschaftsanalyse auf eine weitere Differenzierungslinie zwischen einer frühen und einer späten Phase postindustrieller Gesellschaften, wobei im zeitlichen Verlauf die Kodifizierung von theoretischem Wissen immer mehr an Bedeutung gewinnt. Er betont hierbei nochmals, dass zwischen den unterschiedlichen Dienstleistungssektoren feiner differenziert werden muss. Ältere Dienstleistungstätigkeiten unterscheiden sich von neueren in dem Grad, in dem die Verhinderung von Wissensdefiziten angestrebt wird. Ähnliche Hinweise liefert auch Pohl (1970) in seiner Kritik an der wirtschaftswissenschaftlichen Rezeption der theoretischen Konzepte der Drei-Sektoren-Theorie.

Die gerade skizzierten Überlegungen von Daniel Bell sollen im Rahmen der vorliegenden Studie herangezogen werden, um die

---

[12] Neuere Studien fassen dieses Problem als Wissensmanagement.

Unterscheidung von traditionellen und neuen Dienstleistungstätigkeiten sowie deren Wirkungsweise auf die Ausgestaltung betrieblicher Beschäftigungsstrukturen theoretisch zu begründen. So sind einige Dienstleistungstätigkeiten wie beispielsweise Dienstleistungen im Handel durch eine lange Historie der Institutionalisierung gekennzeichnet. Demgegenüber bilden neue Branchen, wie beispielsweise die Softwarebranche, in denen die Generierung und Kodifizierung von Wissensressourcen entscheidend die Tätigkeitsprofile prägt, die strukturelle Veränderung der Wirtschaft und der Gesellschaft intensiver ab. Diese Unterscheidung verschiedener Wirtschaftssektoren beziehungsweise Branchengruppen wird im empirischen Teil der vorliegenden Studie anhand der Untersuchung von Strukturmerkmalen betrieblicher Organisationen verschiedener Branche weiter konkretisiert.

2.3.3 Gerald F. Davis` These der Auflösung der Organisationsgesellschaft

Die Relevanz der frühen Gesellschaftsanalyse von Daniel Bell (1973) wird in neuerer Zeit durch die Untersuchungen von Gerald F. Davis (2009a,b) über den Strukturwandel moderner Industriegesellschaften bestätigt. Gerald F. Davis greift auf die zentralen Befunde der von Daniel Bell (1973) vorgelegten Gesellschaftsanalyse zurück um seine These vom „Ende der Organisationsgesellschaft" zu belegen.

Davis (2009a, 2009b) schält in seiner Analyse des historischen Wandlungsprozesses des gesellschaftlichen Institutionen- und Organisationssystems der USA in neuerer Zeit eine Kausalkette heraus, die der Erklärung des Bedeutungsverlustes von größeren betrieblichen Organisationen als zentrale Akteure des wirtschaftlichen Institutionensystems dienen soll. Er spitzt dabei seine Argumentationslinie mit der These vom „Ende der Organisationsgesellschaft" zu und will damit vor allem die wachsende Bedeutung von finanzmarktgesteuerten Austauschprozessen für die Konstitution des gesellschaftlichen Institutionensystems betonen. Als zentralen Auslöser des beobachteten gesellschaftlichen Wandlungsprozesses benennt Davis den von Daniel Bell (1973) herausgearbeiteten wirtschaftsstrukturellen Wandelungsprozess der Gesellschaft.

Verkürzt lässt sich die Argumentationslinie von Davis (2009a, b) wie folgt darstellen: Ausgehend von Verschiebungen in der Wirtschaftsstruktur der USA, welche durch den technischen Fortschritt und die zunehmende Wissensintensivität von Arbeitstätigkeiten hervorgerufen werden, verändern sich insbesondere die Interessenslagen der Akteure am Arbeitsmarkt. Die zunehmende Bedeutung von größeren Dienstleistungsunternehmen als Arbeitgeber geht dabei mit einem Abbau von Beschäftigungssicherheiten und Senioritätsregeln einher. Davis hebt hierbei insbesondere das System der betrieblichen Altersvorsorge als zentrales Organisationsmerkmal der industriellen Ära amerikanischer Großunternehmen heraus. Dieses wird zunehmend durch eigenverantwortliche Investitionsentscheidungen (insbesondere zwischen unterschiedlichen Rentenfonds) der Arbeitnehmer abgelöst, was wiederum den entscheidenden Boom des Finanzsektors hervorruft, womit die Auflage immer neuer Investmentfonds und somit letztlich die Intensivierung einer Shareholder-Value-Orientierung von Unternehmen einhergeht, weil sich die Entscheidungen des oberen Managements an den Erwartungen dieser neuen Eigentümergruppe ausrichten. Die zunehmende Ausrichtung der Unternehmen auf betriebswirtschaftliche Kennzahlen wiederum befördert den bereits im Zuge des Tertiarisierungsprozesses angeschobenen Trend von Outsourcing-Entscheidung in größeren Unternehmen sowie die Modularisierung von Produktionsprozessen und Dienstleistungsangeboten. Aufgrund dieses Trends von Outsourcing-Entscheidung und der damit einhergehenden Auflösung traditioneller Beschäftigungsarrangements verringert sich die gesellschaftspolitische Machtposition der betrieblichen Entscheider größerer Organisationen und geht auf das

Netzwerk von Finanzmarktakteuren über. Diese von Davis prognostizierte Entwicklung bildet den Kern seiner These der Auflösung der Organisationsgesellschaft.

Der Gedankengang von Davis lässt sich für die Frage nach den Wandlungsprozessen im Beschäftigungssystem aber auch noch weiter ausführen. Die zunehmende Modularisierung von Produktion und Dienstleistungsangeboten geht vor allem im Produktionssektor mit einer Verkleinerung von Organisationseinheiten einher. Hierdurch wird auch die Form der Arbeitsorganisation umgestellt, was wiederum Auswirkungen auf die Aushandlung von Beschäftigungsarrangements hat. Eine durch Modularisierungsprozesse angeschobene Entwicklung der Diversifizierung der Organisation von Arbeit auch innerhalb eines Unternehmens führt letztlich vermehrt dazu, dass die Gewährleistung von Beschäftigungssicherheiten in den Betrieben für einen größeren Teil der Beschäftigten zurückgebaut wird. Durch die Übertragung der Absicherung gegen soziale Risiken in den Bereich von privaten Investitionsentscheidungen der Arbeitnehmer wird diese Entwicklung weiter befördert, da Arbeitnehmer weniger intensiv eine betriebszentrierte Bindung zur Absicherung gegen sozialen Risiken anstreben und einfordern.

Somit basiert auch Davis` These vom Ende der Organisationsgesellschaft grundsätzlich auf der Annahme der Auflösung traditioneller langfristig stabiler Beschäftigungsbeziehungen. Für die avisierte Fragestellung der vorliegenden Studie ist dabei von Bedeutung, wie er den Prozess der Auflösung traditioneller Beschäftigungsbeziehungen herleitet. Davis stellt deutlich heraus, dass der Wandel in den Tätigkeitsformen, welcher in der vorliegenden Studie mit dem Begriff „wirtschaftsstruktureller Wandel“ benannt wird, zwangsläufig zu einem Wandel in Beschäftigungsformen führen muss. Diese Gesellschaftsanalyse belegt Davis für die USA auch mit empirischen Fakten und prognostiziert anhand derer die weitere Zunahme der sozialpolitischen Bedeutung des US-amerikanischen Finanzmarktsektors. Offen ist, ob sich die von Davis formulierte Prognose auch auf andere westliche Gesellschafts- und Beschäftigungssystem übertragen lässt. Dieser Frage soll in der vorliegenden Studie intensiver nachgegangen werden.

2.3.4 Schlussfolgerungen aus der wirtschaftstheoretischen Debatte um die Entstehung der postindustriellen und das Ende der Organisationsgesellschaft

Die zentrale These von Bell (1973) als auch von Davis (2009) ist, dass sich, ausgelöst durch Verschiebungen in der Wirtschaftsstruktur, die westlichen Gesellschaften, insbesondere die USA sehr stark wandeln. Davis beschreibt diesen Prozess anhand beobachtbarer gesellschaftlicher Entwicklung in den USA in jüngerer Zeit und prognostiziert eine wachsende sozialpolitische Bedeutung des Finanzmarktsektors und eine sinkende sozialpolitische Bedeutung größerer Arbeitsorganisationen. Dabei stellt Davis zur Begründung seiner Gesellschaftsanalyse sehr stark auf den gerade stattfindenden fundamentalen Wandel der betrieblichen Beschäftigungsarrangements ab.

Gerald F. Davis (2009a,b) behauptet für den US-amerikanischen Arbeitsmarkt, dass größere Dienstleistungsunternehmen größere Produktionsunternehmen als wichtigste Arbeitgeber ablösen und dass gerade diese Situation dazu führt, dass die Orientierung an langfristig stabilen Beschäftigungsarrangements zunehmend weniger Akzeptanz und Durchsetzung findet. Er belegt diesen Trend anhand von deskriptiven Statistiken und Vergleichstabellen (siehe Davis 2009b). Die zentrale Behauptung die sowohl Davis als auch Bells Gesellschaftsanalyse unterliegt ist, dass sich in den verschiedenen Tätigkeitssegmenten: Produktionssektor, traditioneller Dienstleistungssektor und moderner beziehungsweise wissensintensiver Dienstleistungssektor jeweils andere Formen von Beschäftigungsarrangements beziehungsweise Beschäftigungsbeziehungen ausgehandelt werden, da die beiden Vertragsparteien in den drei verschieden Tätigkeitssegmenten sich an jeweils spezifischen Effizienzkriterien orientieren. Hierbei werden stabile betriebliche Beschäftigungsbeziehungen, die durch Senioritätsregeln gesichert werden, vor allem als ein wesentlichen Funktionsmerkmal des traditionellen Produktionssektor betrachtet.

In der vorliegenden Studie soll somit hinterfragt werden, inwiefern der Befund von Davis – der Auflösung stabiler Beschäftigungsbeziehungen ausgelöst durch den Strukturwandel der Wirtschaft – auch auf die deutsche Realität übertragbar ist.

Vergleichbare deskriptive Statistiken zur Beschreibung des Strukturwandels in den USA und Deutschland zeigen, dass der strukturelle Wandel in Deutschland weniger weit fortgeschritten ist wie in den USA. Hierzu können die Befunde des Forschungsprojektes „Dienstleistungsbeschäftigung im 21ten Jahrhundert" herangezogen werden, in dessen Rahmen, Anfang des neuen Jahrtausends in sehr umfangreichen Maße empirische Belege für den strukturellen Wandel der deutschen Wirtschaft und des deutschen Beschäftigungssystems vorgelegt wurden (vgl. Bäthge/Wilkens 2001). Die Befunde des Projektes zeigten, dass seit dem Jahre 1990 zwar eine deutliche Schrumpfung der Beschäftigung im Produktionssektor empirisch nachweisbar ist, diese Schrumpfungsprozesse aber nicht mit dem wirtschaftsstrukturellen Wandel, den Davis für die USA aufzeigt vergleichbar, sind.

Davis berichtet für die USA einen Anteil der Beschäftigten im Produktionssektor (ohne Baugewerbe), bezogen auf alle nicht in der Landwirtschaft tätigen Beschäftigten, von neun Prozentpunkten im Jahr 2009. In Deutschland beträgt der Anteil der Beschäftigten im Produktionssektor (ohne Baugewerbe) an allen nicht in der Landwirtschaft tätigen Beschäftigten im III Quartal des Jahres 2009 demgegenüber aber immer noch 19,6%[13].

---

[13] Quelle: Homepage des Statistischen Bundesamtes: http://www.destatis.de/jetspeed/portal/cms/Sites /destatis/Internet/DE-/Content/Statistiken/Zeitreihen/WirtschaftAktuell/Volkswirtschaftliche Gesamtrechnungen/Content100/vgr010a,templateId=renderPrint.psml; Basiszahlen aus Tabelle Erwerbstätige im Inland nach Wirtschaftsbereichen Durchschnitt in 1 000, aktualisiert am 14. Febru-

Weiterhin zeigt sich in neueren detaillierteren Auswertungen, wie sie etwa Döhrn et. al. (2008) vom rheinisch-westfälischen Institut für Wirtschaftsforschung vorlegen, dass im Jahre 2006 nur 16,3% der Beschäftigten in größeren Dienstleistungsbetrieben mit einer Beschäftigtenzahl von über 500 Beschäftigen arbeitet, während im Produktionssektor noch mehr als ein Drittel der Beschäftigten – genau genommen 34,3% der Beschäftigten – in größeren Produktionsbetrieben tätig ist (vgl. Tabelle 1).

ar 2011; Basiszahlen in 1000: Summe Erwerbstätige ohne Landwirtschaft: 39 453; Erwerbstätige in Produktionsbereich (ohne Baugewerbe): 7746.

Anzahl der Betriebe und der Beschäftigten nach Beschäftigungsgrößenklassen
2006; in %

WZ 2003	Wirtschaftszweige	Anteil an den Betrieben			Anteil an den Beschäftigten		
		unter 50 Besch.	50 bis 500 Besch.	über 500 Besch.	unter 50 Besch.	50 bis 500 Besch.	über 500 Besch.
A – O	Wirtschaftszweige, Insgesamt	95,8	3,9	0,2	41,2	37,6	21,2
darunter:							
D	Verarbeitendes Gewerbe	89,9	9,3	0,8	23,9	41,5	34,6
G – O	Dienstleistungen, insgesamt	96,6	3,2	0,2	47,4	36,4	16,3
darunter:							
G	Handel; Instandhaltung und Reparatur von Kfz und Gebrauchsgütern	97,1	2,8	0,1	60,1	34,0	5,9
H	Gastgewerbe	98,9	1,1	0,0	77,6	20,4	1,9
I	Verkehr und Nachrichtenübermittlung	94,8	4,9	0,3	42,6	38,6	18,8
60	Landverkehr; Transport in Rohrfernleitungen	97,0	2,8	0,2	50,6	29,1	20,3
61	Schifffahrt	95,3	4,5	0,2	40,2	40,9	18,9
62	Luftfahrt	82,0	15,5	2,5	10,2	38,1	51,6
63	Hilfs- und Nebentätigkeiten für den Verkehr; Verkehrsvermittlung	93,1	6,7	0,2	41,0	44,4	14,6
64	Nachrichtenübermittlung	92,8	6,6	0,6	36,1	41,2	22,6
J	Kredit- und Versicherungsgewerbe	93,5	5,9	0,6	22,8	40,8	36,4
K	Grundstücks-, Wohnungswesen, Vermietung beweglicher Sachen usw.	96,4	3,5	0,1	45,9	41,9	12,2
70	Grundstücks- und Wohnungswesen	98,8	1,2	0,0	66,5	28,8	4,7
71	Vermietung beweglicher Sachen ohne Bedienungspersonal	98,1	1,9	0,0	68,5	28,7	2,9
72	Datenverarbeitung und Datenbanken	95,2	4,6	0,2	41,3	39,8	18,9
73	Forschung und Entwicklung	86,8	12,1	1,1	19,4	45,6	35,1
74	Erbringung von Dienstleistungen überwiegend für Unternehmen	96,1	3,8	0,1	45,7	43,5	10,8
M	Erziehung und Unterricht	94,4	5,3	0,3	40,6	33,3	26,1
N	Gesundheits-, Veterinär- und Sozialwesen	95,3	4,4	0,4	35,4	36,7	28,0
O	Erbringung sonstiger öffentlicher und persönlicher Dienstleistungen	97,6	2,3	0,1	51,8	35,2	13,0
90	Abwasser-, Abfallbeseitigung und sonstiger Entsorgung	89,3	10,3	0,4	33,2	47,3	19,5
91	Interessenvertretungen, kirchliche und sonstige Vereinigungen	96,7	3,2	0,1	47,3	40,0	12,7
92	Kultur, Sport und Unterhaltung	97,2	2,6	0,2	43,5	36,4	20,2
93	Erbringung von sonstigen Dienstleistungen	99,1	0,8	0,0	78,1	20,0	1,9
P	Private Haushalte	99,9	0,1	0,0	94,4	5,6	0,0

Tabelle 1: Anzahl der Betriebe und der Beschäftigten nach Beschäftigtengrößenklassen und Wirtschaftszweigen im Jahr 2006 (Quelle: Döhrn et. al. 2008)

Diese Befunde verweisen darauf, dass auf dem deutschen Arbeitsmarkt größere betriebliche Organisationen des Produktionssektors noch eine bedeutendere Rolle spielen als in anderen westlichen Staaten wie beispielsweise in den USA. Es ist zu unterstellen, dass die immer noch sehr bedeutende Präsenz von größeren Produktionsunternehmen als wichtige Arbeitgeber eine strukturerhaltende

Funktion für betriebsinterne Arbeitsmarktsegmente sowie für die Orientierung deutscher Arbeitgeber und Arbeitnehmer am Konzept des Normalarbeitsverhältnisses aufweist (vgl. Bäthge 2001, 37ff).

Die Gesellschaftsanalyse von Davis dient in der vorliegenden Studie somit als mögliches Zukunftsszenario, wenngleich dieses anhand der aktuellen Fakten für den deutschen Arbeitsmarkt noch verhältnismäßig unrealistisch erscheint. Vor dem Hintergrund des von Davis skizzierten Szenarios ist es aber sehr gut möglich, die Besonderheiten der Entwicklung der Beschäftigungsstrukturen auf dem deutschen Arbeitsmarkt herauszuarbeiten.

Das von Bell bereits 1973 entworfene Analyseschema hilft darüber hinaus, die Auslöser des Wandels der Beschäftigungsstrukturen, welche mit dem Wandel der Wirtschaftsstruktur einhergehen empirisch fassbar zu machen. Betont werden muss die mit einem „Wirtschaftssystem" verbundene Funktionslogik, für die unterstellt wird, dass sie die Aushandlung von Beschäftigungsarrangement sehr stark prägt. Für betriebliche Organisationen des Produktionsbereiches wird eine stärkere Orientierung an dem strategischen Ziel der Vermeidung von Transaktionskosten unterstellt, während vor allem für betriebliche Organisationen des wissensintensiven Dienstleistungssektors als strategisches Ziel die Vermeidung von Informationsdefiziten herausgestellt wird. Hierdurch ergeben sich vom Kontext abhängige Forschungshypothesen über den Zusammenhang von beobachtbaren betrieblichen Strukturmerkmalen und Merkmalen der betrieblichen Beschäftigungsstruktur. Diese sollen im folgenden Kapitel in Zusammenhang mit der Darstellung verschiedener theoretischer Denkrichtungen in der Organisationsforschung weiter herausgearbeitet werden.

2.4 Erste Überlegungen zur Entwicklung des Analysedesigns

Die Großthese vom Ende der Organisationsgesellschaft, welche Davis (2009) unter Verweis auf den Bedeutungszuwachs finanzmarktgesteuerter Transaktionen im täglichen Leben der Bürger postindustrieller Gesellschaften sowie im Wirtschaftssystem allgemein herausarbeitet, hat Parallelen zur These einer neuen Spaltung am Arbeitsmarkt in Insider- und Outsidergruppen beziehungsweise zur These der neuen Landnahme des kapitalistischen Akkumulationssystems, wie sie Klaus Dörre (2009) herausarbeitet. In beiden Debatten werden der Bedeutungsverlust betriebszentrierter Bindungen in den Beschäftigungsbeziehungen und die damit einhergehenden Veränderungen der Einbindung verschiedener Arbeitnehmergruppen in das gesellschaftlich durchgesetzte System sozialer Sicherung betont. Wobei beide Thesen darauf abzielen, die wachsende Bedeutung von finanzmarktgesteuerten Austauschprozessen zwischen den Individuen und Institutionen innerhalb des Gesellschaftssystems herauszuarbeiten und kritisch zu hinterfragen.

Beide Großthesen implizieren, dass sich ein fundamentaler Wandel der betrieblichen Beschäftigungsarrangements in allen Beschäftigungssegmenten des deutschen Arbeitsmarktes vollzieht. In der vorliegenden Studie soll im Rahmen einer umfassenden und differenzierten empirischen Analyse betrieblicher Beschäftigungsstrukturen in unterschiedlichen Segmenten des deutschen Arbeitsmarktes demgegenüber gezeigt werden, dass es gerade auf dem deutschen Arbeitsmarkt noch sehr starke, strukturerhaltende Elemente gibt, die einen allumfassenden Wandlungsprozess der Beschäftigungsarrangements und Beschäftigungsbeziehungen bremsen.

In der Studie wird zur Identifikation von strukturerhaltenden Elementen stabiler betrieblicher Beschäftigungsbeziehungen dem wirtschaftsstrukturellen Kontext, in den betriebliche Organisationen eingebunden sind, ein hoher Erklärungsbeitrag zugesprochen.

Aus diesem Grund wird ein Analysedesign angestrebt, welches nicht nur die Unterschiede in den Beschäftigungsstrukturen von betrieblichen Organisationen mit voneinander verschiedenen betrieblichen Merkmalen beleuchtet. Anhand einer mehrere Ebenen umfassenden Modellierung von multivariaten Analysemodellen beziehungsweise anhand der Spezifizierung von Branchenmodellen sollen Heterogenitäten in den Beschäftigungsstrukturen zwischen Gruppen von klein- und mittleren betrieblichen Organisationen verschiedener Branchen sowie Homogenitäten innerhalb von Branchengruppen herausgestellt und näher untersucht werden.

Im Rahmen dieser Analysen können dann auch Interaktionseffekte von betrieblichen Merkmalen, die bisher für die Erklärung der Entstehung und Erhaltung stabiler betrieblicher Beschäftigungssysteme herangezogen wurden und den Indikatoren die den wirtschaftsstrukturellen und regionalen Kontext abbilden, geprüft werden. Hierbei lassen sich Hypothesen konkretisieren und prüfen, die auf den Zusammenhang zwischen dem wirtschaftsstrukturellen Wandel und dem Wandel in den Beschäftigungsformen und Beschäftigungsbeziehungen abzielen.

Um aber zunächst die in der Arbeitsmarktforschung sowie Organisationsforschung bekannten Zusammenhänge von betrieblichen Strukturmerkmalen und Merkmalen der betrieblichen Beschäftigungsstruktur darzustellen, soll im folgenden Kapitel 3 ein Überblick über die verschiedenen theoretischen Ansätze der institutionalistischen Arbeitsmarkttheorie, beziehungsweise allgemeiner der Organisationstheorie gegeben werden. In Anknüpfung an diesen Überblick wird dann, die in der Studie angestrebte Analyseperspektive nochmals theoriegeleitet begründet. Aufbauend auf die Darstellungen des folgenden Kapitels können in Kapitel 4 die empirischen Forschungsfragen sowie die Forschungshypothesen weiter konkretisiert und in den Analyserahmen der angestrebten empirischen Untersuchung eingeordnet werden.

3 Theoretische Verortung der Studie

3.1 Formulierung einer organisationssoziologischen Fragestellung

Diese empirische Studie dient, wie bereits in Kapitel 2 ausführlicher dargestellt, der näheren Untersuchung der Ausdifferenzierungsprozesse verschiedener betrieblicher Beschäftigungsstrukturen bzw. betrieblicher Beschäftigungssysteme auf dem deutschen Arbeitsmarkt, die durch den wirtschaftsstrukturellen Wandel hervorgerufen werden und welche mit einer Verschiebung der gesellschaftlichen Teilhabechancen unterschiedlicher sozialer Gruppen einhergehen sowie diese erklären helfen. Analysiert werden sollen die betrieblichen Beschäftigungs- und Arbeitsorganisationsstrukturen kleinerer und mittlerer betrieblicher Organisationen, die auf dem deutschen Arbeitsmarkt agieren. Es werden somit auf der Mesoebene betrieblicher Organisationen empirische Analysen durchgeführt, anhand deren Ergebnissen auch Rückschlüsse für die gesellschaftlichen Teilhabechancen verschiedener Beschäftigtengruppen gezogen werden können.

Für die weitere Konkretisierung der empirischen Fragestellungen sowie für die weitere Begründung des angestrebten empirischen Forschungsdesigns sollen dabei konzeptionelle Überlegungen aus der Organisationstheorie herangezogen werden. Die Darstellung in diesem Kapitel dienen somit der Vermittlung und Anwendung organisationstheoretischer Überlegungen, die helfen sollen, die in Kapitel 2 bereits dargestellten Forschungsbefunde besser einzuordnen und im Hinblick auf die verfolgte Forschungsfrage weiter zu interpretieren und zu hinterfragen.

Um die Anwendung der theoretischen Konzepte der Organisationsforschung auf die in der Studie spezifizierten Fragestellungen der empirischen Arbeitsmarktforschung herleiten zu können, ist es aber zum Einstieg in die weitere Diskussion konzeptioneller Ideen nötig, das Begriffspaar „betriebliche Beschäftigungssysteme" einzuführen. Hierfür wird auf den Entstehungszusammenhang dieses Begriffspaares verwiesen (vgl. Abschnitt 3.1). Anhand der Definition dieses Begriffspaares kann der Untersuchungsgegenstand der Studie nochmals genauer spezifiziert werden.

Daran anschließend werden im vorliegenden Kapitel zunächst die theoretischen Überlegungen der Denkrichtung des ökonomischen Institutionalismus (vgl. Ebers/Gotsch 2006) skizziert, um aus diesen allgemeineren Konzepten Erklärungshypothesen über die Entstehung und Erhaltung stabiler oder flexibler Beschäftigungsstrukturen beziehungsweise Beschäftigungssysteme abzuleiten. Hierbei soll auf die Annahmen der sogenannten „Neuen Institutionenökonomie" hingewiesen werden. Die verschiedenen Strömungen des Theorieansatzes des ökonomischen Institutionalismus werden somit im vorliegenden Kapitel in Abschnitt 3.2 ausführlicher beschrieben und im Hinblick auf die Anwendung auf die avisierten Erklärungs- und Begründungszusammenhänge der vorliegenden Studie weiter diskutiert. Es kann gezeigt werden, dass in der Arbeitsmarkttheorie bereits wichtige Hinweise für die Erklärung von Schließungsprozessen innerhalb betrieblicher Organisationen erarbeitet und teilweise empirisch geprüft wurden.

Anknüpfend an die Darstellung der theoretischen Überlegungen und Befunde der Denkrichtung des ökonomischen Institutionalismus, soll im Teilkapitel 3.3 für die Konkretisierung der empirischen Fragestellung und des Analysedesigns dieser Studie allerdings eine Erweiterung der bis dato diskutierten Analyseperspektive vorgeschlagen werden. Diese Erweiterung kann aus der Auseinandersetzung mit neueren Überlegungen in der wissenschaftlichen Debatte zur Weiterentwicklung der Organisationstheorie abgeleitet werden. Im Rahmen dieser Debatte wird eine Wiederbelebung soziologischer Denktraditionen wie etwa die Betonung der Einbettung betrieblicher Organisationen in soziale Zusammenhänge eingefordert. Die Ideen der „neueren“ institutionalistisch geprägten Denklinie innerhalb der Arbeitsmarktforschung finden ausgehend vom angloamerikanischen Raum (vgl. DiMaggio/Powell 1983, Clegg/Loundsbury 2009; Osterman 2009) zunehmend auch Eingang in die Fachdiskussion im deutschsprachigen Raum (Allmendinger/Hinz 2001; Süss 2008). Besonders hervorzuheben ist hierbei die in der siebten Auflage des „Socio-Economic Review“ des Jahres 2009 dokumentierte Diskussion, welche auf der Jahrestagung der „Society for the Advancement of Socio-Economics“ (SASE) im Jahre 2008 über die Weiterentwicklung eines institutionenökonomischen Ansatzes in der Arbeitsmarkttheorie stattfand.

Im Rahmen der „SASE-Tagung“ 2008 verwies Osterman darauf, dass in den aktuellen Studien und Diskussionen der Vertreter der „New Personel Economics“ (NPE) die Frageperspektive zu stark auf die Analyse der Auswirkungen strategischer Personalentscheidungen verkürzt wurde, wobei diese Frageperspektive kaum taugt, um eine realitätsgetreue Erklärung von Schließungsprozessen innerhalb betrieblicher Organisationen oder eine Erklärung für die Entstehung und Verbreitung neuer Personalmanagementkonzepte vorzulegen. Einige Aspekte der von Osterman vorgeschlagenen Reformierung des Theorieansatzes soll in Abschnitt 3.3 aufgegriffen und für die weitere Begründung der in der vorliegenden Studie angestrebten Analyseperspektive herangezogen werden.

Konkreter wird auf die Bedeutung des wirtschaftsstrukturellen Kontextes, in den betriebliche Organisationen eingebettet sind, verwiesen. Im Rahmen dieser Analyse wird auch auf den von Kohlsdorf (2008) vorgeschlagenen Begriff der Branchenkultur sowie auf die von ihm vorgeschlagene Definition des Begriffes zurückgegriffen, um die avisierte Erweiterung der Analyseperspektive zu begründen.

Das Kapitel endet mit einer Zusammenfassung der theoretischen Annahmen und der weiteren Konkretisierung des Analysedesigns der empirischen Untersuchung.

3.2 Die Konzepte des ökonomischen Institutionalismus als Ausgangspunkt der Erklärung sozialer Schließungsprozesse am Arbeitsmarkt

3.2.1 Das Konzept „betrieblicher Beschäftigungssysteme" in der Arbeitsmarkt- und Organisationsforschung

Die Arbeitsmarktforschung beschäftigt sich seit Längerem damit, soziale Schließungsprozesse am Arbeitsmarkt adäquat erklären zu können. Im Rahmen dieser Forschung wurden unterschiedliche theoretische Konzepte und Begriffsdefinitionen wie das Konzept der Arbeitsmarktsegmentation (Döringer/Piroe 1971, Lutz/Sengenberger 1974) oder das Begriffspaar „interne Arbeitsmärkte" (Marsden 1982, Alewell 1993) vorgeschlagen, um Schließungsprozesse auf dem deutschen Arbeitsmarkt sichtbar zu machen.

In der Debatte um Flexibilisierungsprozesse auf dem deutschen Arbeitsmarkt wird häufiger von der Auflösung interner Arbeitsmärkte oder traditioneller Beschäftigungssegmente wie etwa dem „Beschäftigungssegment der Facharbeiter" gesprochen. Um diese Auflösungserscheinungen empirisch sichtbar zu machen, gilt es aber, die theoretisch konzeptionellen Überlegungen durch messbare Indikatorkonzepte näher zu spezifizieren. In der vorliegenden Studie wird daher vorrangig mit den Begriffspaaren „betriebliches Beschäftigungssystem" und „betriebliche Beschäftigungsstrukturen" operiert. Diesen Begriffspaaren liegen Operationalisierungskonzepte zugrunde, die auf der Ebene betrieblicher Organisationseinheiten angesiedelt sind. Die Begriffspaare „betriebliches Beschäftigungssystem“ und „betriebliche Beschäftigungsstrukturen“ erlauben somit eine Konkretisierung des Untersuchungsgegenstandes unter Berücksichtigung der in der vorliegenden Studie gewählten Untersuchungseinheit.

Der Begriff des betrieblichen Beschäftigungssystems wird dabei in Anlehnung an die Definition, die im Rahmen des Forschungsprojektes „Betrieb und Beschäftigung im Wandel“ am Sonderforschungsbereich 580 vorgeschlagen wird, sehr eng gefasst (vgl. Köhler/Ludovici 2008, Köhler/Krause, A. 2010). Konkret definieren Christoph Köhler und Kai Ludovici (2008) betriebliche Beschäftigungssysteme als sozioökonomische Räume der Nutzung von Arbeitskraft innerhalb von Erwerbsorganisationen, die durch einheitliche Regeln der Allokation, Qualifikation und Gratifikation“ (Köhler/Ludovici 2008, 37) geprägt sind. Sie können in der Realität als „Teilmengen von Arbeitsplätzen und Arbeitskräften innerhalb der betrieblichen Organisation“ (Köhler/Ludovici 2008, 37) aufgefunden werden.

Für die Definition betrieblicher Beschäftigungssysteme wird dabei auf eine strukturfunktionalistische Betrachtungsweise Bezug genommen, der die Beantwortung der Frage zugrunde liegt, wie Arbeitsplätze dauerhaft mit adäquat qualifizierten und leistungsbereiten Arbeitskräften besetzt werden (vgl. Köhler/Krause, A. 2010).

Im vorliegenden Kontext soll diese Betrachtungsperspektive geweitet werden, und es wird über das von Christoph Köhler und Alexandra Krause (2010) formulierte Anliegen hinaus gefragt, wie sich die Modalitäten der Beschäftigungsbeziehung zwischen Arbeitgeber und Arbeitnehmer unter verschiedenen Kontextbedingungen, die den Bezug des betrieblichen Beschäftigungssystems zur Struktur des Wirtschaftssystems insgesamt beschreiben, gegeneinander ausdifferenzieren und unterscheiden.

Neben dem betrieblichen Beschäftigungssystem lassen sich, wie Christoph Köhler und Alexandra Krause (2010) aufzeigen, im Betrieb weitere Teilsysteme, wie etwa „Arbeitssysteme, die die Aufteilung von Arbeitsaufgaben auf Organisationseinheiten oder Arbeitsplätze definieren", oder aber das „System der Arbeitsbeziehungen", in dem Konflikte zwischen den Kapitaleignern und den abhängig Beschäftigten ausgetragen werden, herausstellen (vgl. Köhler/Krause, A. 2010). Diese betrieblichen Subsysteme stehen miteinander in enger Verknüpfung, wobei das konkrete Zusammenwirken unterschiedlicher Funktionslogiken betrieblicher Subsysteme und der daraus zu ziehenden Rückschlüsse für strategische Maßnahmen betrieblicher Entscheider intensiv beforscht wird (vgl. Baron/Kreps 1999; Marsden 1999 sowie Überblick in Saga 2009).

David Marsden (1999) beispielsweise stellt den Bezug zwischen dem betrieblichen „Beschäftigungssystem" und dem betrieblichen „Arbeitssystem" her, indem er diskutiert, inwiefern die Kombination spezifischer Strategien der Gratifikation und spezifischer Formen der Aufgabenverteilung die Herausbildung ganzheitlicher betrieblicher Organisationssysteme wie „funktional-flexible" interne Arbeitsmärkte oder externe Facharbeiterarbeitsmärkte bedingen (vgl. Marsden 1999, 221).

Martin Heidenreich und Katrin Töpsch (1998) verweisen bereits in ihrer relativ frühen Analyse des organisatorischen Wandels von Arbeit in den westlichen Wissensgesellschaften darauf hin:

> „Mit der Zunahme wissensintensiver Tätigkeiten geht eine Erosion der betriebsförmig organisierten Erwerbsarbeit und Diversifizierung der Arbeits- und Organisationsformen einher. Neben die bürokratische Organisation und die technisierte Fabrik treten flexible, projektgruppenförmige Kooperationsnetzwerke; neben die Fabrik mit ihren Hunderten und Tausenden von Mitarbeitern tritt der Telearbeiter; neben den unbefristet beschäftigten Arbeitnehmer, tritt eine Vielzahl selbstständiger und abhängiger Erwerbstätiger mit flexiblen Zeit-, Aufgaben- und Entlohnungsstrukturen. Das Leistungsvermögen und das Engagement der Mitarbeiter werden weniger durch Befehl und Gehorsam, sondern durch die Eröffnung von Entscheidungsspielräumen sichergestellt. Allerdings spricht wenig dafür, dass die künftige Wissens- und Kommunikationsgesellschaft durch einheitliche Arbeits- und Organisationsmus-

> ter gekennzeichnet ist; vieles spricht für eine Pluralisierung der Beschäftigungsformen und Einkommensstrukturen, der Arbeitsbedingungen und Organisationsformen." (Heidenreich/Töpsch 1998, 14)

In der vorliegenden Studie soll im Rahmen der empirischen Analyse ebenfalls auf die Zusammenhänge unterschiedlicher Subsysteme betrieblicher Organisationen hingewiesen werden, um der Frage nach Veränderungen in den Strukturen betrieblicher Organisationen im Zuge der Wandlungsprozesse der Wirtschaftsstruktur in Deutschland gerecht zu werden. Gleichzeitig liegt der Fokus der empirischen Analysen aber immer darauf, die Auswirkungen des Wandels der Wirtschaftsstruktur Deutschlands auf die Entstehung und Erhaltung spezifischer „betrieblicher Beschäftigungssysteme" aufzuzeigen.

Betriebliche Beschäftigungssysteme im oben definierten Sinne differenzieren sich vor allem hinsichtlich des Kriteriums der Öffnung oder Schließung gegenüber den Vermarktlichungsprozessen beziehungsweise Vermarktlichungstendenzen von Arbeitskraft am sogenannten „externen Arbeitsmarkt" gegeneinander aus. Indem durch einen Arbeitsvertrag sowie durch die Gewährung und Sicherung der Statusposition des Beschäftigten eine Bindung zwischen dem Arbeitnehmer und Arbeitgeber aufgebaut wird, gelten innerhalb des Beschäftigungssystems andere Regeln der Allokation oder Gratifikation als in einer reinen Marktbeziehung. Hierauf verweisen auch Ergebnisse aus der neueren Gerechtigkeitsforschung, welche aufzeigen, wie stark die Arbeitssituation, die Anforderungen der Beschäftigten an die Vorgesetzten oder die Unternehmensleitung hinsichtlich der Herstellung und Wahrung „gerechter" Allokationsregeln prägt (vgl. Liebig/Lengfeld 2002). Im vorliegenden Kontext soll somit insbesondere auf die Differenzierung zwischen marktgesteuerten Allokationsregeln und Allokationsregeln innerhalb von Organisationen zurückgegriffen werden (vgl. auch Simon 1991).

Die oben vorgeschlagene Definition von betrieblichen Beschäftigungssystemen greift diese Differenzierung von unterschiedlichen Allokationsregeln auf und orientiert sich dabei sehr stark an dem in der Arbeitsmarkttheorie entwickelten Konzept von offenen und geschlossenen Positionensystemen (Soerenson 1983). Für eine Differenzierung von offenen und geschlossenen Beschäftigungssystemen sollten somit der „externe" Arbeitsmarkt als *weitere Umwelt* und die betriebliche Organisation *als nähere Umwelt* definiert werden. Je nach dem Grad der Schließung gerät die weitere Umwelt aus dem Blickfeld der Akteure im Beschäftigungssystem und wird die betriebliche Organisation zum Ort über die Allokations- und Gratifikationsprobleme, die innerhalb des betrieblichen Beschäftigungssystems auftreten und gelöst werden.

Soll allerdings nicht die Funktionsweise geschlossener Beschäftigungssysteme als vielmehr die Existenz offener Beschäftigungssysteme oder externer Arbeitsmärkte erklärt werden (vgl. Struck et. al. 2008), so bedarf es eines anderen Abgrenzungskriteriums als der einfache Differenzierung von Markt versus Organisation. Offene betriebliche Beschäftigungssysteme zeichnen sich dadurch aus, dass die Allokation und Gratifikation der Beschäftigten des Systems überwiegend über den externen Arbeitsmarkt gesteuert wird. Hierdurch fällt die Bezugsebene einer konkreten betrieblichen Organisation als nähere Umwelt weg. Vielmehr werden betriebliche Beschäftigungssysteme dann als „Teilsysteme betrieblicher Organisationen definiert, die *unterschiedliche Arbeitsmarktsegmente* als ihre (nähere) Umwelt konstruieren" (Struck et. al. 2008, 148).

Die Öffnung oder Schließung *„betrieblicher Beschäftigungssysteme"* lässt sich in dieser Betrachtungsperspektive durch die Stabilität *„betrieblicher Beschäftigungsstrukturen"* abbilden. Stabile betriebliche Beschäftigungsstrukturen zeichnen sich dadurch aus, dass den Beschäftigten im Sinne des Konzeptes des deutschen Normalarbeitsverhältnisses (Mückenberger 1983) objektiv sichere Positionen – also sozialversicherungspflichtig unbefristete Vollzeitbeschäftigungsverhältnisse angeboten werden. Darüber hinaus kann die Stabilität betrieblicher Beschäftigungsstrukturen anhand der Intensität des Austausches von Arbeitskräften über den externen Arbeitsmarkt abgebildet werden. Entsprechend der Definition geschlossener Positionssysteme (Soerenson 1983) ist davon auszugehen, dass stabile betriebliche Beschäftigungsstrukturen im Sinne langfristig stabiler Beschäftigungsstrukturen immer auch einen geringeren Austausch von Arbeitskräften über den externen Arbeitsmarkt und einen höheren Austausch von Arbeitskräften innerhalb der betrieblichen Organisation widerspiegeln.

Hinweise darauf, inwiefern die spezifischen Lösungen der Probleme der Allokation sowie Gratifikation von Arbeitskraft innerhalb betrieblicher Organisationen die Schließung oder Öffnung von betrieblichen Beschäftigungssystemen erzeugt, liefern im deutschsprachigen Raum vor allem die Schriften von Lutz und Sengenberger (Lutz 1987; Sengenberger 1978; Lutz/Sengenberger 1974) die mit der Bezeichnung Segmentationstheorie Eingang in die wissenschaftliche Diskussion der 1970 bis 1980er Jahre gefunden haben. Aber auch einige Autoren, die im weitesten Sinne der Denkrichtung der strategischen Human Ressource Management Forschung zugerechnet werden können (Haunschild 2004; Marsden 1999, Baron/Kreps 1999; Alewell 1993), tragen zur Aufklärung der Entstehung und des Nutzens interner Arbeitsmarktsegmente bei und können für die Erklärung der Entstehung und Erhaltung geschlossener betrieblicher Beschäftigungssysteme herangezogen werden.

Beide Forschungslinien beziehen sich dabei auf die theoretischen Konzepte der „Neuen Institutionenökonomie“, sodass zum besseren Verständnis der weiteren Diskussion die zentralen Ideen dieses Ansatzes vorgestellt werden sollen.

3.2.2 Fragestellungen und konzeptionelle Überlegungen der Denkrichtung des ökonomischen Institutionalismus

3.2.2.1 Allgemeine Anmerkungen

Die theoretischen Konzepte des ökonomischen Institutionalismus (vgl. Ebers/Gotsch 2006) zeichnen sich durch eine stark akteurzentrierte beziehungsweise mikrofundierte Perspektive (vgl. Friedland/Alford 1991) aus. Die bearbeiteten Fragestellungen setzen an der optimalen Ausgestaltung der „Vertragsbeziehung" zwischen Arbeitnehmer und Arbeitgeber an. Des Weiteren entwickelte sich diese theoretische Strömung in der Organisationstheorie in der Hochphase industrieller Gesellschaften, sodass vor allem transaktionskostentheoretische Überlegungen aus der Beobachtung der Personalpraxis in traditionellen Produktionsbetrieben abgeleitet wurden.

Es ist aber darauf zu verweisen, dass, wie John Delery und Harold Doty (1996, vgl. auch Saga 2009) zeigen, gerade innerhalb des Forschungsansatzes der strategischen Human Ressource Managementforschung sich zahlreiche Unterströmungen entwickelt haben. So wird in einigen Ansätzen auch häufiger die überbetriebliche Strukturierungsebene mit den grundlegenden theoretischen Annahmen der Denkrichtung des ökonomischen Institutionalismus verbunden[14]. Dennoch fokussieren aber auch Studien, welche einen erweiterten methodischen Ansatz wie etwa den Kontingenzansatz (vgl. Preisendörfer 2008; Kieser 2002) zugrunde legen, sehr stark darauf, von den beobachtbaren betrieblichen Beschäftigungs- oder Arbeitsorganisationsstrukturen auf funktional effiziente betriebliche Strategien zu schließen (vgl. Osterman 2009, 696). Dies ist

[14] Methodische Ansätze, wie etwa der Kontingenzansatz, der Konfigurationsansatz, die Kontextperspektive und der integrative Ansatz, sind innerhalb der Forschungslinie der HR-Managementforschung als Weiterentwicklung des generalisierenden Ansatzes zu betrachten und betonen im Hinblick auf ihre Fragestellung immer auch die Bedeutung von Umweltkontexten für die Entstehung spezifischer Organisationsstrukturen.

letztlich dem Untersuchungsgegenstand des Human-Ressource-Management-Forschungsansatzes, nämlich dem Bestimmen kostenoptimaler Personaleinsatz-, Personalführung- oder Arbeitsorganisationsstrategien, geschuldet.

Es ist aber gerade diese Engführung der konzeptionellen Überlegungen des ökonomischen Institutionalismus, welche Osterman (2009) im Rahmen der bereits erwähnten Debatte um die Weiterentwicklung der institutionenökonomischen Arbeitsmarkttheorie kritisiert, da sie zunehmend weniger die betriebliche Realität abbildet und erklärt. In der vorliegenden Studie wird anknüpfend an Ostermans Kritik durch eine Erweiterung der Analyseperspektive um das Element der wirtschaftssektorenspezifischen Aushandlungsprozesse betrieblicher Beschäftigungsarrangements versucht, diese Engführung institutionenökonomischer Erklärungsansätze aufzuheben. In Abschnitt 3.3 wird somit diskutiert, inwiefern die avisierte Erweiterung der Analyseperspektive auch einen Beitrag zur Weiterentwicklung der theoretisch-konzeptionellen Überlegungen in der Arbeitsmarkttheorie leisten kann.

3.2.2.2 Skizze der drei Strömungen des neuen ökonomischen Institutionalismus

Der Theorieansatz des neuen ökonomischen Institutionalismus lässt sich allgemein, wie Mark Ebers und Wilfried Gotsch (2002, 2006) zeigen, „in drei verschiedene (einander ergänzende)“ (Ebers, Gotsch 2006, 199) Denkrichtungen mit unterschiedlichen inhaltlichen Fragestellungen einteilen. Diese sollen hier kurz diskutiert werden.

So zeigen Ebers und Gotsch 2006, wie über den Ressourcen-Abhängigkeitsansatz (auch Theorie der Verfügungsrechte genannt), zu deren Begründer unter anderen Ronald H. Coase zählt, die Idee der Vermeidung von Transaktionskosten Eingang in die Erforschung der Optimierung von unternehmerischen Kosten-Nutzen-Entscheidungen gefunden hat.

Eine Vertiefung dieser Überlegungen findet sich dann in den Schriften von Oliver Williamson (1985), welcher eine Theorie der Transaktionskosten entwirft. Dabei betont Williamson die Bedeutung opportunistischen Verhaltens betrieblicher Akteure sowie die begrenzte Rationalität von Entscheidungen. Nach Williamson (1985) fallen Transaktionskosten überall dort an, wo die Investitionen in Inputfaktoren auf die Erstellung spezifischer Güter und Leistungen zugeschnitten sind (vgl. Kieser/Walgenbach 2010). Da sich die betrieblichen Akteure opportunistisch verhalten, bildet die Investitionen in Transaktionskosten die Basis für eine längerfristige Bindung der Vertragsparteien, da nur so das Optimum aus der Investition in Transaktionen abgeschöpft werden kann. Diesen Erklärungszusammenhang leitet Williamson (1985) aus seiner Analyse der „Charakteristika der Transaktionskosten“ (vgl. Ebers/Gotsch 2006) ab. Dies sind zum Ersten transaktionsspezifische Investitionen, zum Zweiten mit Transaktionen verbundene Unsicherheiten und zum Dritten die Häufigkeit der Transaktion.

Für die Erforschung der Fragestellung, wie soziale Schließungsprozesse am Arbeitsmarkt zu erklären sind, gilt es hierbei insbesondere herauszustellen, dass Williamson (1985) auch Investitionen in spezifisches Humankapital als Quelle der Entstehung von Transaktionskosten benennt. Er zeigt somit auch im Zusammenhang mit dieser Kostenquelle den Aufbau einer langfristigen Bindung der Vertragspartner als optimierte Strategie auf, da dies die Möglichkeit eröffnet, einen größeren Nutzen aus dieser Investition zu schöpfen. Es wird im Abschnitt 3.2.3 nochmals darauf verwiesen, wie dieser Erklärungszusammenhang in der weiteren Erforschung der sozialen Schließungsprozesse am Arbeitsmarkt bislang aufgegriffen wurde.

Als eine weitere Linie des ökonomischen Institutionalismus ist die Agenturtheorie (vgl. Kieser/Walgenbach 2010; Ebers/Gotsch

2006) zu benennen. Zentrale Fragestellung dieser Forschungslinie ist die Erforschung der wirtschaftlichen Folgen der Informationsasymmetrie in wirtschaftlichen Transaktionsbeziehungen, beispielsweise zwischen Arbeitgeber und Arbeitnehmer, Käufer und Verkäufer oder Fremdkapitalgeber und Geschäftsführer, um die Ursachen der Entstehung von Transaktionskosten sowie deren Vermeidung durch effiziente betriebliche Personaleinsatz- oder Personalführungsstrategien aufzuzeigen (vgl. Ross 1973).

Wiederum gilt es, für die weitere konzeptionelle Erklärung sozialer Schließungsprozesse einige Überlegungen und Befunde der Forschungslinie der Agenturtheorie ganz besonders herauszustellen. Insbesondere ist hier von Interesse, auf welche Weise die durch die Informationsasymmetrie zwischen Arbeitgebern und Arbeitnehmern beziehungsweise zwischen Vorgesetzten und Untergebenen hervorgerufenen Probleme gelöst werden können. Dies soll im Folgenden sowie in Abschnitt 3.2.3 intensiver geschehen.

In Anlehnung an die Überlegung der Transaktionskosten- und Agenturtheorie und unter Rückverweis auf die Schriften von Adam Smith (1974) entwickelt sich ein weiterer eigener Untersuchungsansatz, welcher im Kontext der vorliegenden Studie benannt werden muss. Die sogenannte Humankapitaltheorie (vgl. Schultz 1961, 1972) setzt sich mit der Frage der Bedeutung in die Investition der Ausbildung von Beschäftigten beziehungsweise Bürgern einer Gesellschaft für den wirtschaftlichen Erfolg von Unternehmen auseinander. Betrachtet werden auch die Auswirkungen von Humankapitalinvestitionen auf der Ebene der Gesamtwirtschaft einer Gesellschaft.

Relevant für die Frage nach Schließungsprozessen sind dabei insbesondere die Überlegungen von Gary Becker (1975, 1993) sowie Gary Becker und Kevin Murphey (1993), welche eine Differenzierung zwischen allgemeinen – in der Erstausbildung erworbenen – Humankapitalressourcen und spezifischen Humankapitalressourcen, welche „on-the-job" erworben werden, aufzeigen. Dabei betonen Becker und Murphey (1993), dass die Spezialisierung auf ein bestimmtes Wissensgebiet immer nur innerhalb einer Gemeinschaft von miteinander kooperierenden Akteuren möglich ist, da sonst kein zusätzlicher Nutzen aus der Spezialisierung beziehungsweise Arbeitsteilung gezogen werden kann. Die Kosten der Koordination und Kontrolle des effizienten Einsatzes von Wissensressourcen sind in diesem Falle höher als der Nutzen der arbeitsteiligen Spezialisierung. Gleichzeitig betonen sie, dass entgegen der These von Adam Smith (1974) der gemeinsame Wissensschatz innerhalb einer Gemeinschaft nicht durch die Spezialisierung, welche aus der Arbeitsteilung resultiert, wächst, sondern umgekehrt, dass eine arbeitsteilige Spezialisierung nur in den Gemeinschaften möglich ist, in denen ein größerer gemeinsamer Wissensschatz vorhanden ist und durch hierarchische Wissenstransferprozesse innerhalb der Gemeinschaft stetig weitergegeben und erweitert wird. Im folgenden Abschnitt 3.2.3 wird gezeigt, wie diese Ideen zur Erklärung der Schließung von Arbeitsmarktsegmenten sowie der Entstehung von Beschäftigungssystemen herangezogen werden.

3.2.3 Anwendung der konzeptionellen Überlegungen des ökonomischen Institutionalismus zur Erklärung von Schließungsprozessen am Arbeitsmarkt

3.2.3.1 Die herausragende Bedeutung betriebsspezifischen Wissens

Die Überlegungen der Humankapitaltheorie in Verbindung mit der Argumentationslinie der Transaktionskostentheorie nach Williamson (1985) bieten wichtige Ansatzpunkte für die Vertreter der amerikanischen sowie deutschen Segmentationstheorie (vgl. Osterman 1987, Marsden 1982 sowie Sengenberger 1978), soziale Schließungsprozesse am Arbeitsmarkt adäquat erklären zu können.

So leiteten Werner Sengenberger und Burkart Lutz (1974) in Auseinandersetzung mit den Überlegungen der Transaktionskostentheorie nach Williamson (1985) und der Humankapitaltheorie nach Becker (1975) sowie den Untersuchungen von Doeringer und Piore (1971) eine Dreiteilung des deutschen Arbeitsmarktes in die Segmente unspezifischer Arbeitsmarkt, berufsfachlicher Arbeitsmarkt und betriebliche Teilarbeitsmärkte her. Hierbei betonen Sengenberger und Lutz insbesondere die Differenzierung von allgemeinen und spezifischen Humankapitalressourcen. Sie legen ihrer Analyse eine Beobachtungsperspektive zugrunde, die unterstellt, dass betriebliche Personalentscheider vor allem die Vermeidung von Transaktionskosten anstreben und aus diesem Grunde bei der notwendigen Investition in betriebsspezifisches Humankapital eine arbeitsteilige Spezialisierung zwischen den Beschäftigten eines Betriebes anstreben.

In späteren Schriften revidieren beide ihre Analyse in je spezifischer Weise. Sengenberger (1978) vertieft die Erklärung einer Dreiteilung des deutschen Arbeitsmarktes der 1960er und 1970er Jahre in unstrukturierte, berufsfachliche und betriebsinterne Arbeitsmarktsegmente und stellt hierbei das Kriterium der Bindung von Arbeitskraft und nicht mehr das Kriterium des Bedarfs an unspezifischen, fachspezifischen oder betriebsspezifischen Humankapitalressourcen in den Mittelpunkt der Analyse. Demgegenüber vertieft Lutz (1987, 1989) die historische Analyse der Entstehung und Ausweitung betriebsinterner Märkte auf europäischer Ebene. Lutz zeigt dabei eindrucksvoll auf, inwiefern die spezifische deutsche Nachkriegssituation die einmalige Konstellation der Ausweitung von betriebsinternen Arbeitsmärkten innerhalb des deutschen Arbeitsmarktes hat entstehen lassen können (vgl. Lutz 1987, 150ff, 1989).

International vergleichend arbeitet auch David Marsden (1982) und zeigt dabei für ein Sample von britischen und westdeutschen Betrieben:

> „The case studies in this project broadly support the view that the distinction between transferable and non-transferable skills is an important one for the understanding of the functioning and structure of internal labor market." (Marsden 1982, 17)

Marsden stellt insbesondere heraus, dass nicht die einzelnen Qualifikationen für sich genommen so spezifisch sind, dass sie nicht überbetrieblich transferierbar sind, sondern zumeist Qualifikationsbündel und deren Nutzung im betrieblichen Kontext, sodass vor allem der Zusammenhang zwischen internen Qualifikationsmaßnahmen und der spezifischen Nutzung der vermittelten Qualifikation die Herausbildung betrieblicher (interner) Arbeitsmärkte befördert.

In der Tradition älterer Ansätze der deutschen Segmentationstheorie beziehungsweise der Theorie interner Arbeitsmärkte hat sich, trotz der zahlreichen Modifikationen dieses Theorieansatzes bis in die heutige Zeit hinein, die Erklärung der Schließung von Arbeitsmarktsegmenten oder betrieblichen Beschäftigungssystemen durch das Argument der Herausbildung betriebsspezifischer Qualifikationen in der empirischen Arbeitsmarktforschung bewahrt (Köhler/Ludovici 2008; Struck et. al. 2007; Marsden 1999). Ähnlich wie in neueren Ansätzen der „Strategischen Human Ressource Managementforschung" wird aber der Anspruch auf Allgemeingültigkeit des aufgezeigten Zusammenhangs zugunsten einer differenzierten Betrachtungsweise aufgegeben.

Zieht man nun die in Kapitel 2.3 näher beschriebenen Überlegungen von Daniel Bell und Gerald F. Davis heran um die Aussagekraft segmentationstheoretischer Überlegungen näher zu hinterfragen, so wird deutlich, dass die Gültigkeit der Zusammenhangannahmen segmentationstheoretischer Erklärungsansätze vor allem für das Wirtschaftssegment der Dienstleistungstätigkeiten neu zu hinterfragen ist. Schon Bell (1974) wies in seiner Gesellschaftsanalyse darauf hin, dass in nachindustriellen Gesellschaften, die sich durch einen hohen Anteil der Beschäftigung in Dienstleistungstätigkeiten auszeichnen, nicht die Vermeidung von Transaktionskosten sondern die Vermeidung von Wissensdefiziten das zentrale Ziel der Effizienzbestrebungen von wirtschaftlichen Akteuren ist. Unter dem Blickwinkel dieser Argumentation fügen sich auch die Ergebnisse empirischer Studien in das Mosaik der Erklärung der Entstehung betrieblicher Beschäftigungssystem beziehungsweise von internen Arbeitsmärkten, die eine abnehmende Bedeutung betriebsspezifischer Qualifikationen für Schließungsprozesse auf dem Arbeitsmarkt und in betrieblichen Organisationen prognostizieren.

In empirischen Studien, die sich stärker mit dem Zusammenhang von Wandlungsprozessen betrieblicher Organisationsstrukturen und deren Auswirkungen auf den Qualifikationsbedarf von Betrieben befassen (vgl. Schumann 2003, Alda/Bellmann 2002, Beckmann/Bellmann 2002, Lindbeck/Snower 2000, Heidenreich/Töpsch 1998) werden diesbezüglich der traditionellen Humankapitalthese einige konzeptionelle Überlegungen entgegengestellt. Konzepte wie etwa das „Ende der Arbeitsteilung" (Schumann/Kern 1984,1990) oder die „Aufwertung von Basisqualifikationen" (Lindbeck/Snower 2000) betonen die Abnahme der Bedeutung von spezifischen Wissensressourcen.

So konstatieren beispielsweise Assar Lindbeck und David Snower (2000), dass in Betrieben, die neueren Modellen der Arbeitsorganisation folgen, zur Erklärung betrieblicher Bindungsstrategien nicht mehr die Kategorisierung der Übertragbarkeit von Wissen im Sinne von spezifischem Humankapital zulässig ist, da eine Spezialisierung einzelner Mitarbeiter zugunsten von Lernprozessen, die die Multitaskingfähigkeit der Mitarbeiter stärkt, aufgegeben wird. Die zentrale Voraussetzung für diesen Prozess ist dadurch gegeben, dass mit steigenden Qualifikationsstandards auch die Fähigkeit von Beschäftigten steigt, multiple Aufgaben zu bewältigen. Dies führt letztlich zu einer Verdrängung der Arbeitsteilung im Sinne von Aufgabenspezialisierung. Dabei konstatieren sie neue beziehungsweise sich verfestigende Segmentierungstendenzen zwischen qualifizierten und unqualifizierten Beschäftigten. Die Analyse von Lindbeck und Snower (2000) nimmt dabei Wandlungsprozesse betrieblicher Organisationsstrukturen vom Modell tayloristischer Arbeitsorganisation hin zu „holistisch" beziehungsweise dezentralen Strukturen der Arbeitsorganisation als Ausgangpunkt, um die Veränderungen des betrieblichen Bedarfs an qualifizierten Beschäftigten zu erklären.

Diese Debatte um die Gültigkeit der Humankapitalthese, wie sie aus der Segmentationstheorie heraus entwickelt wurde, wird in der vorliegenden Studie bei der Erörterung der empirischen Forschungsfrage wieder aufgegriffen werden. Im Folgenden sollen aber noch einige weitere Erklärungsansätze für Schließungsprozesse am Arbeitsmarkt aufgeführt werden, die sich auf andere theoretische Konzeptionen stützen. Auch diese theoretischen Überlegungen zielen darauf, die Differenzierung von reinen Markt- gegenüber Arbeitsmarktbeziehungen herauszustellen (vgl. Simon 1991), um das gegenseitige Bindungsbestreben in der Beziehung zwischen Arbeitnehmern und Arbeitgebern zu erklären.

3.2.3.2 Theoretische Überlegungen zur Ausgestaltung von Beschäftigungsarrangements

James Baron und David Kreps (1999) verweisen in Anknüpfung an die theoretischen Konzepte der Prinicipal-Agent-Theorie auf den anhand von empirischen Studien nachweisbaren Zusammenhang von loyalem Mitarbeiterverhalten und Mitarbeiterbindung. (vgl. Baron/Kreps 1999, 84)

Eine andere stärker aus der Sozialpsychologie abgeleitete Forschungslinie nutzt das Konzept des psychologischen Vertrages (Argyris 1960), um auf die Bedeutung der Ausgestaltung der Vertragsbeziehung zwischen Beschäftigten und Arbeitgeber für die Herstellung der Leistungsbereitschaft aufseiten der Beschäftigten sowie die Herstellung von Legitimität für die angewandte Personalstrategie hinzuweisen (Struck 2006; Gaulunic/Anderson 2000).

In der soziologischen Literatur wird dieser Erklärungszusammenhang vor allem unter Verweis auf die „Norm der Reziprozität“ wieder aufgegriffen (vgl. Mauss 1968, Blau 1968, Gouldner 1973).

So argumentiert beispielsweise Stephan Voswinkel 2005, dass legitime Verhaltensmuster von Vorgesetzten ein große Bedeutung haben, um die Leistungsbereitschaft oder Loyalität der Arbeitnehmer in Bezug auf die Leistungsziele oder die Internalisierung der Interessen des Arbeitgebers herzustellen (vgl. Voswinkel 2005). Wie bereits oben angemerkt, gibt es aber auch in der soziologischen Gerechtigkeitsforschung einen Forschungsstrang, der sich mit diesen Zusammenhängen näher auseinandersetzt (vgl. Liebig/Lengfeld 2002).

Der Tenor all dieser theoretischen Überlegungen ist, dass durch die längerfristig angelegte gegenseitige Bindung von Arbeitnehmer und Arbeitgeber ein dynamisches Vertragsverhältnis angebahnt wird, welches vor opportunistischen Verhalten insbesondere der Arbeitnehmer schützt und zumeist eine höhere Arbeitsmotivation sowie Leistungsbereitschaft auf Seiten der Arbeitnehmer erzeugt. Die Effizienz längerfristiger Bindungen zwischen Arbeitnehmer und Arbeitgeber wird dabei aus der Möglichkeit abgeleitet, dass stets unvollkommene Arbeitsverträge durch ein zwischen Arbeitnehmer und Arbeitgeber bestehendes Vertrauensverhältnis dynamisch in Form von gegenseitige Absprachen abgewandelt und an die jeweilige betriebliche oder persönliche Situation angepasst werden können. Anders als in den oben geschilderten aus dem Transaktionskostenansatz abgeleiteten Erklärungszusammenhängen sozialer Schließungsprozesse wird bei diesen theoretischen Überlegungen somit die Unplanbarkeit von sozialen Interaktionen und sozialen Tauschbeziehungen in den Mittelpunkt der Argumentation gerückt.

Im Hinblick auf das Untersuchungsziel der vorliegenden Studie ist zu hinterfragen, inwiefern das Element der längerfristig gegenseitigen und betriebszentrierten Bindung in Arbeitsbeziehungen, sich auch vor dem Hintergrund des Wandels der Wirtschaftsstruktur sowie der Organisationsstrukturen betrieblicher Einheiten nach wie vor als effizientes Instrument der Personalpraxis erweist um die gewünschte Arbeitsmotivation und Leistungsbereitschaft bei Arbeitnehmer zu erzeugen. Gerade die im Kapitel 2.3 skizzierte Kausalkette von Davis (2009) diente dazu aufzuzeigen, dass sich Arbeitnehmer in nachindustriellen Wirtschaftssystemen zunehmend von einer betriebszentrierten Perspektive sozialer Absicherungsstrategien lösen. Hierdurch verliert das langfristig stabile Beschäftigungsverhältnis an Bedeutung. Es soll somit in der vorliegenden Studie auch dieser Begründungszusammenhang sozialer Schließungsprozesse auf dem deutschen Arbeitsmarkt insbesondere im Wirtschaftssektor der Dienstleistungstätigkeiten auf der Mesoebene betrieblicher Organisationen nochmals näher hinterfragt werden.

3.2.3.3 Zusammenfassende Anmerkungen zu den skizzierten Erklärungsansätzen

Anhand der Auswahl einiger einschlägiger Quellen konnte in den vorangegangenen Abschnitten 3.2.3.1 und 3.2.3.2 gezeigt werden, dass eine Vielfalt von Ansätzen besteht, die sich mit der Erklärung von Schließungsprozessen am Arbeitsmarkt beschäftigen. Dabei bieten die Konzepte des ökonomischen Institutionalismus sowie einige Weiterentwicklungen dieses Ansatzes einen reichhaltigen Ideenpool, um Erklärungszusammenhänge herzuleiten, die aus einer funktionalen Untersuchungsperspektive heraus das Verhalten der einzelnen Akteure am Arbeitsmarkt begründen und gleichzeitig auf der Mesoebene betrieblicher Organisationen Auswirkungen in Form der Herausbildung spezifischer betrieblicher Beschäftigungsarrangements beziehungsweise spezifischer Beschäftigungsstrukturen haben.

Es wird im folgenden Kapitel 4 aufgezeigt, wie diese unterschiedlichen Erklärungsansätze im Rahmen des Forschungsprojektes „Betrieb und Beschäftigung im Wandel“ des Sonderforschungsbereiches 580 zu einem umfassenden Analyserahmen verdichtet wurden. Dabei soll allerdings die besondere Perspektive der skizzierten Erklärungsansätze nochmals kritisch hinterfragt werden. Wie bereits einleitend dargestellt, wird in der Denkrichtung des ökonomischen Institutionalismus sehr stark strukturfunktionalistisch argumentiert. Des Weiteren entwickelte sich die einzelnen Strömungen dieses Denkansatzes in einem Zeithorizont, in dem insbesondere in Deutschland industriell geprägte Organisationsstrukturen betrieblicher Einheiten dominierten.

Es ist das Ziel der vorliegenden empirischen Untersuchung, den in Kapitel 4 näher beschriebenen Analyserahmen auf eine differenzierte Analyse der Erklärungszusammenhänge der Entstehung und Erhaltung betrieblicher Beschäftigungsstrukturen in Abhängigkeit vom wirtschaftsstrukturellen Kontext, in dem betriebliche Organisationen zu verorten sind, anzuwenden. Hierbei sollen auch weitere theoretische Konzepte der Entstehung und Erhaltung von Beschäftigungsstrukturen wie etwa theoretische Überlegungen die dem Konzept der Pfadabhängigkeit (Nelson/Winter 1982; Arthur 1989; DiMaggio/Powell 1983; Stinchcombe 1965) zuzuordnen sind für die Erklärung beobachtbarer betrieblicher Beschäftigungsstrukturen herangezogen werden.

In Abschnitt 3.3.2 wird für die Begründung des avisierten Analysedesigns der vorliegenden Studie insbesondere die bereits erwähnte Debatte um die aktuelle Gültigkeit ökonomischer Erklärungsansätze in der institutionalistischen Arbeitsmarkttheorie angeschoben von Paul F. Osterman (2009) aufgegriffen und im Hinblick auf die Forschungsfrage angewandt. Anhand des Rückgriffes auf einige theoretische Überlegungen, welche Thimo Kohlsdorf zum Bedeutungs- und Erklärungsgehalt eines Analysekonzeptes, das Überlegungen zu einem branchenspezifischen Werte- und Normensystem (Branchenkultur) für betriebliche Akteure formuliert, kann die spezifisch erweiterte Analyseperspektive der vorliegenden Studie nochmals genauer dargestellt und begründet werden.

3.3 Theoriegeleitete Weiterentwicklung der Analyseperspektive für die Erklärung von Schließungsprozessen am Arbeitsmarkt

3.3.1 Diskurs über die Reformierung der Arbeitsmarkttheorie und die Bedeutung der Einbettung betrieblicher Organisationen in den Kontext institutioneller Systeme für die Beschreibung und Erklärung betrieblicher Beschäftigungspraktiken

Bereits im Abschnitt 3.1 wurde darauf verwiesen, dass in der neueren ökonomischen und soziologischen Organisationsforschung ein Diskurs darüber geführt wird, welche Rolle die Einbettung von Organisationen in unterschiedliche soziale Kontexte für die Erklärung des Handelns von oder in Organisationen spielt (Allmendinger/Hinz 2003; Süß 2008). Eine Konkretisierung dieser Debatte im Hinblick auf die Erklärung sozialer Schließungsprozesse auf dem Arbeitsmarkt beziehungsweise die Erklärung der Entstehung und Erhaltung interner Arbeitsmärkte fand dabei auf der „SASE-Tagung“ im Jahre 2008 unter dem Titel „A new labour economics“ statt. Diese wurde im Folgejahr in der Zeitschrift Socio-Economic Review veröffentlicht.

Den Anstoß der Debatte liefert die Kritik Paul Ostermans (2009) an den Modellen der Forschungslinie der „Neuen Institutionenökonomie“ beziehungsweise New Personel Economics[15], die die Entstehung interner Arbeitsmärkte sowie deren Wandlungsprozesse beschreiben wollen. Osterman verweist im Rahmen seiner Kritik darauf, dass die „sozial-psychologische“ Perspektive der Erklärungsmodelle des neuen ökonomischen Institutionalismus nicht geeignet erscheint, um die aktuell stattfindende Transformation und Diversifizierung des institutionellen Arrangements interner Arbeitsmärkte angemessen zu untersuchen. Somit

[15] Osterman spricht hier unter Verweis auf die Schriften von Leazar/ Shawn 2007 von dem Ansatz des „so-called New Personnel Economics“.

schlägt er vor, auf eine ältere Tradition in der Arbeitsmarktforschung, die die Einbettung des Arbeitsmarktes sowie der Beschäftigungssysteme in kulturelle, juristische und andere institutionelle Systeme betont, wieder stärker zurückzugreifen (Gouldner 1954)[16]. Ostermanns Überlegungen legen dabei nahe, dass zur Erklärung der beobachtbaren Arbeitsmarktstrukturen nicht nur über die Effizienzannahmen und Präferenzen von einzelnen entscheidungskräftigen Akteuren nachgedacht werden sollte, vielmehr muss zunächst der Handlungsspielraum von entscheidungskräftigen Akteuren hinterfragt werden. Ganz im Sinne der theoretischen Überlegungen zur Pfadabhängigkeit von organisationalem Handeln (Arthur 1989; DiMaggio/Powell 1983; Stinchcombe 1965) betont Osterman dabei die Bedeutung von Normen, Bräuchen, etablierten sozialen Strukturen, konkurrierenden Gruppeninteressen sowie Legitimationsprozessen. (Osterman 2009, 698) In diesem Zusammenhang hebt Osterman (2009, 697) die Befunde der „Varieties of Capitalism – Forschung“[17], die sich vor allem auf die unterschiedlichen Praktiken der sozialen Sicherungssysteme beziehen heraus, und setzt sich für eine stärkere Anwendung dieser Überlegung auf die Erforschung des Handelns von oder in betrieblichen Organisationen ein.

Darüber hinaus betont Osterman (2009, 698) die Existenz konkurrierender Interessengruppen und somit konkurrierender Rationalitätsannahmen innerhalb von betrieblichen Organisationen, die zur Erklärung der Durchsetzung und Erhaltung von Formen der Arbeits- und Personalorganisation berücksichtigt werden müssen und verweist auf die zunehmende Diversität von Beschäftigungssystemen bei gleichen Optimierungsbestrebungen, je nachdem mit welchen Gruppen- und Interessenkonstellationen die betrieblichen Personalentscheider konfrontiert sind. Die unterschiedlichen Interes-

[16] Im deutschen Raum kann hier auch die international und historisch-vergleichende Analyse von Lutz (1987) benannt werden.
[17] Er verweist hier beispielsweise auf Hall/ Soskice 2001 sowie Streeck/ Yamumara 2001.

sengruppen beziehen sich zur Legitimierung ihrer Interessen dabei auf verschiedene Normen oder Bräuche.

Insbesondere Osterman`s Argument, dass Gruppen- und Interessenkonstellation bislang im Forschungsansatz des neueren ökonomischen Institutionalismus für die Erklärung der Entstehung und Durchsetzung von Formen der Arbeits- und Personalorganisation zu wenig berücksichtigt werden, findet in der veröffentlichten Diskussion allgemeine Zustimmung (vgl. Auer 2009, Gautié 2009, Marsden 2009). Jérôme Gautié und David Marsden weisen allerdings auf einige Leerstellen in der Argumentation von Osterman hin. Gautié (2009, 714) zeigt dabei auf, dass Osterman nicht detailliert auf die Entstehung von Interessengruppen sowie die konkrete Bedeutung kultureller Komponenten eingeht. Marsden (2009, 720) erweitert den von Osterman eröffneten Blick darauf, dass nicht nur kollektive Verhandlungsprozesse zwischen Gewerkschaften und Arbeitgebern die Personalentscheidungen in betrieblichen Organisationen beeinflussen. Auch kollektive Entscheidungen unter den Beschäftigten, die zur Bewältigung von Problemen des Arbeitsalltags beziehungsweise des Arbeitsablaufs beitragen, determinieren letztlich legitime Personalstrategien.

In der vorliegenden Studie wird das Konzept der Erklärung von betrieblichen Strategien durch die Berücksichtigung der Konstellation von Interessengruppen unter einem speziellen Fokus aufgegriffen. Die von den Vertretern einer durch die Denkansätze des neuen ökonomischen Institutionalismus geprägten Arbeitsmarkttheorie aufgezeigten Erklärungsfaktoren von Schließungsprozessen am Arbeitsmarkt sollen unter Beachtung des sektoralen Kontextes auf ihre Aussagekraft hin untersucht werden. Dabei findet die Differenzierung hinsichtlich des wirtschaftssektoralen beziehungsweise Branchenkontextes eine wichtige Begründung darin, dass innerhalb der Branchen vergleichbare Konstellationen von Interessengruppen angenommen werden, welche sich an eingespielten Routinen und an als legitim anerkannten Werte- und Normensystemen orientieren. Hierbei kann Bells (1974) Überlegung, dass in unterschiedlichen Wirtschaftssystemen sich jeweils spezifische Axialprinzipien an denen sich die Akteure orientieren als ein möglicher Ordnungsrahmen angenommen werden.

Eine theoretisch komplexere Begründung dafür, dass die Hinzunahme der Erklärungsvariable Branchenzugehörigkeit beziehungsweise Einbettung einer betrieblichen Organisation in einen bestimmten wirtschaftsstrukturellen Kontext die Beschreibung der Entstehung und Etablierung betrieblicher Beschäftigungsstrukturen realitätsnäher abbildet, als dies ohne Beachtung dieser Kontextvariable möglich wäre, liefern die Überlegungen von Kohlsdorf (2008). Diese sollen im folgenden Abschnitt 3.3.2 näher dargestellt und im Abschnitt 3.4 für die Begründung der Analyseperspektive dieser Studie aufgegriffen werden.

3.3.2 Branchendifferenzierung zur Abbildung unterschiedlicher institutioneller Kontexte und Logiken

Im vorliegenden Abschnitt wird anknüpfend an die konzeptionellen Überlegungen von Thimo Kohlsdorf (2008) angenommen, dass sich durch die Branchenvariable verschiedene Routinen sowie verschiedene Normen- und Wertesysteme, die auch als Branchenkulturen bezeichnet werden können, abbilden lassen. Die Branchenvariable dient dabei der Zuordnung betrieblicher Organisationen zu einem bestimmten wirtschaftsstrukturellen Kontext, in dem die betrieblichen Organisationen durch vielfältige Verflechtungen eingebettet sind.

Kohlsdorf (2008) leitet in seiner theoretischen Darstellung her, dass „Kultur“ neben den Referenzkategorien Markt und Hierarchie ein weiteres Orientierungssystem für die Koordination kollektiver Handlungen in betrieblichen Organisationen darstellt. Hierbei vertritt er den Ansatz eines Schachtel-Modells unterschiedlicher kultureller Orientierungssysteme (Kasper 1987), in denen Branchenkulturen als eine Form von Netzwerkkulturen neben Unternehmenskulturen die Koordination von kollektiven Handlungen aufgrund eines geteilten Normen- und Wertesystems vereinfachen. Wie dies geschieht, zeigt Kohlsdorf unter Hinweis auf drei zentrale Funktionen eines überbetrieblichen gemeinsamen Wertesystems:

> „Werden die Funktionen einer Netzwerkkultur analog aus denen einer Unternehmenskultur abgeleitet, ergeben sich drei wesentliche Funktionen. Zunächst wirken Netzwerkkulturen koordinierend, ... Über die Teilung gemeinsamer Werte und Normen werden die Interaktionen der Netzwerkteilnehmer grundsätzlich eingeschränkt, bzw. es werden nur bestimmte oder erwartete Handlungen zugelassen. Es ergibt sich in der Regel auch ein geringerer Bedarf an Abstimmung in Hinblick auf gemeinsame Ziele. Da in Hinblick auf kollektiv vorliegendes Denkmuster ein gewisser Grundkonsens vorherrscht, verringert sich der Bedarf an formalen, administrativen Reglungen. Daraus wird ersichtlich, dass durch die koordinierende Funktion von Kulturen die Innenkomplexität von Unternehmen in Kooperationen und Netzwerken zunächst geringer gehalten werden kann und dadurch die noch freie Verarbeitungsfähigkeit, als Problemlösungskapazität für den Aufbau neuer Innenkomplexität genutzt, verfügbar ist.“ (Kohlsdorf 2008, 340)

Diese theoretische Analyse ergänzend, sei im Hinblick auf den Untersuchungsgegenstand darauf verwiesen, dass gerade die Aushandlung von betrieblichen Beschäftigungsarrangements für betriebliche Organisationen und Arbeitnehmer eines hohen Aufwandes bedarf, wenn sich diese nicht an institutionell geprägten Normen und Werten orientieren können. Dass sich hierbei in betrieblichen Organisationen verschiedener Wirtschaftssektoren unterschiedliche institutionelle Arrangements herausgebildet haben, lässt sich sowohl aus dem historischen Entstehungskontext einzelner Branchen als auch aus der Professionstheorie (Überblick siehe in von der Hagen- Demenszy/Voß 2010) herleiten.

Darüber hinaus wird in Anknüpfung an die Überlegungen von Osterman (2009) sowie die Überlegungen von Kohlsdorf (2008) unterstellt, dass sich in den betrieblichen Organisationen einer Branche die Konstellationen von Interessengruppen stärker gleichen als in betrieblichen Organisationen unterschiedlicher Branchen. In Bezug auf die Machtverhältnisse zwischen unterschiedlichen Interessengruppen ist hier konkret der Machteinfluss gewerkschaftlicher Vertretungen sowie der Machteinfluss von gut ausgebildeten Fachkräften sowie von High Potenzials gemeint.

Demzufolge müssen für die Erklärung der Entstehung und Erhaltung betrieblicher Beschäftigungsstrukturen beziehungsweise betrieblicher Beschäftigungssystem somit sowohl theoretische Überlegungen, die aus dem Konzept der Pfadabhängigkeit abgeleitet werden als auch strukturfunktionalistische Überlegungen wie sie intensiver in der Denkrichtung des ökonomischen Institutionalismus als auch in der Segmentationstheorie diskutiert werden, herangezogen werden.

Die vorliegende Studie versucht den Brückenschlag zwischen diesen theoretischen Argumentationslinien durch die mehrere Ebenen umfassende empirischen Erklärungsmodelle zu leisten.

3.4 Beschreibung und Begründung des avisierten Analysedesigns

Die Diskussion der Annahmen und Befunde der Arbeitsmarktforschung im vorliegenden Kapitel zeigte, dass sich verschiedene Erklärungsmomente heranziehen lassen, um Schließungsprozesse auf dem deutschen Arbeitsmarkt zu begründen. Die zentralen Erklärungsmomente für Schließungsprozesse sind hierbei aus einer strukturfunktionalistischen Perspektive die Sicherung von Investitionen in betriebsspezifisches Humankapital sowie die Erzeugung der Loyalität der Mitarbeiter durch den Aufbau einer langfristig stabilen Beschäftigungsbeziehung.

Aber bereits Burkart Lutz weist in seiner Analyse interner Arbeitsmärkte (1987) schon auf institutionelle Abhängigkeiten und Ansteckungseffekte im Hinblick auf die Etablierung und Verbreitung betrieblicher Beschäftigungsarrangements hin, sodass anhand seiner Argumentation bereits herausgestellt werden konnte, dass die Beschreibung und Begründung von Veränderungsprozessen in den betrieblichen Beschäftigungsstrukturen durch den alleinigen Rückgriff auf strukturfunktionalistische Erklärungszusammenhänge nur schwerlich möglich ist. Die Annahmen und Befunde der „Neuen Institutionenökonomie“ geben Hinweise auf den Entstehungszusammenhang von Schließungsprozessen, nicht aber auf die weitere Verbreitung, den Wandel oder gar die Auflösungsprozesse von etablierten Beschäftigungssegmenten oder Beschäftigungssystemen.

Die aktuelle Diskussion in den Kreisen der neueren ökonomischen Arbeitsmarktforschung und der soziologischen Organisationsforschung (siehe Abschnitt 3.3) zeigt weiterhin, dass gerade fundamentale Änderungen in den Personalstrategien und Managementkonzepten mit den bisherigen Erklärungsmodellen vor allem aufgrund deren Verengung der Betrachtungsperspektive kaum erklärt werden können.

In der vorliegenden Studie sollen somit strukturfunktionalistische Erklärungsansätze im Rahmen einer strukturvergleichenden Analyse geprüft werden. Die Besonderheit besteht dabei darin, dass die Idee einer strukturfunktionalistisch optimalen Lösung aufgegeben wird. In die Analyse einbezogen werden sollen des Weiteren Erklärungszusammenhänge, die über die Identifikation und den Vergleich von Branchengruppen auf institutionelle Abhängigkeiten abstellen. Geprüft wird, ob sich beobachtbare Branchenunterschiede in den betrieblichen Beschäftigungsstrukturen durch strukturfunktionalistisch begründbare Erklärungszusammenhänge vollständig aufklären lassen. Angenommen wird dabei aber, dass neben den strukturfunktionalistischen Erklärungszusammenhängen auch andere Überlegungen, die auf die Bedeutung von kulturellen Wertesystemen verweisen, wie sie etwa Kohlsdorf 2008 formuliert (vgl. Abschnitt 3.3.2), für die Erklärung der Stabilität betrieblicher Beschäftigungsstrukturen mit herangezogen werden müssen.

Das hierfür nötige, mehrere Ebenen umfassende Analysedesign und das weitere analytische Vorgehen im Rahmen dieser Studie soll in Auseinandersetzung mit den Forschungsbefunden des DFG-Projektes „Betrieb und Beschäftigung im Wandel" im folgenden Kapitel 4 detailliert beschrieben werden. Gezeigt wird hierbei, wie die Erklärungsansätze der im vorliegenden Kapitel 3 skizzierten theoretischen Denkrichtungen miteinander verknüpft werden sollen.

Im folgenden Kapitel 4 werden diesbezüglich auch einige zentrale Forschungshypothesen über den Zusammenhang des Branchenkontextes, in den betriebliche Organisationen eingebettet sind, und die Herausbildung spezifischer Beschäftigungsstrukturen der Betriebe formuliert. Weiterhin wird nochmals ausführlicher beschrieben, worin die Erweiterung der Analyseperspektive der vorliegenden Studie im Vergleich zu Analyseperspektive des DFG-Projektes „Betrieb- und Beschäftigung im Wandel" besteht.

4 Forschungsrahmen der Studie und Herleitung des Analysedesigns der empirischen Untersuchung

4.1 Bedeutung des DFG-Forschungsprojektes „Betrieb- und Beschäftigung im Wandel“ für die Herleitung der empirischen Fragestellung sowie des Analysedesigns der angestrebten empirischen Untersuchung

Die Fragestellung der vorliegenden Studie knüpft, wie bereits dargestellt, an die verschiedenen empirischen Befunde und konzeptionellen Überlegungen des Forschungsprojektes „Betrieb und Beschäftigung im Wandel“ an. Die bisherige Analyseperspektive der Forschungsarbeiten in diesem von der Deutschen Forschungsgesellschaft geförderten Projektes wird durch die vorliegende Studie auf spezifische Weise erweitert. In Anlehnung an die Befunde des Forschungsprojektes wird hinterfragt, inwiefern für die Aufklärung der Entstehung und Erhaltung betrieblicher Beschäftigungsstrukturen auch der wirtschaftsstrukturelle Kontext in den betriebliche Organisationen eingebunden sind, mit herangezogen werden sollte.

Um das empirische Design der Studie in nachvollziehbarer Weise darstellen zu können, ist es daher nötig und wird in diesem Kapitel angestrebt, zunächst die zentralen Forschungsbefunde des Projektes Betrieb und Beschäftigung zusammenfassend zu beschreiben (vgl. Kap. 4.2). Des Weiteren wird in diesem Kapitel die theoretische Begründung der empirischen Forschungsfragen dieser Studie durch die Herleitung von ersten Forschungshypothesen weiter vorangetrieben (Kap. 4.3).

Die empirischen Analysen der vorliegenden Studie werden mit den vier Datensätzen, die im Rahmen des DFG-Forschungsprojektes erhoben wurden, durchgeführt. Von Bedeutung ist hierbei, dass die SFB580-B2-Betriebsdaten keine repräsentativen Befragungsdaten darstellen. Den durchgeführten telefonischen Betriebsbefragungen liegen konzeptionelle Überlegungen zugrunde, auf denen sowohl das Stichprobendesign als auch die Erarbeitung der Erhebungsinstrumente basieren. Der Erweiterung der Analyseperspektive der empirischen Untersuchung im konkreten Forschungsfeld wurden somit schon aufgrund der empirischen Datenlage enge Grenzen gesetzt. In Abschnitt 4.4 kann allerdings gezeigt werden, dass insbesondere das Stichprobendesign, welches den Erhebungen der SFB580-B2-Betriebsdaten zugrunde liegt, sowie das erhobene, eigens entwickelte Indikatorenset zur Beschreibung der situativen Lage von Betrieben für die avisierten Untersuchungen im Vergleich mit anderen nutzbaren Daten (wie beispielsweise dem IAB-Betriebspanel) sehr gute, wenn nicht sogar bessere Untersuchungsbedingungen bieten.

Aufbauend auf die nähere Beschreibung des empirischen Analysedesigns der vorliegenden Studie in den Abschnitten 4.3, 4.4 können dann in Abschnitt 4.5 die empirischen Forschungsfragen der in Kapitel 5, 6, 7 dargestellten empirischen Untersuchungen differenziert benannt und in den Bezug zur zentralen Forschungsfrage der vorliegenden Studie gestellt werden.

4.2 Arbeitsergebnisse aus dem DFG-Forschungsprojekt „Betrieb und Beschäftigung im Wandel“

4.2.1 Identifikation betrieblicher Beschäftigungssysteme und Analyse

Wie bereits in Kapitel 3.1 diskutiert, wurde im kritischen Anschluss an die deutsche Segmentationstheorie im Rahmen des Forschungsprojektes „Betrieb und Beschäftigung im Wandel“ der Begriff betriebliches Beschäftigungssystem zur Beschreibung des Forschungsgegenstands herangezogen und näher definiert (vgl. Kap. 3.2.1). Anhand qualitativer Betriebsfallstudien konnte aufbauend auf den dargelegten konzeptionellen Überlegungen eine Typologie betrieblicher Beschäftigungssysteme (BBS) empirisch belegt werden (vgl. Köhler et. al. 2004). Diese Typologie ermöglicht es, Wandlungsprozesse, die in verschiedenen Beschäftigungssegmenten des deutschen Arbeitsmarktes stattfinden, sichtbar zu machen und zu beschreiben.

Christoph Köhler und Kai Ludovici (2008) zeigen im Zuge der Auswertung von 51 qualitativen Beschäftigteninterviews, dass sich vor allem an den Rändern des westdeutschen internen Arbeitsmarktsegmentes Verschiebungsprozesse ergeben, die als Externalisierungs- oder Sekundarisierungstrends beschrieben werden können. Sie weisen aber auch auf Gegentrends im Zuge des Fachkräftemangels hin.

Mit Externalisierungstrends sind hierbei die Auflösung von stabilen betrieblichen Beschäftigungssystemen (BBS) und die Substitution dieser durch BBS, in denen die zeitliche Begrenzung von Beschäftigungsperspektiven durchgesetzt ist, gemeint.

Der Begriff der Sekundarisierung von Beschäftigungssystemen bezeichnet einen Prozess der Ausweitung von atypischen und geringfügig entlohnten Beschäftigungsverhältnissen durch die Auflösung traditioneller Beschäftigungsarrangements, die Auslagerung von niedrig qualifizierten Tätigkeitsbereichen im Betrieb an Fremdfirmen und die Etablierung beziehungsweise Ausweitung des Niedriglohnsektors auf dem deutschen Arbeitsmarkt. Im Osten Deutschlands sind diese Trends sogar noch stärker zu beobachten als auf dem westdeutschen Arbeitsmarkt.

Köhler und Ludovici weisen außerdem darauf hin, dass innerhalb des internen Arbeitsmarktsegmentes aber auch Prozesse der Re-Kommodifizierung zu beobachten sind. Diese führen dazu, dass Definitionsmerkmale externer Arbeitsmärkte wie leistungsbasierte Sicherheitskonstruktionen sich auch im internen Segment betrieblicher Arbeitsmärkte zunehmend verfestigen (vgl. hierzu auch Bultemeier et. al. 2008; Bernhardt et. al. 2008).

4.2.2 Erklärungsmodelle langfristig stabiler Beschäftigungsstrukturen

Zur Aufklärung der von Christoph Köhler und Kai Ludovici beschriebenen Trends wurden im Rahmen des DFG-Forschungsprojektes „Betrieb und Beschäftigung im Wandel“ Forschungsanstrengungen unternommen, die dazu dienten, die Determinanten betrieblicher Beschäftigungsstabilität innerhalb der deutschen Betriebslandschaft zu untersuchen. Die Konzeptualisierung der angestrebten quantitativen Analyse erfolgte dabei anhand von qualitativen Experteninterviews (vgl. Köhler et. al. 2004). Die Rekonstruktion von Beschäftigungsbeziehungen sowie beobachtbaren Beschäftigungssystemen aus der Perspektive der Personalverantwortlichen im Rahmen qualitativer Experteninterviews mit Personalleitern und Geschäftsführern diente dabei der Bestimmung von drei, beziehungsweise feiner differenziert, fünf personalpolitischen Entscheidungsproblemen (vgl. Köhler et. al. 2004, 61f, Struck et. al. 2008). Diese personalpolitischen Entscheidungs- oder Bezugsprobleme konnten in Anlehnung an die Annahmen und Konzepte der „Neuen Institutionenökonomie“ beziehungsweise der Human Ressource Management Forschung (vgl. Kap. 3.2) definiert und empirisch spezifiziert werden. Hierbei wurden bislang nebeneinanderstehende Erklärungsansätze zu einem komplexeren Erklärungsmodell verdichtet. Der so entworfene Erklärungsansatz dient im Rahmen der qualitativen Analysen von Köhler et. al. dazu, die Entstehung identifizierter Beschäftigungssysteme jeweils plausibel herzuleiten und zu begründen.

Im Anschluss an die Arbeiten von Köhler et. al. 2004 nutzen Olaf Struck und Tim Schröder unter Mitarbeit von Frank Schwiderek sowie Ina Krause das Konzept der drei beziehungsweise fünf „personalstrategischen Bezugsprobleme" für die Spezifikation von multivariaten Regressionsmodellen, die die Stabilität beziehungsweise Instabilität der betrieblichen Beschäftigungsbeziehungen in kleineren und mittleren betrieblichen Organisationseinheiten aufklären sollen. (Köhler et. al. 2004; Struck 2006; Struck/Schröder 2006; Struck et al. 2006; Struck et al. 2007; Schröder/Struck 2008; Krause, I. et. al. 2008) Als Basis der Spezifikation von empirischen Erklärungsmodellen dienten die eigens dafür erhobenen SFB580-B2-Betriebsdaten (vgl. Abschnitt 4.4).

Die hierbei herangezogenen Erklärungszusammenhänge decken sich mit den in qualitativen Analysen des Forschungsprojektes identifizierten Bezugsproblemen betrieblicher Personalentscheider (Köhler et al. 2004) und lassen sich, wie bereits angedeutet, in den Zusammenhang zu den unterschiedlichen theoretischen Ansätzen des ökonomischen Institutionalismus (vgl. Kap. 3.2.2) stellen. Konkret wird zwischen folgenden drei Bezugsproblemen betrieblicher Personalentscheider differenziert: „Diskontinuität", „Verfügbarkeit" und „Herstellung von Leistungsbereitschaft und Legitimation". Im Rahmen neuerer Arbeiten der Gruppe wird weiterhin nochmals zwischen den Bezugsproblemen Allokation und Qualifikation (Verfügbarkeit) und den Bezugsproblemen Kontrolle und

Gratifikation (Leistungsbereitschaft) unterschieden[18] (Struck et. al 2008).

Das im Konzept betrieblicher Bezugsprobleme von Köhler et. al. (2004) thematisierte Diskontinuitätsproblem wird dabei vor allem aus den theoretischen Überlegungen des Ressourcenabhängigkeits-Ansatzes, auch bekannt als Theorie der Verfügungsrechte, abgeleitet (vgl. Kapitel 3.2.2.2). Dieser Ansatz beschäftigt sich mit der Frage nach externer Kontrolle und internen Autonomiespielräumen von Betrieben (Ebers/Gotsch 2006). Die zentrale Annahme der Theorie ist es, dass Betriebe daran interessiert sind, die betrieblichen Transaktionskosten so gering wie möglich zu halten. Die Schließung betrieblicher Beschäftigungssysteme erfolgt diesem Erklärungsansatz nach somit insbesondere dann, wenn hierdurch die Transaktionskosten niedrig gehalten werden können. Dies ist allerdings bei hohen Diskontinuitäten in der Auftragslage zumeist nicht der Fall, sodass im Falle von stärkeren Schwankungen im Auftrags- oder Arbeitsvolumen geringere Schließungstendenzen der betrieblichen Beschäftigungssysteme prognostiziert werden.

Bezogen auf den Humankapitaleinsatz, werden im Erklärungsmodell betrieblicher Beschäftigungsstrukturen Indikatoren des personalstrategischen Verfügbarkeitsproblems diskutiert. Für die Herleitung der Thesen, bezogen auf die Verfügbarkeit von Humankapital, wird im Sinne der deutschen Segmentationstheorie (Sengenberger/ Lutz 1974) argumentiert (vgl. Kap. 3.2.3.1). In der Konkretisierung wird auf die Thesen der Transaktionskostentheorie (Williamson 1985), die Thesen der Humankapitaltheorie (Becker 1993) sowie die aus der Innovationsforschung abgeleitete These des „Churning“ (Beckmann/Bellmann 2002) zurückgegriffen.

[18] Auch Nienhüser 2004 setzt sich mit der theoretischen Herleitung des Zusammenhangs betrieblicher Bezugsprobleme und der Ausdifferenzierung verschiedener Formen der Human Ressource Management Strategie auseinander. Seine Befunde liefern wichtige Hinweise auf Erweiterungsmöglichkeiten der vorliegenden Analysen von Struck et. al. 2006;, Struck 2006; Struck et. al. 2008. Insbesondere die stärkere Berücksichtigung des Machtsicherungsproblems ist hierbei herauszustellen. (siehe Nienhüser 2004, vgl. auch Hohendanner/ Janik 2008)

Wie bereits in Kapitel 3.2.3.1 näher dargestellt, nehmen die Vertreter der frühen Segmentationstheorie an, dass sich die Arbeitsmärkte für unterschiedliche Qualifikationsgruppen gegeneinander ausdifferenzieren und gleichzeitig unterschiedliche Funktionslogiken hervorbringen. Aus der Humankapitaltheorie lässt sich diesbezüglich ableiten, dass die Investition in Humankapital und die Entstehung spezifischen Humankapitals Beschäftigungsbeziehungen stabilisieren, da Such- und Einarbeitungskosten sowohl für Beschäftigte als auch Beschäftigter „sunken costs" darstellen. Die „Churning-Strategie" bei Produktinnovationsprozessen verweist demgegenüber aber auf eine Orientierung auf den externen Arbeitsmarkt für die Akquise von neuem Personal, wenn Betriebe einen hohen Grad an Innovationstätigkeit aufweisen und somit einen stetigen Bedarf an fachspezifischem Wissen haben, was über den externen Arbeitsmarkt leichter zu beschaffen als intern herstellbar ist.

Als Allokationsproblem (erste Dimension des Verfügbarkeitsproblems) wird hierbei feiner differenziert die personalpolitische Frage nach dem quantitativen Ausgleich von Personalbedarf und Personalbestand gefasst. Aus der Transaktionskostentheorie lässt sich in Bezug auf den Untersuchungsgegenstand hier allgemeiner ableiten, dass eine Erhöhung von Suchkosten die Investitionen in bestehende Beschäftigungsverhältnisse erhöhen, was zur Schließung oder Stabilisierung von Beschäftigung führen kann. Demgegenüber soll mit dem Qualifikationsproblem (zweite Dimension des Verfügbarkeitsproblems) der Bedeutung eines spezifischen Personalbedarfs von Betrieben Ausdruck verliehen werden. Sowohl die Humankapitalthese wie auch die Churning-These beschreiben hierbei, in welcher Weise sich ein spezifischer Personalbedarf auf die Stabilität der Beschäftigungsbeziehungen auswirken kann.

Das personalstrategische Bezugsproblem der Herstellung von Leistungsbereitschaft wird letztlich vor allem aus der theoretischen Argumentationslinie der Prinzipal-Agentur-Theorie (Ross 1973) hergeleitet. Im konkreten Kontext wird in Anlehnung an die in Kapitel 3.2.3.2 dargelegten konzeptionellen Überlegungen des ökonomischen Institutionalismus von einer Situation der Unvollkommenheit von Arbeitsverträgen ausgegangen, welche durch die Bindung der Arbeitskraft an die betriebliche Organisation und somit durch die Stärkung der Identifikation von Beschäftigten mit den Zielen der betrieblichen Organisation ausgeglichen werden kann (vgl. Voswinkel 2005; Struck 2006). Die für das Untersuchungsmodell des Forschungsprojektes „Betrieb und Beschäftigung im Wandel" abgeleitete Ausgangsannahme lautet somit: Wenn die Beschäftigten eine hohe Verantwortung haben, ihre Arbeitsleistung nur schwer zu kontrollieren ist sowie die Arbeitsbeziehungen in starkem Maße auf die Legitimität des ausgehandelten Beschäftigungsarrangements aufbaut, erhöht sich die Notwendigkeit von Stabilitätsangeboten seitens des Betriebes (Köhler et. al. 2004, 40). Demgegenüber wird erwartet, dass Formen der Vermarktlichung der Beschäftigungsbeziehung, wie beispielsweise selbstverantwortliche Gruppen- sowie Projektarbeit, die Stabilität verringern.

Dabei können sowohl die Formen der Leistungsmessung und Kontrolle von Arbeitsleistungen (erste Dimension des Leistungsbereitschaftsproblems) einen Einfluss auf die Stabilität der Beschäftigungsbeziehungen ausüben. Aus der Agenturtheorie wird im beschriebenen DFG-Projekt diesbezüglich die Hypothese abgeleitet: „Je komplexer und aufwendiger die Kontrolle umso schwieriger die Zurechenbarkeit und desto eher ist die Schließung angebots- und nachfrageseitig zu erwarten." (Struck 2008, 159) Da Gruppen- und Projektarbeitskonzepte die Kontrolle der Leistungen vereinfachen können, lässt sich die erwartete destabilisierende Wirkung dieser Arbeitsorganisationsformen ebenfalls aus der Agenturtheorie ableiten. Die Leistungsbereitschaft von Beschäftigten steht aber auch in Zusammenhang mit der Motivation, die Arbeitnehmer für ihre Arbeitstätigkeit aufbringen (zweite Dimension des Leistungsbereitschaftsproblems). Insbesondere bei Arbeitstätigkeiten, die schwerer kontrollierbar sind, spielen somit Anreizstrategien der Arbeitnehmer sowie deren Legitimität und deren gratifizierende Wirkung eine wichtige Rolle im Hinblick auf die Erzeugung von Arbeitsmotivation. Gemäß diesen Annahmen führen auf Senioritätsangeboten basierende Motivationsstrategien dabei zur Schließung oder Stabilisierung von Beschäftigungsbeziehungen und bilden ein weiteres Erklärungsmoment im Hinblick auf den avisierten Untersuchungsgegenstand.

Die quantitativen Erklärungsmodelle stabiler betrieblicher Beschäftigung, wie sie von Schröder und Struck im Rahmen des Projektes sowie in diversen Veröffentlichungen entwickelt wurden, zielen vor allem darauf ab, die dargestellten theoretischen Annahmen des ökonomischen Institutionalismus empirisch zu prüfen. Die beschriebenen personalpolitischen Entscheidungsprobleme werden dabei anhand von Indikatorvariablen konkretisiert und dienen somit als Klammern der Beschreibung situativer Problemlagen der Betriebe.

Für die methodische Umsetzung der konzeptionellen Überlegung greifen Schröder und Struck auf das methodische Repertoire der Kontingenztheorie[19] (vgl. Kieser/Walgenbach 2010, 40ff; Preisendörfer 2008, 81ff; Kieser 2002, 171ff) zurück. Die konkrete empirische Überprüfung des Untersuchungsmodells erfolgt somit anhand von multivariaten Regressionsanalysen, die den Einfluss verschiedener Indikatorvariablen auf die abhängige Variable „betriebliche Beschäftigungsstrukturen mit einem hohen Grad an Stabilität“ abbilden. Diese Analysen wurden, wie bereits erwähnt, mit den eigens dafür erhobenen Daten, den SFB580-B2-Betriebsdaten (vgl. hierzu Götzelt 2006; Krause, I. 2008; Krause, I./Martens 2008), durchgeführt. Dieser Datensatz bildet auch die Berechnungsgrundlage für die empirischen Analysen der vorliegenden Studie und wird im Abschnitt 4.4 ausführlicher beschrieben.

---

[19] Diese Theorie wird häufiger auch als „situativer Ansatz“ der Organisationsforschung bezeichnet.

Aus den Analysemodellen von Schröder und Struck, welche im Rahmen des Projektes „Betrieb und Beschäftigung im Wandel“ durchgeführt und in zahlreichen Veröffentlichungen publiziert wurden (Struck et. al. 2008; Struck et al. 2007; Struck 2006; Struck/Schröder 2006; Struck et. al. 2006; Struck 2006), lassen sich folgende Befunde besonders herausheben:

- Hohe Diskontinuitäten stehen in direktem Zusammenhang mit der Destabilisierung betrieblicher Beschäftigungsstrukturen. – Der Zusammenhang wird aber durch den Einbezug von Drittvariablen, wie die Messung der wirtschaftlichen Eigenständigkeit der Betriebsstätte und die Messung des Betriebsalters, erklärt (Schröder/Struck 2006; Struck 2006, S.121).
- Es sind vor allem Betriebe der Produktionsbranchen, die einen hohen Anteil an langfristiger Beschäftigung aufweisen. Interpretiert wird dieser Brancheneffekt von Schröder und Struck dadurch, dass in Produktionsbetrieben die Kapitalausstattung an den Arbeitsplätzen höher ist und dies dazu führt, dass Produktionsbetriebe geringere Schwankungen in der Auftragslage tolerieren können und somit eine höhere Planungssicherheit in der laufenden Produktion auch zur Stabilisierung von Beschäftigungsverhältnissen führt. (Schröder/Struck 2006)
- Ein höherer Anteil an extern-flexibler Beschäftigung geht im vorliegenden Sample kleinerer und mittlerer betrieblicher Organisationen entgegen der Stamm-Rand-These mit einer Destabilisierung der Gesamtbelegschaft einher. (Schröder/Struck 2006; Struck 2006, S.121)

Bezogen auf die Lösung des Verfügbarkeitsproblems, zeigt sich ein den Thesen der Humankapitaltheorie sowie der Theorie sozialer Schließung entgegenlaufender Befund.

- Verfügbarkeitsprobleme (Allokationsproblem) rufen im vorliegenden Sample keine Schließungstendenzen hervor, sondern der Fokus auf den externen Arbeitsmarkt bleibt bestehen (Schröder/ Struck 2006, Struck 2006, 123).
- Die Herausbildung von spezifischem Humankapital (Qualifikationsproblem) hat nur einen geringen stabilisierenden Effekt auf die betriebliche Beschäftigung (Schröder/Struck 2006).

In der Dimension des Bezugsproblems der Herstellung von Leistungsbereitschaft sowie Legitimation lassen sich keine eindeutigen Hinweise auf die Gültigkeit der These der Agentur-Theorie im konkreten Zusammenhang finden. Deutlich wird aber:

- Die Dezentralisierung von Kontroll- und Entscheidungsbefugnissen (Leistungsmess- und Kontrollproblem) wirkt destabilisierend auf die betriebliche Beschäftigung (Struck 2006, 130; Struck et al. 2007).
- Typische Instrumente einer beschäftigungsstabilisierenden Anreizsteuerung wie interne Stellenbesetzung und interne Aufstiegswege (Motivationsproblem) zeigen keinen Zusammenhang zum Anteil langfristiger Beschäftigung in kleineren und mittleren betrieblichen Organisationen auf (Struck 2006,129).

Die Rückschlüsse, die aus den Befunden der Analysemodelle von Schröder und Struck für die Analyse der Entstehung- und Erhaltungsbedingungen von geschlossenen sowie offenen Beschäftigungssystemen gezogen werden können, ergänzen die qualitativen Befunde des Projektes dahin gehend, dass die Mechanismen, die einen moderaten Wandel betrieblicher Beschäftigungssysteme bedingen können, aufgedeckt werden (vgl. Köhler et. al. 2008, 20ff). Konkret zeigen sich instabilere Beschäftigungsstrukturen vor allem in wissensintensiven Branchen. Auch Betriebe mit einem höheren Anteil an extern-flexiblen Beschäftigten weisen eher instabilere Beschäftigungsstrukturen auf als dass hier, wie erwartet, eine stärkere Differenzierung von Stamm-Randbelegschaften beobachtet wird. Weiterhin zeigt sich aber auch eine geringe Vorhersagekraft der Humankapitalthese für die Herausbildung stabiler Beschäftigungsstrukturen. Demgegenüber kann aber die Annahme der Destabilisierung von Beschäftigungsstrukturen bei einer Dezentralisierung von Kontroll- und Entscheidungsbefugnissen im Betrieb bestätigt werden.

Zusammenfassend werfen die Befunde der Analysen von Struck und Schröder 2006 sowie Struck 2006 und Struck et. al. 2007 Thesen auf, die es aus einer anderen Perspektive weiterzuentwickeln gilt. Insbesondere die Relativierung der These der beschäftigungsstabilisierenden Wirkung von betriebsspezifischem Humankapital sowie der Nachweis des Zusammenhangs der Destabilisierung von Beschäftigung aufgrund der Durchsetzung dezentraler Formen der Arbeitsorganisation regt weitere Forschungsanstrengungen an. Hier will die vorliegende Studie ansetzen und unter einer noch stärker differenzierenden Beobachtungsperspektive die theoretischen Annahmen der „Neuen Institutionenökonomie" beziehungsweise der Human Ressource Managementforschung nochmals diskutieren. Diese Beobachtungsperspektive rückt dabei die auch von Schröder und Struck berichteten Branchenunterschiede hinsichtlich der Stabilität der Beschäftigungsstrukturen stärker in den Mittelpunkt. Allerdings sollen hierbei diese Unterschiede durch die Entwicklung einer eigenen Untersuchungsperspektive näher geklärt werden, um hierdurch die Argumentation von Schröder und Struck zu erweitern. Eine nähere Beschreibung des weiteren Vorgehens erfolgt daher im folgenden Teilkapitel 4.3.

4.3 Weitere Konkretisierung der Forschungshypothesen und des Analysedesigns der angestrebten empirischen Untersuchung

4.3.1 Formulierung erster Forschungshypothesen über die Bedeutung sektoraler Kontextbedingungen für die Herausbildung und Erhaltung betrieblicher Beschäftigungsstrukturen

In der folgenden Analyse soll der im letzten Abschnitt vorgestellte Analyserahmen des Forschungsprojektes „Betrieb und Beschäftigung im Wandel" aufgegriffen werden. Allerdings geschieht dies aus dem Blickwinkel der Annahme, dass auch der Kontext, in den betriebliche Organisationen eingebettet sind, die Entstehung und Wandlung betrieblicher Beschäftigungs- und Arbeitsorganisatiosstrukturen zu einem großen Teil erklärt. Diese Annahme basiert auf theoretischen Überlegungen, die die Pfadabhängigkeit der Entscheidungs- und Strukturierungsprozesse in betrieblichen Organisationen (vgl Arthur 1989; DiMaggio/Powell 1983; Stinchcombe 1965) stärker berücksichtigen (vgl. Osterman 2009).

An diese ersten Überlegungen anknüpfend, wird in dieser Studie konkreter untersucht, inwiefern die in der „Neuen Institutionenökonomie" sowie der Human Ressource Managementforschung diskutierten Erklärungszusammenhänge von situativen betrieblichen Merkmalen und der Herausbildung spezifischer Beschäftigungsstrukturen in einigen Wirtschaftssektoren des deutschen Arbeitsmarktes eine größere Vorhersagekraft haben als in anderen. Unterstellt wird dabei, dass in den verschiedenen Wirtschaftssektoren beziehungsweise Branchen jeweils spezifische kulturelle Werte- und Orientierungssysteme (vgl. Kohlsdorf 2008) bestehen, die einen Einfluss auf die Entscheidung des Personalmanagements ausüben. Konkret werden diese durch die Personalbesetzungsentscheidungen, die betriebliche Akteure zur Optimierung von Personalstrategien durchsetzen (vgl. Bells Sektorentheorie, Kap. 2.3) sowie durch die Bestrebungen der Beschäftigten, die dem Erhalt von Statusansprüchen dienen, sichtbar (vgl. Überlegungen von Osterman 2009, Kap. 3.3).

Basierend auf den in Kapitel 3.3 formulierten konzeptionellen Annahmen, können für die Aufklärung der Ausdifferenzierung von Beschäftigungsstrukturen zwischen den Wirtschaftssektoren sowie für die Annahme der unterschiedlichen Erklärungskraft der im Projekt „Betrieb und Beschäftigung im Wandel" sowie allgemeiner in der Human Ressource Management Forschung formulierten Kausalzusammenhänge Forschungshypothesen formuliert werden. Anhand derer lässt sich das angestrebte empirische Untersuchungsdesign weiter begründen und beschreiben.

Zur Begründung der Entstehung voneinander unterschiedlicher branchenspezifischer kultureller Werte- und Orientierungssysteme ist dabei nochmals auf die Überlegungen von Bell (1973) und Davis (2009) (vgl. Kap. 2.3) zu verweisen. Beide zeigen, wie sich die Tätigkeitsprofile und die damit verbundene jeweilige Koordinationslogik in den Arbeitsorganisationen der verschiedenen Sektoren fundamental voneinander unterscheiden. Bell benennt diese Unterschiede mit seinem Konzept des Axialprinzips, welches als Referenzkategorie zur Optimierung wirtschaftlicher beziehungsweise betrieblicher Entscheidungsprozesse definiert werden kann. Er unterscheidet zwischen dem Axialprinzip „Kontrolle von Investitionsentscheidung" in industriellen Gesellschaften und dem Axialprinzip „Vermeidung von Informationsdefiziten" in nachindustriellen Gesellschaften.

In der vorliegenden Studie wird somit das Streben nach der Vermeidung von Transaktionskosten im Personalbereich eher als eine Optimierungsstrategie betrieblicher Organisationen des Produktionssektors angesehen, während in Dienstleistungsorganisation und noch verstärkter in wissensintensiven Dienstleistungsorganisationen die Optimierung einer Personalstrategie angestrebt wird, die den regelmäßigen internen und externen Wissenstransfer gewährleistet. Zugespitzt formuliert, wird angenommen, dass im Produktionssektor eine Personalstrategie verfolgt wird, die der Einsparung vermeidbarer Such-, Einarbeitungs- und Ausbildungskosten dient. Konkret bedeutet dies, dass aufgrund der Tätigkeitsstruktur in den betrieblichen Organisationen des Produktionssektors der Aufbau des benötigten Humankapitals innerhalb des Betriebes erfolgt und somit ein Interesse an der Bindung der Mitarbeiter mit spezifischen Humankapitalressourcen besteht. Demgegenüber wird für Dienstleistungsbetriebe angenommen, dass sich hier eher eine Personalstrategie etabliert, die das Ziel verfolgt, den Wissensstand der Mitarbeiter aufgrund sich schnell wandelnder Tätigkeitsinhalte ständig anzupassen beziehungsweise aus- und umzubauen. Hierbei wird der externe Arbeitsmarkt eher als ein Ort für die Beschaffung von Arbeitskräften mit angepassten Wissensressourcen wahrgenommen und genutzt, als dies bei einer personalstrategischen Zielstellung des innerbetrieblichen Aufbaus von Humankapitalressourcen nötig ist, wie dies für betriebliche Organisationen des Produktionssektors zunächst unterstellt wird.

Es ist aber weiterhin davon auszugehen, dass mit der Zunahme der Wissensintensivität im Produktionssektor, beispielsweise im Hightech-Produktionssektor, ebenfalls eher die Vermeidung von Wissensdefiziten als die Vermeidung von Such-, Einarbeitungs- und Anlernkosten angestrebt wird. Insbesondere für betriebliche Organisationen „wissensintensiver Branchen“ wird somit vermutet, dass diese aufgrund ihrer Tätigkeitsprofile in stärkerem Maße flexiblere Strukturen des Beschäftigungssystems und der Arbeitsorganisation benötigen (vgl. Dostal 2001).

Weiterhin soll bei der Formulierung von Forschungshypothesen für die folgenden empirischen Analysen die Überlegung einbezogen werden, dass sich flexiblere Beschäftigungs- und Arbeitsorganisationsstrukturen aufgrund der Neuetablierung von betrieblichen Organisationen in einem jungen Tätigkeitsfeld auch leichter durchsetzen lassen als in Betrieben „älterer Branchen“, die flexiblere Strukturen nur durch tiefer greifende Umbauprozesse der betrieblichen Arbeitsorganisations- und Beschäftigungsstruktur erreichen können. Hierbei ist nochmals auf Osterman`s (2009) zentrales Argument zu verweisen, dass sich betriebliche Strukturen nur durch die Berücksichtigung der Interessen der handelnden Gruppen und Akteure erklären lassen (vgl. Kap. 3.3.1), weshalb Entscheidungs- und Strukturierungsprozesse innerhalb betrieblicher Organisationen immer sehr stark pfadabhängig sind. Neben den Personalentscheidern und dem Management einer betrieblichen Organisation stellen insbesondere die Beschäftigten eine Interessengruppe dar, die bei der Aushandlung von Beschäftigungsarrangements und somit der Ausformung von Beschäftigungsstrukturen entscheidend mitwirken. Die Bestrebungen der Beschäftigten bei der Aushandlung von Beschäftigungsarrangements zielen zumeist darauf, eine ähnliche Statusposition zu erhalten wie Beschäftigte, die in einer vergleichbaren Position tätig sind. Es wird den theoretischen Überlegungen von Thimo Kohlsdorf (2008) folgend (vgl. Kap. 3.3.2) angenommen, dass für die Bestimmung von Statusansprüchen in den verschiedenen Branchen unterschiedliche als legitim erachtete Wertesysteme herangezogen werden, wodurch auch das Streben nach bestimmten Statusansprüchen, wie beispielsweise das Streben nach einer langfristig sicheren Beschäftigungsperspektive, in den verschiedenen Branchen unterschiedlich ausgeprägt ist. Es kann angenommen werden, dass vor allem in „älteren Branchen“ das Statusziel, ein langfristig „sicheres Beschäftigungsarrangement durchzusetzen und zu erhalten, noch eine größere Rolle spielt, da diese Beschäftigungsarrangements in den betrieblichen Organisationen dieser Branchen auch tatsächlich noch verbreiteter sind und somit öfter als legitim anerkannt werden als in „jüngeren beziehungsweise in wissensintensiven Branchen“. Damit in engem Zusammenhang steht die Vermutung, dass die Akzeptanz der Aushandlung flexiblerer Beschäftigungsarrangements in den Betrieben „neuer und wissensintensiverer Branchen“ wesentlich höher ist als

in Betrieben „älterer Branchen", wo die Aushandlung flexiblerer Beschäftigungsarrangements mit einer Rücknahme von Statusansprüchen verbunden ist.
Demzufolge lassen sich folgende Forschungshypothesen formulieren:

- Ia Aufgrund der Tätigkeitsinhalte der Beschäftigten im Produktionssektor und den damit verbundenen Optimierungsbestrebungen betrieblicher Personalentscheider nach der Vermeidung von Such-, Einarbeitungs- und Anlernkosten wird in betrieblichen Organisationen dieses Beschäftigungssegments ein höherer Grad an Stabilität der Beschäftigungsbeziehungen sowie der Gewährung von Beschäftigungssicherheiten erwartet als beispielsweise in Dienstleistungsorganisationen.
- Ib Der Hypothese Ia zufolge wird für die Betriebe des Dienstleistungssektors beziehungsweise der wissensintensiven Dienstleistungsbranchen erwartet, dass die Tätigkeiten der Beschäftigten sich stärker durch einen stetigen Wandel von benötigten Wissensressourcen und Fertigkeiten auszeichnen, sodass ständige Anpassungsprozesse die Transaktionskosten der Einstellung von neuen Mitarbeitern im Vergleich zur regelmäßig notwendigen Weiterbildung der Kernbelegschaft mindern beziehungsweise dass Anlernprozesse leichter und standardisierter ablaufen. Ein Beschäftigungssystem, welches sich durch die gegenseitige betriebszentrierte Bindung von Arbeitnehmer und Arbeitgeber auszeichnet, kann sich demzufolge aus transaktionskostentheoretischen Überlegungen heraus in betrieblichen Organisationen der Dienstleistungsbranche nicht so leicht durchsetzen. Ferner dient eine höhere Fluktuation beziehungsweise Flexibilität der Beschäftigung dem regelmäßigen Ausgleich des Bedarfs an neuen Humankapital- beziehungsweise Wissensressourcen.
- II Gleichzeitig sind aufgrund von Reorganisationsbarrieren, welche durch das Streben der Mitarbeiter um den Erhalt von legitim erachteten Statusansprüchen begründet werden können, in den Betrieben „älterer Branchen" stabilere Beschäftigungsstrukturen zu erwarten als in den Betrieben „jüngerer Branchen".

Neben den bislang formulierten Annahmen wird weiterhin davon ausgegangen, dass das Streben der Mitarbeiter nach dem Erhalt einmal gewonnener Statusansprüche in seiner Intensität von der

Einbindung der betrieblichen Organisation in das deutsche System industrieller Beziehungen abhängig ist.

Das System industrieller Beziehungen ist letztlich das Ergebnis historischer Umstände, die sich durch die relativ günstigen wirtschaftlichen und politischen Rahmenbedingungen in der Nachkriegsphase herausbildeten (Dörre 2010; Streeck 2001; Lutz 1987). Gerade in der aktuellen Diskussion wird das System industrieller Beziehungen aber zunehmend hinsichtlich einer effizienten Wirkungsweise zur Verhinderung sozialer Ungleichheit am Arbeitsmarkt sowie im Hinblick auf die Anpassungsfähigkeit an die fundamentalen gesellschaftlichen und wirtschaftsstrukturellen Wandlungsprozesse hinterfragt (beispielsweise in der Mindestlohndebatte).

Gerade in den Branchen des Produktionssektors ist aber aufgrund der historischen Entwicklung dieses Wirtschaftssektors noch ein höherer Grad der Organisation von Arbeitnehmern im Sinne des deutschen Systems industrieller Beziehungen festzustellen als in neueren wissensintensiven Branchen.

An diese Überlegungen anknüpfend, können zwei weitere Forschungshypothesen zur Begründung der Ausdifferenzierung betrieblicher Beschäftigungsstrukturen zwischen den Betrieben unterschiedlicher Branchen formuliert werden:

- IIIa Das Vorhandensein von betrieblichen oder gewerkschaftlichen Interessenvertretungen stützt die Erhaltung stabiler Beschäftigungsstrukturen, da Arbeitnehmerinteressenvertretungen die Verhandlung von langfristigen Beschäftigungssicherheiten nach wie vor als eine ihrer zentralen Aufgaben erachten.
- IIIb Da die Einbindung in das System industrieller Beziehungen in den Betrieben des Produktionssektors noch stärker ist als in den betrieblichen Organisationen des Dienstleistungssektors, wird somit in diesen Betrieben auch eine höhere Stabilität der Beschäftigungsstrukturen erwartet.

4.3.2 Begründung der gebildeten Branchengruppen

In den angestrebten empirischen Analysen können anknüpfend an Bells sektoranalytische Differenzierung sowie unter Berücksichtigung der für die Formulierung von Forschungshypothesen herangezogenen theoretischen Annahmen fünf Gruppen von betrieblichen Organisationen anhand der Branchenzuordnung voneinander unterschieden werden.

Hierfür werden mehrere Merkmalsdimensionen berücksichtigt, in denen sich betriebliche Organisationen verschiedener Branchen gleichen oder unterscheiden können. Für die Bildung von Branchengruppen zur Operationalisierung verschiedener Wirtschaftssektoren wird dabei zum Einen die für die Schaffung der für den Umsatz der betrieblichen Organisation maßgebliche Produkte übliche Form von Arbeitstätigkeiten (Produktion oder Dienstleistung sowie wissensintensive versus nicht wissensintensive Tätigkeiten) als Merkmalsdimension herangezogen. Zum Anderen soll über das Alter bestimmter Branchen, der Grad der Institutionalisierung von Organisationsstrukturen operationalisiert werden.

Somit wird in der vorliegenden Studie zwischen folgenden Branchengruppen unterschieden:

1. Betriebliche Organisationen des Produktionssektors
2. Betriebliche Organisationen, des Hightech-Produktionssektors („jüngere bzw. neue Branchen“)
3. Betriebliche Organisationen des traditionellen Dienstleistungssektors
4. Betriebliche Organisationen des Dienstleistungssektors, deren Tätigkeitsfelder sich seit einigen Jahren sehr stark wandeln
5. Betriebliche Organisationen, des neuen wissensintensiven Dienstleistungssektors („jüngere bzw. neue Branchen“)

Es wird in der weiteren Darstellung des empirischen Analysedesigns konkretisiert und begründet, wie diese Branchengruppen im Rahmen der angestrebten empirischen Analysen operationalisiert werden.

4.3.3 Beschreibung des angestrebten Analysedesigns der empirischen Untersuchung

Die folgenden Analysen zielen nochmals zusammenfassend darauf ab, Erklärungszusammenhänge der Entstehung und Erhaltung stabiler betrieblicher Beschäftigungsstrukturen in der Kernbelegschaft betrieblicher Beschäftigung zu untersuchen sowie die Nutzungszusammenhänge atypischer Beschäftigungsformen in betrieblichen Organisationen verschiedener Wirtschaftssektoren genauer zu beschreiben.

Dabei soll in der vorliegenden Studie der Frage nachgegangen werden, welche Folgen der Wandel der Wirtschaftsstruktur Deutschlands für die Veränderungen in den Beschäftigungsbeziehungen hat. Hierbei ist es das Ziel, sowohl die beobachteten Ausdifferenzierungsprozesse betrieblicher Beschäftigungsstrukturen zwischen verschiedenen Wirtschaftssektoren aufzuzeigen und anhand von theoretisch hergeleiteten Erklärungszusammenhängen zu begründen als auch Elemente der Strukturerhaltung im deutschen Beschäftigungssystem zu diskutieren.

In Anknüpfung an die Analysen von Schröder und Struck (2006, 2007), die im Rahmen des DFG-Projektes „Betrieb und Beschäftigung im Wandel“ durchgeführt wurden, soll in den angestrebten empirischen Analysen ebenfalls das methodische Instrumentarium der Vertreter der Kontingenztheorie, die multivariate Analyse von Zusammenhängen in Form von Regressionsanalysen angewandt werden. Eine Erweiterung der bisherigen Analyseperspektive der Untersuchungen im Rahmen des Projektes „Betrieb und Beschäftigung“ wird aber zum einen durch die Spezifizierung von Regressionsanalysen, die mehrere Erklärungsebenen im Rahmen der multivariaten Analyse berücksichtigen (Mehrebenendesign), realisiert. Zum anderen soll aber auch die abhängige Variable durch Bestimmung eines mehrdimensionalen Indikators zur Messung der Stabilität betrieblicher Beschäftigungsstrukturen an die aktuellen wissenschaftlichen Erkenntnisse der Flexibilitätsforschung angepasst werden.

Durch die Bestimmung der abhängigen Variablen anhand unterschiedlicher Indikatoren der Beschäftigungsstabilität soll neueren Befunden aus der Flexibilitätsforschung Rechnung getragen werden. Wie in Kapitel 2.2 ausführlicher dargestellt, ist der Indikator „durchschnittliche Dauer der Beschäftigungsverhältnisse der Kernbelegschaft eines Betriebes“ nur eine Messdimension für die Erfassung der Beschäftigungsstabilität in den beobachteten Beschäftigungssegmenten. Auch schrumpfende stabile Kernbelegschaften zugunsten wachsender flexibler Randbelegschaften sind ein wichtiges Szenario, welches anhand der Analyse des Indikators „Einsatzes von atypischen Beschäftigungsformen“ empirisch untersucht werden kann.

Die Herausarbeitung des Branchenkontexts als Erklärungsvariable durch die Definition von Branchengruppen (vgl. Kap. 4.3) und die damit verbundene Mehrebenenmodellierung der Erklärungsmodelle dienen weiterhin dazu, neue theoretische Überlegungen aus der Organisationstheorie aufzugreifen (vgl. Kap. 3.3) und empirisch zu prüfen. Angestrebt wird ein integrativer Ansatz von strukturfunktionalistischen Erklärungsangeboten, die den theoretischen Überlegungen in der „Neuen Insitutionenökonomie“ entlehnt sind und einer kontextbetonenden Erweiterung der Erklärungsmodelle der Entstehung und Erhaltung von stabilen betrieblichen Beschäftigungssystemen.

4.4 Beschreibung der Datenbasis der empirischen Untersuchung: SFB580-B2-Betriebsdaten

4.4.1 Erhebungsdesign

Die empirischen Untersuchungen der vorliegenden Studie werden mit den SFB580-B2-Betriebsdaten durchgeführt. Diese Betriebsdaten wurden im Rahmen des Forschungsprojektes „Betrieb und Beschäftigung im Wandel“ seit dem Jahre 2002 im Abstand von zwei Jahren erhoben. Die Befragungen wurden mit dem Ziel durchgeführt, eine inhaltlich umfangreiche Datengrundlage für die tiefer gehenden Analysen der Wandlungsprozesse betrieblicher Beschäftigungssysteme bereitzustellen.

Die Erhebungen der Daten fanden jeweils im Herbst statt, um möglichst wenig durch Saisoneffekte beeinflusste Strukturmerkmale betrieblicher Organisationen abzubilden. Lediglich für das Jahr 2008 wurden die Daten erst im Frühsommer des Jahres 2009 erhoben. Die stichtagsbezogenen Angaben wurden jeweils für den Stand zum 30.9. der Jahre 2002, 2004, 2006 und 2008 abgefragt.

Ansprechpartner in den Betrieben und Betriebsstätten waren Geschäftsführer oder Inhaber, Personalverantwortliche beziehungsweise Personen mit Personalverantwortung oder in Ausnahmefällen auch andere kompetente Ansprechpartner wie kaufmännische Angestellte, Verwaltungsangestellte oder Sekretärinnen in kleineren Betrieben oder Betriebsstätten (vgl. Tabelle 2).

	Betriebsbefragung 2004*	Betriebsbefragung 2006	Betriebsbefragung 2009
Geschäftsführer bzw. Mitglied der Geschäftsführung	**243 / 40,3%**	**208 / 45,2%**	**171 / 47,2%**
Inhaber	**45 / 7,5 %**	**38 / 8,3%**	**29 / 8%**
Personalverantwortliche	**170 / 28.3%**	**103 / 22,4%**	**83 / 22,9%**
Abteilungsleiter/ Gruppenleiter	**65 / 10,8%**	**32 / 7%**	**22 / 6,1%**

Kaufmännischer Angestellter/ Angestellter in Verwaltung	**60 / 10%**	**58 / 12,6%**	**41 / 11,3%**
SekretärIn	**11 / 1,8%**	**8 / 1,7%**	**8 / 2,2%**
Sonstiges	**10 / 1,4%**	**13 / 2,8%**	**8 / 2,2%**
Gesamt	**603 / 100%**	**460 / 100%**	**362 / 100%**

Tabelle 2: Ansprechpartner der standardisierten Betriebsbefragungen im Rahmen des Projektes „Betrieb und Beschäftigung im Wandel", eigene Auswertungen[20]

Die jeweiligen Ansprechpartner gaben im Rahmen einer standardisierten Befragung umfangreich Auskunft über die Personalstruktur des Betriebes beziehungsweise der Betriebsstätte. Darüber hinaus beantworteten die Interviewpartner auch einige weitere Fragen zum Ausbildungsverhalten des Betriebes, zur Personalfluktuation sowie Fragen zur allgemeinen Geschäfts- und Auftragslage und den umgesetzten Formen der Arbeitsorganisation sowie zur Einbindung des Betriebes oder der Betriebsstätte in das deutsche System industrieller Beziehungen.

Die Erhebungen wurden jeweils in Form von computergestützten telefonischen Befragungen durchgeführt (vgl. Martens/ Krause I. 2008; Krause, I. 2008). Teilweise konnten die telefonischen Befragungen durch den Modus eines postalischen Selbstausfüllerfragebogen oder eines Selbstausfüller-E-Mailfragebogens ergänzt werden[21].

Die vier Erhebungen waren als Panelstudie konzipiert. Daher sinken die Stichprobengröße und die Fallzahl mit jeder Erhebung (vgl. Tabelle 3).

[20] In der Betriebsbefragung im Jahre 2002 wurde die Position des Gesprächspartners nicht geschlossen abgefragt und lässt sich somit im Nachhinein nicht in vergleichbarer Weise eineindeutig den Kategorien zuordnen.

[21] Im Jahre 2004 wurden zur Erhöhung des Rücklaufs bei den Panelfällen 110 postalische FB an Organisationseinheiten versandt, denen eine telefonische Teilnahme nicht möglich war. Hiervon wurden 65 Fragebögen zurückgesandt. (vgl. Krause 2008) Während der Erhebung im Jahre 2006 wurden 25 Fragebögen postalisch und 95 FB via E-Mail versandt. Der Rücklauf lag für diese Teilpopulation im Jahr 2006 bei nur 2 Fragebögen postalisch und 18 Fragebögen via E-Mail.

	Betriebsbefragung 2002	Betriebsbefragung 2004	Betriebsbefragung 2006	Betriebsbefragung 2009
Bruttostichprobe (Ziehung)	**3874**	**1120**	**754**	**727**
Bruttostichprobe (bereinigt)	**3354**	**1083**	**718**	**685**
Nettostichprobe (bereinigt)	**809 = 24%**	**603=54%**	**461=61%**	**362=50%**
Eindeutige Panelfälle	**809**	**378**	**252**	**166**

Tabelle 3: Ausschöpfungsquoten und Panelfälle der SFB580-B2-Betriebsdaten, eigene Berechnungen im Rahmen der Paneldokumentation der SFB580-B2-Betriebsdaten

Letztlich konnten allerdings nur 166 betriebliche Organisationen über einen Zeitraum von acht Jahren verfolgt werden. Um dennoch die jeweiligen Querschnittserhebungen vergleichend auszuwerten, wurde bereits ab der zweiten Erhebungswelle die Stichprobe aufgestockt. Diese Aufstockungsstichproben dienten der Bereinigung von Ausfällen aus der Panelpopulation, indem neue Fälle ergänzt wurden, die eine Wiederherstellung der angestrebten Quotierung von Vergleichsstichproben dienten.

Die Ausschöpfung in den einzelnen Erhebungen lag insbesondere bei den Wiederholungsbefragung bei jeweils über 50% und übertrifft somit die aus anderen telefonischen Betriebsbefragungen bekannten Werten von etwa 30 bis 40 % (vgl. beispielsweise Martens/ Krause I. 2008).

4.4.2 Stichprobenziehung und Stichprobenkonzept

Die Stichprobenziehung für das erste Sample der SFB580-B2-Betriebsdaten erfolgte im Jahre 2002 am Institut für Arbeitsmarkt und Berufsforschung (IAB), Nürnberg. Für die spätere Nachziehung von Stichproben wurde teilweise auf die Hoppenstedt Firmendatenbank zurückgegriffen, wobei die Auswahl in die Stichprobe einbezogener Betriebe jeweils manuell vorbereitet wurde, sodass eine Verknüpfung unterschiedlicher Stichprobenquellen im Rahmen dieser Erhebungen nicht zu Problemen der Vergleichbarkeit führt.

Die Ziehung der Bruttostichprobe über das Institut für Arbeitsmarkt und Berufsforschung ermöglicht die Befragung von kleineren betrieblichen Organisationseinheiten, die als Betriebsstätte bezeichnet werden können. Betriebsstätten sind dabei regional und wirtschaftlich abgrenzbare Einheiten. Diese betrieblichen Organisationseinheiten können anhand der IAB-Betriebsnummern identifiziert werden. Grundsätzlich erfolgt die Vergabe von Betriebsnummern, „wenn:

- ein Betrieb neu gegründet wird,
- ein Wechsel des Betriebsinhabers stattfindet,
- die wirtschaftliche Zuordnung des Betriebs sich ändert oder
- ein Antrag vom Arbeitgeber z. B. auf Zusammenlegung von Filialen vorliegt.“ (vgl. Fischer et. al. 2008, 7ff)

Es kann in einzelnen Fällen vorkommen, das eine Betriebsstätte mehrere Betriebsnummern führt und somit doppelt in der Stichprobe vorhanden ist. Dieser Fall kam im Rahmen der Erhebung der SFB580-B2-Betriebsdaten nur sehr selten vor. Grundsätzlich ist es aber sehr wichtig, die Vergleichbarkeit der Organisationseinheiten, die eine Betriebsnummer führen, im Rahmen der Befragung durch gezielte Fragen nach der Unternehmensstruktur, sicher zustellen. Dies wurde in den Erhebungen der SFB580-B2-Betriebsdaten berücksichtigt.

Weiterhin erlaubt das Vergabeprinzip von Betriebsnummern der Bundesanstalt für Arbeit grundsätzlich die Vergabe von Identifikationsnummern an einzelne Filialen oder aber an eine regional weiter begrenzte Betriebseinheit. Hierdurch können sich bei der branchenvergleichenden Betrachtung von Betriebsfällen Probleme ergeben, da der Begriff Betriebseinheit oder Betriebsstätte zwischen den Branchen teilweise unterschiedlich angewandt wird (Näheres vgl. Fischer et. al. 2008).

Im Rahmen der Nachbereitung der Erhebungen der SFB580-B2-Betriebsdaten wurde somit regelmäßig die Vergleichbarkeit der Organisationseinheiten nochmals anhand gezielter Internetrecherche bei fraglichen Fällen kontrolliert. Konkret wurden die einzelnen Erhebungen, wie Tabelle 4 zeigt, aber vorrangig in eigenständigen kleinen und mittleren Betrieben durchgeführt.

Die Stichprobenziehung der einzelnen Erhebungen der SFB580-B2-Betriebsdaten wurde jeweils nach den Kriterien Regionen, Wirtschaftszweigen und Betriebsgrößen gemäß einer Gleichverteilung der Ausprägungen quotiert (Buttler/ Fickler 2002, siehe auch Schröder/Struck/Wlodarski 2008).

	Betriebsbefragung 2002	Betriebsbefragung 2004	Betriebsbefragung 2006	Betriebsbefragung 2009
Eigenständiger Betrieb	**506 / 63%**	**356 / 59%**	**259 / 56%**	**199 / 55%**
Eigenständiger Betrieb in Unternehmensgruppe	**101 / 12%**	**93 / 15%**	**54 / 12%**	**38 / 11%**
Zentrale oder Hauptniederlassung	**29 / 4%**	**42 / 7%**	**51 / 11%**	**32 / 9%**
Abhängige Niederlassung	**129 / 16%**	**103 / 17%**	**93 / 20%**	**85 / 24%**
Sonstiges	**43 / 5%**	**0**	**4 / 1%**	**7 / 2%**
Fehlende Angabe	**1**	**9**	**0**	**1**

Tabelle 4: Befragte betriebliche Organisationseinheiten, SFB582-B2-Betriebsdaten, eigene Berechnungen

In die Stichprobenziehung einbezogen wurden dabei nur betriebliche Organisationen aus vier Untersuchungsregionen, die auf der Ebene von Bundesländern definiert wurden, sowie betriebliche Organisationen aus zehn Branchen, welche anhand der Wirtschaftsklassifikation WZ93 bestimmt wurden. Weiterhin sollten betriebliche Organisationseinheiten mit weniger als vier und mehr als 500 Beschäftigten nicht in die Bruttostichprobe der ersten Erhebung einbezogen werden. Da Betriebe wachsen und schrumpfen, ist aber aufgrund der Panelstruktur der SFB580-B2-Betriebsdaten in den Erhebungen 2004, 2006 und 2009 mit einer Besetzung dieser Größenkategorie zu rechnen.

Die Quotierung nach Regionen dient der Kontrolle wirtschafts- und arbeitsmarktstruktureller Rahmenbedingungen. In Westdeutschland wurden das Bundesland Bayern und in Ostdeutschland Thüringen und Sachsen als jeweils strukturstärkere Regionen ausgewählt. Als strukturschwächere Auswahlregionen wurden für Westdeutschland Niedersachsen und Bremen sowie für Ostdeutschland Mecklenburg-Vorpommern und Sachsen-Anhalt herangezogen. Es wurden Betriebe und Betriebsstätten mit mindestens vier und maximal 500 sozialversicherungspflichtig Beschäftigten in die Stichprobe aufgenommen. Dabei wurde angestrebt, gleich viele kleine Betriebe (nicht mehr als 50 Beschäftigte) und mittlere Betriebe (50 bis 500 Beschäftigte) in die jeweilige Stichprobe aufzunehmen. Letztlich konnte aber nur eine Gleichverteilung für kleine Betriebe zwischen vier und 20 Beschäftigten sowie kleinere und mittlere Betriebe zwischen 20 und 500 Beschäftigten in jeder Branche und Region erreicht werden, da in einigen Branchen und innerhalb der Untersuchungsregion kaum größere Betriebe mit mehr als 20 Beschäftigten existieren.

Darüber hinaus wurde anhand der Wirtschaftszweigklassifikation (WZ93) auf Ebene der zweistelligen Codierung (oder in Ausnahmefällen auf Ebene der vierstelligen Codierung) zehn Gruppen von betrieblichen Organisationen ausgewählt, die die Heterogenität der Tätigkeitsstrukturen und Tätigkeitsformen auf dem deutschen Arbeitsmarkt entsprechend widerspiegeln sollten. Diese Gruppen wurden im Rahmen der Stichprobenbeschreibung unter den Branchenbegriffen: chemische Industrie, Maschinenbau, Bauwesen,

Handel, Kreditwesen, medizinische Dienstleistung, Verlagswesen ohne Druckgewerbe, Beratung & Marktforschung, Software sowie Weiterbildung gefasst. Im Detail erfolgte die Bestimmung von Branchengruppen anhand der folgenden Auswahl aus der Wirtschaftsklassifikation WZ93: Maschinenbau (DK29), Chemie (DG24), Verlag ohne Druckgewerbe (DE22; 22111/22121/22122/22131/22132/22133/22150); Bau (FA45); Handel & Reparatur (GA52); Kreditgewerbe (JA65); Software (KA72); Weiterbildung (MA80.2 & MA80.4), Pflege (NA85).

Bereits anhand der WZ93 Auswahlcodes zeigt sich, dass sich im Sample gleichgewichtet betriebliche Organisationen stärker und weniger bedeutender Branchengruppen im Hinblick auf Umsatz- sowie Beschäftigtenzahlen finden. So enthalten die einzelnen Querschnittsamples jeweils in etwa gleichgewichteter Anzahl Betriebe der relativ bedeutenden Branche chemische Industrie (vgl. VCE-Jahresbericht 2010, 32ff) oder Handel (vgl. Döhrn et. al. 2009, 71ff) sowie der in Bezug auf die Beschäftigten- und Umsatzzahlen weniger bedeutenden Branchen wie etwa die Weiterbildung oder das Verlagswesen (siehe ebenfalls Döhrn et. al. 2009, 71ff).

Der Datensatz ist somit insbesondere hinsichtlich der Kriterien Wirtschaftszweige und Betriebsgröße nicht repräsentativ für den deutschen Arbeitsmarkt. Hinsichtlich des Kriteriums der Auswahl von Untersuchungsregionen wurden in etwa gleich große regionale Einheiten in das Sample einbezogen. Das theoretische Sampling ermöglicht somit keine Verallgemeinerung der im Sample deskriptiv beschreibbaren Entwicklungen von Anteilswerten auf die Grundgesamtheit betrieblicher Organisationen, die auf dem deutschen Arbeitsmarkt agieren. Demgegenüber ermöglicht das theoretische Sampling des Datensatzes aber, wie in den empirischen Analysen der vorliegenden Studie angestrebt, Vergleiche betrieblicher Beschäftigungsstrukturen zwischen unterschiedlichen Gruppen betrieblicher Organisationen, welche in repräsentativen Erhebungen aufgrund der Fallzahlenproblematik in multivariaten Analysen häufig nicht mehr möglich sind. Weiterhin eignen sich die Daten sehr gut für die Untersuchung der im letzten Abschnitt hergeleiteten theoretischen Annahmen zur Entstehung und Erhaltung betrieblicher Beschäftigungsstrukturen.

Da gerade der Vergleich der Beschäftigungsstrukturen von betrieblichen Organisationen, die Branchengruppen zugeordnet werden, ein zentrales Ziel der empirischen Analysen der vorliegenden Studie ist, erweist sich das vorliegende Stichprobendesign für die angestrebten empirischen Analysen somit als äußerst fruchtbar.

4.4.3 Verweis auf Gewichtungsfaktoren

Die angestrebte Gleichgewichtung konnte nicht in allen Erhebungen in gleichem Maße für die einzelnen Kriterien erreicht werden. Generell gab es einen positiven Regionaleffekt bei den Rücklaufquoten in der Gruppe betrieblicher Organisationen, die in Sachsen und Thüringen angesiedelt ist (vgl. Abbildung 1). Hier scheint der Ruf der Universität Jena, die als Referenzinstitution genannt wurde, zu wirken.

Abbildung 1: Rücklaufquoten in den vier Erhebungen der SFB580-B2-Betriebsdaten nach Regionen

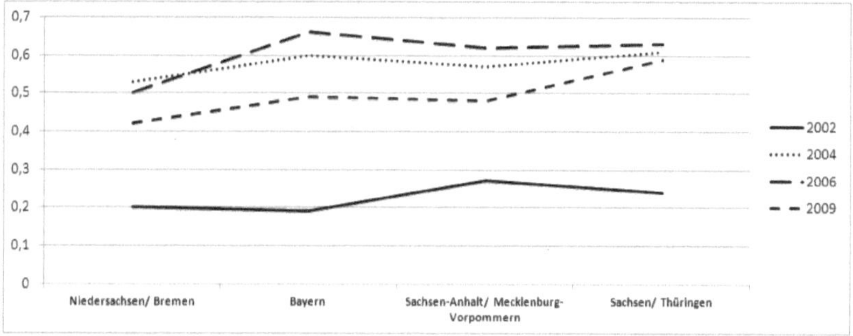

Abbildung 2: Rücklaufquoten in den vier Erhebungen der SFB580-B2-Betriebsdaten nach Branchen

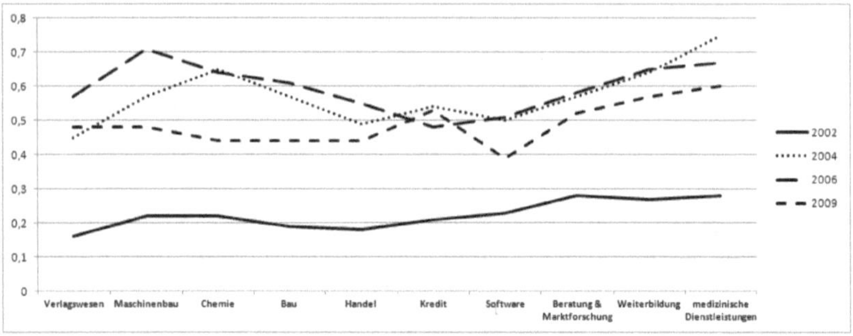

Weiterhin haben sich Weiterbildungsinstitutionen sowie medizinische Dienstleistungseinrichtungen in allen vier Erhebungen überdurchschnittlich aktiv an der Befragung beteiligt (vgl. Abbildung 2). In den Erhebungen der Jahre 2004 – 2006 lag weiterhin auch die Beteiligung der Produktionsbetriebe der Branchen Maschinenbau und chemische Industrie über dem allgemeinen Durchschnitt. Für das Jahr 2009 zeigte sich aber aufgrund der stärkeren Betroffenheit der letztgenannten Branchen von der Finanzkrise 2008/2009 eine unterdurchschnittliche Beteiligung.

Um diese moderaten Ausfalleffekte auszugleichen, wird in den quantitativen Analysen im Folgenden ein Gewichtungsfaktor angewendet, welcher die Anzahl der Betriebe auf den Erwartungswert der Gleichverteilung normiert und welcher als Multiplikator in den statistischen Verfahren angewandt werden kann[22].

[22] Die Berechnungsformel für den Gewichtungsfaktor lautet: Anzahl Untersuchungsregionen / Gesamtzahl aller Betriebe * Anzahl der Betriebe der jeweiligen Region bzw. Anzahl aller Branchen / Gesamtzahl aller Betriebe * Anzahl der Betriebe der jeweiligen Branche.

4.4.4 Begründung und Konkretisierung der Branchendifferenzierung für die folgenden empirischen Analysen

Wie bereits in Abschnitt 4.3 aus den konzeptionellen Überlegungen hergeleitet werden konnte, soll in den empirischen Analysen der vorliegenden Studie zwischen Gruppen betrieblicher Organisationen, die unterschiedlichen Branchengruppen zugeordnet werden können, unterschieden werden. Dies sind:

- Betriebliche Organisationen des Produktionssektors,
- Betriebliche Organisationen, der Hightech-Produktionsbranchen („jüngere bzw. neue Branchen"),
- Betriebliche Organisationen des traditionellen Dienstleistungssektors,
- Betriebliche Organisationen des Dienstleistungssektors, deren Tätigkeitsfelder sich seit einigen Jahren sehr stark wandeln,
- Betriebliche Organisationen des neuen wissensintensiven Dienstleistungssektors („jüngere bzw. neue Branchen")

Anhand von empirischen Werten sollen den konzeptionell bestimmten Branchengruppen nun anhand der Branchenvariable betriebliche Organisationen zugeordnet werden.

Tabelle 5 bildet hierbei die zwei entscheidenden Kennzahlen ab, die für die Zuordnung der Branchen zu einer der oben genannten Gruppen herangezogen werden können: 1) den Mittelwert des Anteils hoch Qualifizierter als Indikator für die Wissensintensivität der Tätigkeiten der Beschäftigten in den betrieblichen Organisationen der Branche sowie 2) das durchschnittliche Betriebsalter der Betriebe einer Branche als Indikator für das Alter einer Branche.

	Mittelwert des Anteils hoch Qualifizierter an sozialversicherungspflichtiger Beschäftigung*[23]			Betriebsalter (Median / Mittelwert)
	2002	2004	2006	2002
Bau	*6,3*	*7,8*	*8,8*	*20 / 36,6*
Maschinenbau	9,2	12,4	7,0	28 / 44,1
Chemie	10,8	10,7	8,6	50 / 61,9
Software	40,2	59,3	62,3	11 / 18,2
Kredit	22,4	13,8	9,8	93 / 88,3
Handel	13,5	9,8	12,0	29 / 55,5
Medizinische Dienstleistung	15,4	15,0	15,8	15 / 40,3
Verlagswesen ohne Druckgewerbe	19,9	36,0	36,4	21 / 30,1
Beratung & Marktforschung	23,3	23,4	19,8	12 / 27,3
Weiterbildung	35,6	50,7	52,5	12 / 23,7

Tabelle 5: Median des Anteils hoch qualifizierter Beschäftigter in den Querschnittsamples der SFB580-B2-Betriebsdaten für die ausgewählten Branchen sowie das durchschnittliche Alter der Betriebe im Querschnittsample 2002, eigene Berechnungen

Es zeigt sich, dass die betrieblichen Organisationen des vorliegenden Samples, die der Softwarebranche sowie dem Tätigkeitsfeld der Beratung und Marktforschung sowie der Weiterbildung zuzuordnen sind, im Durchschnitt wesentlich jüngere Betriebseinheiten darstellen als betriebliche Organisationen, die den übrigen abgebildeten Branchen zugeordnet wurden. Auch der Median für das Betriebsalter liegt bei diesen drei Branchengruppen wesentlich unter den Werten aller anderen Branchen.

Demgegenüber sind die betrieblichen Organisationen der Branchen Maschinenbau und chemische Industrie sowie der Branchen Kredit und Handel im Durchschnitt wesentlich älter als die betrieblichen Organisationen anderer Branchen. Auch die Medianwerte

[23] Frage nach dem Anteil der Angestellten mit Hochschulabschluss. In der Erhebung im Jahre 2009 wurde der Anteil an hoch Qualifizierten allerdings anhand einer anderen Frage erfasst und wird somit aufgrund der mangelnden Vergleichbarkeit nicht abgebildet.

zeigen, dass die Hälfte der Betriebe dieser Branchen mindestens 40 – 50 Jahre alt sind. In den jungen Branchen liegt der Medianwert demgegenüber bei etwa 20-25 Jahren.

Darüber hinaus verweist insbesondere in der Softwarebranche ein im Mittel wesentlich höherer Anteil von Beschäftigten mit Hochschulqualifikationen darauf hin, dass es sich um Betriebe handelt, die im wissensintensiven Tätigkeitsfeld agieren. Aber auch in den betrieblichen Organisationen der Weiterbildung sowie der Beratung oder Marktforschung und des Verlagswesens liegt der Median des Anteils an Hochschulabsolventen an allen Beschäftigten vergleichsweise höher als in den Gruppen der betrieblichen Organisationen traditioneller Branchen. Während der mittlere Anteil an Beschäftigten mit Hochschulabschluss in den „älteren Branchen“, ausgenommen dem Kreditwesen, bei lediglich etwa 10 % liegt, schwankt dieser Anteil in den „jüngeren Branchen“ zwischen mindestens 20 % in der Beratungsbranche bis über 60 % in der Softwarebranche.

Anhand dieser empirisch messbaren Merkmale erfolgt folgende Zuordnung zu den definierten Branchengruppen:

Als traditionelle Produktionsbetriebe werden alle betrieblichen Organisationen, die den Branchen Maschinenbau und chemische Industrie zugeordnet wurden, definiert.

Die Gruppe betrieblicher Organisationen der Branche Software werden im Rahmen der folgenden Untersuchungen der Branchengruppe Hightech-Produktionsbetriebe zugeordnet.

Als traditionelle Dienstleistungsbetriebe werden betriebliche Organisationen der Branchen Handel und Kredit verstanden, wobei aber in den betrieblichen Organisationen des Kreditwesens wissensintensive Tätigkeitsbereiche eine größere Bedeutung spielen als in betrieblichen Organisationen des Handels.

Unter dem Begriff neue wissensintensive Dienstleistungsbetriebe werden aus dem vorliegenden Sample grundsätzlich betriebliche Organisationen der Weiterbildungsbranche zusammengefasst.

Für die Branchen medizinische Dienstleistungen, Beratung und Marktforschung sowie Maschinenbau zeigt sich anhand des Vergleichs des Medianwertes für das Betriebsalter sowie des Mittelwertes eine positive Abweichung von mehr als 15 Jahren. Für die Branchengruppen gilt also, dass neben einer größeren Gruppe älterer Betriebe von mehr als 40 Jahren eine ebenfalls größere Gruppe von sehr jungen Betrieben existiert. Dies kann als ein Indiz gewertet werden, dass sich diese Branchengruppen stärker im Wandel befinden als andere. Dieser Aspekt soll in den folgenden empirischen Analysen berücksichtigt werden. Stellvertretend werden vor allem betriebliche Organisationen der Branche Beratung und Marktforschung sowie medizinische Dienstleistungen unter diesem Gesichtspunkt näher betrachtet.

Die Branchen medizinische Dienstleistungen und Beratung sowie Marktforschung werden somit als Dienstleistungsbranchen diskutiert, in denen sich die Tätigkeitsfelder und somit die Strukturen betrieblicher Organisationen sehr stark wandeln.

Die weiterhin im Sample befindliche Branche Bauwesen wird in den folgenden Analysen nur selten betrachtet. Einbezogen wurden betriebliche Organisationen dieser Branche in das vorliegende Sample um auch betriebliche Organisationen mit stärker handwerklich geprägten Organisationsstrukturen in die Stichprobe aufzunehmen. Für eine vergleichende Betrachtung von Baubetrieben mit den anderen im Sample vorhanden Branchengruppen müssten eigene Forschungshypothesen formuliert werden, was im Rahmen der vorliegenden Studie nicht vorgesehen ist.

4.4.5 Datensatzerweiterung

Neben der Branchendifferenzierung wurde bei der Konzeption des Stichprobendesigns der vorliegenden Daten auch die regionale Differenzierung der Standorte betrieblicher Organisationen berücksichtigt. In einer sehr groben Rasterung wurden Untersuchungsregionen bestimmt, die den angesiedelten Betrieben unterschiedliche strukturelle Gegebenheiten bieten. Es wurde zwischen strukturstärkeren und strukturschwächeren Untersuchungsregionen unterschieden sowie zwischen ost- und westdeutschen Regionen. Letzteres diente dazu, dem historischen Kontext der Teilung und Wiedervereinigung Deutschlands Rechnung zu tragen.

Im Rahmen der vorliegenden Untersuchungen sollen einleitend und im weiteren Verlauf kontrollierend auch regionale Struktureffekte hinsichtlich der Auswirkung auf die Entstehung und Erhaltung betrieblicher Beschäftigungsstrukturen berücksichtigt und diskutiert werden. Dabei erwies sich die im Stichprobendesign vorgenommene Differenzierung aber als zu grob, und es wurde durch die Erweiterung der vorliegenden Forschungsdaten eine feinere Strukturierung der regionalen Einflussgrößen angestrebt.

Konkret wurde den Untersuchungseinheiten der vorliegenden Erhebungen anhand der Postleitzahlen der Standorte der befragten Betriebe die Kreiskennzahlen der Standorte zugespielt. Über die Kreiskennzahlen lassen sich dann regionale Standortfaktoren wie die Arbeitslosenquote, die Bevölkerungsdichte sowie die Verteilung der Beschäftigten auf sehr allgemeine Kategorien der Wirtschaftszweigdifferenzierung, wie sie von statistischen Landesämtern publiziert werden, zuordnen.

Die so realisierte Erweiterung der vorliegenden Forschungsdaten erlaubt es, dass neben allgemeinen betrieblichen Merkmalen wie der Betriebsgröße und des Betriebsalters in den angestrebten Erklärungsmodellen auch regionale Standortfaktoren als Kontrollvariablen in die Berechnungen einbezogen werden können.

4.4.6 Abbildung betrieblicher Beschäftigungsstrukturen anhand der SFB580-B2-Betriebsdaten

Die vorliegenden Betriebsdaten aus dem Projekt „Betrieb und Beschäftigung im Wandel“ liefern eine besondere Datentiefe zur Beschreibung der Beschäftigungsstrukturen betrieblicher Organisationen. Anhand der SFB580-B2-Betriebsdaten können die folgenden Beschäftigungsgruppen anhand von Indikatorvariablen voneinander unterschieden werden:

- Beschäftigtengruppen, die sich anhand der vereinbarten Vertragsformen identifizieren lassen → Indikatoren: Anzahl und Anteil von Beschäftigten in atypischen Beschäftigungsformen (Befristung, Leiharbeiter, freie Mitarbeiter und Minijobber) sowie Übernahmequoten für die verschiedenen atypischen Beschäftigungsgruppen
- Gruppen sozialversicherungspflichtig unbefristeter Beschäftigter, die sich durch eine kurzfristige, mittelfristige oder langfristige Beschäftigungsperspektive voneinander unterscheiden → Indikatoren: Anzahl und Anteil der Beschäftigten, die die Personalverantwortlichen den Gruppen Beschäftigte mit kurzfristiger Beschäftigungsperspektive (bis zwei Jahre im Betrieb), mit einer mittelfristigen Beschäftigungsperspektive (zwei bis zehn Jahre im Betrieb), mit einer langfristigen Beschäftigungsperspektive (mehr als zehn Jahre im Betrieb) zuordnen[24].

Für die verschiedenen Beschäftigtengruppen werden darüber hinaus auch jeweils bezogen auf die Teilgruppen weitere beschreibende Merkmale abgefragt.

Für die Gruppe der sozialversicherungspflichtig Beschäftigten werden beispielsweise die Altersstruktur der Beschäftigen sowie das Qualifikationsniveau einzelner Teilgruppen erfasst. Für die Dauergruppen werden Merkmale, die der näheren Beschreibung der Tätigkeitsformen dienen, abgefragt. Dies sind beispielsweise

[24] Die Erfassung der Beschäftigungsdauer stellt eine zentrale Fragestellung der Erhebungen der SFB580-B2-Betriebsdaten dar. Die Beschäftigungsdauer verschiedener Gruppen sollte nicht rechtszensiert erfasst werden. Es wurde somit eine Operationalisierung der Dauervariablen entwickelt, die die Erfahrung der Personalverantwortlichen oder Geschäftsführer einbezieht. Diese wurden gebeten, ihre Beschäftigten in drei Dauergruppen einzuteilen. Dabei wurde nach der „erfahrungsgemäßen" Anteil einzelner Beschäftigtengruppen differenziert anhand der erwarteten Dauer der Beschäftigung im Betrieb gefragt. Dieser Indikator wurde in qualitativen Studien ausführlich getestet. Es zeigte sich, dass die Personalverantwortlichen sowie die Geschäftsführer gut mit der vorgeschlagenen Einteilung arbeiten können. Gefragt wurde: Wie viele Ihrer für Ihre Betriebsstätte tätigen Mitarbeiter erreichen ihrer Erfahrung nach insgesamt eine Beschäftigungsdauer von bis zu zwei Jahren, wie viele zwischen zwei und zehn Jahren und wie viele zehn Jahre und länger?

Indikatoren wie der Anteil der Beschäftigten, die in Forschung und Entwicklung eingebunden sind, oder der Anteil der Beschäftigten, die für ihre Arbeitstätigkeit nur eine kurze Einarbeitungszeit von unter einem Monat benötigen, sowie der Anteil der Beschäftigten, die bei der Ausübung ihrer Arbeitstätigkeit betriebsspezifische Wissensressourcen einsetzen.

In den folgenden Analysen wird zur Bestimmung der abhängigen Variablen vor allem auf die zwei Indikatorenbündel zurückgegriffen[25]:

- 1) Beschäftigtengruppen mit unterschiedlichen Beschäftigungsperspektiven sowie
- 2) Beschäftigtengruppen identifiziert über die vereinbarten Vertragsformen.

4.5 Zusammenfassende Begründung der Teilfragestellungen der empirischen Untersuchung

In den Analysen, die in den folgenden Kapiteln 5 bis 7 dargestellten werden, steht die Untersuchung von Prozessen der Destabilisierung und Flexibilisierung der Beschäftigung[26] auf dem deutschen Arbeitsmarkt im Fokus der Betrachtung. Dabei wird insbesondere hinterfragt, inwiefern ein Zusammenhang zwischen den beobachte-

[25] Grundsätzlich wäre es anhand der SFB580-B2-Betriebsdaten auch möglich, anhand der Ein- und Ausstellungsquoten Turnoverraten zu berechnen. Aufgrund der zu erwartenden Erhöhung der Komplexität der Untersuchungsbefunde sowie der häufig geringen Fallzahlen bezogen auf die Ein-und Ausstellungen in den betrieblichen Organisationen wurde dieser Indikator in den folgenden Analysen nicht berücksichtigt.

[26] Im Rahmen dieser Betrachtung werden allerdings aufgrund der Spezifizierung der empirischen Fragestellung die Prozesse der internen beziehungsweise funktionalen Flexibilisierung betrieblicher Beschäftigung, wie sie beispielsweise die Veränderung von Arbeitszeitmodellen oder die Veränderung im Entlohnungssystem von Arbeit darstellen, nicht systematisch in die empirische Analyse einbezogen. Dennoch wird an einigen Stellen in der Diskussion der empirischen Befunde auf das Verhältnis von internen und externen beziehungsweise numerischen und funktionalen Flexibilisierungselementen betrieblicher Beschäftigungsstrukturen verwiesen (vgl. Dütsch/ Struck 2011; Köhler/Krause, A. 2010, 391f; Kalleberg 2001).

ten Beschäftigungsstrukturen und der Einbettung betrieblicher Organisationen in die Wirtschaftsstruktur Deutschlands besteht.

In den Analysen soll der Blick einerseits auf die Ausgestaltung und Entwicklung betrieblicher Beschäftigungsarrangements, die auf eine beobachtbare Destabilisierung betrieblicher Beschäftigungsstrukturen im Kernbereich der Beschäftigung hinweisen, gerichtet werden (Kap. 6). Auf der anderen Seite soll in Kapitel 7 die betriebliche Nutzung atypischer Beschäftigungsformen, die per se die Flexibilisierung betrieblicher Beschäftigung bedingt, in den Blick genommen werden.

Um das Vorhaben der mehrdimensionalen Untersuchung der Stabilität betrieblicher Beschäftigungsstrukturen anzugehen, werden aber zunächst anhand eines Clusterverfahrens Betriebstypen bestimmt und beschrieben, die sich anhand der benannten Indikatorenbündel der Abbildung der Stabilität betrieblicher Beschäftigungsstrukturen gegeneinander ausdifferenzieren (vgl. Kap. 5). Die Clusteranalyse erzeugt ein Ergebnis, welches vor allem für die genauere Operationalisierung verschiedener Strukturen der Beschäftigung im Kernbereich betrieblicher Organisationen herangezogen werden kann.

Das Ergebnis der durchgeführten Clusteranalyse aufgreifend, können in Kapitel 6 Erklärungszusammenhänge für die Entstehung und Erhaltung langfristiger versus mittelfristig stabiler Beschäftigungsstrukturen im Kernbereich untersucht werden. Für die Operationalisierung von Stamm-Rand-Belegschaftsstrukturen über die intensive Nutzung atypischer Beschäftigungsformen wird allerdings ein anderer Zugang als der Rückbezug auf die Ergebnisse der Clusteranalyse gewählt. Somit beziehen sich die Analysen in Kapitel 7 auf die abhängigen Variablen: 1) Nutzung einer spezifischen Form atypischer Beschäftigung (ja/nein) sowie 2) Intensität der Nutzung einer spezifischen Form atypischer Variablen.

Ziel der folgenden Analysen ist es, wie bereits in Kapitel 3.2 sowie 4.3 ausführlicher dargelegt, vor allem die Kontexte, in die betriebliche Organisationen eingebunden sind, für die Erklärung der Entstehung und Wandlung der betrieblichen Beschäftigungsstrukturen heranzuziehen. Hierbei wird der Fokus darauf gelegt, Tendenzen der Destabilisierung auf dem deutschen Arbeitsmarkt (vgl. Kap. 2.2) zu beobachten und anhand theoretisch hergeleiteter Erklärungsangebote zu begründen. Für die Erklärung der beobachtbaren Beschäftigungsstrukturen wird dabei ein integrativer Ansatz aus strukturfunktionalistischen geprägten sowie kontextbetonenden theoretischen Überlegungen gewählt und empirisch umgesetzt. Von besonderer Bedeutung ist hierbei die Berechnung von Mehrebenenmodellen beziehungsweise Branchenmodellen.

5 Clusteranalyse zur Identifikation von Betriebstypen

5.1 Zielstellung der Identifikation von Betriebstypen (Stabilitätscluster)

Es ist das Ziel der im Folgenden dokumentierten Clusteranalyse, Betriebstypen mit deutlich voneinander unterscheidbaren, empirisch beobachtbaren Beschäftigungsstrukturen anhand der SFB580-B2-Betriebsdaten zu identifizieren, um diese vergleichend analysieren zu können. Wie bereits in Kapitel 4.5. dargestellt wurde, soll das Ergebnis der Clusteranalyse im weiteren Verlauf der Studie zur genaueren Erfassung der zu erklärenden Variable aufgegriffen werden. Die Clusteranalyse dient somit der Differenzierung der untersuchten betrieblichen Organisationen nach dem Kriterium der Schließung des oder der dominanten betrieblichen Beschäftigungssystems beziehungsweise Beschäftigungssysteme.

Für die Operationalisierung von Betriebstypen werden dabei zwei Blöcke von Indikatoren herangezogen, die der Erfassung verschiedener Dimensionen der Stabilität betrieblicher Beschäftigungsarrangements dienen. Dies sind zum einen Indikatoren, welche die durchschnittlich erwartete Verweildauer der Beschäftigten in der Kernbelegschaft des Betriebes abbilden, und zum anderen Indikatoren, die die Ausgestaltung der Vertragsarrangements in den betrieblichen Organisationen beschreiben. Es wurde bereits in Kap. 4.3.2 sowie 4.5 darauf verwiesen, dass die angestrebte mehrdimensionale Operationalisierung des Untersuchungsgegenstandes neueren Befunden in der empirischen Arbeitsmarktforschung Rechnung tragen will. Wie in Kapitel 2.2 gezeigt wurde, verweisen empirische Studien darauf, dass auf dem deutschen Arbeitsmarkt Veränderungsprozesse in den ausgehandelten Beschäftigungsarrangements zu beobachten sind, die sowohl eine Destabilisierung der Beschäftigungsverhältnisse im Kern betrieblicher Beschäftigung als auch zunehmend die Ausweitung atypischer Vertragsformen bedingen. Anhand der Clusteranalyse sollen somit Gruppen von betrieblichen Organisationen identifiziert werden, denen als Merkmal entweder eine höhere Instabilität im Kern der Beschäftigung oder aber eine erhöhte Flexibilität durch die Einbindung einer Randbelegschaft gemeinsam ist.

Das für den deutschen Arbeitsmarkt typische Beschäftigungsarrangement ist die langfristig angelegte unbefristete Beschäftigung, welches sich im Konzept des sogenannten Normalarbeitsverhältnisses widerspiegelt (vgl. Mückenberger 1985). Die im Folgenden dokumentierte Clusteranalyse zielt somit, anknüpfend an die im Sampling-Prozess der SFB580-B2-Betriebsdaten verfolgte Idee des Vergleichs der Beschäftigungsstrukturen unterschiedlicher Gruppen betrieblicher Organisationen (vgl. Kap. 4.4.2), vor allem darauf, Betriebstypen zu identifizieren, welche Beschäftigungsstrukturen widerspiegeln, die vom typischen Muster der Dominanz langfristig sozialversicherungspflichtig unbefristeter Beschäftigung abweichen. Zum einen geht es dabei um die Identifikation von Betriebstypen, in denen keine Langfristorientierung bei der Aushandlung von Beschäftigungsarrangements in der Kernbelegschaft des Betriebes zu beobachten ist, wobei die Kernbelegschaft über die Beschäftigtengruppe sozialversicherungspflichtig Unbefristeter operationalisiert wird. Zum anderen sollen die Betriebe als Typen der Ausgestaltung des betrieblichen Gesamtbeschäftigungssystems zusammengefasst werden, für die sich eine intensive Nutzung atypischer Beschäftigungsformen zeigt.

Die Beschäftigungsform des sogenannten Normalarbeitsverhältnisses kann anhand der SFB580-B2-Betriebsdaten über eine eigens eingeführte Indikatorvariable operationalisiert werden (vgl. Kap. 4.4.5). Gefragt wurde nach einem von den Betriebsleitern oder Personalverantwortlichen bestimmten durchschnittlichen Anteil langfristiger Beschäftigter in der Beschäftigtengruppe der sozialversicherungspflichtig Beschäftigten. Wie Tabelle 6 zeigt, liegt dieser Anteil in den einzelnen Querschnittstichproben bei jeweils etwa 60% der Beschäftigung im Kernbereich.

Wie in Kapitel 2.2.3 bereits diskutiert, verweisen einige empirische Studien der Arbeitsmarktmobilitätsforschung darauf, dass diese Form trotz beobachtbarer Wandlungsprozesse in den betrieblichen Beschäftigungsstrukturen nach wie vor das dominante Beschäftigungsmuster am deutschen Arbeitsmarkt darstellt (vgl. Giesecke/Heisig 2010; Bellmann et. al. 2009; Struck et. al. 2007; Erlinghangen 2006, 2004).

Stichprobenjahr	2002	2004	2006	2008
Mittelwert	57,9	63,3	63,2	62,7
Median	60	70	79	75
Minimum	0	0	0	0
Maximum	100	100	100	100

Tabelle 6: Von Personalverantwortlichen geschätzter durchschnittlicher Anteil langfristig Beschäftigter an allen sozialversicherungspflichtig unbefristet Beschäftigten sowie die Streuung dieses Wertes in den Querschnittstichproben der SFB580-B2-Betriebsdaten, eigene Berechnungen

Die Analysen mit dem vorliegenden Sample zeigen aber auch, dass der Anteil der Beschäftigten in einem sogenannten Normalarbeitsverhältnis sehr stark streut (vgl. Tabelle 6) [27].

[27] Dies lässt sich zum Teil dadurch begründen, dass die SFB580-B2-Betriebsdaten, wie in Kapitel 4.4 diskutiert, nicht als eine repräsentative Untersuchung betrieblicher Beschäftigungsstrukturen in der Grundgesamtheit aller betrieblichen Organisationen, die auf dem deutschen Arbeitsmarkt agieren,

Diesem Faktum soll in den weiteren vergleichenden Analysen der vorliegenden Studie, Rechnung getragen werden, indem das Ergebnis der Clusteranalyse für die weitere Untersuchung der Entstehungs- und Erhaltungsbedingungen betrieblicher Beschäftigungsstrukturen im Kernbereich betrieblicher Beschäftigung herangezogen wird.

5.2 Vorbereitung der Clusteranalyse

5.2.1 Benennung der einbezogenen Variablen

Aufgrund der dargestellten Vorüberlegungen werden in die Clusteranalyse die folgenden Variablen einbezogen:

- „Anteil extern-flexibler Beschäftigung (flexa)[28]",
- „Anteil befristeter Beschäftigung (befa)" und
- „Anteil kurz- sowie Anteil mittelfristiger Beschäftigung bezogen auf die Kernbelegschaft, d.h. die sozialversicherungspflichtig unbefristet Beschäftigten (kfa sowie mfa)[29]".

Die Referenzkategorien für die einbezogenen Variablen stellen dann die Variablen „Anteil unbefristeter sozialversicherungspflichtig Beschäftigter" (unbefa) sowie der Anteil langfristiger Beschäftigung" (lfa) dar. Es wird erwartet, dass durch die Eingabe der ausgewählten Indikatoren, Betriebe in einem Cluster zusammengefasst werden, die maßgeblich vom typischen Beschäftigungsmuster deutscher Betriebe abweichen.

betrachtet werden können. Wie bereits in Kap.4.4 dargestellt, zielte das theoretische Sampling der Stichproben der SFB580-B2-Betriebsdaten darauf ab, möglichst heterogene betriebliche Organisationen mit einer vergleichbaren Fallzahl zu erfassen (vgl. Kap. 4.4.3).

[28] Meint hier Leiharbeit und freie Mitarbeit. Die Anteile dieser Beschäftigungsformen wurden zusammengefasst, um im Rahmen der Clusteranalyse eine zu kleinfasrige Clusterbildung zu vermeiden.

[29] Gefragt wird nach dem erfahrungsmäßigen Verbleib der Beschäftigten im Betrieb (vgl. Kap. 4.4.4).

Da die Verteilungen der Indikatorvariablen unterschiedliche Streuungen sowie unterschiedliche Spannweiten aufweisen (Tabelle 7), werden in die Clusteranalyse aber jeweils die z-transformierten Werte eingegeben[30].

Stichprobenjahr	Anteil Kurzfristige (kfa)	Anteil Mittelfristige (mfa)	Anteil Langfristige (lfa)	Anteil Unbefristete (unbefa)	Anteil Befristete (befa)	Anteil extern-flexibler Beschäftigung (flexa)	Anteil Leiharbeiter (leihma)	Anteil freier Mitarbeiter (freima)
N	1592	1592	1591	1592	1592	1592	1592	1592
Mittelwert	6	32	62	80	5	7	0,7	6
Standardabweichung	13	33	40	22	11	17	3	17
Minimum	0	0	0	0	0	0	0	0
p5	0	0	0	27	0	0	0	0
p10	0	0	0	50	0	0	0	0
p90	20	85	100	100	14	24	0,5	21
p95	27	100	100	100	22	46	3,9	46
Maximum	100	100	100	100	100	98	51	98

Tabelle 7: Deskriptive Statistik der in die Clusteranalyse einbezogenen Variablen im gepoolten Sample der Erhebungen der SFB580-B2-Betriebsdaten, eigene Berechnungen

5.2.2 Basisdatensatz und Ausschlusskriterien

Die Clusteranalyse wird im gepoolten Querschnittssample der SFB580-B2-Betriebsdaten der Jahre 2002, 2004, 2006 durchgeführt, da hierdurch der Einfluss konjunktureller Schwankungen auf die Bildung der Cluster betrieblicher Organisationen verringert

[30] Bevor eine Clusteranalyse durchgeführt werden kann, müssen die relevanten Variablen auf ihre Verteilungsmaße hin untersucht werden. Da die Verteilung der einzubeziehenden Variablen nicht der Normalverteilung entspricht, empfiehlt es sich, die Variablen standardisiert in die Analyse einzugeben. Dadurch kann verhindert werden, dass einzelne Variablen die Clusterstrukturen zufällig zu stark dominieren (Bacher 1996, 180f). In der folgenden Analyse wird eine empirische z-Standardisierung der einbezogenen Variablen vorgenommen. Die Berechnungsformel lautet: $zx_i = (x_i - mx_i) / s_i$. Da zu erwarten ist, dass die Fehlerstreuung in den einzelnen einbezogenen Variablen variiert, ist die empirische Standardisierung der theoretischen vorzuziehen. Die empirische Standardisierung weist den Vorteil auf, dass zufällige Messfehler verringert werden können. Außerdem ist eine theoretische Standardisierung der Variablen nur wenig sinnvoll, da deren Hauptvorteil darin liegt, unterschiedliche Skaleneinheiten einander anzugleichen. Bei den vorliegenden Variablen handelt es sich allerdings immer um Prozentskalen mit einem theoretischen Messbereich zwischen 0 und 100%. Somit ist eine Angleichung nicht nötig (vgl. Bacher 1996, 175ff).

werden kann[31]. Die Erhebung im Jahre 2008 kann für die Clusteranalyse nicht herangezogen werden, da hier die Ausprägungen der Dauervariablen in den Kategorien kurz- und mittelfristige Beschäftigungsdauer verändert wurden[32].

Somit werden die Daten der Erhebungen 2002, 2004 und 2006 auf Basis der im Zeitreihenvergleich jeweils in gleicher Weise erfassten Variablen in ein gepooltes Sample überführt. Auf dessen Basis kann die Clusteranalyse durchgeführt werden.

In dem gepoolten Sample sind allerdings nur die Fälle enthalten, bei denen die Erhebung in den Jahren 2002, 2004 oder 2006 auf der Ebene der Betriebsstätte (nicht auf Ebene des Gesamtunternehmens) durchgeführt wurden. Weiterhin konnten nur die Betriebsfälle in die Clusteranalyse einbezogen werden, für welche für alle einbezogenen Variablen gültige Werte vorlagen.

Es werden folglich 655 Fälle aus der ersten Erhebung im Jahre 2002, 499 Fälle aus der Erhebung im Jahre 2004 und 438 Fälle aus der Erhebung im Jahre 2004 herangezogen. Insgesamt werden somit 1592 Betriebsfälle in die Clusteranalyse eingegeben.

[31] Zur Vorbereitung wurden Clusteranalysen in den verschiedenen Erhebungswellen durchgeführt (vgl. beispielsweise Köhler et. al. 2006). Es zeigte sich, dass sich die Ergebnisse der Clusteranalyse für die Jahre 2002 und 2006 stärker gleichen als diese Ergebnisse im Vergleich zum Ergebnis der Clusteranalyse des Jahres 2004. Dies lässt sich durch eine in den Daten darstellbare schlechtere Beschäftigungslage auf dem deutschen Arbeitsmarkt begründen. Um allerdings vergleichbare Betriebsgruppen zu erzeugen, wurde die Bildung jeweils gleich vieler Gruppen in den einzelnen Erhebungen angestrebt. Hierfür erwies sich das Verfahren der Clusteranalyse im gepoolten Sample als am ehesten geeignet. Andere Möglichkeiten der Übertragung von Clusterlösungen, beispielsweise unter Zuhilfenahme des Verfahrens der Diskriminanzanalyse, erwiesen sich als uneindeutig, da nicht bestimmt werden konnte, welche Querschnitterhebung die beste Clusterlösung anbot.

[32] Im Beobachtungsjahr 2008 wurde differenziert zwischen einer Beschäftigungsgruppe mit einer Beschäftigungsdauer von bis zu fünf Jahren, zwischen fünf und zehn Jahren und von über zehn Jahren. In den Beobachtungsjahren 2002, 2004 und 2006 wurde zwischen den Beschäftigungsperspektiven von bis zu zwei Jahren, zwischen zwei und zehn Jahren und von über zehn Jahre differenziert.

5.2.3 *Clusterverfahren*

Für die eindeutige Clusterbildung wird ein kombiniertes Verfahren von hierarchischer und partionierender Clusteranalyse[33,] (vgl. Backhaus et. al. 2006, 511f; Späth 1977, 35ff) angewendet, wodurch eine Verringerung der Verzerrung der Clusterbildung durch Reihenfolgeeffekte erreicht wird.

Um homogene Cluster zu erhalten, wird in einem ersten Schritt das Ward-Verfahren (vgl. Bacher 1996, 144) verwendet. Dieses ist ein hierarchisches Clusterzentren-Verfahren, bei dem die Streuung zwischen den Clusterzentren maximiert wird. Der Ward-Algorithmus ist für die vorliegende Analyse geeignet, da er grundsätzlich nicht dazu neigt, extrem kleine (Ausreißergruppen) oder extrem große Gruppen (Kettenbildung) zu bilden (vgl. Backhaus et. al. 2006, 528; Bacher 1996, 222).

Der hierarchische Ward-Algorithmus durchläuft allerdings nur einen Iterationsumlauf. Somit ist es sinnvoll, die ermittelten Clusterzentren erneut in ein partitionierendes Clusterverfahren (K-Means-Verfahren) einzuspielen, um durch weitere Iterationen die Zuordnung von Objekten zu Clustern zu optimieren. (vgl. Bacher 1996, 339) Es wird dabei ein K-Means-Verfahren angewandt, welches lediglich die Fälle umsortiert, die am Rande eines Clusters liegen. Eine Neuberechnung der Clusterzentren wird erst am Ende jedes Durchlaufs (Iteration) und nicht nach jedem Schritt (Neuzuordnung einzelner Fälle) durchgeführt (Stata Corp. 2007, 19).

[33] Die Clusteranalyse wird mit den Statistiksoftwarepaket Stata durchgeführt, da dies sowohl mehrere Verfahren der hierarchischen Clusteranalyse berechnet wie auch Clusterzentrenanalyseverfahren (K-Means, KMedians) durchführen kann.

5.3 Beschreibung der durchgeführten Clusteranalyse

5.3.1 Ermittlung der optimalen Clusterlösung

Um die optimale Clusterlösung zu bestimmen, werden im Folgenden statistische Bewertungskriterien herangezogen, die in Anlage I näher beschrieben sind.

Abbildung 3 bildet das Dendrogramm der durchgeführten hierarchischen Clusteranalyse (Ward-Verfahren), beginnend mit der zwanzigsten Clusterlösung, ab. Anhand dieses Dendrogramms lässt sich zunächst zeigen, dass sich unter den Clusterlösungen, die maximal einen Wert von 200 des verwendeten Ungleichheitsmaßes (Euklidische Distanz) aufweisen, bei einer Sechs- beziehungsweise Siebenclusterlösung Gruppen von Betrieben gegeneinander abgrenzen, die im vorherigen Verlauf nur wenig miteinander in Verbindung stehen. (Abbildung 3) Allerdings wird bereits im Dendrogramm deutlich, dass die gefundenen Gruppen von Betrieben nicht gleich groß sind und sich einige kleinere Residualgruppen bereits auf der Ebene der 15-Clusterlösung finden lassen. Der statistische Kennwert des Calinski-Harabasz-Kriteriums[34] für das Ward-Verfahren weist, im Hinblick auf eine optimale Clusterlösung, eindeutig eher auf eine Sechscluster- als auf eine optimale Siebenclusterlösung hin (vgl. Abbildung 4). Das Calinski-Harabasz-Kriterium der nochmals iterierten Sechs- bzw. Siebenclusterlösung bestätigt diesen Befund erneut. Die Bewertungsmaße nach Duda-Hart (vgl. Anlage II, Tabelle 41) liefern hingegen keine eindeutigen Angaben. Es zeigt sich, dass die in Frage kommenden Sechsclusterlösung sowie die in Frage kommende Sieben-Clusterlösung jeweils nicht ausschließlich homogene Gruppen bilden.

Im Folgenden sollen die aufgefundenen Betriebstypen der Sechsclusterlösung näher untersucht werden, da eine weitere de-

[34] Vgl. Anlage I

skriptive Betrachtung jeweils der Sieben- sowie der Sechsclusterlösung zeigte, dass die Sechscluster-Gruppierung in der näheren Betrachtung drei homogene Gruppen von Betrieben sowie drei Residualcluster liefert, die sich inhaltlich sehr gut interpretieren lassen.

Abbildung 3: Dendrogramm der Clusteranalyse (Ward-Verfahren), eigene Berechnungen, gepoolte Daten

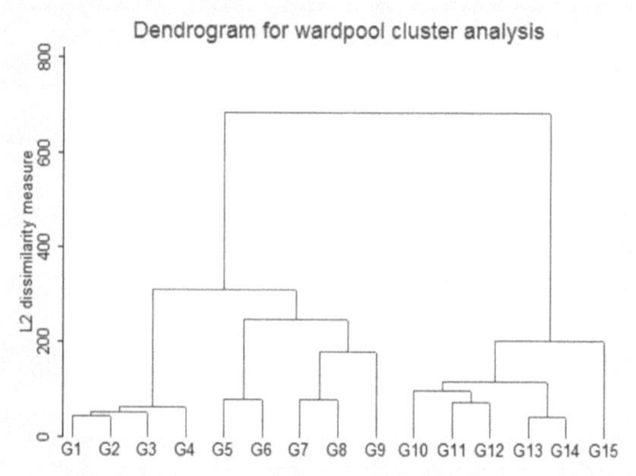

Abbildung 4: Gütemaße des Clusterverfahrens: Calinski-Harabasz Pseudo F für Ward- und K-Means-Verfahren, eigene Berechnung, gepoolte Daten

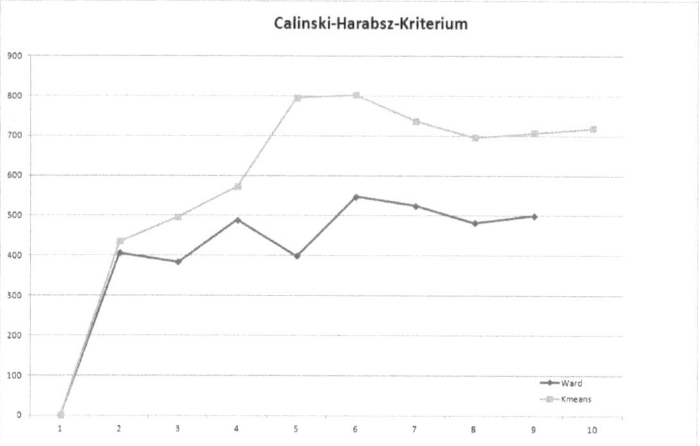

5.3.2 Statistische Bewertung der Clusterstrukturen der Sechsclusterlösung

Im Rahmen der Clusteranalyse wurden, wie bereits erwähnt, in der Sechsclusterlösung drei größere und drei kleinere Cluster gebildet.

Konkret verteilen sich die Fallzahl auf die aufgefundenen Cluster wie in Tabelle 8 dargestellt.

	Betriebsbefragung 2002	Betriebsbefragung 2004	Betriebsbefragung 2006	gepooltes Sample
Cluster 1	339	287	224	850
Cluster 2	157	91	93	341
Cluster 3	103	60	54	217
Cluster 4	12	14	10	36
Cluster 5	19	10	21	50
Cluster 6	25	37	36	95
	655	499	438	1592

Tabelle 8: Fallzahlen in den sechs Clustern, eigene Berechnungen

Für die Cluster 4, 5 und 6 verweisen die Werte der sogenannten F-Statistik (Backhaus et. al. 2006, 545ff) weithin darauf, dass diese nicht in ausreichendem Umfang homogen sind. Die Streuung der jeweils dominant beschreibenden Variablen ist in den Clusterlösungen höher als in der Gesamtstichprobe (F-Wert, vgl. Anlage II, Tabelle 2). Erklärt werden kann dies durch die geringe Fallzahl in den Clusterlösungen sowie durch die Clusterlösung selbst, die Betriebe zusammenfasst, die sich jeweils in einem sonst weniger relevanten Kriterium betrieblicher Beschäftigungsstrukturen, nämlich einem hohen Anteil an kurzfristig Beschäftigten (Cluster 4), einem hohen Anteil an befristetet Beschäftigten (Cluster 5) oder einem hohen Anteil an extern-flexibler Beschäftigung (Cluster 6) ähnlich sind.

Diese Clusterlösungen entsprechen somit nicht den statistischen Anforderungen einer homogenen Clusterlösung und müssen daher im Folgenden als Residualstrukturen interpretiert werden. In den weiteren multivariaten Analysen können diese Cluster somit nicht berücksichtigt werden. Um die Bedingungen des intensiven Einsatzes atypischer Beschäftigungsformen sowie die Entstehung betrieblicher Stamm-Rand-Belegschaftsstrukturen weiter zu untersuchen, wird in den empirischen Analysen der vorliegenden Studie daher ein anderer Zugang gewählt (vgl. Kap. 4.5, sowie Kap. 7).

Anhand der Ergebnisse der Clusteranalyse kann aber besonders deutlich zwischen betrieblichen Organisationen unterschieden werden, deren Beschäftigungsstrukturen im Kernbereich sich durch die langfristige oder nur mittelfristige Bindung zwischen Beschäftigten und Betrieb auszeichnen. Die Cluster 1, 2 und 3, welche sich hinsichtlich des Kriteriums der Dauerperspektive der Beschäftigten im Betrieb gegeneinander ausdifferenzieren, bilden, den statistischen Bewertungsmaßen entsprechend, homogene Gruppen und zeichnen sich jeweils durch eine spezifische Kombination von Beschäftigten mit unterschiedlichen Dauerperspektiven aus. Die Cluster 1-3 werden somit im Folgenden deskriptiv weiter beschrieben und können für die Analyse der Entstehungs- und Erhaltungsbedingungen stabiler betrieblicher Beschäftigungsstrukturen herangezogen werden.

Die Aufnahme der Messdimension Vertragsform in die Clusteranalyse ist vor dem Hintergrund der Ergebnisse der F-Statistik nochmals kritisch zu hinterfragen, da durch die Differenzierung zwischen den Vertragsformen lediglich Residualcluster identifiziert werden konnten. Allerdings war gerade dies ein Ziel der Clusteranalyse, nämlich Betriebe zu identifizieren, die, bezogen auf die betriebliche Beschäftigungsstruktur, keine Dominanz des sogenannten Normalarbeitsverhältnisses aufweisen. Die Herausbildung von Residualstrukturen ist somit wenig überraschend. Die Abspaltung von Residualcluster ermöglicht allerdings eine genauere empirische Operationalisierung des Untersuchungsgegenstandes „Beschäftigungssysteme mit stabilen betrieblichen Beschäftigungsstrukturen“ und dient somit der weiteren Vorbereitung der angestrebten empirischen Analysen.

5.4 Beschreibung der Betriebstypen mit größerer Bedeutung sozialversicherungspflichtig unbefristeter Beschäftigung

In der Clusteranalyse differenzieren sich letztlich vier von sechs Betriebstypen hinsichtlich des Kriteriums der Dauerperspektiven der Beschäftigungsarrangements in der Kernbelegschaft (sozialversicherungspflichtig unbefristet Beschäftigte) gegeneinander aus. Beschäftigte in atypischen Beschäftigungsarrangements finden sich in nahezu allen Betrieben dieser Cluster in geringerem Umfang.

Im Folgenden sollen zunächst nur die Beschäftigungsstrukturen dieser Betriebstypen grafisch dargestellt und genauer erläutert werden[35].

Eine erste grafische Veranschaulichung der Clusterstrukturen stellt dabei Abbildung 5 dar. Hier werden die durchschnittlichen Profile der Cluster 1 bis 4 aufgezeigt. Für jedes Cluster sind die durchschnittlichen Anteilswerte einzelner Vertragsformen, bezogen auf die Gesamtbeschäftigung, sowie die durchschnittlichen Anteilswerte der drei Dauergruppen, bezogen auf die sozialversicherungspflichtig unbefristete Beschäftigung, dargestellt. Die Dauergruppenanteile wurden in den Abbildungen zur besseren Vergleichbarkeit auf 100% normiert, wenngleich sie jeweils nur den Anteil der Dauergruppen an der Beschäftigungsgruppe sozialversicherungspflichtig unbefristeter Beschäftigter abbilden.
Konkret weisen die Cluster 1 bis 4 jeweils charakteristische Merkmale auf:

- Cluster 1: Dominanz unbefristeter langfristiger Beschäftigung (Dominanz Langfrist)
- Cluster 2: Dominanz unbefristeter mittelfristiger Beschäftigung (Dominanz Mittelfrist)
- Cluster 3: Dominanz unbefristeter Beschäftigung, aber Kombination von mittel- und langfristiger unbefristeter Beschäftigung (Kombi Mittel-Langfrist)

[35] Das Betriebscluster 4 wird hierbei allerdings nur aus Gründen der Vollständigkeit abgebildet.

- Cluster 4: Dominanz unbefristeter kurzfristiger Beschäftigung mit marginalem Anteil von mittel- und langfristiger Beschäftigung (Residualcluster)

Anhand der Abbildungen 6a-6d wird nochmals deutlich dargestellt, dass sich die Cluster 1 bis 4 in Bezug auf den Indikator Beschäftigungsdauer gegeneinander ausdifferenzieren. Gleichzeitig kann hier grafisch veranschaulicht werden, dass nahezu alle Betriebe dieser Cluster einen Anteil von über 50% sozialversicherungspflichtiger unbefristeter Beschäftigter bezogen auf die Gesamtbeschäftigung aufweisen (vgl. Abbildungen 6a-6d).

Eine höhere Streuungsdichte ist dabei in allen vier Clustern bei einem Anteil von über 80 % der Beschäftigten in sozialversicherungspflichtigen unbefristeten Vertragsverhältnissen zu beobachten.

Weiterhin spiegeln die Abbildungen 7a-7d den Zusammenhang zwischen den Indikatoren der Stabilität der Beschäftigung in der Kernbelegschaft, konkret den Anteilen an „sozialversicherungspflichtig unbefristeter langfristiger Beschäftigung" und an „sozialversicherungspflichtig unbefristeter mittelfristiger Beschäftigung", wider. Für das Cluster „KOMBI-LANG-MITTELFRIST" kann dabei eine wesentlich größere Streuung der Anteile der Dauergruppen Langfrist und Mittelfrist beobachtet werden als für die Cluster „DOMINANZ LANGFRIST" und „DOMINANZ MITTELFRIST", die sich eindeutig hinsichtlich des Kriteriums Anteil unbefristeter mittelfristiger Beschäftigung gegeneinander ausdifferenzieren.

Die Betriebe des Clusters „DOMINANZ LANGFRIST" bilden dabei die für die deutsche Betriebslandschaft als typisch erwartete Beschäftigungsstruktur ab: die „Dominanz sozialversicherungspflichtig unbefristeter und langfristiger Beschäftigung".

Die Betriebstypen der identifizierten Stabilitätscluster „DOMINANZ LANGFRIST", „DOMINANZ MITTELFRIST" und „KOMBI-LANG-MITTELFRIST" können somit letztlich im Hinblick auf das Reproduktionsverhältnis des Beschäftigungssystems zum externen Arbeitsmarkt in eine Reihenfolge gebracht werden, die einer empirischen Typologie geschlossener versus stärker geöffneter Strukturen von Beschäftigungssystemen entspricht. Diese Typologie der aufgefundenen Typen betrieblicher Beschäftigungsstrukturen knüpft dabei an die in der institutionalistischen Arbeitsmarkttheorie seit Längerem diskutierten Differenzierung zwischen offenen und geschlossenen betrieblichen Beschäftigungssystemen an (vgl. Köhler/Krause 2010, Simon 1991).

Es ist das Ziel des folgenden Kapitels 6, diese anhand der Clusteranalyse aufgefundenen voneinander verschiedenen Formen betrieblicher Beschäftigungsstrukturen, die Rückschlüsse auf das dominante Beschäftigungssystem innerhalb der betrieblichen Organisationen ermöglichen, näher im Hinblick auf die Prozesse der Strukturentstehung und der Strukturerhaltung hin zu untersuchen.

Abbildung 5: Profildarstellung der Beschäftigungsstrukturen in den identifizierten Clustern 1-4

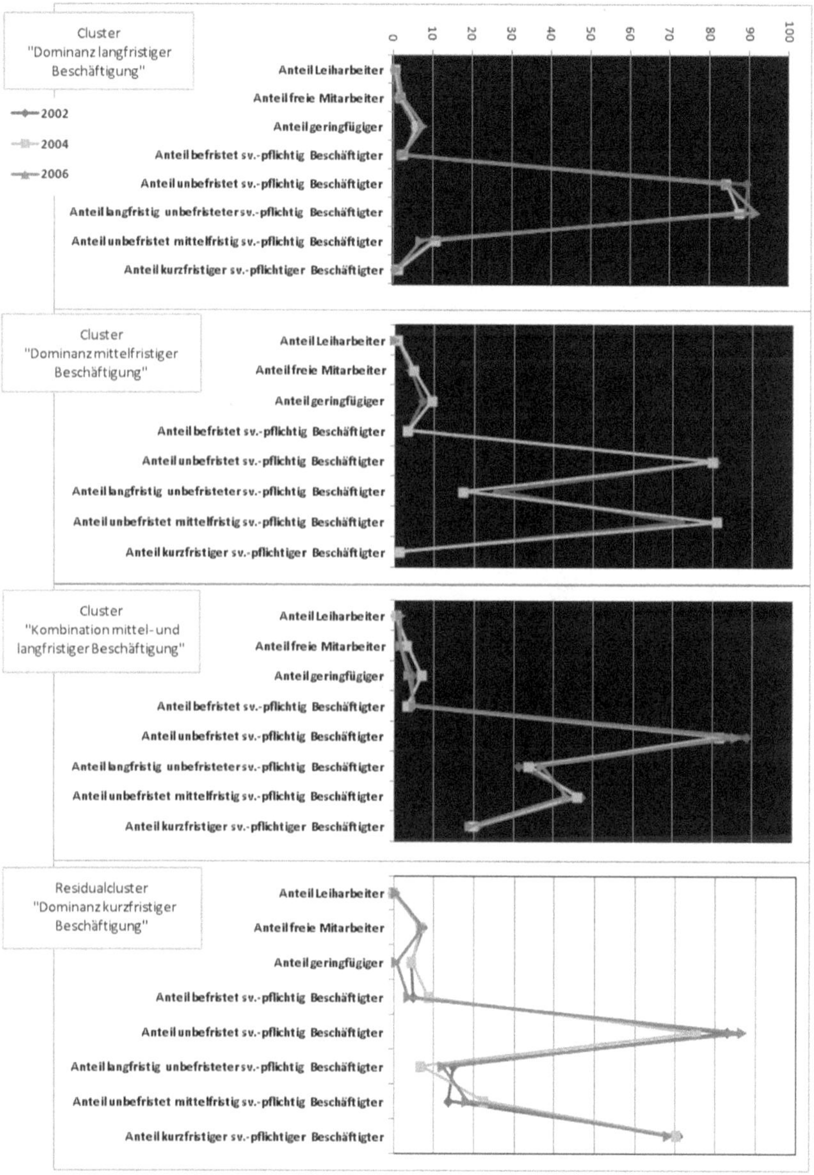

Abbildung 6: Scatterplots: x = Anteil sv.-pflichtig unbefristeter Beschäftigung / y = Anteil Langfrist an sozialversicherungspflichtiger unbefristeter Beschäftigung

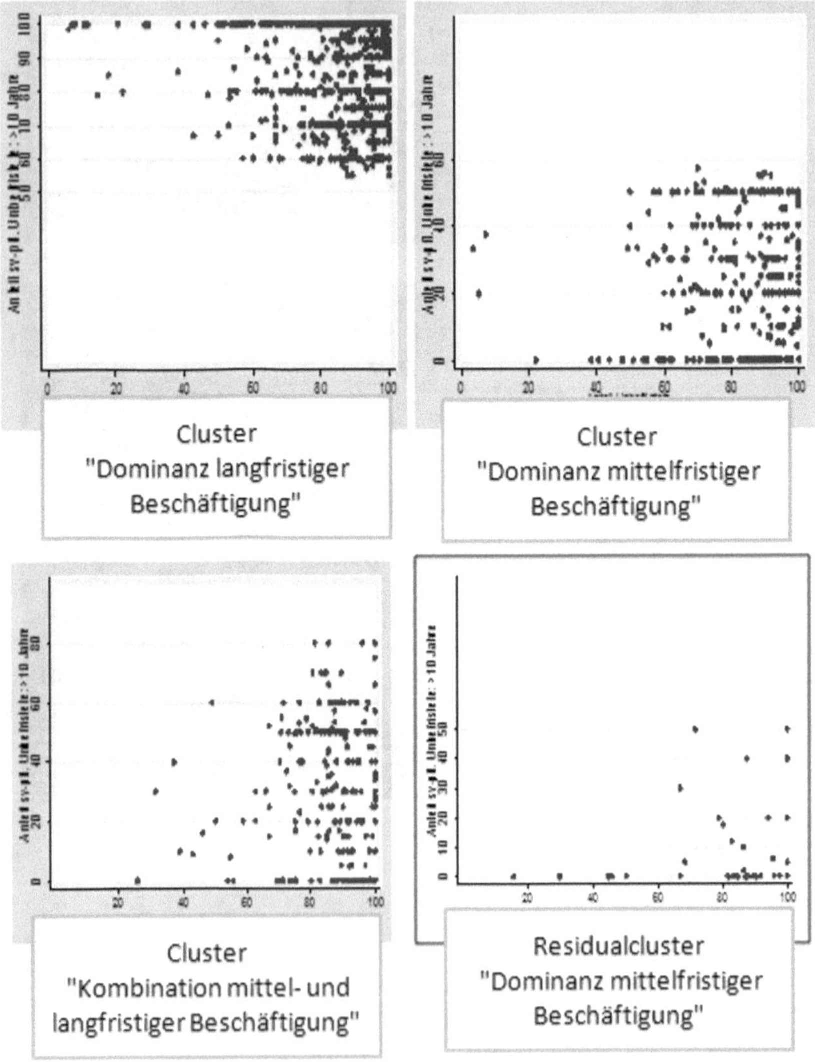

Abbildung 7: Scatterplots: x = Anteil Mittelfrist an sozialversicherungspflichtiger unbefristeter Beschäftigung / y= Anteil Langfrist an sozialversicherungspflichtiger unbefristeter Beschäftigung

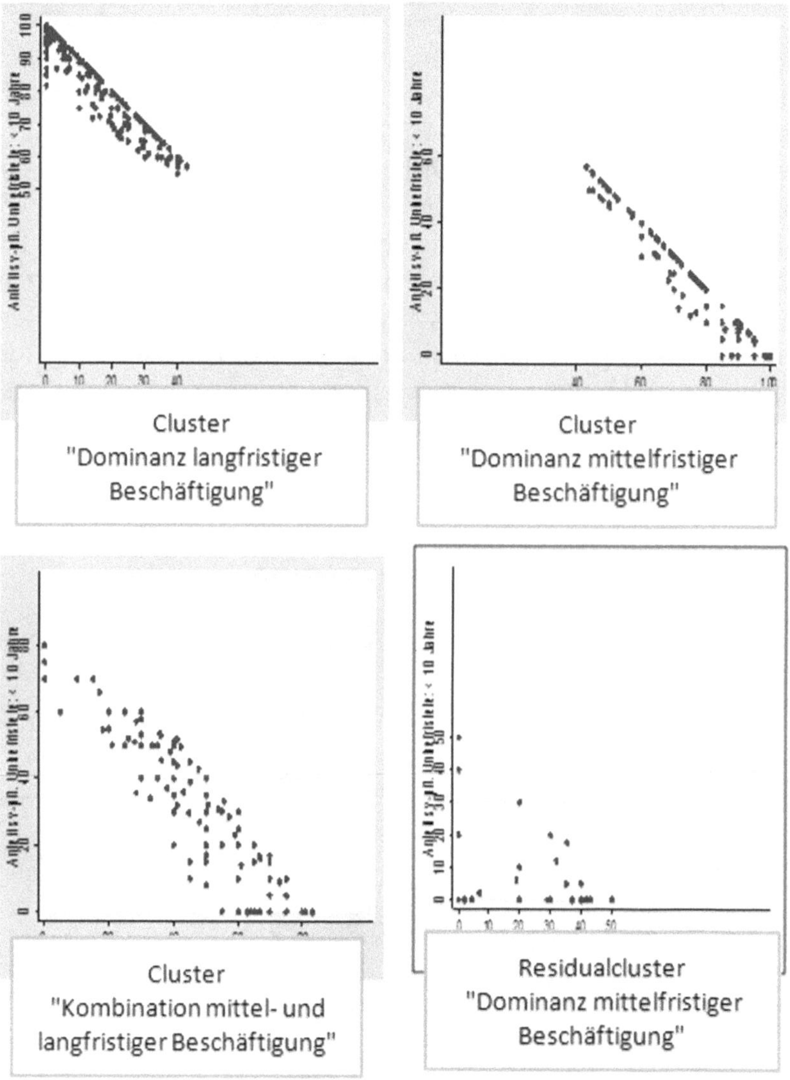

5.5 Stabilität betrieblicher Beschäftigungsstrukturen im Zeitverlauf

5.5.1 Bedeutung einzelner Betriebstypen im Zeitreihenvergleich

Betrachtet man neben der Struktur auch die Größe der einzelnen Stabilitäts- und Residualcluster, bezogen auf die jeweiligen Querschnittstichproben der SFB580-B2-Betriebsdaten (Abbildung 8), so wird nochmals klar, dass der Differenzierung, bezogen auf die Dimension der Beschäftigungsdauer (Typen 1 bis 4), eine größere Bedeutung zuzuschreiben ist als der Differenzierung nach der Dimension Vertragsformen (Typen 5 & 6). Außerdem dominiert in den Stichproben der Betriebstyp mit einer Stabilitätsstruktur, die sich durch einen geringen Anteil an atypischen Beschäftigungsformen sowie einen hohen Anteil an unbefristeter sozialversicherungspflichtiger langfristiger Beschäftigung auszeichnen. Diese Verteilung verweist nochmals auf das typische Beschäftigungsmuster betrieblicher Organisationen auf dem deutschen Arbeitsmarkt. Ein Großteil der Betriebe setzt nach wie vor auf die Aushandlung von traditionellen Beschäftigungsarrangements.

Abbildung 8: Verteilung der Cluster in den Teilstichproben der SFB580-B2-Betriebsdaten

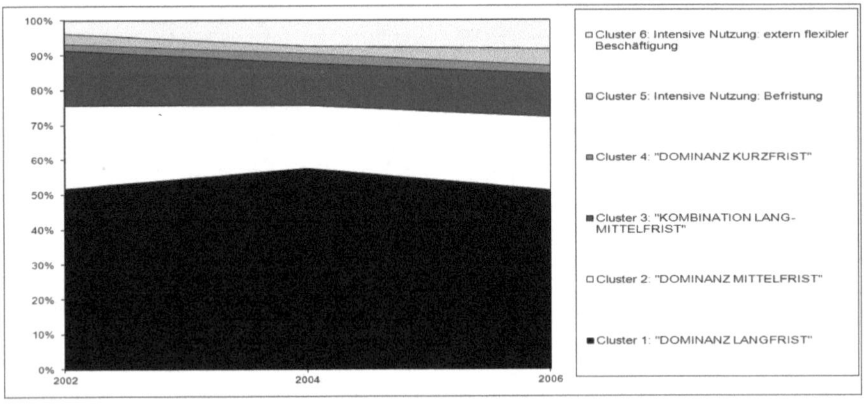

Unter Rückgriff auf die theoretischen Erklärungsansätze der „Neuen Institutionenökonomie“ (vgl. Kap. 3.2.3) kann somit zunächst unterstellt werden, dass diese traditionellen Strukturen betrieblicher Beschäftigung optimale Formen der Ausgestaltung des Gesamtbeschäftigungssystems darstellen, um die personalpolitischen Bezugsprobleme Diskontinuität, Verfügbarkeit und Herstellung von Leistungsbereitschaft und Legitimation in deutschen Betrieben (vgl. Kap. 4.2.2) lösen zu können.

Besonders unter diesem Aspekt ist es interessant zu beobachten, dass sich alternative Beschäftigungsstrukturen in den Betriebsstätten der Stichproben empirisch auffinden lassen. Es zeigt sich, dass in einem erheblichen Teil der Betriebsstätten mittelfristige Beschäftigungsarrangements ein zentrales Merkmal der Beschäftigungsstruktur darstellen. Anhand dieses Befundes wird nochmals die Bedeutung einer differenzierten Analyseperspektive, wie sie in der vorliegenden Studie angestrebt wird, deutlich.

5.5.2 Beobachtung konjunktureller Einflüsse

Die Betrachtung der Stabilitätsstrukturen von Betrieben der Stichprobe im Zeitreihenvergleich spiegelt in den vorliegenden Daten aber auch die Konjunkturabhängigkeit der Mobilität von Arbeitnehmern wider. Als Indikator für die Konjunkturlage der betrieblichen Organisationen kann aus den vorliegenden Daten die Selbsteinschätzung der Wirtschaftslage der Betriebe des Samples herangezogen werden.

Die Deskriptivstatistik bezüglich diesem Merkmal zeigt, dass im Jahre 2004 ein deutlich geringerer Anteil der Betriebe des Samples eine gute Ertragslage berichtet als in den Jahren 2002 und

2006[36]. Gleichzeitig lässt sich in den vorliegenden Daten im vergleichsweise konjunkturschwächeren Beobachtungsjahr 2004 ein erheblich höherer Anteil an Betrieben beobachten, die dem Typ des Clusters Dominanz längerfristige Beschäftigungsperspektiven zuzuordnen sind als in den Jahren 2002 und 2006 (Abbildung 8). Dieser zeitweilige Zuwachs geht zuungunsten des Anteils der Betriebe, die dem Typ des Clusters Dominanz mittelfristiger Beschäftigungsperspektiven zugeordnet werden. Der Anteil der Betriebe des Typs Dominanz unbefristeter mittelfristiger Beschäftigung ist im Jahre 2004 wesentlich geringer als in den Jahren 2002 und 2006.

Ein Zusammenhang zwischen diesen zwei deskriptiv messbaren betrieblichen Merkmalen lässt sich letztlich über die Annahme herleiten, dass Betriebe in konjunkturschlechteren Zeiten eher Beschäftigung abbauen und die allgemeine Arbeitslosenquote steigt. In der Durchschnittsbetrachtung aller Branchen verschlechtert sich, dieser Argumentation folgend, somit die Gelegenheitsstruktur für Jobwechsler, und die freiwillige überbetriebliche Mobilität der Beschäftigung am Arbeitsmarkt sinkt. Angenommen wird somit, dass in konjunkturschwächeren Zeiten vor allem flexiblere Beschäftigungsarrangements auch im Kernbereich betrieblicher Beschäftigung aufgelöst werden. Bestätigt wird die dargelegte Begründung eines Zusammenhangs der zwei betrieblichen Merkmale durch eine Studie von Marcel Erlinghagen (2005), welcher anhand der Daten des sozioökonomischen Panels zeigt, dass bei einer schlechteren allgemeinen Konjunkturlage, die Mobilität am Arbeitsmarkt sinkt und somit die Stabilität der Beschäftigung in den Betrieben zunimmt.

In den Interpretationen der im Folgenden häufig im Zeitreihenvergleich dargestellten Analysen wird es hin und wieder nötig sein, auf diesen empirisch darstellbaren Zusammenhang zu verweisen.

---

[36] Im Jahre 2002 berichten rund 41% der Betriebe des Samples eine gute Ertragslage, 2004 sind es demgegenüber nur rund 34% der Betriebe. 2006 berichten dann allerdings wiederum rund 47 % der Betriebe eine gute Ertragslage.

5.6 Zusammenfassung der Ergebnisse der Clusteranalyse

Die weiteren Analysen betrieblicher Beschäftigungsstrukturen, bezogen auf den Kernbereich der Beschäftigung in betrieblichen Organisationen, die auf dem deutschen Arbeitsmarkt agieren (vgl. Kap. 6), beziehen sich auf den oben dargelegten Befund der durchgeführten Clusteranalyse. Es konnte gezeigt werden, dass der Untersuchungsgegenstand anhand der Clusterung von betrieblichen Organisationen mit vergleichbaren Ausprägungen einiger Indikatoren der Stabilität betrieblicher Beschäftigung auf spezifische Weise eingegrenzt werden kann.

Das Ergebnis der Clusteranalyse ermöglicht es, Gruppen von betrieblichen Organisationen miteinander zu vergleichen, die sich vor allem hinsichtlich des Kriteriums der Stabilität der Beschäftigten im Kernbereich der Betriebe, gemessen über den Anteil langfristig Beschäftigter, deutlich gegeneinander ausdifferenzieren.

Durch die Identifikation von Residualclustern können zudem betriebliche Organisationen identifiziert werden, die einen überdurchschnittlich hohen Anteil an kurzfristig oder atypischen Beschäftigten aufweisen. Die betrieblichen Organisationen, die den Residualclustern zugeordnet wurden, können in den weiteren Berechnungen systematisch aus der Analyse ausgeschlossen werden. Hierdurch kann der avisierte Untersuchungsgegenstand genauer operationalisiert werden.

In den folgenden Analysen des Kapitels 6 soll insbesondere die Gruppe von betrieblichen Organisationen, in denen Beschäftigte nahezu ausschließlich in Form sozialversicherungspflichtiger unbefristeter Beschäftigungsverhältnisse angestellt sind und auch eine langfristige Beschäftigungsperspektive aufweisen, mit der Gruppe von betrieblichen Organisationen verglichen werden, in denen Beschäftigte ebenfalls nahezu ausschließlich in Form sozialversicherungspflichtig unbefristeter Beschäftigungsverhältnisse angestellt werden, allerdings der Großteil nur eine mittelfristige Beschäftigungsperspektive im Betrieb aufweist.

Im Rahmen dieser Analysen kann untersucht werden, welche Faktoren für die Erklärung der Stabilität beziehungsweise größeren Instabilität der Beschäftigung im Kernbereich betrieblicher Organisationen heranzuziehen sind.

6 Analyse der Beschäftigungsstrukturen im Kernbereich betrieblicher Beschäftigung

6.1 Konzeptionelle und methodische Vorbemerkungen

6.1.1 Bestimmung des Untersuchungsgegenstandes

Die im letzten Kapitel beschriebene Clusteranalyse erzeugt im Ergebnis verschiedene Betriebstypen, die sich vor allem hinsichtlich des Kriteriums der Stabilität der Beschäftigungsbeziehungen im Kernbereich der Beschäftigung betrieblicher Organisationen gegeneinander ausdifferenzierten. Es werden hierbei drei homogene Cluster erzeugt, die für die Identifikation von „Betriebstypen" mit überwiegend langfristigen, überwiegend mittelfristigen oder einer Kombination von mittel- und langfristigen sozialversicherungspflichtig unbefristeten Beschäftigungsverhältnissen, herangezogen werden können. Für die im Folgenden dargestellten multivariaten Analysen, die der Erklärung der Entstehung und Erhaltung stabiler betrieblicher Beschäftigungsstrukturen dienen sollen, wird hierbei insbesondere eine vergleichende Analyse der betrieblichen Organisationen des Clusters „DOMINANZ LANGFRIST" und des Clusters „DOMINANZ MITTELFRIST" angestrebt.

Im Rahmen der empirischen Analysen des vorliegenden Kapitels soll dabei untersucht werden, hinsichtlich welcher Merkmale sich die betrieblichen Organisationen, die den einzelnen Betriebstypen zugeordnet werden können, unterscheiden beziehungsweise inwiefern die betrieblichen Organisationen in voneinander deutlich unterscheidbare Kontexte eingebettet sind und wie diese Kontexte zur Erklärung der beobachtbaren Beschäftigungsstrukturen beitragen. Der Fokus liegt dabei auf der Untersuchung des Zusammenhangs des wirtschaftsstrukturellen Kontextes in den betriebliche Organisationen eingebunden sind und der Entstehung beziehungsweise Erhaltung stabiler betrieblicher Beschäftigungsstrukturen. Dabei werden auch Interaktion mit anderen, auf betrieblicher Ebene angesiedelten Erklärungsvariablen betrachtet. Die in Kapitel 4.3.2 näher begründete Gruppierung der Branchen des vorliegenden Samples liefert für diese Analyse die entscheidenden erklärenden Variablen um den wirtschaftsstrukturellen Kontext abzubilden, in den betriebliche Organisationen eingebunden sind.

6.1.2 Begründung der Teilfragestellungen des Kapitels

Der in diesem Kapitel beschriebenen Analyse von Branchenunterschieden betrieblicher Beschäftigungsstrukturen im Kernbereich der Beschäftigung in den beobachteten betrieblichen Organisationen wird zunächst aber eine Analyse der Bedeutung regionaler Standortfaktoren für die Erklärung betrieblicher Beschäftigungsstrukturen vorangestellt (vgl. Kapitel 6.2). Den Anstoß, die Ausdifferenzierung betrieblicher Beschäftigungsstrukturen zunächst auf die Bedeutung regionaler Kontextmerkmale zu untersuchen, liefert ein Ergebnis der Clusteranalyse (vgl. Kap. 5.5).

Es zeigte sich, dass in Abhängigkeit von der konjunkturellen Lage der Wirtschaft beziehungsweise der allgemeinen Arbeitsmarktlage in Deutschland ein höherer oder niedrigerer Wert an betrieblichen Organisationen mit mittelfristigen Beschäftigungsstrukturen zu beobachten war (vgl. Kap. 5.5.2). Die Arbeitsmarktlage, welche eng mit der allgemeinen Auftragslage von Betrieben verknüpft ist, sollte demzufolge bei der Erklärung der Stabilität betrieblicher Beschäftigungsstrukturen mit herangezogen werden.

Zur entsprechenden Abbildung der Arbeitsmarktlage sowie der Wirtschaftslage der beobachteten betrieblichen Organisationen eignen sich am Besten aber regionenspezifische Indikatoren, da innerhalb Deutschlands sich die die Arbeitsmarktsituation sowie die Wirtschaftslage betrieblicher Organisationen sehr stark voneinander unterscheidet und dabei von den jeweiligen regionalen Standortbedingungen abhängig ist[37]. Auch zeigen zahlreiche Länderreports einer umfassenden Studie zur Arbeitsmarktentwicklung in Deutschland[38] (vgl. Blien et. al. 2004 sowie Länderreports der Studie), dass soziodemografischen Standortfaktoren sowie die spezifische wirtschaftstrukturelle Entwicklung einer Region für die Beschreibung und Erklärung der regionalen Beschäftigungsentwicklung und Beschäftigungssituation von großer Bedeutung sind.

Um diesen Befunden Rechnung zu tragen, ist es somit in den Analysen des Teilkapitels 6.2 das Ziel, die regionalen Bedingungen, unter denen Beschäftigungsarrangements ausgehandelt werden, für die Erklärung der Entstehung und Erhaltung betrieblicher Beschäftigungsstrukturen in den Fokus zu nehmen. Unterstellt wird, dass sich Betriebe in der Ausgestaltung ihrer Beschäftigungsarrangements auf die jeweilige Situation der Knappheit an Arbeitskräften sowie in Bezug auf die üblichen Arbeitskonditionen, die im entsprechenden regionalem Arbeitsmarktsegment herrschen, kurz- bis mittelfristig einstellen.

Als Indikatoren für die regionalen Kontexte werden in die multivariaten Analysen des Kapitels 6.2 die regionale Arbeitslosenquote, die Bevölkerungsdichte sowie die Verteilung der Beschäftigung in der Region auf verschieden Wirtschaftssektoren einbezogen. Die Indikatoren wurden auf Kreisebene erhoben und dem

[37] Die regionale Differenzierung von Arbeitsmarktsegmenten wurde bereits im theoretischen Sampling der Stichproben der SFB580-B2-Betriebsdaten berücksichtigt. Die Erhebungen wurden jeweils in betrieblichen Organisationen, die in verschiedenen Regionen Deutschlands angesiedelt sind, durchgeführt. Dabei sollten sowohl betriebliche Organisationen mit Standorten in strukturstärkeren als auch in strukturschwächeren Regionen in Ost- und Westdeutschland in je gleichgewichteten Proportionen in das Sample einbezogen werden. Dieses Gleichgewichtungskriterium wurde, wie in Kapitel 4.4.2 aufgezeigt, zu den verschiedenen Erhebungszeitpunkten nahezu vollständig erfüllt. Umso bedeutender erscheint es im Rahmen der vorliegende Studie diese Erklärungsdimension zu untersuchen.

[38] Studie: „Vergleichende Analyse von Länderarbeitsmärkten“ (VALA).

verwendeten Sample zugespielt (vgl. Kap. 4.4.5). Die Ergebnisse dieses Teilkapitels werden dann für die weitere Konkretisierung der Forschungsfrage des folgenden Teilkapitel 6.3 herangezogen.

In Kapitel 6.3 wird die zentrale Fragestellung der vorliegenden Studie vertieft. Die in Kapitel 4.3.1 hergeleiteten Hypothesen werden anhand multivariater Analysen empirisch geprüft. Konkret wird untersucht, inwiefern die Gruppe der Betriebe mit langfristig stabilen Beschäftigungsstukturen in der Kernbelegschaft systematisch in andere Branchenkontexte sowie andere institutionelle Kontexte eingebunden ist als Betriebe mit eher mittelfristigen Beschäftigungsstrukturen in der Kernbelegschaft.

Eine Diskussion der Ergebnisse des Teilkapitels 6.3 vor dem Hintergrund alternativer Erklärungsansätze der Entstehung und Erhaltung betrieblicher Beschäftigungsstrukturen, wie sie in der „Neuen Institutionenökonomie“ sowie konkreter im Forschungsprojekt Betrieb und Beschäftigung im Wandel entwickelt wurden (vgl. Kap. 4.2), erfolgt dann in Kapitel 6.4 in Zusammenhang mit vertiefenden, stärker deskriptiven Analysen der Clusterstrukturen. Hierbei wird insbesondere der Zusammenhang zwischen Merkmalen betrieblicher Tätigkeitsstrukturen (Qualifikationsprofile; Bedarf an spezifischen Qualifikationen, Herausbildung von Qualifikationen im Betrieb, Organisationsformen der Arbeit) und der Herausbildung langfristiger versus mittelfristiger Beschäftigungsstrukturen dargestellt. Im Fokus dieses Analyseschrittes steht die Betrachtung von Interaktionseffekten des Branchenkontextes mit betrieblichen Merkmalen.

Die Analysen des Kapitel 6.4 dienen dabei vor allem der empirischen Prüfung eines integrativen Ansatzes unterschiedlicher theoretischer Perspektiven, die für die Erklärung der Entstehungs- und Erhaltungsbedingungen betrieblicher Beschäftigungsstrukturen herangezogen werden können. Ziel der Integration einer stärker kontextbetonenden Argumentationsweise mit strukturfunktionalistisch geprägten Erklärungsansätzen ist es, die bestehenden Erklärungskonzepte zu erweitern und somit deren Erklärungsgehalt zu steigern.

6.2 Regionale Gelegenheitsstrukturen als Erklärungsfaktoren betrieblicher Beschäftigungsstrukturen

6.2.1 Deskriptive Analyse

6.2.1.1 Erläuterung des Vorgehens

Um die Bedeutung regionaler Bedingungen und Gelegenheitsstrukturen für die Entstehung und Erhaltung stabiler betrieblicher Beschäftigungsstrukturen zu untersuchen, wird zunächst anhand von Krusikal-Wallis-Rangvergleichtests[39] der Zusammenhang zwischen den bereits genannten Regionalindikatoren und der Verteilung von Betrieben auf die aufgefundenen homogenen Cluster betrieblicher Organisationen zur Beschreibung betrieblicher Beschäftigungsstrukturen (vgl. Kap. 5.3.1) aufgezeigt. Diskutiert wird, inwiefern messbare regionale Standortfaktoren die Herausbildung mehr oder weniger stabiler betrieblicher Beschäftigungsstrukturen beeinflussen können. Der Auswahl der genannten Regionalindikatoren liegen dabei die folgenden Überlegungen zu Grunde.

- Arbeitslosenquote: Wie einige Studien der Arbeitsgruppe „Regionale Arbeitsmärkte" des Instituts für Arbeitsmarkt und Berufsforschung zeigen (Blien et. al 2004; Dauth et. al. 2008) lässt sich die regionale Arbeitsmarktlage gut durch den Indikator der regionalen Arbeitslosenquote abbilden. Dabei stellt die regionale Arbeitsmarktlage eine zentrale Dimension dar, um

[39] Der Krusikal-Wallis-Rangvergleichstest der Medianwerte der genannten Merkmale für die einzelnen Cluster von Betrieben wurde ausgewählt, da die jeweiligen Regionalindikatoren auf Kreisebene erhoben wurden und somit Betriebe in einer Region jeweils den gleichen Wert bekommen. Die Regionalinformation ist daher eher als eine Klassifikation von Betrieben im Sinne einer Ordinalskala zu verstehen. Die Ausgabe von Mittelwerten und die Anwendung eines T-Tests würde aufgrund der gruppierten Skalierung zu stark auf Ausreißer reagieren.

die regionale Gelegenheitsstruktur von Beschäftigungsmöglichkeiten zu beschreiben. Anhand des Indikators „regionale Arbeitslosenquote" soll somit, bezogen auf den hier diskutierten Kontext, eine zentrale Annahme aus der beruflichen Mobilitätsforschung geprüft werden. Diese unterstellt, dass die Arbeitslosenquote in direktem Zusammenhang zur freiwilligen zwischenbetrieblichen Mobilität von Arbeitnehmern steht. Laut Erlinghagen (2005) verringert hierbei eine schlechte Arbeitsmarktlage die freiwillige Fluktuation und erhöht somit den Anteil langfristig Beschäftigter im Betrieb. Die regionale Arbeitsmarktlage ist in diesem Zusammenhang ein wichtiger Indikator für die Machtposition des Arbeitnehmers beziehungsweise Arbeitgebers, bezogen auf das Durchsetzen eigener Interessen bei der Verhandlung von Beschäftigungsarrangements. Bei hoher Arbeitslosigkeit wird die Verhandlungsposition des Arbeitgebers gestärkt. Einige Studien belegen hierbei, dass dieser Zusammenhang auch unter der Annahme gilt, dass Arbeitnehmer, bezogen auf regionale Mobilitätsentscheidungen, zumeist flexibler sind als Betriebe oder Arbeitgeber (Windzio 2004).

- Bevölkerungsdichte: Neben der regionalen Arbeitslosenquote kann auch der Regionalindikator Bevölkerungsdichte herangezogen werden, um Rückschlüsse auf Gelegenheitsstrukturen der regionalen Beschäftigungsmöglichkeiten zu ziehen. Unterstellt wird hierbei, dass die Gefahr für einen qualifikatorischen Mismatch auf regionalen Arbeitsmärkten in dünner besiedelten Regionen allgemein höher ist als in Ballungszentren. Somit ist zu vermuten, dass die Suchkosten nach geeignetem Personal oder nach einem geeigneten Arbeitsplatz in dünner besiedelten Regionen wesentlich höher sind als in dichter besiedelten Regionen. Den Annahmen der Transaktionskostentheorie (vgl. Kap. 3.2.3.1) folgend lässt sich somit für den Zusammenhang der Bevölkerungsdichte der Region und der Stabilität betrieblicher Beschäftigung die Hypothese herleiten, dass betriebliche Organisationen in strukturschwachen Regionen stabilere Beschäftigungsstrukturen aufweisen, da die Stabilisierung betrieblicher Beschäftigung Transaktionskosten wie die Suchkosten nach geeignetem Personal beziehungsweise nach einem geeigneten Arbeitsplatz verringert.
- Bruttoinlandsprodukt je Erwerbstätigen: Dieser Indikator bildet die Ballung von wirtschaftlichen Aktivitäten ab. In ihm spiegeln sich somit zum einen die Dichte der Beschäftigungsmöglichkeiten sowie zum anderen die regionale Dichte der Besiedlung in der Region wider.
- Beschäftigtenanteile nach Wirtschaftssektoren: Im konkreten Kontext soll auch für die Ballung von Beschäftigungsmöglichkeiten in den verschiedenen Segmenten des Arbeitsmarktes kontrolliert werden. Diese sind anhand der Beschäftigungsanteile in den Wirtschaftssektoren Primärer Sektor

(Landwirtschaft, Forstwirtschaft und Fischzucht), Sekundärer Sektor (verarbeitendes Gewerbe[40]), traditioneller Dienstleistungssektor (Handel, Gastgewerbe und Verkehr), wissensintensiver unternehmensnaher Dienstleistungssektor (Finanzierung, Vermietung und Kreditwesen) sowie öffentliche und private Dienstleistungen messbar. Über die beschriebenen Indikatoren der Beschäftigtenanteile in den Wirtschaftssektoren können dabei die unterschiedliche Größe verschiedener Tätigkeitssegmente auf den regionalen Arbeitsmärkten bestimmt werden.

6.2.1.2 Ergebnisse

Anhand der deskriptiven Analyse werden im Hinblick auf die Ausdifferenzierung von Beschäftigungsstrukturen unter Beobachtung der regionalen Standortbedingungen die im Folgenden diskutierten Zusammenhänge deutlich (vgl. Tabelle 9).

Es zeigt sich, dass betriebliche Organisationen mit einer Beschäftigungsstruktur, die die Dominanz unbefristeter langfristiger Beschäftigung („DOMINANZ LANGFRIST") abbildet, sich häufiger in weniger dicht besiedelten Regionen finden als Betriebe mit einer Beschäftigungsstruktur, die auf die Dominanz unbefristeter mittelfristiger Beschäftigung („DOMINANZ MITTELFRIST") hinweist[41].

---

[40] Für den sekundären Sektor wird von allen statistischen Ämtern nur der Anteil der Beschäftigten im verarbeitenden Gewerbe regelmäßig ausgewiesen. Die Bauwirtschaft kann somit nicht für alle Regionen erfasst werden und wird nicht als eigene Kategorie in die Analyse aufgenommen. Der Wirtschaftssektor Bauwirtschaft und der Wirtschaftssektor öffentliche und private Dienstleistungen bilden in den Berechnungen die Referenzkategorie. Auch der Beschäftigtenanteil in den Wirtschaftssektoren C „Anteil der Erwerbstätigen im Bergbau" sowie E „Anteil der Erwerbstätigen in der Energiewirtschaft" wird von den statistischen Ämtern nicht ausgewiesen. Diese Beschäftigtenanteile werden in den Analysen nicht berücksichtigt.

[41] Der Zusammenhang zwischen der Herausbildung betrieblicher Beschäftigungsstrukturen mit mittelfristiger Dauerperspektive und der Bevölkerungsdichte zeigt sich allerdings im vergleichsweise konjunkturschwachen Jahr 2004 nicht. Dies könnte sich dadurch erklären, dass aufgrund einer allgemein ungünstigeren Konjunkturlage und der damit einhergehenden schlechteren gesamtdeutschen Beschäftigungssituation im Jahre 2004 eine verringerte Einstellungspraxis der Betriebe die überbetriebliche Mobilität der Beschäftigten hemmt. Beschäftigungsabbau und eine verringerte Einstellungspraxis verändern die Beschäftigungsstrukturen von Betrieben relativ kurzfristig, da Anteile mittelfristiger Beschäftigung zugunsten des Anteils langfristiger Beschäftigung abgebaut werden. Zu beachten ist also, dass sich die Teilstichprobe der Betriebe in Cluster 2 („DOMINANZ MITTEL-

Ebenso zeigt sich, dass die Zugehörigkeit der Betriebe zum Cluster „DOMINANZ LANGFRIST“ und eine Ansiedlung in einer Region mit einem verhältnismäßig geringeren Bruttoinlandsprodukt pro Erwerbstätigen in signifikantem Zusammenhang stehen. Interpretiert werden können diese Zusammenhänge letztlich im Sinne der These, dass günstigere Gelegenheitsstrukturen für Beschäftigungsmöglichkeiten in dichter geballten Regionen existieren, die die Fluktuation in den Betrieben erhöhen.

Darüber hinaus wird anhand der bivariaten Analysen deutlich, dass sich betriebliche Organisationen mit Beschäftigungsstrukturen des Typs „DOMINANZ LANGFRIST“ auch eher in Regionen mit einem vergleichsweise geringen Anteil an Beschäftigten in unternehmensnahen Dienstleistungsbetrieben auffinden lassen. Offen bleibt hier allerdings, ob dieser Effekt durch die Ballung unternehmensnaher Dienstleistungsunternehmen in dichter besiedelten Regionen allgemein oder aber durch flexiblere Beschäftigungsstrukturen in Betrieben des wissensintensiven Dienstleistungssektors erklärt werden kann. Über diesen Zusammenhang soll die im folgenden dargestellte multivariate Analyse mehr Aufschluss geben.

FRIST“) des Jahres 2004 anders zusammensetzt als in den Jahren 2002 oder 2006. Dieser Aspekt wurde bereits im Kapitel 5.4.2 diskutiert.

Regionalindikatoren:

Fallzahlen	Sample	Betriebe des Cluster 1	Betriebe des Cluster 2	Betriebe des Cluster 3
2002	740	337	157	102
2004	519	286	90	60
2006	401	191	93	54
Arbeitslosenquote (Median)	**Sample**	**Betriebe des Cluster 1**	**Betriebe des Cluster 2**	**Betriebe des Cluster 3**
2002	14,6	14,8	16	11,6***
2004	15,1	15,4	12,15*	13,6
2006	15	15,1	15	13,3
Bevölkerungsdichte (Median)	**Sample**	**Betriebe des Cluster 1**	**Betriebe des Cluster 2**	**Betriebe des Cluster 3**
2002	164,7	148,5***	175,8*	380,9***
2004	161,4	161	161,8	172
2006	164,6	152,3*	249,6*	160,7
BIP pro Erwerbstätigen (Median)	**Sample**	**Betriebe des Cluster 1**	**Betriebe des Cluster 2**	**Betriebe des Cluster 3**
2002	20,7	18,9***	21,6	23,6***
2004	20,8	20,5*	20,3	23,3***
Anteil regionaler Beschäftigung im verarbeitenden Gewerbe	**Sample**	**Betriebe des Cluster 1**	**Betriebe des Cluster 2**	**Betriebe des Cluster 3**
2002	10,7	9,4***	11,6	15,2***
2004	10,3	10,1	10,6	11,4
Anteil regionaler Beschäftigung im traditionelle Dienstleistungsgewerbe (Handel, Gastronomie)	**Sample**	**Betriebe des Cluster 1**	**Betriebe des Cluster 2**	**Betriebe des Cluster 3**
2002	23,9	24,3*	23,6**	24,6
2004	24,2	24,3	24	24,1
Anteil regionaler Beschäftigung in unternehmensnahen Dienstleistungen (Kredit, Vermietung, Beratung, Software)	**Sample**	**Betriebe des Cluster 1**	**Betriebe des Cluster 2**	**Betriebe des Cluster 3**
2002	10,3	9,8***	11,4**	12,7**
2004	11,3	10,8**	11,6	12,6

***/**/* Signifikanzniveau des Kruskal Wallis Rankvergleich-Test der Clusterteilstichprobe jeweils mit Stichprobe aller anderen Cluster

Tabelle 9: Medianwerte der Regionalindikatoren für Betriebe der identifizierten homogenen Cluster nach Erhebungszeitpunkten, eigene Berechnung

6.2.2 *Multivariate Analyse*

6.2.2.1 Methodische Vorbemerkungen

Die Berechnungen von einfachen linearen Mehrebenenmodellen[42], anhand derer sich der Anteil der Varianz berechnen lässt, welcher durch die Gruppierung von Betrieben auf der Ebene regionaler Einheiten erklärt werden kann, zeigt dass die regionalen Bedingungen und Gelegenheitsstrukturen einen signifikanten Einfluss auf die Herausbildung betrieblicher Beschäftigungsstrukturen haben. In Tabelle 10 wird dargestellt, welcher Anteil der Gesamtvarianz zwischen den Betrieben, bezogen auf den Anteil der Beschäftigten mit mittelfristiger Beschäftigungsperspektive beziehungsweise mit langfristiger Beschäftigungsperspektive[43], durch regionale Standortunterschiede erklärt werden kann. Dabei wird einmal der Anteil der erklärten Varianz durch die Bündelung von Betrieben mit gleichen Standorten, bezogen auf die Ebene der beobachteten Untersuchungsregionen im Sample der SFB580-B2-Betriebsdaten (vgl. Kap. 4.4) angegeben und zum anderen der Anteil erklärter Varianz durch die Bündelung von Betrieben mit gleichen Standorten auf der Ebene von Landkreisen berechnet.

Deutlich wird anhand von Tabelle 10 insbesondere, dass in den Erhebungsjahren mit einer relativ günstiger Wirtschaftslage der Betriebe, nämlich 2002 und 2006, etwa 10 % der Gesamtvarianz des Anteils sozialversicherungspflichtig unbefristeter langfristiger oder mittelfristiger Beschäftigter in den Betrieben des Samples durch regionale Unterschiede auf Kreisebene erklärt werden können. Die Bündelung der Betriebe anhand der im theoretischen

---

[42] Für diese Mehrebenenmodellierung (xtmixed vgl. Leckie 2010a) wurden die abhängigen Variablen: Anteil langfristiger Beschäftigter und Anteil mittelfristiger Beschäftigter herangezogen. Diese Mehrebenenmodellierung wurde durchgeführt, um zu prüfen, ob im Rahmen der angestrebten Berechnungen eine xtmelogit-Modellierung notwendig ist.

[43] Die abhängige Variable sind hier die kontinuierlichen Anteilsvariablen, die auch in die Clusteranalyse einbezogen wurden, nicht aber die kategoriale Variable der Zugehörigkeit zum Cluster DOMINANZ LANGFRIST, DOMINANZ MITTELFRIST.

Sampling der SFB580-B2-Betriebsdaten bestimmten Untersuchungsregionen auf Ebene von Bundesländern weist demgegenüber nur einen sehr geringen Erklärungsanteil im Beobachtungsjahr 2006 auf.

	VPC* für Gruppierung der Betriebe nach Untersuchungsregion in %			VPC für Gruppierung der Betriebe auf Kreisebene in %		
Erhebungzeitpunkt	2002	2004	2006	2002	2004	2006
Erklärende Variable: Anteil sozialversicherungspflichtig unbefristeter langfristig Beschäftigter	**0,9***	*0*	**1,5***	**11,6*****	**5,1***	**10,4****
Erklärende Variable: Anteil sozialversicherungspflichtig unbefristeter mittelfristig Beschäftigter	*0*	*0*	**2,3****	**8,2*****	*4,3*	**10,9****

Tabelle 10: Anteil erklärter Varianz der Dauervariablen durch Bündelung auf Regionalebenen, Berechnungen auf Basis von einfachen Mehrebenenmodellen (xtmixed), eigene Berechnungen[44]

Somit werden in der folgenden multivariaten Analyse, der Erklärung der Ausdifferenzierung von Beschäftigungsstrukturen betrieblicher Organisationen, die genannten Regionalindikatoren auf Kreisebene eingeführt. Aufgrund der gruppierten Datenstruktur wird dabei zur Aufklärung der Effekte auf regionaler Ebene auf das statistischer Verfahren gemischter logistischer Regressionsmodelle (xtmelogit) zurückgegriffen, welches eine Erweiterung einfacher logistischer Regressionsmodelle darstellt (Steele 2009).

In die folgenden Berechnungen werden dabei die Betriebe, die dem Cluster „DOMINANZ MITTELFRIST" zugeordnet wurden, den Betrieben des Clusters „DOMINANZ LANGFRIST" gegenübergestellt. Betriebsfälle, die dem Cluster „KOMBINATION MITTELFRIST-LANGFRIST" sowie den drei Residualclustern

[44] Werte in Tabelle sind als Prozentwert der erklärten Varianz durch die Gruppierung der Fälle nach Regionalklassen (Untersuchungsregionen; Kreise) zu interpretieren.

zugeordnet wurden, werden aufgrund des Analysefokus aus den folgenden Analysen ausgeschlossen.

In die Berechnungen in den Modellen 6.1a,b,; 6.2a,b; 6.3a,b und 6.4a,b[45] werden dabei die Betriebe aller Branchen des Samples sowie Betriebe mit einer Beschäftigtenzahl von bis zu 500 sozialversicherungspflichtigen Beschäftigten einbezogen. Die multivariaten Analysen können nur für die Beobachtungsjahre 2002 und 2004 durchgeführt werden[46].

In die folgenden Analysen werden als Erklärungsvariable für regionale Kontexte die regionale Arbeitslosenquote sowie die logarithmierte Bevölkerungsdichte[47] und die Anteile der Beschäftigten nach Wirtschaftssektoren eingegeben. Da das Bruttoinlandsprodukt sehr stark mit der Bevölkerungsdichte korreliert ist, wird dieser in den multivariaten Erklärungsmodellen nicht berücksichtigt.

Als Kontrollvariablen für betriebsdemografische Merkmale werden in die Analysen die Betriebsgröße in Form der logarithmierten Anzahl sozialversicherungspflichtig Beschäftigter, das logarithmierte Betriebsalter, die Branchenvariablen sowie die Dummyvariablen „Gruppen- und Projektarbeit" zur Beschreibung der Organisationsformen der Arbeit in der Betriebsstätte mit aufgenommen.

[45] Die Modelle „a" zeigen jeweils die Ergebnisse der multivariaten Analyse für das Erhebungsjahr 2002 und die Modelle „b" jeweils die Ergebnisse der multivariaten Analyse für das Erhebungsjahr 2004.

[46] Aufgrund der Kreisreform in Sachsen-Anhalt im Jahre 2007 wurden bei den Veröffentlichungen von einigen Regionalindikatoren für das Jahr 2006 schon die neueren Kreiszuordnungen zugrunde gelegt. Da aber für die Verknüpfung von Betriebsdaten und Regionaldaten nur die Kreiskennzahlen, die vor der Reform galten, vorliegen, können die Daten folglich nicht angespielt werden.

[47] Die Bevölkerungsdichte wird logarithmiert in die Modelle eingegeben, da dieser Indikator in dem vorliegenden Sample eine linksschiefe Verteilung aufweist. Durch die Logarithmierung der Größen nähert sich die Verteilungen einer Normalverteilung an.

6.2.2.2 Diskussion der Ergebnisse

Wie bereits erläutert, ist es das Ziel der im Folgenden beschriebenen multivariaten Mehrebenenanalyse, den Einfluss regionaler Bedingungen und Gelegenheitsstrukturen auf die Ausprägung betrieblicher Beschäftigungsstrukturen näher zu untersuchen. Beobachtet werden soll hierbei, inwiefern günstigere Gelegenheitsstrukturen, bezogen auf Beschäftigungsmöglichkeiten, einen Erklärungsbeitrag für die Ausdifferenzierung betrieblicher Beschäftigungsstrukturen in den betrieblichen Organisationen der jeweiligen Standortregionen leisten. Bezogen auf diese Fragestellung, liefert die Analyse des Anteils erklärter Varianz in den generierten Mehrebenenmodellen erste Hinweise.

Zunächst zeigt die näheren Betrachtung des erklärten Varianzanteils in den Mehrebenenmodelle 6.2 a, b, dass im Beobachtungsjahr 2002 sowie im Jahre 2004 durch die Betrachtung der Regionalindikatoren regionale Arbeitslosenquote und Bevölkerungsdichte ein erheblicher Teil der beobachteten Varianz zwischen den Regionen erklärt werden kann (vgl. Tabelle 11, bezogen auf die Modelle 6.2). Dieser Befund deutet darauf hin, dass schon der Ballungsgrad und die Arbeitslosenquote Rückschlüsse auf regionale Gelegenheitsstrukturen zulassen, die sich letztlich auch in den Beschäftigungsstrukturen der angesiedelten Betriebe widerspiegeln.

Noch höher ist aber die durch die Modelle erklärte Varianz bei der Beobachtung der Indikatoren für die Ballungsdichte von Beschäftigungsmöglichkeiten, d. h. der Anteile der Erwerbstätigen differenziert nach den Wirtschaftssektoren. Die Hinzunahme dieser Indikatoren in das Regressionsmodell erklärt für alle drei Erhebungszeitpunkte nahezu vollständig den Anteil der Varianz zwischen den Regionen (vgl. Tabelle 11, bezogen auf die Modelle 6.3).

Die gewählten Regionalindikatoren lassen somit weitere Rückschlüsse auf den Zusammenhang zwischen regionalen Bedingungen mit der Herausbildung betrieblicher Beschäftigungsstrukturen zu. Diese lassen sich konkreter aus der näheren Betrachtung der Koeffizienten der berechneten Mehrebenen-Regressionsmodelle (vgl. Tabelle 12) ableiten.

Anhand des Modelles 6.2 a (Tabelle 12) wird deutlich, dass insbesondere im Jahre 2002 ein Zusammenhang zwischen der Ausdifferenzierung der Betriebe mit Beschäftigungsstrukturen der Typen „DOMINANZ LANGFRIST" oder „DOMINANZ MITTELFRIST" und der regionalen Bevölkerungsdichte besteht. Für betriebliche Organisationen, die in stark verdichteten Regionen angesiedelt sind, lassen sich hier eher mittelfristige Beschäftigungsstrukturen beobachten als Betriebe in Regionen mit einem geringeren Ballungsgrad.

	VPC für Gruppierung der Betriebe auf Kreisebene in %	
Erhebungzeitpunkt	2002	2004
Nullmodell	**9,6****	**11,8***
Nullmodell & Dummy Gruppen- und Projektarbeit	**9,6****	**12,3***
Modell 6.1 (Branchendummys und Gruppen- und Projektarbeit)	**7,8***	**15,6***
Modell 6.2 (Modell 6.1 & Regionalindikatoren Bevölkderungsdichte sowie regionale Arbeitslosenquote)	*6,8*	*9,9*
Modell 6.3 (Modell 6.1 & Anteile der Erwerbstätigen nach den Wirschaftssektoren)	*3,2*	*0,0*

Tabelle 11: Anteil erklärter Varianz in den Mehrebenen-Logit-Modellen durch Bündelung der Betriebe auf Kreisebene, eigene Berechnungen

xtme-Regression: Cluster Dominanz Mittelfrist versus Cluster Dominanz Langfrist

Erhebungsjahr	2002				2004			
Modellspezifikation	Modell 6.1a	Modell 6.2a	Modell 6.3a	Modell 6.4a	Modell 6.1b	Modell 6.2b	Modell 6.3b	Modell 6.4b
Regionalvariablen auf Kreisebene								
Bevölkerungsdichte (logaritmiert)	-	**0.26** (0.11) [1.29]**	-	-	-	0.011 (0.14)	-	-
Arbeitslosenquote	-	-0.02 (0.02)	-	-	-	**-0.05** (0.02) [1.05]**	-	-
Anteil der Erwerbstätigen im primären Sektor (WZK 2003 A-B)	-	-	0.004 (0.06)	0.004 (0.07)	-	-	**0.32*** (0.09) [1.38]**	**0.33*** (0.09) [1.39]**
Anteil der Erwerbstätigen in Handel, Gastgewerbe und Verkehr (WZK 2003 G-I)	-	-	***-0.07* (0.04) [0.93]***	***-0.07* (0.04) [0.93]***	-	-	***0.07* (0.04) [1.07]***	***0.07* (0.04) [1.07]***
Anteil der Erwerbstätigen im verarbeitenden Gewerbe (WZK 2003 D)	-	-	***0.03* (0.02) [1.04]***	***0.03* (0.02) [1.03]***	-	-	0.03 (0.023)	0.003 (0.023)
Anteil der Erwerbstätigen in Finanzierung, Vermietung, Unternehmensdienstl. (WZK 2003 J,K)	-	-	**0.09** (0.04) [1.09]**	0.03 (0.05)	-	-	**0.17** (0.04) [1.2]**	**0.13** (0.07) [1.1]**
Anteil der Erwerbstätigen bei Öffentlichen und Privaten Dienstleistern (WZK 2003 L-P) sowie Anteil der Beschäftigten im Baugewerbe (WZK	-	-	Ref.	Ref.	-	-	Ref.	Ref.
Interaktionsterm Anteil Erwerbstätige in WZK J,K * Gruppen- und Projektarbeit	-	-	-	**0.09** (0.04) [1.09]**	-	-	-	0.06 (0.06)
betriebliche Merkmale								
Gruppen- und Projektarbeit	**0.67*** (0.24) [1.95]**	**0.63** (0.25) [1.89]**	**0.68*** (0.24) [1.96]**	-0.41 (0.59)	***0.77* (0.42) [2.2]***	***0.75* (0.41) [2.1]***	***0.77* (0.40) [2.2]***	0.04 (0.93)
Anzahl sv-pflichtig Beschäftigter (logarithmiert)	-0.11 (0.11)	-0.11 (0.11)	-0.13 (0.11)	-0.15 (0.11)	0.04 (0.13)	0.03 (0.12)	0.02 (0.12)	0.01 (0.12)
Betriebsalter in Jahren (logarithmiert)	**-0.42*** (0.13) [0.66]**	**-0.47*** (0.14) [0.62]**	**-0.45*** (0.14) [0.63]**	**-0.45*** (0.14) [0.64]**	-	-	-	-
Branchen								
Maschinenbau	-0.57 (0.47)	-0.31 (0.48)	-0.37 (0.48)	-0.32 (0.49)	-0.94 (0.59)	-0.80 (0.59)	-0.67 (0.57)	-0.64 (0.57)
Chemie	-0.33 (0.53)	-0.07 (0.54)	0.05 (0.54)	0.0004 (0.55)	***-1.26* (0.7)***	***-1.23* (0.65)***	-1.04* (0.62)	-1.0 (0.62)
Bau		0.11 (0.54)	0.05 (0.53)	0.10 (0.54)	-0.53 (0.64)	-0.37 (0.63)	-0.33 (0.60)	-0.34 (0.60)
Software	Ref.	Ref.	Ref.	Ref.	Ref.	Ref.	Ref.	Ref.
Beratung & Marktforschung	0.18 (0.53)	0.24 (0.53)	0.07 (0.53)	0.20 (0.54)	-0.73 (0.62)	-0.60 (0.62)	-0.51 (0.59)	-0.49 (0.59)
Weiterbildung	-0.19 (0.62)	-0.006 (0.61)	0.04 (0.62)	0.09 (0.63)	0.48 (0.65)	0.60 (0.64)	0.83 (0.61)	0.89 (0.62)
Verlag	-0.13 (0.61)	-0.08 (0.61)	-0.17 (0.61)	-0.19 (0.62)	0.03 (0.67)	0.09 (0.65)	-0.11 (0.63)	-0.08 (0.64)
Kredit	-0.48 (0.58)	-0.29 (0.59)	-0.28 (0.59)	-0.17 (0.60)	***-1.54* (0.74)***	**-1.5** (0.73)**	**-1.6** (0.69)**	**-1.6**(0.69)**
Handel	-0.14 (0.52)	0.11 (0.53)	0.06 (0.53)	0.03 (0.54)	-0.10 (0.58)	0.14 (0.58)	0.41 (0.56)	0.43 (0.56)
medizinische Dienstleistungen	-0.35 (0.51)	-0.12 (0.52)	-0.11 (0.52)	-0.07 (0.53)	***-1.1* (0.61)***	***-1.0* (0.62)***	***-0.97* (0.58)***	-0.93 (0.58)
Konstante	0.77 (0.58)	-0.37 (0.94)	0.75 (1.5)	1.5 (1.6)	-1.5** (0.72)	-0.78 (1.1)	-7.2*** (1.8)	-6.8*** (1.9)
Random-Effect-Parameter u	***0.28****	0.24	0.11	0.13	**0.61****	0.36	0.00	0.00
Wald chi²	**27.9*****	**31.40*****	**39.82*****	**41.44*****	***18.47****	***22.00****	**35.69*****	**36.37*****
N	456	455	455	455	358	358	358	358
N (Gruppen)	178	177	177	177	157	157	157	157

**Anteil der Erwerbstätigen im Bergbau (WZK 2003 C), Anteil der Erwerbstätigen in der Energiewirtschaft (WZK E) werden in den Analysen nicht weiter berücksichtigt.

Tabelle 12: Gemischte logistische Regression (xtme-Modellierung), Betriebe der Cluster DOMINANZ LANGFRIST und DOMINANZ MITTELFRIST[48], eigene Berechnungen

48 In der Tabelle sind jeweils die geschätzten Regressionsgewichte, bezeichnet als „Logits", abgebildet. In den runden Klammern werden die Standardfehler angegeben und für signifikante Werte relevanter unabhängiger Variablen auch die Effektkoeffizienten, häufig bezeichnet mit „odds ratios", in den eckigen Klammern. Das Signifikanzniveau einzelner Effekte wird in der Tabelle wie folgt angegeben * <0,1; ** <0.05; *** <0.01

	Durchschnittliche regionale Arbeitslosenquote im Sample		
Erhebungsjahr	2002	2004	2006
bis 100 Einwohner pro km²	16,6	17,3	17,4
100 - 199 Einwohner pro km²	13,3	14,4	14,5
200 - 499 Einwohner pro km²	12,8	14	13,3
500 - 999 Einwohner pro km²	16,2	17,5	16,7
mehr als 999 Einwohner pro km²	13,9	15,4	15,5

Tabelle 13: Durchschnittliche regionale Arbeitslosenquoten der Betriebsstandorte im Sample der SFB580-B2-Betriebsdaten nach Bevölkerungsdichte, bezogen auf die Querschnittsamples, eigene Berechnungen

Allerdings wird dieser Zusammenhang durch die konjunkturbedingte Zunahme der regionalen Arbeitslosenquoten der Standorte der Sample-Betriebe, vor allem zum Erhebungszeitpunkt im Jahre 2004 aufgelöst. Im Jahr 2004 lässt sich aber vor allem in den dichter geballten Regionen eine höhere regionale Arbeitslosenquote beobachten (vgl. Tabelle 13). In den multivariaten Modellen zeigt sich somit insbesondere für das Beobachtungsjahr 2004 ein signifikanter Zusammenhang zwischen einer höheren regionalen Arbeitslosenquote und der Herausbildung nur mittelfristig stabiler Beschäftigungsstrukturen (Modell 6.2b), während die Bevölkerungsdichte keinen signifikanten Erklärungsbeitrag mehr für die Beobachtung mittel-versus langfristig stabiler Beschäftigungsstrukturen liefert.

Der Zusammenhang zwischen der Bevölkerungsdichte des Standortes der betrieblichen Organisation und der Stabilitätsstruktur interagiert aber auch sehr stark mit den Variablen, die die wirtschaftsstrukturelle Entwicklung der Region in Form der Beschäftigungsanteile in den Wirtschaftssektoren einer Region beschreiben. Im Rahmen der Modellierung 6.3 zeigte sich, dass ein höherer Anteil an Beschäftigten in wissensintensiven und unternehmensnahen

Dienstleistungstätigkeiten (WZK 2003 Sektoren J,K) in Referenz auf Beschäftigte im öffentlichen Dienst (WZK 2003 Sektoren L-P) beziehungsweise der Bauwirtschaft (WZK 2003 Sektor F) die Herausbildung mittelfristiger Beschäftigungsstrukturen für das Jahr 2002 noch besser erklärt als der allgemeine Ballungsgrad einer Region (vgl. Tabelle 12, Modell 6.3a, b).

Der positive signifikante Zusammenhang eines höheren Anteils der Beschäftigten im Tätigkeitssegment der wissensintensiven unternehmensnahen Dienstleistungen und der Aushandlung weniger stabiler Beschäftigungsarrangements (Betriebe des Clusters Mittelfrist) ist dabei in den Modellen beider beobachteter Jahre konstant (vgl. Modelle 6.3a,b; Tabelle 12). Dieser Befund deutet darauf hin, dass günstige überbetriebliche Netzwerkstrukturen im Wirtschaftssektor der wissensintensiven und unternehmensnahen Dienstleistungen auch bei einer schlechteren allgemeinen Arbeitsmarktlage stärker genutzt werden als in anderen Sektoren.

Der Einbezug des Interaktionsterms zwischen den Variablen „Anteil der Beschäftigten im wissensintensiven unternehmensnahen Dienstleistungssektor“ und der „Umsetzung von Formen selbstverantwortlicher gruppen- und projektförmiger Arbeitsorganisation“ macht darüber hinaus deutlich, dass sowohl günstige Gelegenheitsstrukturen in den Regionen mit einem verhältnismäßig höheren Grad an wissensintensiven unternehmensnahen Dienstleistungen als auch anscheinend flexiblere Strukturen der Arbeitsorganisation Schubkräfte in Richtung der Flexibilisierung betrieblicher Beschäftigungsstrukturen darstellen (vgl. Modelle 6.4a,b; Tabelle 12). So erklärt der Interaktionseffekt einen größeren Anteil der Varianz als die zwei genannten Variablen jeweils allein, wobei im konjunkturschwächeren Jahr 2004 der Regionaleffekt durch den Interaktionseffekt allein nicht erklärt wird, sondern auch unabhängig wirkt.

6.2.3 Zusammenfassung der Befunde

Zusammenfassend konnte anhand der dargestellte Analysen gezeigt werden, dass die regionalen Bedingungen einen wichtigen Erklärungsbeitrag für die Entstehung und Erhaltung langfristig oder mittelfristig stabiler Beschäftigungsstrukturen leisten. Allgemein zeigt sich hierbei, dass bereits der Grad der Bevölkerungsdichte einen Erklärungsbeitrag für die Entstehung von mittelfristigen Beschäftigungsstrukturen liefert. Günstige Gelegenheitsstrukturen verringern die Bedeutung langfristiger Beschäftigungssicherheiten. Bei einer verhältnismäßig ungünstigeren allgemeinen Arbeitsmarktlage zeigt sich aber ein Trend der Stabilisierung von Beschäftigungsstrukturen, insbesondere in Regionen mit einer höheren regionalen Arbeitslosenquote.

Ballen sich in einer Region die Beschäftigungsverhältnisse im wissensintensiven unternehmensnahen Dienstleistungssektor, so liefert dies einen weiteren Erklärungsbeitrag für die geringere Verbreitung langfristig stabiler Beschäftigungsarrangements. Insbesondere Betriebe mit einer flexibleren Struktur der Arbeitsorganisation, die in Regionen mit einem höheren Ballungsgrad an Beschäftigungsmöglichkeiten im wissensintensiven unternehmensnahen Dienstleistungssektor angesiedelt sind, bilden mit einer höheren Wahrscheinlichkeit Beschäftigungsstrukturen mit mittelfristigen Beschäftigungsperspektiven aus.

Die folgenden empirischen Analysen in Kapitel 6.3 knüpfen an diesen Befund an. In Kapitel 6.3 wird auf die Analyse sektoraler Unterschiede hinsichtlich der Beobachtung betrieblicher Beschäftigungsstrukturen fokussiert, wobei verschiedene Erklärungsansätze ins Feld geführt werden, um sektoralen Unterschiede betrieblicher Beschäftigungsstrukturen zu begründen.

6.3 Beobachtung und Erklärung der Branchendifferenzierung betrieblicher Beschäftigungsstrukturen

6.3.1 Konkretisierung der empirischen Fragestellung

Anhand der im letzten Teilkapitel dargestellten Analysen und Befunde zeigte sich, dass in einem regionalen Umfeld mit einem vergleichsweise größeren Anteil der Beschäftigten im Sektor der unternehmensnahen Dienstleistungen häufiger Betriebe mit einem höheren Anteil an mittelfristiger Beschäftigung auftreten. Ganz im Sinne der in der vorliegenden Studie formulierten allgemeinen Forschungshypothesen (vgl. Kap. 4.3) sollte in Anknüpfung an diesen Zwischenbefund die empirische Frage formuliert werden, ob die Dominanz unbefristeter mittelfristiger Beschäftigung als gemeinsames Merkmal betrieblicher Organisationen sich immer nur in Abhängigkeit von regionalen Gegebenheiten und unter spezifischen konjunkturellen Bedingungen herausbilden oder aber, ob sich diese betrieblichen Beschäftigungsstrukturen als Eigenheit betrieblicher Organisationen eines spezifischen Wirtschaftssektors erweisen. In der weiteren Analyse betrieblicher Beschäftigungsstrukturen werden somit die im Kapitel 3 und 4.3 näher diskutierten theoretischen Überlegung aufgegriffen und der empirischen Untersuchung zu Grunde gelegt.

Anhand von deskriptiven und multivariaten Analysen soll dabei hinterfragt werden, inwiefern die vertiefende Diskussion des Branchenkontextes, in den betriebliche Organisationen eingebettet sind, Aufschluss für die skizzierte Fragestellung bietet. Diesbezüglich werden die bereits in Kapitel 4.3.1 spezifizierten Forschungshypothesen über den Zusammenhang der Zugehörigkeit einer betrieblichen Organisation zu einer Branchengruppe und der Herausbildung mittel- oder langfristiger Beschäftigungsstrukturen aufgegriffen und anhand der im vorliegenden Teilkapitel 6.3 dargestellten Analysen konkretisiert und empirisch geprüft.

Die Forschungshypothesen Ia und Ib werden dabei zunächst auf Basis der Befunde der deskriptiven Statistik diskutiert. An diese ersten Zusammenhanganalysen anknüpfend, ist es das Ziel der Spezifikation von multivariaten Analysen die in Kapitel 4.3.1 weiter spezifizierten Forschungshypothesen II und III empirisch zu prüfen. Hierbei wird in einem ersten Schritt die Differenzierung der betrieblichen Beschäftigungsstrukturen zwischen den Gruppen von Betrieben, die entweder „neueren oder älteren Branchen“ zugeordnet werden können, untersucht. Diesbezüglich wurde in der Forschungshypothese II die Annahme formuliert, dass sich in jüngeren Branchen flexiblere und somit eher mittelfristige Beschäftigungsstrukturen leichter durchsetzen lassen, während dies in älteren Branchen durch das Streben der Mitarbeiter um den Erhalt von Statusansprüchen verhindert wird.

In einem zweiten Analyseschritt wird dann anknüpfend an die Überlegungen, welche in der Forschungshypothese II formuliert wurden, weiterhin gefragt, ob sich ein Zusammenhang zwischen der Form der Arbeitsorganisation in einer betrieblichen Organisation und der Ausgestaltung der betrieblichen Beschäftigungsstruktur beobachten lässt. Hierbei wird angenommen, dass mit der Durchsetzung neuer, dezentraler Formen der Arbeitsorganisation die Destabilisierung der Beschäftigungsstruktur verbunden ist, da sich hierin die Aushandlung neuerer und flexiblerer Beschäftigungsarrangements widerspiegelt.

Das Teilkapitel abschließen wird dann in weiteren Regressionsmodellen anknüpfend an die Forschungshypothese III untersucht, inwiefern die Einbindung einer betrieblichen Organisation in das deutsche System industrieller Beziehung bereits beobachtbare Branchenunterschiede in der betrieblichen Beschäftigungsstruktur aufklären kann. In der Forschungshypothese IIIa wurde unterstellt, dass die Einbindung in das System industrieller Beziehungen die Beschäftigungsstrukturen stabilisiert. Gleichzeitig wurde für betriebliche Organisationen des Produktionssektors eine höhere Einbindung in das System industrieller Beziehungen erwartet (vgl. Forschungshypothese IIIb).

Um die in Kapitel 4.3 begründete Gruppierung der Branchen des vorliegenden Samples für die weiteren Analysen dieses Teilkapitels anwenden zu können, wird für diese eine nochmalige Auswahl der Branchen durchgeführt. In die Analysen einbezogen werden nur die Betriebe, die eindeutig dem Dienstleistungssektor sowie dem Produktionssektor zugeordnet werden können. Betrieblich Organisation der Branchen Bauwesen und Verlagswesen werden aus diesem Grunde aus den Analysen ausgeschlossen. Weiterhin sollen die ins Sample einbezogenen Dienstleistungsbranchen eindeutig den Gruppen traditionelle, im Umbruch befindliche und neue Branchen zugeordnet werden. In Kapitel 4.3.1 konnte gezeigt werden, dass die Branchen Kredit und Handel als traditionelle Dienstleistungsbranchen betrachtet werden können. Weiterhin konnte für die Branche Beratung und Marktforschung gezeigt werden, dass sie hinsichtlich der Altersstruktur der betrieblichen Organisationen der Branche sehr heterogen ist und sich somit offensichtlich im Wandel befindet. Folglich wird diese Branche als ein Beispiel für die heterogenen Strukturen einer Branche im Umbruch betrachtet. Als Vertreter neuer Dienstleistungsbranchen käme dann allerdings nur die Branche Weiterbildung in Frage. Da aber im Sample auch einige Volkshochschulen enthalten sind, deren Entstehungshintergrund auf eine längere Branchenhistorie verweist, ist diese Zuordnung nicht eindeutig. Die Volkshochschulbewegung ist eher charakteristisch für eine alternative Form der Organisation von Dienstleistungen, welche aber historisch bereits Anfang des 19. Jahrhunderts entworfen wurde. Aus diesem Grund werden betriebliche Organisationen dieser Branche nicht in die Analysen aufgenommen. Somit wird in den Analysen des Teilkapitels nur die Softwarebranche als „neue Branche“ bestimmt und traditionellen Produktions- und Dienstleistungsbranchen vergleichend gegenübergestellt.

6.3.2 Deskriptive Analysen

Anhand der Anteile lang- und mittelfristiger Beschäftigung, bezogen auf alle sozialversicherungspflichtigen unbefristeten Beschäftigten im Betrieb, soll zunächst deskriptiv geprüft werden, ob sich zwischen den Betrieben der oben genannten Branchengruppen die betrieblichen Beschäftigungsstrukturen, bezogen auf das Kriterium der Beschäftigungsdauer deutlich unterscheiden. Der Blick wird hierbei ausschließlich auf die Stabilität der Beschäftigungsarrangements der Kernbelegschaft (sozialversicherungspflichtig unbefristet Beschäftigte) der Betriebe gerichtet.

Dieser Beobachtungsperspektive liegt die Annahme der in Abschnitt 4.3.1 spezifizierten Forschungshypothesen Ia und Ib zugrunde. Angenommen wird somit, dass sich vor allem im Produktionssektor wesentlich stabilere Beschäftigungsstrukturen in der Kernbelegschaft finden als im Dienstleistungssektor allgemein. Wesentlich flexiblere Beschäftigungsstrukturen in Bezug auf das Dauerkriterium werden aber weiterhin vor allem in den Branchen, für die ein höherer Grad an wissensintensiven sowie neuen Tätigkeitsfeldern unterstellt wird, erwartet. Dies sind hier betriebliche Organisationen der Branchen Software sowie Beratung & Marktforschung.

Wie Tabelle 14 sowie die Abbildungen 9 und 10 zeigen, lassen sich gerade zwischen den Branchen des Produktionssektors Maschinenbau und Chemie und der „relativ jungen" Branche Software die vermuteten Ausdifferenzierungsprozesse beobachten. So liegt der Anteil mittelfristiger Beschäftigter in Maschinenbaubetrieben zu allen drei Beobachtungszeitpunkten im Durchschnitt bei maximal einem Viertel der Beschäftigten. Demgegenüber befinden sich in der Softwarebranche im Durchschnitt etwa 40 % bis 50 % der Beschäftigten in Beschäftigungsarrangements mit einer mittelfristigen Dauerperspektive. Der Anteil mittelfristiger Beschäftigung ist dabei bei einer schlechteren allgemeinen Konjunkturlage im

Jahre 2004 wesentlich geringer als in den Vergleichsjahren 2002 sowie 2006[49].

	durchschnittlicher Anteil mittelfristiger Beschäftigter (querschnittsgewichtet [1])			durchschnittlicher Anteil langfristiger Beschäftigter (querschnittsgewichtet)		
Erhebungsjahr	2002	2004	2006	2002	2004	2006
Maschinenbau	24,6 (107)	24,6 (61)	19,4 (50)	71,6 (105)	71,2 (61)	75,1 (50)
Chemie	29,2 (73)	27,4 (49)	24,6 (42)	66,5 (71)	69,6 (49)	70,5 (42)
Kredit	24,6 (69)	22,5 (35)	25,1 (32)	68,1 (68)	71,3 (35)	72,7 (32)
Handel	36,1** (66)	27,5 (55)	25,5 (39)	58,7** (66)	68,3 (55)	71,6 (39)
Software	50,9*** (49)	40,9*** (36)	52,3*** (29)	37,2*** (49)	54,8** (36)	44,5*** (29)
Beratung & Marktforschung	43,1*** (53)	27,1 (47)	31,2* (42)	51,9*** (52)	64,4 (47)	67,0 (42)

1)Querschnittsgewichtung bezieht sich hier auf die Regionen; aufgrund der Gewichtung addieren sich die angegebene Anteilswerte gelegentlich auf über 100%; 2) *, **, *** 1%, 5%, 10% T-Test-Gruppenvergleich jede Branche gegen Maschienenbau

Tabelle 14: Durchschnittliche Anteile mittelfristiger bzw. langfristiger Beschäftigter an den sozialversicherungspflichtig unbefristet Beschäftigten für die Betriebe unterschiedlicher Branchen, SFB580-B2-Betriebsdaten, eigene Berechnungen[50]

[49] Vgl. Kapitel 5.4.2 zur Begründung, dass das Beobachtungsjahr 2004 als ein vergleichsweise konjunkturschwächeres Jahr zu betrachten ist.

[50] Querschnittsgewichtung bezieht sich hier auf die Regionen; Aufgrund der Gewichtung addieren sich die angegebenen Anteilswerte gelegentlich auf über 100%; Signifikanz *, **, *** 1%, 5%, 10%: T-Test-Gruppenvergleich jede Branche gegen Maschinenbau

Abbildung 9: Durchschnittliche Anteile Mittelfristiger an den sozialversicherungspflichtig unbefristet Beschäftigten für die Betriebe unterschiedlicher Branchen, eigene Berechnungen

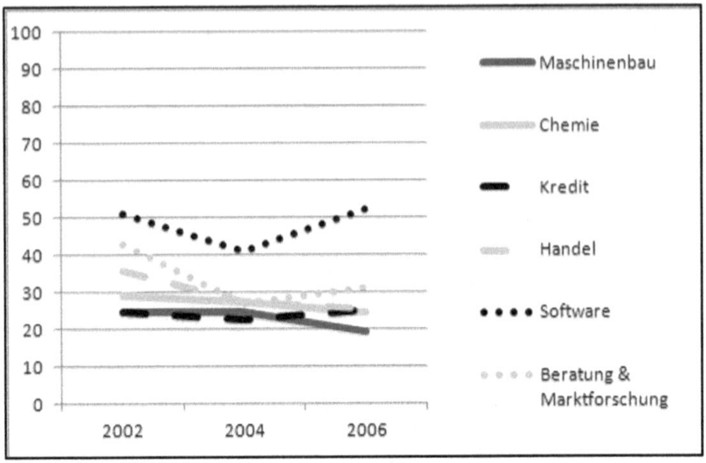

Abbildung 10: Durchschnittlicher Anteil Langfristiger an den sozialversicherungspflichtig unbefristet Beschäftigten für die Betriebe unterschiedlicher Branchen, eigene Berechnungen

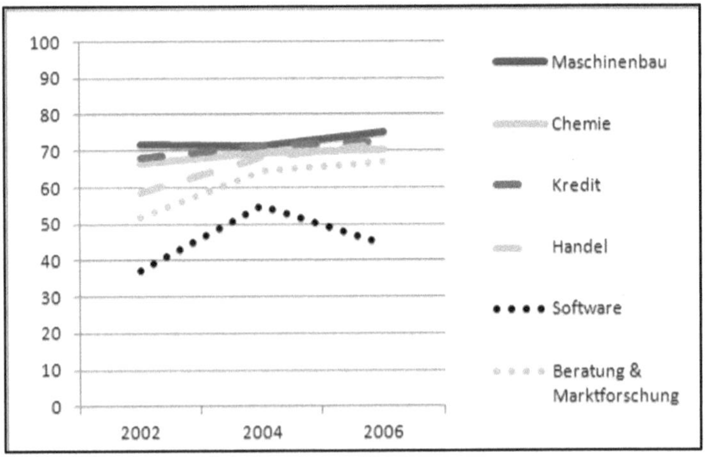

Die Beratungs- und Marktforschungsbetriebe weisen aber gegenüber den Betrieben der Softwarebranche wesentliche Unterschiede in den Stabilitätsstrukturen der Beschäftigungsarrangements auf. Die Anteile der Beschäftigten mit mittelfristigen Beschäftigungsperspektiven liegen in der Beratungs- und Marktforschungsbranche, wesentlich unter den durchschnittlichen Anteilen der Betriebe der Softwarebranche. Wie weitere Gruppenvergleichstests der Betriebe der Software- und Beratungs- sowie Marktforschungsbranchen zeigen, sind die Unterschiede in den Jahren 2004 und 2006 auch signifikant. Somit weisen vor allem betriebliche Organisationen der noch junge Branche Software signifikant andere Beschäftigungsstrukturen auf als Betriebe der traditionellen Branchen und der Branche Beratungs- und Marktforschung mit im Wandel befindlichen Organisationsstrukturen.

Bezogen auf den allgemeinen Vergleich des Dienstleistungssektors und des Produktionssektors, wird in der deskriptiven Analyse weiterhin deutlich, dass sich die Beschäftigungsstrukturen der Kernbelegschaften in den traditionellen Dienstleistungsbranchen Handel und Kredit hinsichtlich des Dauerkriteriums nicht sehr stark gegen die Beschäftigungsstrukturen der Produktionsbranchen ausdifferenzieren. Lediglich im Jahre 2002 findet sich im Handel im Durchschnitt ein signifikant höherer Anteil an mittelfristiger Beschäftigung als im Maschinenbau. Die Beobachtung einer nur geringen Ausdifferenzierung der Betriebe des traditionellen Dienstleistungssektors und des Produktionssektors widerspricht allerdings den Annahmen der Forschungshypothesen Ia und Ib..

Die Befunde der deskriptiven Analyse unterstützt allerdings die in Kapitel 4.3.1 formulierte Forschungshypothese II, wonach vor allem in jüngeren Branchen mit einem wissensintensiven Tätigkeitsprofil wie eben der Softwarebranche flexiblere Beschäftigungsstrukturen zu erwarten sind.

6.3.3 Deskriptiver Varianzvergleichstest

Für eine weitergehende Bewertung der Bedeutung von Branchenunterschieden hinsichtlich des Kriteriums der Stabilität von Beschäftigungsarrangements wurde eine einfache Mehrebenenanalyse des Zusammenhangs der Branchendifferenzierung und der Anteile lang- oder mittelfristiger Beschäftigter durchgeführt[51]. Hierbei zeigt sich, dass der Anteil der Gesamtvarianz, der durch die sektorale Ausdifferenzierung erklärt wird, 6,6 % der Gesamtvarianz des Multilevel-Modells mit der abhängigen Variablen „Anteil mittelfristiger Beschäftigungsarrangements“ im Querschnittsample des Jahres 2002 beträgt. In das Modell wurden nur die Fälle der ausgewählten Branchen einbezogen. Der Anteil der erklärten Varianz an der Gesamtvarianz beträgt 6,1% für die Spezifizierung des gleichen Modells im Jahre 2006 (vgl. Tabelle 15). Für die Gruppierung der Betriebe nach den oben gebildeten Branchengruppen ist der Anteil der erklärten Varianz durch die Gruppierung der Betriebe sogar noch etwas höher und liegt im Jahr 2002 bei 6,9 % und im Jahr 2006 bei 8,4 %.

[51] Werte in Tabelle 15 sind als Prozent der erklärten Varianz durch die Gruppierung der Fälle nach Branchen beziehungsweise Branchengruppe zu interpretieren. Für diese Mehrebenenmodellierung (xtmixed vgl. Leckie 2010b) wurde wie in Kapitel 6.2 die abhängige Variable: Anteil langfristiger Beschäftigter an allen sozialversicherungspflichtig Beschäftigten, Anteil mittelfristiger Beschäftigter an allen sozialversicherungspflichtig Beschäftigten herangezogen.

	VPC* für Gruppierung der Betriebe nach Branchen in %			VPC für gebildete Branchengruppen in %		
Erhebungjahr	2002	2004	2006	2002	2004	2006
Erklärende Variable: Anteil sozialversicherungspflichtig unbefristeter langfristig Beschäftigter	**8,4*** **	*0,2*	**3,8***	**9,6*** **	*1,1*	**5,8** **
Erklärende Variable: Anteil sozialversicherungspflichtig unbefristeter mittelfristig Beschäftigter	**6,6*** **	*1,0*	**6,2*** **	**6,9*** **	*1,7*	**8,4*** **

Tabelle 15: Anteil erklärter Varianz der Dauervariablen durch Bündelung auf Branchenebene, Berechnungen auf Basis von einfachen Mehrebenenmodellen (xtmixed), eigene Berechnungen[52]

Dies ist ein deutliches Indiz dafür, dass vor allem in konjunkturstärkeren Zeiten nach wie vor Unterschiede bei der Aushandlung betrieblicher Beschäftigungsarrangements in den verschiedenen Wirtschaftssektoren innerhalb des deutschen Arbeitsmarktes bestehen.

Aus diesem Grund soll in den folgenden multivariaten Modellen anknüpfend an die deskriptive Betrachtung betrieblicher Beschäftigungsstrukturen einzelner Branchen die Interaktion der Branchenvariablen mit anderen erklärenden Variablen näher hinterfragt werden. Hierbei wird die zentrale Fragestellung der vorliegenden Studie nach dem Zusammenhang wirtschaftsstruktureller Wandlungsprozesse und den von Sozialwissenschaftlern berichteten Veränderungen in den Beschäftigungsverhältnissen wieder aufgegriffen.

[52] VPC Variance partition Coefficent; Berechnung in Stata siehe Leckie, George (2010b) Stata Practical; Modul 5; Centre for Multilevel Modeling

6.3.4 *Multivariate Analyse*

6.3.4.1 Methodische Vorbemerkungen

Zur Erklärung der aufgezeigten sektoralen Unterschiede in der Aushandlung betrieblicher Beschäftigungsarrangements werden im Folgenden multivariate logistische Regressionsanalysen[53] (vgl. Andreß et.al. 1997) gerechnet. Hierfür wird noch einmal auf das Ergebnis der Clusteranalyse (Kap. 5) zurückgegriffen, und es werden für die Untersuchung Betriebe des Clusters DOMINANZ LANGFRIST Betrieben des Clusters DOMINANZ MITTELFRIST gegenübergestellt. Dabei werden in die Analysen allerdings nur die Betriebe der Branchen (Maschinenbau, Chemie, Kredit, Handel, Beratung & Marktforschung, Software) aufgenommen.

In den multivariaten Analysen sollen vor allem drei Fragestellungen näher untersucht werden, für die eine Differenzierung der betrieblichen Organisationen in unterschiedliche Branchengruppen hilfreich ist. Diese empirischen Fragestellungen zeigen drei Dimensionen auf, die zur näheren Definition des „Branchenkontext" herangezogen werden sollen.

- Gibt es eine sektorenspezifische Prägung betrieblicher Beschäftigungsarrangements beziehungsweise betrieblicher Beschäftigungsstrukturen?
- Inwiefern lassen sich Ausdifferenzierungsprozesse betrieblicher Beschäftigungsstrukturen durch Unterschiede in den Strukturen der betrieblichen Arbeitsorganisationen erklären?
- Welchen Einfluss kann für die Einbindung betrieblicher Organisationen in das deutsche System industrieller Beziehungen auf die Herausbildung betrieblicher Beschäftigungsstrukturen beobachtet werden?

[53] Eine Mehrebenenmodellierung (xtme – Modelle), wie sie im letzten Kapitel 6.2 angewendet wurde, ist hierbei allerdings nicht nötig, da im Folgenden Interaktionseffekte zwischen Merkmalen, die auf betrieblicher Ebene messbar sind, untersucht werden. Es werden keine allgemeinen Branchenmerkmale generiert und angewendet, wie es bei der Untersuchung des Einflusses von regionalen Standortfaktoren nötig war.

In der Untersuchung der Frage, ob es eine sektorenspezifische Prägung von Branchen gibt (vgl. Abschnitt 6.3.4.2.1), werden die in der Forschungshypothese Ia und Ib formulierten Annahmen geprüft. In den Regressionsmodellen 6.5 sowie 6.6. soll untersucht werden, ob sich systematische Unterschiede in den Beschäftigungsstrukturen der Betriebe des Produktionssektors gegenüber den Beschäftigungsstrukturen der Betriebe des Dienstleistungssektors finden lassen, die Rückschlüsse auf die Bedeutung von Tätigkeitsinhalten der Beschäftigten in den verschiedenen Wirtschaftssektoren zulassen. Dabei wird insbesondere hinterfragt, ob in neueren wissensintensiven Tätigkeitssektoren, wie sie etwa typisch für die Branche Software sind, signifikant häufiger flexiblere Beschäftigungsstrukturen zu beobachten sind.

Im Kontext dieser Analysen wird auch der Erklärungsgehalt der Variablen Alter der Betriebe sowie Altersstruktur der Beschäftigten diskutiert, wie er in der Forschungshypothese II unterstellt wurde.

An die Befunde der ersten Analysen anschließend, wird in Abschnitt 6.3.4.2.2 anhand der Modelle 6.7 sowie 6.8 unter Einbezug der Variablen, die dezentrale Formen der Arbeitsorganisation widerspiegeln, die Bedeutung von organisatorischen Wandlungsprozessen für die Ausgestaltung der Beschäftigungsarrangements und somit die Herausbildung von Beschäftigungsstrukturen diskutiert.

In Abschnitt 6.3.4.2.3 werden das Teilkapitel abschließend die Ergebnisse der Modelle 6.9 sowie 6.10 unter dem Gesichtspunkt diskutiert, in welchem Zusammenhang die beobachtbaren betrieblichen Beschäftigungsstrukturen der Betriebe verschiedener Branchen mit der Einbindung der Betriebe in das deutsche System industrieller Beziehungen stehen. Hierbei bilden die in den Forschungshypothesen IIIa, IIIb, formulierten Annahmen die Grundlage der Argumentation.

6.3.4.2 Befunde der multivariaten Analysen

6.3.4.2.1 Sektorenspezifische Prägung der Beschäftigungsarrangements und Beschäftigungsstrukturen

Wie bereits anhand der deskriptiven Analyse gezeigt werden konnte, lassen sich in den Branchen Maschinenbau und Chemie sowie in den Branchen Handel und Kredit stabilere Strukturen der betrieblichen Beschäftigung auffinden als in der jungen Branche Software. Somit wird zunächst angenommen, dass die Betriebe der Branche Software häufiger auch dem Stabilitätscluster DOMINANZ MITTELFRIST zugeordnet werden als dem Stabilitätscluster DOMINANZ LANGFRIST. Dieser Zusammenhang kann anhand der dargestellten Analysen bestätigt werden (vgl. Modell 6.5 a-c, Tabelle 16).

In den Modellen 6.5a und 6.6a,b,c wird weiterhin deutlich, dass die Ausdifferenzierung mittelfristiger versus langfristiger Beschäftigungsstrukturen in einem deutlichen Zusammenhang mit dem Betriebsalter steht. Jüngere Betriebe werden häufiger dem Cluster DOMINANZ MITTELFRIST zugeordnet als ältere. Dabei liegt der Median des Betriebsalters in den ausgewählten Branchen, die dem Cluster DOMINANZ MITTELFRIST zugeordnet wurden, im Jahre 2002 bei 13 Jahren, während der Median für die Betriebe des Cluster DOMINANZ LANGFRIST bei 40 Jahren liegt.

Logistische Regression: Cluster Dominanz Mittelfrist versus Cluster Dominanz Langfrist

Erhebungsjahr	2002		2004		2006	
Modellspezifikation	Modell 6.5a	Modell 6.6a	Modell 6.5b	Modell 6.6b	Modell 6.5c	Modell 6.6c
Branchen						
Maschinenbau	Ref.	Ref.	Ref.	Ref.	Ref.	Ref.
Chemie	0.17 (0.41)	0.19 (0.41)	-0.37 (0.58)	-0.34 (0.58)	0.11 (0.65)	0.22 (0.66)
Software	*0.82* (0.43) [2.27]*	*0.81* (0.44) [2.26]*	**0.95* (0.53)**	0.82 (0.54)	**1.6 **(0.58) [4.73]**	**1.52*** (0.58) [4.57]**
Beratung & Marktforschung	0.68 (0.43)	0.65 (0.44)	0.32 (0.57)	0.14 (0.57)	0.60 (0.57)	0.52 (0.58)
Kredit	0.13 (0.47)	0.06 (0.047)	-0.49 (0.65)	-0.69 (0.66)	-1.12 (0.86)	-1.21 (0.87)
Handel	0.38 (0.39)	0.38 (0.40)	0.81 (0.50)	0.83 (0.51)	0.11 (0.64)	0.05 (0.64)
Weitere Betriebsmerkmale						
Ostbetrieb	-0.07 (0.28)	0.004 (0.28)	**-0.73** (0.34) [0.48]**	*-0.60* (0.35) [0.55]*	-0.40 (0.37)	-0.28 (0.40)
Betriebsalter in Jahren (logarithmiert)	**-0.41*** (0.15) [0.66]**	**-0.37** (0.15) [0.69]**	-	-	-	-
Anteil der Beschäftigten unter 35 Jahre an allen sozialversicherungspflichtig Beschäftigten	-	*0.01* (0.006) [1.01]*	-	**0.02*** (0.008) [1.02]**	-	0.014 (0.008)
Anteil der Beschäftigten über 35 Jahre an allen sozialversicherungspflichtig Beschäftigten	-	Ref.	-	Ref.	-	Ref.
Anzahl sv-pflichtig Beschäftigter (logarithmiert)	-0.17 (0.12)	-0.17 (0.11)	0.09 (0.14)	0.13 (0.14)	*-0.30* (0.16) [0.74]*	*-0.30* (0.17) [0.74]*
Konstante	0.83	0.29	-1.49**	-2.39***	-0.39	-0.88
N	313	307	236	234	193	191
Pseudo-R	0.0672***	0.0734***	0.0542*	0.0829***	0.1059	0.1177

Tabelle 16: Logistische Regressionen; Betriebe des Clusters „Dominanz Mittelfrist“ versus Betriebe des Clusters „Dominanz Langfrist“, unabhängige Variablen: sektoraler Kontext; Branchenauswahl, Betriebe bis 500 Beschäftigte; eigene Berechnungen[54]

[54] In der Tabelle sind jeweils die geschätzten Regressionsgewichte, bezeichnet als „Logits“, abgebildet. In den runden Klammern werden die Standardfehler angegeben und für signifikante Werte relevanter unabhängiger Variablen auch die Effektkoeffizienten, häufig bezeichnet mit „odds ratios“, in den eckigen Klammern. Das Signifikanzniveau einzelner Effekte wird in der Tabelle wie folgt angegeben * <0,1; ** <0.05; *** <0,01.

Die Modelle 6.6a-c zeigen weiterhin, dass Betriebe mit mittelfristigen Beschäftigungsstrukturen einen höheren Anteil an Beschäftigten unter 35 Jahre aufweisen. Die Beobachtungen aus den Modellen 6.6a-c können demzufolge im Sinne der Forschungshypothese II interpretiert werden, dass es in Betrieben, die sich als Arbeitgeber erst in jüngerer Zeit neu etablieren, leichter ist, flexiblere Strukturen der Arbeitsorganisation und des Beschäftigungssystems durchzusetzen, insbesondere dann, wenn größere Teile der Belegschaft der jüngeren Alterskohorte von unter 35 Jahren angehören.

Um diesen Befund weiter zu interpretieren soll auf Forschungsergebnisse anderer Autoren verwiesen werden. Diese zeigen, dass gerade in den 1990er Jahren in deutschen Betrieben ein umfassender Wandel der Formen der Arbeitsorganisation beobachtet werden konnte (vgl. Kirchner/Oppen 2007). Somit kann auf Basis des hier berichteten Befund angenommen werden, dass in neuerer Zeit gegründeten Betrieben und Betriebsstätten insbesondere im wissensintensiven Tätigkeitsbereich der Etablierung flexibler Strukturen der Arbeitsorganisation eine höhere Relevanz zugesprochen wurde, wobei gleichzeitig flexiblere Beschäftigungsarrangements zwischen Belegschaft und Arbeitgeber vereinbart wurden.

Diese Interpretation des beobachteten Zusammenhangs eines höheren Anteils jüngerer Beschäftigter in den betrieblichen Organisationen, in denen mittelfristig Beschäftigungsarrangements dominieren, wird durch den Vergleich der Modelle 6.6a, 6.6b, 6.6c gestützt. Es zeigt sich, dass der Zusammenhang im konjunkturschwächeren Beobachtungsjahr 2004 sich wesentlich deutlicher abzeichnet als in den Vergleichsjahren 2002 und 2006. Im Beobachtungsjahr 2004 lassen sich wesentlich weniger Betriebe mit einer mittelfristigen Beschäftigungsstruktur identifizieren, da in vielen Betrieben Beschäftigungsabbau und Einstellungsstopps die Beschäftigungsstruktur „stabilisieren“. Betriebe mit einem höheren Anteil an jüngeren Beschäftigten weisen aber auch im Jahr 2004 flexiblere Beschäftigungsstrukturen auf, was letztlich auf nicht aufstiegsorientierte Mobilitätsprozesse (vgl. Struck et.al. 2007; Buchholz 2008) oder die Beobachtung von Mobilität in überbetrieblichen Netzwerkbeziehungen hindeutet.

Zusammenfassend ist festzustellen, dass sowohl die Zugehörigkeit zur „jüngeren Branche" (hier Software) sowie das Alter eines Betriebes als auch ein höherer Anteil an sozialversicherungspflichtig Beschäftigten unter 35 Jahre unabhängig voneinander zu der Erklärung der Herausbildung eher mittelfristiger Beschäftigungsstrukturen beitragen. Die in der Forschungshypothese II formulierte Annahme findet anhand der Ergebnisse aus den Modellen 6.5 und 6.6 somit eine erste Bestätigung.

6.3.4.2.2 Organisationsstrukturelle Einflüsse auf die Entstehung betrieblicher Beschäftigungsstrukturen

Anhand der Modelle in Tabelle 17 soll anknüpfend an die Ergebnisse der Modelle 6.5 und 6.6 der Zusammenhang zwischen der Form der Arbeitsorganisation in einem Betrieb und der Herausbildung mittelfristiger Stabilitätsstrukturen, bezogen auf das Beschäftigungssystem, näher untersucht werden. In den folgenden Analysen wird dabei auf einen Indikator zurückgegriffen, der Dezentralisierungstendenzen innerhalb der betrieblichen Arbeitsorganisation sichtbar macht. Konkret wird nach der Umsetzung von Formen eigenverantwortlicher Gruppen- oder Projektarbeit gefragt. Bellmann et. al. (2008) sprechen hier von einer operativen Dezentralisierung, welche letztlich die Verflachung von Hierarchieebenen und die Verlagerung von Kompetenzen, Verantwortung und Entscheidungsbefugnissen innerhalb betrieblicher Organisation nach unten zur Folge hat.[55]

---

[55] Als Indikatoren einer strategischen Dezentralisierung der Arbeitsorganisation benennen Bellmann et al. weiterhin Outsourcingprozesse und Centerorganisation, die im Sinne einer Strategie des Lean Managements des Gesamtunternehmens zum Einsatz kommen. Eine Messung dieser strategischen Dezentralisierungsbestrebungen ist im vorliegenden Kontext schwierig, da sich die Untersuchung ja gerade auf die betriebliche Ebene und eben nicht auf die Unternehmensebene bezieht. Der auf be-

Die Modelle 6.7a und 6.7b zeigen, dass sich zunächst in betrieblichen Organisationen, die Formen eigenverantwortlicher Gruppen- oder Projektarbeit eingeführt haben[56] häufiger auch mittelfristige Beschäftigungsstrukturen beobachten lassen.

Logistische Regression: Cluster Dominanz Mittelfrist versus Cluster Dominanz Langfrist

Erhebungsjahr	2002		2004		2006	
Modellspezifikation	Modell 6.7a	Modell 6.8a	Modell 6.7b	Modell 6.8b	Modell 6.7c	Modell 6.8c
Branchen						
Maschinenbau	Ref.	Ref.	Ref.	Ref.	Ref.	Ref.
Chemie	0.25 (0.41)	0.31 (0.41)	-0.38 (0.58)	-0.35 (0.58)	0.12 (0.66)	0.12 (0.66)
Software	0.51 (0.45)	***0.78*(0.43)***	0.74 (0.53)	***0.94* (0.53)***	**1.54*** (0.59)**	**1.5** (0.60)**
Beratung & Marktforschung	0.56 (0.44)	0.56 (0.43)	0.27 (0.56)	0.34 (0.56)	0.66 (0.57)	0.54 (0.58)
Kredit	0.10 (0.47)	0.05 (0.48)	-0.64 (0.66)	-0.52 (0.67)	-1.13 (0.86)	-1.22 (0.88)
Handel	0.39 (0.41)	0.34 (0.40)	0.86 (0.51)	0.78 (0.50)	0.11 (0.64)	0.08 (0.64)
weitere Betriebmerkmale						
Gruppen- oder Projektarbeit (Dummy)	**0.66** (0.29) [1.94]**		**0.93* (0.50) [2.53]**		0.04 (0.42)	
Profitcenter oder Einheiten mit eigener Kostenverantwortung	-	***0.59* (0.24)***	-	0.07 (0.39)	-	0.20 (0.42)
Ostbetrieb	-0.08 (0.26)	-0.14 (0.28)	**-0.73** (0.34)**	**-0.71** (0.34)**	-0.44 (0.38)	-0.43 (0.39)
Anzahl sv-pflichtig Beschäftigter (logarithmiert)	**-0.24* (0.10)**	**-0.21* (0.12)**	0.02 (0.14)	0.07 (0.34)	-0.32* (0.17)	-0.32* (0.17)
Betriebsalter in Jahren (logarithmiert)	**-0.43*****	**-0.46*****	-	-	-	-
Konstante	0.81	0.94	-2.0***	-1.44***	-0.33	-0.35 (0.71)
N	311	311	236	234	192	193
Pseudo-R	0.0782***	0.0780***	0.0695**	0.0524*	0.1101***	0.1070***

Tabelle 17: Logistische Regressionen; Betriebe des Clusters „Dominanz Mittelfrist" versus Betriebe des Clusters „Dominanz Langfrist", unabhängige Variablen: sektoraler Kontext und Arbeitsorganisation; Branchenauswahl, Betriebe bis 500 Beschäftigte; eigene Berechnungen[57]

trieblicher Ebene beobachtbaren Indikator „Centerorganisation oder der Verlagerung von Kostenverantwortung innerhalb des Betriebes" liefert wie die Modelle 6.8a-c zeigen keine eindeutigen Befunde. Es zeigt sich nur im Beobachtungsjahr 2002 ein schwach signifikanter Effekt auf die Herausbildung langfristiger oder mittelfristiger Beschäftigungsstrukturen (vgl. Modelle 6.8 a, b, c). Die Abkopplung von Einheiten mit eigener Ertragsermittlung beeinflusst das Beschäftigungssystem insgesamt weniger stark als operative Entscheidungen der Verlagerung der Verantwortung für Arbeitsaufgaben auf eigenverantwortliche betriebliche Subeinheiten.

[56] Konkret werden die folgenden Fragen gestellt: „Gibt es im Betrieb Formen eigenverantwortlicher Gruppen- oder Projektarbeit?" beziehungsweise "Gibt es im Betrieb eigenverantwortliche zeitlich begrenzte Projektarbeit?"

[57] In der Tabelle sind jeweils die geschätzten Regressionsgewichte, bezeichnet als „Logits", abgebildet. In den runden Klammern werden die Standardfehler angegeben und für signifikante Werte relevanter unabhängiger Variablen auch die Effektkoeffizienten, häufig bezeichnet mit „odds ratios",

Darüber hinaus zeigt sich im Vergleich der Modelle 6.5a mit 6.7a sowie 6.5b mit 6.7b eine Interaktion zwischen der Variable, die flexiblere Beschäftigungsstrukturen beschreibt und der Branchenvariable. So erklärt die Aufnahme der Variable Gruppen- oder Projektarbeit den oben diskutierten positiv signifikanten Zusammenhang zwischen der Branchenvariable Software und der Herausbildung mittelfristiger Beschäftigungsstrukturen. Die Aufnahme eines Interaktionseffektes der zwei Variablen in das Modell zeigt aber, dass der Zusammenhang zwischen Gruppen- und Projektarbeit und der Herausbildung mittelfristiger Beschäftigungsstrukturen nicht nur für die Betriebe der Softwarebranche gilt, da der Interaktionseffekt zu allen drei Erhebungszeitpunkten nicht signifikant ist. Die Modelle finden sich in der Anlage III.

Es lässt sich somit allgemeiner formuliert zeigen, dass Betriebe, in denen in einigen Bereichen gruppen- oder projektförmige Strukturen der Arbeitsorganisation umgesetzt wurden, eine höhere Wahrscheinlichkeit aufweisen, Stabilitätsstrukturen des Clusters DOMINANZ MITTELFRIST auszubilden als Betriebe in denen Gruppen- und Projektarbeit keinen Einsatz finden. Offen ist es im Rahmen von Panelanalysen zu untersuchen, ob sich der Zusammenhang der Durchsetzung gruppen- und projektförmiger Arbeitsorganisation und der Aushandlung eher mittelfristiger Beschäftigungsarrangements im Zeitverlauf ändert. Hierauf verweist der nicht signifikante Zusammenhang zwischen der Dummyvariablen für gruppen- und projektförmige Formen der Arbeitsorganisation und der abhängigen Variablen im Jahre 2006[58].

Der Zusammenhang zwischen dem Betriebsalter und der Herausbildung langfristiger Beschäftigungsstrukturen wird aller-

in den eckigen Klammern. Das Signifikanzniveau einzelner Effekte wird in der Tabelle wie folgt angegeben * <0,1; ** <0.05; *** <0,01.

[58] Analysen mit der vierten Welle der SFB580-B2-Betriebsdaten, erhoben für das Jahr 2008, verweisen ebenfalls darauf, dass der Zusammenhang zwischen der Dummyvariablen für Gruppen- und Projektarbeit und der Herausbildung langfristig stabiler Beschäftigungsstrukturen ebenfalls nicht mehr signifikant ist.

dings durch die Hinzunahme der Variablen nicht erklärt. Das Betriebsalter und der Grad der Dezentralisierung von Entscheidungsbefugnissen im Betrieb wirken somit unabhängig voneinander als Erklärungsfaktoren für die Herausbildung lang- oder mittelfristiger Beschäftigungsstrukturen im Kernbereich.

6.3.4.2.3 Der Einfluss der industriellen Beziehungen auf die Beschäftigungsstruktur

In der im Kapitel 4.3 formulierten dritten Forschungshypothese wurde unterstellt, dass neben den bereits diskutierten Faktoren auch die industriellen Beziehungen in die betriebliche Organisationen eingebunden sind für die Entstehung und Erhaltung betrieblicher Beschäftigungsstrukturen eine wichtige Rolle spielen. Eine Beachtung dieses Zusammenhangs wird insbesondere von Osterman (2009) gefordert, welcher für die Erklärung der Entstehung interner Arbeitsmärkte nationale Unterschiede in den industriellen Beziehungen im Sinne der Varieties of Capitalism Forschung hervorhebt. Als besonders bedeutsam für die Durchsetzung und Ausweitung bestimmter interner Arbeitsmarktsegmente stellt Osterman die Interessen von Gewerkschaften beziehungsweise Arbeitnehmerinteressensvertretungen heraus. Eine organisierte Interessenvertretung der Arbeitnehmer stützt die Erhaltung stabiler Beschäftigungsstrukturen, da diese die Verhandlung von langfristigen Beschäftigungssicherheiten als eine ihrer zentralen Aufgaben erachten. Osterman betont dabei einerseits die Bedeutung geteilter Normen und Werte der verhandlungsstarken Interessengruppen innerhalb betrieblicher Organisationen für die Durchsetzung und Erhaltung von Formen der Arbeits- und Personalorganisation und verweist andererseits auf die Diversität von Beschäftigungssystemen bei gleichen Optimierungsbestrebungen, je nachdem mit welchen nationalen Kontexten die betrieblichen Personalentscheider konfrontiert sind. Nun soll im Rahmen der vorliegenden Studie kein Vergleich der Beschäftigungsstrukturen unterschiedlicher nationaler Arbeitsmärkte durchgeführt werden, vielmehr wird Ostermans Argumentation auf den Vergleich unterschiedlicher Arbeitsmarktsegmente in den verschiedenen Wirtschaftssektoren übertragen.

In den weiteren Modellspezifikationen in Tabelle 18 wird somit der Zusammenhang zwischen der Einbindung betrieblicher Organisationen in das deutsche System industrieller Beziehungen und der Herausbildung stabiler betrieblicher Beschäftigungsstrukturen sowie die Interaktion dieses Zusammenhangs mit den Branchenvariablen untersucht.

Zur Beobachtung der Einbindung betrieblicher Organisationen in das deutsche System industrieller Beziehungen werden dabei zwei Indikatoren herangezogen. Zum einen das Item „Betriebs- oder Personalrat im Betrieb vorhanden" sowie das Item „Bindung des Betriebes an einen Haus- oder Firmentarifvertrag".

Für das Item „Betriebs- oder Personalrat vorhanden" verweisen die Modelle 6.9a-c dabei auf einen negativen Zusammenhang zur abhängigen Variablen, die die Herausbildung mittelfristiger Beschäftigungsstrukturen beschreibt. Konkret zeigt sich der Befund, dass Betriebe, die dem Cluster DOMINANZ MITTELFRIST zugeordnet wurden, seltener eine organisierte Interessenvertretung in Form eines Betriebs- oder Personalrates haben als Betriebe des Clusters DOMINANZ LANGFRIST. Besonders deutlich ist der Effekt in konjunkturschwächeren Zeiten zu beobachten, in denen weniger Betriebe überhaupt mittelfristige Beschäftigungsstrukturen aufweisen. Der berichtet Befund unterstützt somit die These, dass in betrieblichen Organisationen mit einer betrieblichen Interessensvertretung die Durchsetzung und Erhaltung der Statusrechte der Beschäftigten im Kernbereich in Form stabilerer Beschäftigungsarrangements insbesondere in konjunkturschwächeren Zeiten zu beobachten sind.

logistische Regression: Cluster Dominanz Mittelfrist versus Cluster Dominanz Langfrist						
Erhebungsjahr	2002		2004		2006	
	Modell 6.9a	Modell 6.10a	Modell 6.9b	Modell 6.10b	Modell 6.9c	Modell 6.10c
Branchen						
Maschinenbau	Ref.	Ref.	Ref.	Ref.	Ref.	Ref.
Chemie	0.23 (0.41)	0.18 (0.41)	-0.096 (0.59)	-0.01 (0.60)	0.25 (0.67)	0.079 (0.66)
Software	***0.83* (0.44)*** ***[2.28]***	***0.79* (0.44)*** ***[2.21]***	0.87 (0.53)	0.75 (0.54)	**1.5** (0.59)** **[4.47]**	**1.5** (0.60)** **[4.62]**
Beratung & Marktforschung	0.64 (0.43)	0.66 (0.44)	0.37 (0.56)	0.26 (0.56)	0.61 (0.57)	0.63 (0.58)
Kredit	0.34 (0.48)	0.19 (0.49)	0.30 (0.72)	0.22 (0.70)	-0.73 (0.88)	-1.13 (0.89)
Handel	0.45 (0.40)	0.42 (0.41)	0.87 (0.52)	**1.38** (0.55)** **[3.98]**	0.18 (0.64)	0.10 (0.67)
weitere Betriebsmerkmale						
Betriebsrat	***-0.66* (0.36)*** ***[0.51]***	-	**-1.5*** (0.51)** **[0.21]**	-	-0.83 (0.59)	-
Branchen- oder Haustarifvertrag		-0.13 (0.31)	-	**-1.4*** (0.44)** **[0.23]**	-	-0.002 (0.49)
Ostbetrieb	-0.018 (0.28)	-0.07 (0.28)	-0.57 (0.35)	**-0.77** (0.35)** **[0.46]**	-0.40 (0.38)	-0.41 (0.38)
Anzahl sv-pflichtig Beschäftigter (logarithmiert)	-0.03 (0.13)	-0.16 (0.12)	**0.35** (0.16)** **[1.4]**	**0.27* (0.15)** **[1.3]**	-0.13 (0.20)	-0.28 (0.18)
Betriebsalter in Jahren (logarithmiert)	**-0.38** (0.15)** **[0.68]**	**-0.40*** (0.15)** **[0.67]**	-	-	-	-
Konstante	0.43	0.80	-2.13***	-1.74***	-0.77	-0.43
N	313	313	235	234	192	191
Pseudo-R	0.0763***	0.0676***	0.0941***	0.1015***	0.1172	0.1052

Tabelle 18: Logistische Regressionen; Betriebe des Clusters „Dominanz Mittelfrist“ versus Betriebe des Clusters „Dominanz Langfrist“, unabhängige Variablen: sektoraler Kontext und institutionelle Faktoren; Branchenauswahl, Betriebe bis 500 Beschäftigte; eigene Berechnungen[59]

Auch die erwartete Stabilisierung der Beschäftigungsstrukturen durch die Bindung des Betriebes an einen Branchen- oder Haustarifvertrag also eine indirekte Wirkung der Aushandlungsprozesse auf der mittleren Ebene des Systems industrieller Beziehungen lässt sich insbesondere für das konjunkturschwächere Erhebungsjahr 2004 beobachten (vgl. Modell 6.10b).

Der Vergleich der Modelle 6.5b, 6.9b und 6.10b zeigt darüber hinaus, dass es gerade Betriebe der Softwarebranche mit mittelfris-

[59] In der Tabelle sind jeweils die geschätzten Regressionsgewichte, bezeichnet als „Logits“, abgebildet. In den runden Klammern werden die Standardfehler angegeben und für signifikante Werte relevanter unabhängiger Variablen auch die Effektkoeffizienten, häufig bezeichnet mit „Odds ratios“, in den eckigen Klammern. Das Signifikanzniveau einzelner Effekte wird in der Tabelle wie folgt angegeben * <0,1; ** <0.05; *** <0,01.

tigen Beschäftigungsstrukturen sind, die seltener an Branchen- oder Haustarife gebunden sind und in denen sich Arbeitnehmer auch seltener in Form eines Betriebsrates organisieren. So erklärt die Hinzunahme der Variablen zur Beschreibung der Einbindung ins System industrieller Beziehungen insbesondere im konjunkturschwächeren Beobachtungsjahr 2004 den positiven Zusammenhang zwischen der Zugehörigkeit des Betriebes zur Branche Software und der Herausbildung mittelfristiger Strukturen.

In den konjunkturstärkeren Jahren 2002 und 2006 ist der Interaktionseffekt allerdings nicht beobachtbar. Die Einbindung in das deutsche System industrieller Beziehung wirkt insbesondere im Beobachtungsjahr 2002 unabhängig vom konkreten Branchenkontext stabilisierend. Es muss somit davon ausgegangen werden, dass die Einbindung von Betrieben in das deutsche System industrieller Beziehungen nicht ausschließlich eine branchenspezifische Differenzierung der Beschäftigungsstrukturen hervorruft, sondern eher innerhalb der „traditionellen Branchen" eine Wirkung auf die Stabilität der Beschäftigungsstrukturen ausübt.

Die beobachteten Zusammenhänge verweisen zusammenfassen auf eine empirisch messbare Einflussnahme der betrieblichen und überbetrieblichen Arbeitnehmerinteressensvertretung auf die Aushandlung von Beschäftigungsarrangements und somit auf die Herausbildung betrieblicher Beschäftigungsstrukturen. Dabei wirkt deren Handeln stabilisierend auf die betrieblichen Beschäftigungsstrukturen. Gleichzeitig kann der in den Modellen 6.9a-c sowie 6.10a-c dargestellte Befund auch in die Richtung interpretiert werden, dass durch den Einfluss betrieblicher und überbetrieblicher Interessensvertretungen aber auch soziale Schließungsprozesse erzeugt werden, die sich durch Sicherung der Statusrechte von Insidern und die Benachteiligung von Outsidern auszeichnen. Diesbezüglich liefern die Analysen in Kapitel 7 weitere Anhaltspunkte für die Wirkung des Handelns betrieblicher und überbetrieblicher Interessensvertretungen.

6.3.5 Zusammenfassung der Befunde

Im vorliegenden Kapitel wurde der Einfluss, den der Branchenkontext in den betriebliche Organisationen eingebunden sind auf die Entstehung und Erhaltung lang- versus mittelfristiger Beschäftigungsstrukturen ausübt, näher untersucht. Dabei sollte auch die Interaktion mit weiteren Erklärungsfaktoren betrachtet werden.

Anhand der Analysen konnte zunächst gezeigt werden (vgl. Abschnitt 6.3.3 sowie 6.3.4.2.2), dass sich die Beschäftigungsstrukturen hinsichtlich des Kriteriums der Beschäftigungsdauer in der Kernbelegschaft in betrieblichen Organisationen des Wirtschaftssektors Produktion beziehungsweise der traditionelle Dienstleistungen nicht beobachtbar voneinander unterscheiden. Es lässt sich allerdings ein deutlicher Unterschied in den Beschäftigungsstrukturen zwischen den betrieblichen Organisationen der Branche Software und den betrieblichen Organisationen der Produktions- und traditionellen Dienstleistungsbranchen beobachten.

Erklärt werden können diese Unterschiede in den Beschäftigungsstrukturen in den Beobachtungsjahren 2002 und 2004 vor allem durch eine immer noch größere Bedeutung hierarchischer Strukturen der Arbeitsorganisation in den Betrieben der Produktions- sowie traditionellen Dienstleistungsbranchen im Vergleich zu Betrieben der Branche Software (vgl. Abschnitt 6.3.4.2.3). Die Einbindung in das System industrieller Beziehungen liefert zwar Hinweise auf die Erhaltung stabiler Beschäftigungsstrukturen, allerdings ist die Wirkungsweise dieses Erklärungsfaktors nicht branchenspezifisch (vgl Abschnitt 6.3.4.2.4).

Die berichtete Auflösung des Zusammenhangs zwischen der Form der Arbeitsorganisation und der Entstehung beziehungsweise Erhaltung mittel- versus langfristiger Beschäftigungsstrukturen in den Beobachtungsjahren 2006 sowie 2009 lässt allerdings die Annahme zu, dass in neuerer Zeit Restrukturierungsprozesse zu einer Angleichung der betrieblichen Arbeitsorganisationsstrukturen in den betrieblichen Organisationen der beobachteten Branchengruppen führten.

Offen ist hierbei, ob Restrukturierungsprozesse im Bereich der Arbeitsorganisation in den Betrieben der traditionellen Produktions- und Dienstleistungsbranchen ebenfalls zu einer Neigung der Herausbildung mittelfristiger Beschäftigungsstrukturen führen können. So ist zu fragen, ob nicht flexiblere Beschäftigungsstrukturen im wissensintensiven Dienstleistungssektor erst durch spezifische Tätigkeitsmerkmale zu begründen sind. Hier erlauben die Ergebnisse der diskutierten Modelle keine weiteren Rückschlüsse.

Somit soll im folgenden Kapitel 6.4 zunächst nochmals tiefer gehend untersucht werden, inwiefern sich die Herausbildung spezifischer Stabilitätsstrukturen des Kernbereichs in einzelnen Wirtschaftssektoren auch oder gerade durch typische Merkmale der betrieblichen Qualifikationsanforderungsstruktur erklären lassen, die letztlich allgemeiner die typischen Tätigkeitsformen in den Betrieben der Branchengruppen abbilden können. Dieser Analyse liegt die allgemeinere Fragestellung zugrunde, ob eher situative betriebliche Einflussfaktoren oder die langfristige Einbindung von Betrieben in einen konkreten überbetrieblichen Kontext eine Erklärung für die Herausbildung betrieblicher Beschäftigungsstrukturen liefern.

6.4 Merkmale betrieblicher Tätigkeitsprofile als Erklärungsfaktoren der Ausdifferenzierung betrieblicher Beschäftigungsstrukturen

6.4.1 Vorbemerkungen

Die vergleichende Untersuchung von Beschäftigungsstrukturen im Kernbereich betrieblicher Organisationen soll mit einer vergleichenden Analyse typischer Tätigkeits- und Qualifikationsprofile betrieblicher Organisationen unterschiedlicher Branchen abgeschlossen werden. Im ersten, stärker deskriptiven Schritt der Analyse (vgl. Abschnitt 6.4.3) werden dabei die Merkmalsprofile typischer Tätigkeitsformen wie etwa die Anteile der Qualifikationsgruppen vergleichend gegenübergestellt. Die Ergebnisse dieses ersten Analyseschrittes werden dann weiterführend herangezogen um Thesen über den Zusammenhang zwischen den Merkmalen typischer Tätigkeitsformen und der Ausdifferenzierung von betrieblichen Stabilitätsstrukturen, für die betrachteten Branchen beziehungsweise Wirtschaftssektoren zu entwickeln[60]. Diese sollen dann anhand einer zweiten bivariaten Analyse (vgl. Abschnitt 6.4.4) geprüft werden. Im Rahmen dieses zweiten Analyseschrittes wird für die Betriebe der einzelnen Branchen beziehungsweise Wirtschaftssektoren die Korrelationen zwischen dem Anteil mittel- beziehungsweise langfristiger Beschäftigung und den Merkmalen der Qualifikationsstruktur näher untersucht und diskutiert[61]. Hierbei werden die Anteile der Beschäftigten in den Qualifikationsgruppen „Hochqualifizierte", „berufsfachlich Qualifizierte" sowie „Un- und Angelernte" herangezogen. Weiterhin wird betrachtet, wie groß der Anteil der Beschäftigten ist, die über betriebsspezifi-

[60] Diese Untersuchung kann allerdings nur für die Erhebungsjahre 2004 und 2006 erfolgen, da nur in diesen Jahren die Indikatoren zur Beschreibung der Qualifikationsstruktur erhoben wurden.

[61] Aufgrund der geringen Fallzahlen in den Branchengruppen ist die Spezifizierung von Regressionsmodellen für einzelne Branchen problematisch, sodass nur eine beschreibende Zusammenhanganalyse in Form einer Korrelationsanalyse möglich ist.

sche Qualifikationen oder aber Qualifikationen, die deutlich von ihrem beruflichen oder akademischen Abschluss abweichen und über langjährige Erfahrung erworben wurden, verfügen. Anhand der Befunde der Korrelationsanalyse werden darüber hinaus auch zwei Indikatoren näher betrachtet, die erste Hinweise auf die Struktur der Arbeitsorganisation in der Betriebsstätte geben sollen. Dies sind zum Ersten der Anteil der Beschäftigten, die in die Erforschung und Entwicklung (F&E) von Produkten sowie Prozessen eingebunden sind, zum Zweiten der Anteil der Beschäftigten mit einer kurzen Einarbeitungszeit von unter einem Monat. Der erste Indikator soll dabei die Innovationstätigkeit des Betriebes und somit die durchschnittliche Halbwertzeit von Wissensressourcen im Betrieb abbilden. Der zweite misst den Grad der Standardisierung von Tätigkeiten in der Betriebsstätte.

Für die Spezifizierung der Hypothesen über den Zusammenhang von Tätigkeitsmerkmalen und der Stabilität der Beschäftigung in einem Betrieb kann auf einige empirische Befunde des Projektes „Betrieb und Beschäftigung im Wandel" zurückgegriffen werden (vgl. Kapitel 4.2.2). Die Befunde aus dem Forschungsprojekt, auf welche sich die folgende Diskussion insbesondere bezieht, werden in Abschnitt 6.4.2 somit nochmals in einem kurzen Überblick dargestellt.

Anhand der Befunde des Teilkapitels soll abschließend diskutiert werden inwiefern für die Erklärung und Begründung der Herausbildung mittel- oder langfristiger Beschäftigungsstrukturen im Kernbereich neben den in den Kapiteln 6.2 und 6.3 ausführlicher diskutierten Kontextmerkmalen, des weiteren situative betriebliche Beschreibungsmerkmale der Tätigkeitsstruktur eines Betriebes heranzuziehen sind. Unter situativen betrieblichen Beschreibungsmerkmalen werden dabei Erklärungsfaktoren verstanden, wie sie bereits in der Human Ressource Managementforschung anknüpfend an die theoretischen Überlegungen des ökonomischen Institutionalismus (vgl. Kap. 3.2.2) sowie im Rahmen der

Analysen des Forschungsprojektes „Betrieb und Beschäftigung im Wandel“ (vgl. Kap.4.2.2) diskutiert wurden.

Anknüpfend an die Befunde der zwei Analyseschritte soll das Teilkapitel mit einer Diskussion über die Erklärungskraft und Gültigkeit der Annahmen der zwei, bislang häufig nebeneinanderstehenden theoretischen Argumentationslinien zur Erklärung der Entstehung und Erhaltung betrieblicher Beschäftigungsstrukturen – einerseits der „Neuen Institutionenökonomie“ sowie andererseits „älterer kontextbetonender institutionalistischer Theorieansätze“, abgeschlossen werden. In der vorliegenden Studie wird dabei eine Integration beider Erklärungsansätze angestrebt.

6.4.2 Überblick über einschlägige Befunde des Forschungsprojektes "Betrieb und Beschäftigung im Wandel"

Wie bereits in Kapitel 4.2.2 dargestellt, wurde im DFG-Forschungsprojekt „Betrieb und Beschäftigung im Wandel“ ein Analyserahmen für die quantitative empirische Untersuchung der Schließung betrieblicher Beschäftigungsstrukturen (Struck 2006; Struck/Schröder 2006; Struck et. al. 2006; Struck et al. 2007; Struck et. al. 2008) entwickelt.

Im Erklärungsmodell von Struck und Schröder werden unter dem Blickwinkel der Auseinandersetzung mit den theoretischen Überlegungen in der Human Ressource Managementforschung sowie allgemeiner des ökonomischen Institutionalismus und hierbei insbesondere der Humankapitalthese Indikatoren der betrieblichen Qualifikationsstruktur in ihrer Wirkung auf die Entstehung und Erhaltung stabiler betrieblicher Beschäftigungsstrukturen untersucht. Indikatoren der betrieblichen Qualifikationsstruktur sind die Anteile der Beschäftigten in den Qualifikationsgruppen „Un- und angelernte“, „berufsfachlich Qualifizierte“ und „Hochqualifizierte“. Weiterhin werden die Anteile der Beschäftigten mit „betriebsspezifischem Wissen“ und der Beschäftigten, die in „Forschung und

Entwicklung“ eingebunden sind, betrachtet. Diese Faktoren werden auch von Schröder und Struck zur Beschreibung spezifischer personalpolitischer „Qualifikationsprobleme“ oder allgemeiner „Verfügbarkeitsprobleme“ (vgl. Kap. 4.2.2) in die Diskussion eingeführt.

In den empirischen Erklärungsmodellen zeigt sich, dass die Qualifikationsanforderungen einen Einfluss auf die zu beobachtende betriebliche Beschäftigungsstabilität in kleineren und mittleren betrieblichen Organisationen haben. So weisen insbesondere westdeutsche Betriebe mit einem hohen Anteil an „einfach qualifizierten Beschäftigten“ (gemeint sind un- und angelernte Arbeitskräfte) auch einen geringen Anteil an langfristiger Beschäftigung auf (Struck 2006, 124). Dies bestätigt die These, dass geringe Suchkosten die betrieblichen Bindungsbestrebungen verringern.

Die konkrete Annahme der Humankapitalthese, dass die Herausbildung betriebsspezifischen Humankapitals mit der Stabilisierung einer betrieblichen Beschäftigungsstruktur im Zusammenhang steht, lässt sich in diesen Analysen empirisch allerdings nur schwach belegen. So zeigen Schröder und Struck, dass ein hoher Anteil an Mitarbeitern, die über betriebsspezifische Humankapitalressourcen verfügen, mit einem höheren Anteil an langfristiger Beschäftigung einhergeht (Schröder/Struck 2007). Allerdings wird im Schnitt nur für 20 % der Beschäftigten überhaupt betriebsspezifisches Wissen gemessen. Überdurchschnittlich ist der Anteil allerdings im Produktionssektor (vgl. Schröder/Struck 2007).

Sind Unternehmen innovativ im Sinne der Einführung oder Verbesserung neuer beziehungsweise bereits vorhandener Produkte, so kann auch dies Auswirkungen auf die betrieblichen Qualifikationsanforderungen und somit auch auf die betriebliche Beschäftigungsstabilität haben. Allerdings sind die Auswirkungen im Produktions- und Dienstleistungssektor verschieden. Während Produktinnovationen im Produktionssektor mit langfristig stabiler Beschäftigung einhergehen, sind im innovativen Dienstleistungssektor hohe Anteile an kurz- und mittelfristiger Beschäftigung zu beobachten (vgl. Krause, I et. al. 2008).

Generell zeigt sich aber, je höher der Anteil an Beschäftigten ist, die an der Fortentwicklung von Produkten und Verfahrensprozessen beteiligt sind, desto geringer ist auch der Anteil langfristiger Beschäftigung (vgl. Schröder/Struck 2006). Die Analysen verweisen bereits darauf, dass Betriebe mit forschungsintensiven Tätigkeitsbereichen andere Effizienzkriterien entwickeln als Betriebe mit einem geringeren Anteil an Beschäftigten, die in Forschungs- und Entwicklungsaktivitäten eingebunden sind.

Neben der Beobachtung von Merkmalen der Qualifikationsstruktur untersuchen Tim Schröder und Olaf Struck, bezogen auf das personalstrategische Bezugsproblem, der Herstellung der Leistungsbereitschaft, weiterhin den Zusammenhang zwischen Formen der Arbeitskontrolle und der beobachtbaren Stabilitätsstruktur in einem Betrieb. Die Fragestellung der Analyse baut dabei auf das anhand der Prinzipal-Agentur-Theorie (Ross 1973) theoretisch hergeleitete Problem der Informationsasymmetrie von Arbeitnehmern und Arbeitgebern auf. In den Erklärungsmodellen von Schröder und Struck wird dieser Zusammenhang mit dem personalpolitischen Bezugsproblem der Herstellung von Leistungsbereitschaft näher beschrieben.

Ein zentraler Befund der Analysen von Schröder und Struck ist, dass Instrumente des Personalmanagements, die die Kontrolle von Arbeitsprozessen sowie die Entscheidungsbefugnisse im Betrieb dezentralisieren, wie beispielsweise die Etablierung gruppen- oder projektförmiger Elemente in der Struktur der Arbeitsorganisation oder aber die Organisation der Arbeit in der Form kleinerer eigenständiger Einheiten, z.B. als Cost- oder Profitcenter, signifikant häufiger mit einer geringeren Beschäftigungsstabilität einhergehen (Struck 2006, 130; Struck et al. 2007).

Diskutiert wurde in den Analysen von Schröder und Stuck allerdings nicht die Interaktion von Branchenkontext und den genannten Merkmalen der Tätigkeitsprofile in den Betrieben, wie dies in den folgenden Abschnitten angestrebt wird. Diese Spezifizierung der Fragestellung stellt somit eine Erweiterung der bislang publizierten Ergebnisse des Forschungsprojektes dar.

6.4.3 Diskussion der Branchenprofile der Qualifikations- und Qualifikationsanforderungsstruktur

Die Profile einiger Merkmale der Qualifikations- und Tätigkeitsstrukturen in den betrieblichen Organisationen einzelner Branchen lassen sich anhand der Abbildung 11 sowie anhand der Werte in den Tabellen 20 und 21 für die Beobachtungsjahre 2004 und 2006 verdeutlichen[62]. Im Anhang IV sind die Fragestellungen aufgelistet, die für die Operationalisierung der einzelnen Merkmale herangezogen wurden.

In der Profildarstellung (Abbildung 11) wird deutlich, dass bezogen auf die Verteilung der Beschäftigten auf die Qualifikationsgruppen „Hochqualifizierte“, „berufsfachlich Qualifizierte und „Un- beziehungsweise Angelernte“ vor allem die Betriebe der Branchen Software und Chemie vom ansonsten einheitlichen Profil abweichen.

Im Allgemeinen zeigt sich, dass im Durchschnitt aller Betriebe der Anteil Hochqualifizierter bei etwa 10 bis 20 %, bezogen auf die Anzahl aller Beschäftigten[63] im Betrieb, liegt. In den Betrieben der Softwarebranche liegt dieser Anteil allerdings wesentlich höher, nämlich bei rund 60 %.

Der Anteil Un- und Angelernter liegt im Durchschnitt der Betriebe der betrachteten Branchen bei etwa 5 bis 15 % an der Gesamtbeschäftigung. In den Betrieben der Chemiebranche liegt dieser Anteil wesentlich höher bei knapp 30 %. Dabei zeigt sich aber,

---

[62] Für das Erhebungsjahr 2002 können keine Profile erstellt werden, da die relevanten Indikatoren zum größten Teil nicht erfragt wurden.

[63] Hier wurde nach der Aufteilung aller Beschäftigten (auch Befristete, geringfügige, freie Mitarbeiter und Leiharbeiter) auf die Qualifikationsgruppen gefragt.

dass in den Betrieben der Chemiebranche die Beschäftigung von Personen mit berufspraktischem Erfahrungswissen eine wesentlich größere Rolle spielt als in Betrieben anderer Branchen. Etwa 30 % der Beschäftigten in den Betrieben der Chemiebranche verfügen über Qualifikationen, die deutlich von ihrem beruflichen oder akademischen Abschluss abweichen und über langjährige Erfahrung erworben wurden. Zu vermuten ist, dass es sich hierbei größtenteils um die Beschäftigten handelt, die formal als Un- und Angelernte im Betrieb eingestellt wurden.

Des Weiteren zeigt sich in den Betrieben der Chemiebranche, dass im Durchschnitt aller Betriebe ein höherer Anteil der Beschäftigten über betriebsspezifisches Wissen verfügt, welches kaum in anderen Betrieben angewendet werden kann. Dieser Anteil liegt wesentlich höher als im Durchschnitt der Betriebe anderer Branchen, bei über 30 %. Im Vergleich dazu, liegt der Anteil an Beschäftigten mit betriebsspezifischen Wissen in den Betrieben des Maschinenbaus, der Softwarebranche und im Handel bei etwas über 20 % und in der Beratungsbranche beziehungsweise in der Branche Kreditwesen nur bei 15 bis 18 %.

Abbildung 11: Profile der Merkmale der Tätigkeitsformen in den Betriebsstätten unterschiedlicher Branchen, eigene Berechnungen, Erhebungen 2004, 2006

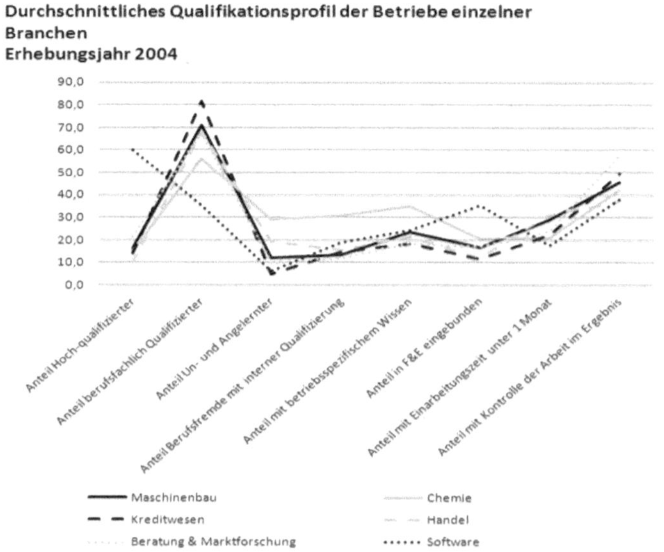

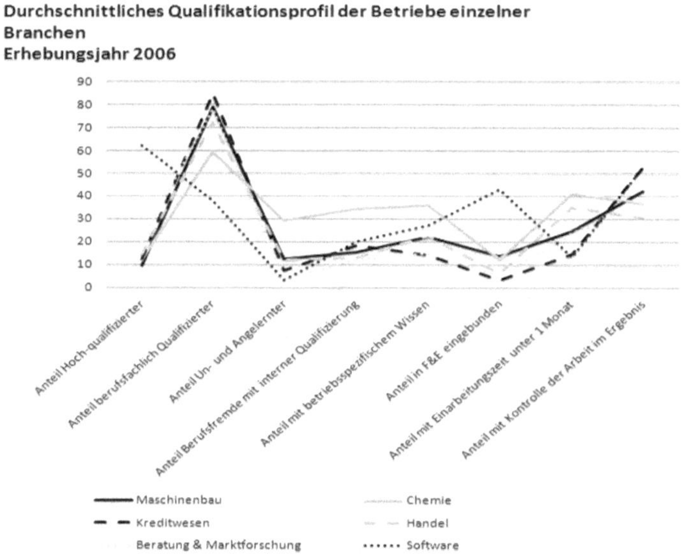

Somit lässt sich gerade für die Betriebe der chemischen Industrie ein Bild des klassischen Produktionsbetriebes mit einer immer noch wesentlichen Bedeutung von Anlernprozessen und der Herausbildung von betriebsspezifischem Wissen zeichnen. Für die Betriebe des Maschinenbaus ist zu beobachten, dass sie sich im Durchschnitt, bezogen auf die Qualifikationsstruktur, kaum von den Betrieben des traditionellen Dienstleistungssektors unterscheiden. Es findet sich lediglich ein etwas höherer Wert bei dem Anteil der Beschäftigten mit betriebsspezifischem Wissen, der allerdings nicht im Bereich des durchschnittlichen Anteils liegt, welcher für Chemiebetriebe beobachtet wurde. Dennoch lässt sich anhand der vorliegenden deskriptiven Befunde zeigen, dass betriebsspezifisches Wissen vor allem in den betrieblichen Organisationen der Produktionsbranchen von größerer Bedeutung ist.

Bei der Betrachtung des Anteils der Beschäftigten, die in Forschungs- und Entwicklungsaktivitäten (F&E-Aktivitäten) eingebunden sind, wird deutlich, dass dieses Tätigkeitsmerkmal für einen wesentlich größeren Anteil der Beschäftigten in der jungen Branche Software zu beobachten ist. Gleichzeitig erklärt sich somit auch die Wissensintensität der Tätigkeiten in diesem Sektor, die sich in dem oben berichteten höheren Anteil an Hochqualifizierten widerspiegelt.

Bezogen auf die Merkmale Einarbeitungszeit und Ergebniskontrolle der Tätigkeiten im Betrieb, lässt sich nicht für alle Branchen ein zeitkonstantes Bild zeichnen. Dies könnte darauf zurückzuführen sein, dass gerade im Produktionssektor im konjunkturstärkeren Jahr 2006 auch in größerem Umfang andere Beschäftigtengruppen wie Leiharbeiter der Gesamtbeschäftigung zuzurechnen sind als im konjunkturschwächeren Jahr 2004.

Aus den Ergebnissen der Analyse der Tätigkeitsprofile ergeben sich somit folgende Annahmen:

- In den Produktionsbranchen wird noch häufiger betriebsspezifisches Wissen herausgebildet als in anderen Branchen. Gemäß den Annahmen der Humankapitaltheorie ist somit anzunehmen, dass insbesondere dieses Merkmal die höhere Beschäftigungsstabilität in den Betrieben der Produktionsbranchen erklärt.

- Des weiteren wurde insbesondere in der Chemiebranche eine immer noch starke Förderung betrieblicher Anlernprozesse sichtbar. Auch dieses Merkmal spricht im Sinne der Humankapitalthese dafür, dass die Form des Qualifikationserwerbs die Stabilität der Beschäftigung in den betrieblichen Organisationen dieser Branche befördert.
- In der jungen Branche Software liegt demgegenüber der Anteil an Beschäftigten, die in die Forschung und Entwicklung neuer Produkte eingebunden sind höher als in allen anderen Branchen. Gleichzeitig ist der Bedarf an hoch qualifizierten Beschäftigten in dieser Branche am höchsten. Anknüpfend an die Befunde des Projektes „Betrieb und Beschäftigung im Wandel" (vgl. Absatz 6.4.2) sowie gemäß der Churning-These aus der Innovationsforschung (Beckmann/Bellmann 2002) ist somit anzunehmen, dass diese Merkmal der Tätigkeitsstruktur der Betriebe dieser Branche die geringere Stabilität der Beschäftigung in dieser Branche erklärt.

Erhebungsjahr 2004	Anteil Hoch-qualifizierter	Anteil berufsfachlich Qualifizierter	Anteil Un- und Angelernter	Anteil Berufsfremde mit interner
Maschinenbau	16,3	71,0	12,1	13,1
Chemie	14,9	56,3	29,1	30,8
Kreditwesen	14,1	81,5	4,9	14,4
Handel	10,4	67,7	19,5	15,6
Beratung &	21,7	67,8	9,8	11,8
Software	59,7	35,4	6,0	18,7
	Anteil mit betriebsspezifischem Wissen	Anteil in F&E eingebunden	Anteil mit Einarbeitungszeit unter 1 Monat	Anteil mit Kontrolle der Arbeit im Ergebnis
Maschinenbau	23,5	16,6	28,8	45,3
Chemie	35,1	21,0	21,1	42,3
Kreditwesen	18,4	11,6	22,2	49,1
Handel	21,7	12,5	31,4	37,2
Beratung &	18,7	17,0	24,4	57,6
Software	24,4	35,2	17,5	37,7

Tabelle 19: Anteilswerte zur Beschreibung der Merkmale der Tätigkeitsformen in den Betriebsstätten unterschiedlicher Branchen für das Erhebungsjahr 2004, eigene Berechnungen[64]

[64] Alle Anteilswerte sind auf eine Gleichverteilung nach den Untersuchungsregionen querschnittsgewichtet um eine Vergleichbarkeit zwischen den Erhebungswellen herzustellen.

Erhebungsjahr 2006	Anteil Hoch-qualifizierter	Anteil berufsfachlich Qualifizierter	Anteil Un- und Angelernter	Anteil Berufsfremde mit interner
Maschinenbau	9,6	78,9	12,5	15,4
Chemie	12,1	59,4	29,3	34,5
Kreditwesen	12,3	84,5	7,2	18
Handel	14,5	72,4	12,1	13,2
Beratung & Marktforschung	20,2	77,9	4,1	12,3
Software	62	37,7	3	19,7
	Anteil mit betriebsspezifi schem Wissen	Anteil in F&E eingebunden	Anteil mit Einarbeitungszeit unter 1 Monat	Anteil mit Kontrolle der Arbeit im Ergebnis
Maschinenbau	22,1	13,6	24,5	41,9
Chemie	36,2	12,5	41,1	36,8
Kreditwesen	14	3,1	14,4	52,4
Handel	22,3	6,4	35,2	30,7
Beratung & Marktforschung	15	5,6	23,7	38,1
Software	26,8	42,9	13,3	52,6

Tabelle 20: Anteilswerte zur Beschreibung der Merkmale der Tätigkeitsformen in den Betriebsstätten unterschiedlicher Branchen für das Erhebungsjahr 2006[65]

6.4.4 Befunde der Korrelationsanalyse

6.4.4.1 Methodische Vorbemerkungen

Gemäß den zusammenfassenden Thesen des letzten Abschnitts soll zunächst in der nun folgenden Korrelationsanalyse der Zusammenhang von Merkmalen der betrieblichen Qualifikations- und Tätigkeitsstruktur und der Stabilität der Beschäftigung im Kernbereich betrieblicher Organisationen einzelner Branchen beziehungsweise Wirtschaftssektoren näher betrachtet werden.

Insbesondere soll untersucht werden, ob in den betrieblichen Organisationen einzelner Branchen ein höherer Anteil der Beschäftigten mit betriebsspezifischem Wissen die Beschäftigungsstruktur der Kernbelegschaft stabilisiert, indem ein höherer Anteil an Beschäftigten mit langfristigen Beschäftigungsperspektiven zu beobachten ist (vgl. Abschnitt 6.4.4.2). Des weiteren wird empirisch der Frage nach gegangen, inwiefern sich Forschungs- und Entwick-

[65] Alle Anteilswerte sind auf eine Gleichverteilung nach den Untersuchungsregionen querschnittsgewichtet um eine Vergleichbarkeit zwischen den Erhebungswellen herzustellen.

lungsaktivitäten auf die Stabilität der Beschäftigungsstrukturen der Betriebe einzelner Branchen auswirken (Abschnitt 6.4.4.3). Hinterfragt wird in den Branchen differenzierenden Analysen schließlich auch der Zusammenhang zwischen betrieblichen Anlernprozessen und der betrieblichen Beschäftigungsstruktur (Abschnitt 6.4.4.4).

Als Maß für den Zusammenhang zwischen den betrieblichen Merkmalen wird dabei jeweils der Maßkorrelationskoeffizient nach Pearson berechnet.

6.4.4.2 Korrelation der Merkmale der Qualifikationsanforderungsstruktur mit dem Anteil lang- beziehungsweise mittelfristige Beschäftigung

In der Betrachtung des Zusammenhangs zwischen dem Anteil der Beschäftigten mit betriebsspezifischen Qualifikationen und dem Anteil langfristiger oder mittelfristiger Beschäftigter der Kernbelegschaft zeigt sich in den Korrelationsanalysen, bezogen auf alle in diesem Kapitel diskutierten Branchen (Tabelle 21, Spalte 1), der erwartete Effekt nur für das Beobachtungsjahr 2006. Überraschenderweise wird aber in den Korrelationsanalysen deutlich, dass sich ein zeitkonstanter signifikant Zusammenhang zwischen den Merkmalen gerade nicht in den Betrieben der Produktionsbranchen, sondern in den Betrieben der wissensintensiven Branchen Software sowie Beratung und Marktforschung zeigt (Tabelle 21, Spalte 3). Entgegen den Erwartungen korreliert in den Betrieben der letztgenannten Branchen ein höherer Anteil der Beschäftigten mit betriebsspezifischem Wissen signifikant positiv mit dem Anteil langfristig Beschäftigter der Kernbelegschaft und signifikant negativ mit dem Anteil mittelfristig Beschäftigter. Dabei weisen 25 % der Betriebe der Softwarebranche im Beobachtungsjahr 2004 einen Anteil von knapp einem Drittel (27 %) Beschäftigte mit betriebsspezifischem Wissen auf. Im Beobachtungsjahr 2006 liegt der Anteil bei 25 % der Betriebe der Softwarebranche sogar bei knapp 40

%.[66] In der Branche Beratung und Marktforschung liegen bei 25 % der Betriebe die Anteile der Beschäftigten mit betriebsspezifischem Wissen bei jeweils etwa einem Fünftel der Gesamtbeschäftigung (2004: 23 %; 2006: 16 %)[67].

Somit zeigt sich, anders als erwartet, auch im wissensintensiven Tätigkeitssegment eine mit der Generierung von betriebsspezifischen Humankapitalressourcen im Zusammenhang stehende Stabilisierung der betrieblichen Beschäftigungsstruktur. Demgegenüber ist der Zusammenhang in den Betrieben des Produktionssektors nur schwach nachweisbar (vgl. Tabelle 22). Die Korrelation des Anteils von Beschäftigten mit betriebsspezifischem Wissen und des Anteils mit langfristigen Beschäftigungsperspektiven ist im Teilsample der Produktionsbetriebe nicht signifikant.

Dabei sollte aber daran erinnert werden, dass im Produktionssektor vor allem in den Betrieben der chemischen Industrie der Anteil der Beschäftigten mit betriebsspezifischem Wissen im Allgemeinen wesentlich höher liegt als in den Betrieben des wissensintensiven Dienstleistungssektors (vgl. Abbildung 11). Unterstellt man somit innerhalb der Produktionsbranchen eine geringere Heterogenität bezüglich dieses Merkmals der Beschäftigungsstruktur, so erklärt sich der Effekt des nicht beobachtbaren Zusammenhangs des Anteils betriebsspezifischen Wissens und des Anteils langfristig Beschäftigter der Kernbelegschaft innerhalb der Betriebe der Produktionsbranchen. Wie in den vorherigen Analysen der Kapitel 6.2 und 6.3 gezeigt werden konnte, wirken darüber hinaus unabhängig von dem Effizienzkriterium der Bindung betriebsspezifischer Wissensressourcen auch Kontextfaktoren in Richtung einer Stabilisierung betrieblicher Beschäftigungsstrukturen. So erklären

66 Eigene Berechnung des Verteilungsmaßes 75tes Quintil für die Variable Anteil der Beschäftigten mit betriebsspezifischem Wissen für die Betriebe der Branche Software in den Beobachtungsjahren 2004 und 2006.

67 Eigene Berechnung des Verteilungsmaßes 75tes Quintil für die Variable Anteil der Beschäftigten mit betriebsspezifischem Wissen für die Betriebe der Branche Beratung und Marktforschung in den Beobachtungsjahren 2004 und 2006.

die Einbindung in das System industrieller Beziehung oder die beobachtbaren Formen der Arbeitsorganisation, den den theoretischen Annahmen der Humankapitalthese entgegenlaufenden Befund.

Der Befund der Gültigkeit der Humankapitalthese für den Sektor wissensintensiver Dienstleistung (insbesondere Software) sollte vor diesem Argumentationshintergrund auch als eine Anpassung einiger Betriebe des wissensintensiven Dienstleistungssektors in Richtung der Etablierung traditioneller Beschäftigungsbeziehungen weiter hinterfragt werden.

6.4.4.3 Korrelation des Anteils an Beschäftigten in F&E-Aktivitäten und den Anteilen an lang- beziehungsweise mittelfristiger Beschäftigung

Im Abschnitt 6.4.3 zeigte sich, dass gerade in den Betrieben der Branche Software der Anteil der Beschäftigten, die in F&E – Aktivitäten eingebunden sind wesentlich höher ist als in den Betrieben aller anderen Branchen. In den zwei Beobachtungsjahren 2004 und 2006 lag der Anteil der Beschäftigten, die in F&E-Aktivitäten eingebunden sind, jeweils bei über einem Drittel der Gesamtbeschäftigung. Somit wird insbesondere für die Branche Software erwartet, dass der Anteil an Beschäftigten in Forschung und Entwicklung mit der Herausbildung mittelfristiger Beschäftigungsstrukturen in positivem Zusammenhang steht.

Die Ergebnisse der Korrelationsanalyse verweisen zunächst in der Betrachtung aller Branchen darauf, dass ein deutlicher Zusammenhang zwischen der Herausbildung mittel- oder langfristiger Beschäftigungsstrukturen und dem Anteil der Beschäftigten, die in Forschung und Entwicklung eingebunden sind, besteht (Tabelle 21 Spalte 1). Dabei ist die Korrelation zwischen den Anteilen mittelfristig Beschäftigter der Kernbelegschaft und dem Anteil der Beschäftigten in F&E signifikant positiv, während die Korrelationen zwischen den Anteilen langfristig Beschäftigter der Kernbelegschaft und dem Anteil der Beschäftigten in F&E signifikant negativ ist.

	Alle Fälle der ausgewählten Branchen				nur Produktionsbereich (Chemie; Maschinenbau)				nur wissensintensiver Bereich (Software, Beratung & Marktforschung)			
	Anteil Mittelfristiger an sv.-pflichtig unbefristet Beschäftigten		Anteil Langfristiger an sv.-pflichtig unbefristet Beschäftigten		Anteil Mittelfristiger an sv.-pflichtig unbefristet Beschäftigten		Anteil Langfristiger an sv.-pflichtig unbefristet Beschäftigten		Anteil Mittelfristiger an sv.-pflichtig unbefristet Beschäftigten		Anteil Langfristiger an sv.-pflichtig unbefristet Beschäftigten	
Beobachtungsjahr	2004	2006	2004	2006	2004	2006	2004	2006	2004	2006	2004	2006
Antei der Beschäftigten mit kurzer Einarbeitungszeit von unter einem Monat	. (258)	. (223)	. (258)	. (223)	0.2046** (97)	. (86)	*-0.1850** *(97)*	. (86)	-0.1680 (75)	. (67)	. (75)	. (67)
Anteil der Beschäftigten, die Qualifikation durch interne Anlernprozesse erworben haben	. (241)	. (217)	. (241)	. (217)	. (89)	. (83)	. (89)	. (83)	. (71)	. (66)	. (71)	*0.2078** *(66)*
Anteil der Beschäftigten mit betriebsspezifischem Wissen	. (256)	. (221)	. (250)	0.1710** (221)	. (94)	. (84)	. (94)	0.1476 (84)	-0.2353** (73)	-0.1921 (67)	0.2665*** (73)	0.2932*** (67)
Anteil der Beschäftigten, die in Forschung und Entwicklung eingebunden sind	*0.127** *(238)*	0.1756*** (225)	-0.1417** (238)	-0.1298** (225)	. (93)	0.2871*** (88)	. (93)	-0.1537 (88)	0.3550*** (67)	. (68)	-0.3834*** (67)	. (68)
					nur chemische Industrie				nur Software			
					Anteil		Anteil		Anteil		Anteil Langfristiger	
Beobachtungsjahr					2004	2006	2004	2004	2004	2006	2004	2004
Antei der Beschäftigten mit kurzer Einarbeitungszeit von unter einem Monat					0.4049*** (42)	. (39)	-0.4368*** (42)	. (39)	. (31)	. (26)	0.1474 (31)	. (26)
Anteil der Beschäftigten, die Qualifikation durch interne Anlernprozesse erworben haben					0.2017 (42)	0.2746 (36)	. (42)	. (36)	. (28)	-0.3142 (26)	. (28)	0.4683** (26)
Anteil der Beschäftigten mit betriebsspezifischem Wissen					. (41)	. (37)	. (41)	. (37)	-0.2168 (30)	-0.2414 (26)	0.2227 (30)	*0.3731** *(26)*
Anteil der Beschäftigten, die in Forschung und Entwicklung eingebunden sind					. (43)	0.5755*** (40)	. (43)	-0.3772** (40)	0.3097 (26)	. (28)	-0.4194 ** (26)	. (28)

Tabelle 21: Korrelationskoeffizienten der Zusammenhänge zwischen Merkmalen der Tätigkeitsformen in den Betriebsstätten und den Merkmalen der betrieblichen Stabilitätsstruktur, eigene Berechnungen, Erhebungen 2004, 2006[68]

[68] Anmerkungen zur Tabelle: Anteilswerte beziehen sich auf Gesamtbeschäftigung; In den Zellen dargestellt sind: Korrelationskoeffizient (Anzahl der Fälle, für die Korrelation berechnet wird); (.) bedeutet: Korrelationskoeffizient zwischen -0.15 und 0.15 und somit nicht interpretierbar. Für Branchen des traditioneller Dienstleistungsbereiche lassen sich keine signifikanten Korrelationskoeffizienten berichten.

Hierdurch bestätigt sich zunächst die These der geringeren Neigung betriebszentrierter Bindung in Betrieben, die ihre Produkte und Dienstleistungen stetig an neue Marktbedürfnisse anpassen. Der erwartete Zusammenhang zeigt sich auch für alle Betriebe im wissensintensiven Tätigkeitsbereich (vgl. Tabelle 21, Spalte 3), vor allem im konjunkturschwächeren Beobachtungsjahr 2004, in welchem insgesamt eine geringere Anzahl der Betriebe mit einem höheren Anteil an mittelfristiger Beschäftigung zu beobachten war. Die beobachtbaren Korrelationen sind für diesen Zeitpunkt im wissensintensiven Dienstleistungssektor wesentlich stärker als in der Betrachtung aller ausgewählten Branchen. Dies deutet darauf hin, dass sich gerade in konjunkturschwächeren Zeiten mittelfristige betriebliche Beschäftigungsstrukturen vor allem dort erhalten, wo der regelmäßige Bedarf an neuen Humankapitalressourcen im Allgemeinen aufgrund einer intensiven F&E-Tätigkeit höher ist.

Dies deckt sich mit dem Befund, der bereits in Kapitel 6.3 für den Zusammenhang von gruppen- und projektförmigen Arbeitsorganisationsstrukturen und der Herausbildung mittelfristiger betrieblicher Beschäftigungsstrukturen für das Beobachtungsjahr 2004 berichtet wurde. Formen gruppen- und projektförmiger Arbeitsorganisation wurden hierbei als eine an die Bedürfnisse der Verhandlungspartner angepasste Form der Arbeitsorganisation interpretiert, die die Einbindung in überbetriebliche Netzwerke unterstützt. Der Fakt, dass sich mittelfristige Beschäftigungsstrukturen auch zum Teil durch intensivere F&E-Aktivitäten der Betriebe der wissensintensiven Branchen erklären lassen, stützt diese Argumentation erneut. Der beobachtete Zusammenhang weist darauf hin, dass aufgrund der F&E-Aktivitäten eine stetige Anpassung der Humankapitalressourcen an die betrieblichen Bedürfnisse nötig ist, die durch Weiterbildungsmaßnahmen der bereits beschäftigten Mitarbeiter nicht in ausreichendem Maße gewährleistet werden können und dies somit in stärkerem Maße den regelmäßigen Bezug zum externen Arbeitsmarkt erfordert.

Dass sich der Zusammenhang von F&E-Aktivitäten und der Herausbildung mittelfristiger Beschäftigungsstrukturen in den wissensintensiven Branchen allerdings im Jahr 2006 nicht mehr beobachten lässt, deutet darauf hin, dass entweder aufgrund einer besseren Konjunktur auch Betriebe mit weniger intensiven F&E-Aktivitäten mittelfristige Beschäftigungsstrukturen herausbilden oder aber, dass sich die Beschäftigungsstrukturen in den Betrieben verschiedener Branchen zunehmend angleichen. Insbesondere die anscheinend zunehmende Bedeutung von betriebsspezifischem Wissen auch in wissensintensiven Branchen verweist auf einen Bedeutungsgewinn von stabileren Beschäftigungsstrukturen in diesem Sektor. Ein Indiz für diese wachsende Bedeutung ist ein hoch signifikanter positiver Zusammenhang zwischen den Anteilen an Beschäftigten in F&E sowie dem Anteil an Beschäftigten mit betriebsspezifischem Wissen[69] im Beobachtungsjahr 2006. Ein weiteres Indiz ist die Auflösung des in den Berechnungen des Kapitels 6.3 diskutierten Zusammenhangs gruppen- und projektförmiger Arbeitsorganisation und der Herausbildung mittelfristiger Beschäftigungsstrukturen in den Beobachtungsjahren 2006 sowie 2009. Beide Indizien sprechen für eine gegenseitige Anpassung der Beschäftigungsstrukturen des wissensintensiven Tätigkeitssektors und der der traditionellen Dienstleistungs- und Produktionsbranchen.

Für den Produktionssektor zeigt sich vor allem im konjunkturstärkeren Jahr 2006 ein deutlicher Zusammenhang zwischen der Herausbildung mittel- oder langfristiger Beschäftigungsstrukturen und dem Anteil der Beschäftigten, die in F&E-Aktivitäten eingebunden sind (vgl. Tabelle 21, Spalte 2). Dies gilt insbesondere für die Chemiebranche (Tabelle 21, Spalte 4). Letztlich ist aber darauf zu verweisen, dass der Anteil der Beschäftigten, die in F&E-Aktivitäten eingebunden sind, in den Betrieben der Branche Chemie im Beobachtungjahr 2006 nur bei lediglich 5 % der Betriebe

[69] Der Koeffizient der Korrelation Anteil F&E, Anteil betriebsspezifisches Wissen im Beobachtungsjahr 2006; N= 68 beträgt: 0.2447***.

bei über einem Drittel (35 % der Beschäftigten) liegt[70]. In der Branche Software zeigte sich demgegenüber im Beobachtungsjahr 2006, dass sogar die Hälfte der Betriebe einen Anteil von über 40 % der Beschäftigten in F&E hat.[71] Eine Destabilisierung der Beschäftigungsstruktur in den Betrieben der chemischen Industrie aufgrund einer intensiven F&E-Aktivität ist somit bezogen auf die Gesamtbranche insgesamt weniger relevant im Vergleich zur wissensintensiven Branche Software.

6.4.4.4 Korrelation der Merkmale betriebsinternen Qualifizierungsstrukturen und dem Anteil lang- sowie mittelfristig Beschäftigter

Hinsichtlich des Zusammenhangs von betriebsinternen Qualifizierungsstrukturen und der Herausbildung betrieblicher Beschäftigungsstrukturen lassen sich zwei unterschiedliche Konstellationen aus den Konzepten des neuen Institutionalismus beziehungsweise der Human Ressource Managementforschung herleiten.

Einmal könnte die Orientierung eines betrieblichen Managements auf die Bindung von guten Fachleuten bei einer guten allgemeinen Konjunkturlage in Richtung der Stabilisierung von Beschäftigung wirken. Dabei spielen für die Entwicklung von angelerntem berufspraktischen Erfahrungswissen interne Qualifizierungsprozesse eine entscheidende Rolle. Um dabei entstehende Kosten auf beiden Seiten zu verringern, könnte die Stabilisierung der Beschäftigungsbeziehung ein Instrument sein, welches die Motivation zur Erzeugung angelernter Humankapitalressourcen schafft. Dieser Zusammenhang wird insbesondere für die Produktionsbranchen unterstellt.

[70] Eigene Berechnungen des Verteilungsmaßes 95tes Quintil für die Variable Anteil in F&E für die Branche Chemie im Beobachtungsjahr 2006.

[71] Eigene Berechnungen des Verteilungsmaßes Median für die Variable Anteil in F&E für die Branche Software im Beobachtungsjahr 2006.

Demgegenüber können durch eine andere betriebsinterne Qualifizierungsstrategie, die Standardisierung von Tätigkeiten, betriebliche Ausbildungskosten insgesamt verringert werden. Somit wäre entsprechend der Transaktionskostentheorie zu erwarten, dass mit einem höheren Anteil der Beschäftigten, die in Tätigkeitsbereichen mit nur kurzer Einarbeitungszeit arbeiten, eine geringeren Stabilität der Beschäftigungsstruktur einhergeht. Allerdings lassen sich gerade in Betrieben, in denen in einigen Tätigkeitsbereichen ein höherer Standardisierungsgrad der Tätigkeiten umgesetzt wurde, häufig betriebliche Stamm-Rand-Differenzierungsprozesse beobachten. Bezogen auf die Kernbelegschaft, wäre somit zu erwarten, dass ein höherer Anteil der Beschäftigten in standardisierten Tätigkeiten eher stabilisierend im Sinne der Sicherung der Beschäftigungsperspektiven der Kernbelegschaft wirkt.

Für die zwei Variablen, den Anteil der Beschäftigten mit einer kurzen Einarbeitungszeit und den Anteil der Beschäftigten, die auf berufliches Erfahrungswissen unabhängig von ihrer beruflichen Qualifikation zurückgreifen, lassen sich, bezogen auf die Stichprobe aller Betriebe der ausgewählten Branchen, zunächst keine signifikanten Korrelationen mit dem Anteil mittel- oder langfristig Beschäftigter der Kernbelegschaft nachweisen (vgl. Tabelle 21, Spalte 1).

Allerdings finden sich innerhalb der Branchenstichproben einige signifikante Effekte. So zeigt sich im wissensintensiven Tätigkeitsbereich und insbesondere in der Branche Software im Beobachtungsjahr 2006 (vgl. Tabelle 21, Spalte 3, 5), dass der Anteil der Beschäftigten, die auf angelerntes berufsfachliches Erfahrungswissen zurückgreifen, mit dem Anteil langfristig Beschäftigter der Kernbelegschaft in positivem signifikanten Zusammenhang steht. Durch die Variable wird die Bedeutung des Bedarfs an berufspraktischem Erfahrungswissen deutlich. Es zeigt sich, dass insbesondere in konjunkturstärkeren Zeiten ein höherer Bedarf an Beschäftigten mit einschlägigem berufspraktischem Wissen stabilisierend auf die Beschäftigungsstruktur wirkt. Dieser Befund weist erneut darauf hin, dass sich die wissensintensive und junge Branche Software hinsichtlich der Etablierung von Beschäftigungsstrukturen in gewisser Hinsicht den traditionellen Branchen angleicht.

Die Ergebnisse der vorliegenden Korrelationsanalyse verweisen aber weiterhin auch darauf, dass ein höherer Anteil der Beschäftigten in Tätigkeitsbereichen mit einem höheren Standardisierungsgrad destabilisierend auf die Beschäftigungsstruktur der gesamten Betriebsstätte wirkt. Besonders deutlich lässt sich der Zusammenhang für das konjunkturstärkere Beobachtungsjahr 2006 in den Betrieben der Produktionsbranchen beobachten. Lediglich für die Branche Software findet sich zum gleichen Beobachtungszeitpunkt ein schwacher Hinweis darauf, dass sich Ausdifferenzierungsprozesse einer betrieblichen Stamm-Randbelegschaft in den Betrieben für das Beobachtungsjahr 2006 zeigen. Dabei ist der Anteil der Beschäftigten, die nur einer kurzen Einarbeitungszeit bedürfen, gerade in dieser Branche im Verhältnis zu anderen Branchen mit durchschnittlich lediglich knapp 15 % wesentlich geringer.

Demzufolge scheint eine kleinere Randbelegschaft in den Betrieben der Softwarebranche die Beschäftigung in der Stammbelegschaft eher zu stabilisieren. Für die weitere Diskussion von betrieblichen Stamm-Rand-Differenzierungsprozessen soll im folgenden Kapitel 7 vor allem auf die Ausdifferenzierung von Randbelegschaften durch die betrieblichen Nutzungszusammenhänge von atypischen Beschäftigungsformen eingegangen werden. Die Bedeutung der Standardisierung von Tätigkeitsbereichen als Voraussetzung für die Etablierung einer flexiblen Randbelegschaft durch die Nutzung atypischer Beschäftigungsformen wird dabei noch einmal tiefer gehend beleuchtet.

6.4.5 Zusammenfassung der Befunde

In den Analysen des vorliegenden Teilkapitels konnte gezeigt werden, dass die Merkmale, die zur Beschreibung der Beschäftigungsstruktur in der Kernbelegschaft auf betrieblicher Ebene herangezogen werden können, in deutlichem Zusammenhang zu Merkmalen betrieblicher Qualifikationsstrukturen und Tätigkeitsformen stehen.

Insbesondere für das Merkmal „Anteil der Beschäftigten, die in F&E-Aktivitäten des Betriebes eingebunden sind“, ist ein eindeutiger Befund aufzeigbar. Je höher der Anteil der Beschäftigten in F&E wird, desto größer ist auch der Anteil an mittelfristiger Beschäftigung. Begründbar ist dieser Zusammenhang durch einen stetig höheren Bedarf an fachspezifischen Wissen in den Betrieben mit einer höheren F&E-Aktivität.

Allerdings zeigt sich insbesondere für Betriebe der Branche Software, dass gleichzeitig ein höherer Anteil an Beschäftigten mit betriebsspezifischem Wissen die Stabilität der Beschäftigung im Kernbereich eher erhöht. Der höhere Bedarf an fachspezifischem Wissen in wissensintensiven Branchen geht somit nicht in jedem Falle mit einer kürzeren Halbwertzeit von betriebsspezifischen Wissensressourcen einher, es lassen sich auch Anpassungsprozesse in Richtung der Aushandlung traditioneller Beschäftigungsarrangements beobachten.

Gleichzeitig ist die stabilisierende Wirkung von betriebsspezifischem Wissen auf die Beschäftigung des Kernbereichs in den Betrieben des Produktionssektors nicht direkt beobachtbar. Innerhalb des Produktionssektors findet sich in den Korrelationsanalysen kein Indiz dafür, dass ein geringerer Anteil an Beschäftigten mit betriebsspezifischem Wissen sich destabilisierend auf die Beschäftigung im Kernbereich auswirkt. Dass in betrieblichen Organisationen des Produktionssektors allgemein eine höhere Beschäftigungsstabilität zu beobachten ist, lässt sich gemäß den Befunden der vorliegenden Korrelationsanalyse nicht, wie es die theoretischen Überlegungen im Rahmen des neuen Institutionalismus oder der Human Ressource Managementforschung vermuten lassen, auf einen höheren Anteil an Beschäftigten mit betriebsspezifischem Wissen zurückführen. Um diese Beobachtung theoretisch zu begründen, sei an dieser Stelle auf die Befunde und die Diskussion in den Kapiteln 6.2 und 6.3 verwiesen. In diesen Kapiteln wurde die Bedeutung der langfristigen Einbettung betrieblicher Organisationen in überbetriebliche regionen- und branchenspezifische Kontexte für die Erklärung der Herausbildung lang- oder mittelfristiger Beschäftigungsstrukturen in der Kernbelegschaft hervorgehoben. Es zeigte sich, dass sich in bestimmten Branchenkontexten strukturerhaltende Elemente etabliert haben, die die Herausbildung insbesondere stabiler Beschäftigungsstrukturen erklären helfen.

Für die unterschiedlichen Formen der betriebsinternen Qualifizierung von Mitarbeitern lässt sich letztlich zeigen, dass ein höherer Bedarf an Beschäftigten mit berufspraktischem Erfahrungswissen auch im wissensintensiven Dienstleistungssektor, stabilisierend auf die Beschäftigungsstrukturen wirkt. Demgegenüber ermöglichen kürzere Einarbeitungszeiten, die zum Teil auch das Ergebnis von Standardisierungsprozessen innerhalb von Betrieben darstellen vor allem in den beobachteten Betrieben der Produktionsbranchen, die Flexibilisierung der Beschäftigungsarrangements in der Gesamtbelegschaft.

Diese Befunde zusammenfassen wird in den Analysen des vorliegenden Teilkapitels 6.4 deutlich, dass für die Erklärung der Entstehung und Erhaltung betrieblicher Beschäftigungsstrukturen in der Kernbelegschaft auch die Wechselwirkung von situativen Merkmalen der Tätigkeitsformen eines Betriebes und der Beeinflussung von regionalen und Branchenkontexten berücksichtigt werden muss.

In den deskriptiven und bivariaten Analysen des vorliegenden Kapitels lassen sich Indizien für die Gültigkeit der Annahmen beider diskutierter Analyseperspektiven finden. Es spiegelt sich somit in den Ergebnissen des vorliegenden Teilkapitels wider, dass sich ein mehrere Ebenen umfassendes Analysedesign für die Beschreibung und Prognose der Wandlungsprozesse betrieblicher Beschäftigungsstrukturen als besonders fruchtbar erweist. Die in der vorliegenden Studie angestrebte Integration strukturfunktionalistischer und kontextbetonender Erklärungsansätze für die Entstehung und Erhaltung betrieblicher Beschäftigungsstrukturen erweist sich somit als hilfreich um die Wirkung unterschiedlicher Einflussfaktoren zu differenzieren und letztlich auch begründen zu können.

6.5 Erstes Zwischenfazit

Um die Entstehung und Erhaltung betrieblicher Beschäftigungsstrukturen näher empirisch zu untersuchen, wurden im vorliegenden Kapitel mehrere Analyseschritte durchgeführt, wobei diese an dem Ergebnis der in Kapitel 5 dargestellten Clusteranalyse ansetzten.

Die Befunde der Clusteranalysen zeigen, dass sich im vorliegenden Sample Betriebstypen identifizieren lassen, die sich hinsichtlich der beobachtbaren Stabilität der betrieblichen Beschäftigungsstruktur in der Kernbelegschaft gegeneinander ausdifferenzieren. Im Rahmen der Berechnungen des vorliegenden Kapitels wurden somit betriebliche Organisationen mit vorwiegend langfristig stabilen Beschäftigungsstrukturen im Kernbereich betrieblicher Beschäftigung denen mit vorwiegend mittelfristigen Beschäftigungsstrukturen im Kernbereich gegenübergestellt.

Die multivariaten Analysen im Kapitel 6.3 zielten dabei darauf, die in Kapitel 4.3 theoretisch hergeleiteten, kontextbetonenden Erklärungsansätze für die Entstehung und Erhaltung mittelfristig und langfristiger Beschäftigungsstrukturen empirisch zu prüfen. Im Mittelpunkt dieser Überlegungen stand dabei, die zentrale Forschungsfrage der vorliegenden Studie, welche die Bedeutung von

Branchenkontexten in die betriebliche Organisationen eingebunden sind hinterfragt.

Dieser Analyse wurde aber mit Teilkapitel 6.2 eine Untersuchung der Bedeutung regionaler Kontexte für die Herausbildung betrieblicher Beschäftigungsstrukturen vorangestellt. Diese diente der Klärung der anhand der Ergebnisse der Clusteranalyse sichtbar gewordenen Zusammenhang von konjunkturellen Entwicklung und der Herausbildung mittelfristiger Beschäftigungsstrukturen. Anhand der in dem Teilkapitel 6.2 dargestellten Analysen und Befunde konnte dabei gezeigt werden, dass über Regionalindikatoren definierbare günstige Gelegenheitsstrukturen sowie die regionale Arbeitslosenquote die Aushandlung betrieblicher Beschäftigungsarrangements deutlich beeinflussen. Insbesondere für die Beschäftigungsstrukturen betrieblicher Organisationen, welche in dichter geballten Regionen ansässig sind, ist bei einer allgemein guten Konjunktur- und Arbeitsmarktlage eine höhere überbetriebliche Mobilität also die Herausbildung mittelfristiger Beschäftigungsstrukturen beobachtbar. Vor allem in Ballungszentren, in denen sich wissensintensive, unternehmensnahe Dienstleister angesiedelt haben, lassen sich häufiger mittelfristig stabile betriebliche Beschäftigungsstrukturen auffinden.

Die in Kapitel 6.3 dargestellten Analysen können an den zentralen Befund des Teilkapitel 6.2 anknüpfen, da hier insbesondere die Beschäftigungsstrukturen wissensintensiver Branchen im Vergleich zu den Beschäftigungsstrukturen traditioneller Branchen analysiert wurden. Als Erklärungshintergrund wurde herausgestellt, dass die Beschäftigungsarrangements in betrieblichen Organisationen der „jungen“ beziehungsweise „wissensintensiven Branchen“ unter anderen institutionellen Rahmenbedingungen vereinbart werden als Beschäftigungsarrangements in den betrieblichen Organisationen des traditionellen Produktions- und Dienstleistungssektors. In der empirischen Analyse wurde untersucht, inwiefern 1. das Betriebsalter und das Alter der Beschäftigten in den Betrieben, 2. die

Formen der Arbeitsorganisationen in den betrieblichen Organisationen verschiedener Branchen oder 3. die Einbindung betrieblicher Organisationen in das deutsche System industrieller Beziehungen einen Erklärungsbeitrag für beobachtbare Unterschiede in der betrieblichen Beschäftigungsstruktur leisten können.

In den Befunden der empirischen Analysen des Kapitels 6.3 zeigte sich, dass sowohl die Form der betrieblichen Arbeitsorganisation sowie die Einbindung einer betrieblichen Organisation in das deutsche System industrieller Beziehungen einen Beitrag leisten, um die Herausbildung mittelfristiger Beschäftigungsstrukturen aufzuklären. Die beobachtbare Branchendifferenzierung zwischen den Beschäftigungsstrukturen der betrieblichen Organisationen der „jungen Branche" Software im Vergleich zu den „traditionellen Produktionsbranchen" Maschinenbau, Chemie und den „traditionellen Dienstleistungsbranchen" Handel und Kredit erklärt sich letztlich aber nicht durch eine unterschiedliche Einbindung der betrieblichen Organisationen in das deutsche System industrieller Beziehungen. Vielmehr zeigt sich eine Interaktion zwischen den Branchenvariablen und der Umsetzung dezentraler Formen der Arbeitsorganisation in den betrieblichen Organisationen der „jungen Branche" Software. Die Struktur der Arbeitsorganisation differenziert sich somit in gleicher Weise zwischen den Branchen aus wie die beobachtbare Stabilität der Beschäftigungsstrukturen. Es lässt sich aus diesem Befund auf einen direkten Zusammenhang zwischen der Struktur der Arbeitsorganisation und der Stabilität der Beschäftigungsstruktur schließen.

In Kapitel 6.4 wurde dieser Befund nochmals detaillierter und mit Verweis auf die strukturfunktionalistische geprägte Erklärungsansätze der „Neuen Institutionenökonomie" beziehungsweise der Human Ressource Managementforschung, die den Zusammenhang der Ausgestaltung der betrieblichen Strukturen der Arbeitsorganisation und betrieblichen Qualifikations- und Tätigkeitsstrukturen weiter hinterfragen, untersucht. In den Befunden der bivariaten Korrelationsanalysen dieses Kapitels zeigte sich hierbei, dass insbesondere in Betrieben mit einem hohen Bedarf an innovativem Wissen sich mittelfristige Beschäftigungsperspektiven auch bei einer verhältnismäßig schlechteren allgemeinen Arbeitsmarktlage verfestigen. Dabei konnte kein eindeutiger Hinweis darauf gefunden werden, dass dies ausschließlich hoch Qualifizierte betrifft. Vielmehr werden mittelfristige Beschäftigungsarrangements vor allem dort ausgehandelt, wo aufgrund erhöhter FuE – Aktivitäten fachspezifisches Humankapital benötigt wird.

In den Betrieben der Produktionsbranchen chemische Industrie und Maschinenbau zeigt sich demgegenüber nach wie vor ein höherer Anteil an Beschäftigten, die über betriebsspezifische Wissensressourcen verfügen. Es kann allerdings nicht nachgewiesen werden, dass zwischen unterschiedlichen betrieblichen Organisationen der Produktionsbranchen ein höherer Anteil an Beschäftigten mit betriebsspezifischen Wissensressourcen mit einer höheren Stabilität in der betrieblichen Beschäftigungsstruktur einhergeht. Generell ist die Stabilität der Beschäftigung im Produktionssektor aber höher als in Betrieben anderer Branchen, was sich in einem größeren Anteil langfristig unbefristeter Beschäftigter widerspiegelt (vgl. Kap. 6.3). Somit zeigt sich hier nochmals, dass für die Erklärung der Erhaltung stabiler Beschäftigungsstrukturen im Produktionssektor Kontextfaktoren herangezogen werden müssen. In den vorliegenden Analysen waren das die Einbindung in das deutsche System industrieller Beziehungen sowie eine dezentrale versus eine hierarchische Struktur der betrieblichen Arbeitsorganisation.

Den theoretischen Annahmen zunächst widersprechend, zeigt sich aber ein signifikanter Zusammenhang zwischen dem Anteil der Beschäftigten mit betriebsspezifischem Wissen und dem Anteil langfristig stabiler unbefristet Beschäftigter für diejenigen betrieblichen Organisationen, die im Sample der Softwarebranche sowie der Branche Beratung und Marktforschung zugeordnet wurden. Somit lässt sich hieraus eine These formulieren, die Anpassungsprozesse betrieblicher Beschäftigungsstrukturen im Kernbereich von Softwarebetrieben und Beratungsbetrieben an die Beschäftigungsstrukturen im Kernbereich von Produktionsbetrieben unterstellt. Eine qualitative Analyse der Veränderung betrieblicher Beschäftigungsstrukturen in „jungen" Branchen sollte sich hier weiterführend anschließen, um diesen Zusammenhang genauer zu untersuchen.

Die Ergebnisse des vorliegenden Kapitels verweisen aber darauf, dass ein mehrere Ebenen umfassendes Analysedesign bereits einige neue Erkenntnisse für die Erklärung der Entstehung und Weiterentwicklung von Beschäftigungsstrukturen sowie der Entstehung und Erhaltung von Beschäftigungssystemen liefert. Es zeigt sich, dass eine integrative Perspektive der theoretischen Annahmen des ökonomischen Institutionalismus und neuerer kontextbetonenden Überlegungen in der institutionalistischen Arbeitsmarkttheorie hilfreich ist, um die Wechselwirkungen von situativen Gegebenheiten und kontextgebundenen Handlungsspielräumen in Bezug auf die Verhandlung von Beschäftigungsarrangements zu erfassen. Die Erfassung dieser Wechselwirkungen ist von entscheidender Bedeutung, um die Entstehung „neuer" oder die Wandlungsprozesse bestehender Beschäftigungssysteme im Kernbereich betrieblicher Beschäftigung zu beschreiben, zu erklären sowie prospektiv zu analysieren.

7 Die betrieblichen Nutzungszusammenhänge atypischer Beschäftigung

7.1 Konzeptionelle und methodische Vorbemerkungen

7.1.1 Konkretisierung der Forschungsfragen

Im vorliegenden Kapitel 7 soll nun in Ergänzung zu den Analysen des Kapitels 6 der Wandel betrieblicher Beschäftigungsstrukturen untersucht werden, der mit der zunehmenden Nutzung atypischer Beschäftigungsformen in Zusammenhang steht. Die Analyse betrieblicher Beschäftigungsstrukturen wird im vorliegenden Kapitel hierdurch um die Beobachtungsperspektive von Stamm-Rand-Belegschaftsstrukturen erweitert. Die folgenden empirischen Untersuchungen fokussieren somit nicht mehr so stark auf Ausdifferenzierungsprozesse der Strukturen im Kernbereich betrieblicher Beschäftigung, sondern beziehen die Nutzung oder Herausbildung einer betrieblichen Randbelegschaft und deren Bedeutung für den Wandel oder die Erhaltung betrieblicher Beschäftigungsstrukturen in die weitere Analyse ein.

Im Kapitel 7.2 werden dabei einleitend deskriptive Befunde der betrieblichen Nutzungszusammenhänge ausgewählter Formen atypischer Beschäftigung diskutiert. Der Diskussion liegen eigene diesbezügliche Berechnungen anhand der SFB580-B2-Betriebsdaten sowie weitere aktuelle Befunde des Statistischen Bundesamtes beziehungsweise des Instituts für Arbeit und Berufsforschung zugrunde. Die aufgefundenen Zusammenhänge werden dann in den

Teilkapiteln 7.3, 7.4 sowie 7.5 unter Einsatz von multivariaten Analysemodellen näher hinterfragt.

Als konzeptionelle Basis der Modellierung von multivariaten Erklärungsmodellen in den Kapiteln 7.3 bis 7.5 dienen dabei drei näher spezifizierte Forschungsfragen, welche im Folgenden benannt werden:

- Erste Teilfragestellung: Werden die betrachteten atypischen Beschäftigungsformen jeweils in spezifischen Sektoren wie etwa dem Produktionssektor oder im traditionellen Dienstleistungssektor intensiver genutzt?
- Zweite Teilfragestellung: Dient die Nutzung atypischer Beschäftigung in betrieblichen Organisationen bestimmter Branchen dem kurzfristigen Ausgleich von Diskontinuitäten der Auftragslage oder spiegelt der intensive Einsatz atypischer Beschäftigung eher die Auflösung traditioneller Beschäftigungsbeziehungen und Beschäftigungsarrangements wider?
- Dritte Teilfragestellung: Bilden sich bei der Nutzung von atypischen Beschäftigungsformen betriebliche Stamm-Randbelegschaftsstrukturen heraus und gibt es diesbezüglich Unterschiede zwischen den betrieblichen Organisationen der verschiedenen Branchen beziehungsweise Wirtschaftssektoren?

Die benannten Teilfragestellungen greifen in Anlehnung an die in Kapitel 4.3 formulierten Forschungshypothesen die Kernfrage nach dem Zusammenhang des Wandels der Wirtschaftsstruktur Deutschlands mit dem Wandel in den Beschäftigungsformen auf dem deutschen Arbeitsmarkt in je spezifisch zugespitzter Weise auf. Sie sollen helfen die allgemeine Forschungsfrage in Richtung der Beschreibung und Begründung eines Prozesses der Ausweitung atypischer Beschäftigungsformen weiter zu konkretisieren. Die Ergebnisdiskussion der empirischen Analysen in den Kapiteln 7.3, 7.4 sowie 7.5 werden somit anhand der benannten Teilfragestellungen strukturiert.

In den folgenden Abschnitt wird nochmals tiefer gehend dargestellt, welche Überlegungen und Annahmen den genannten Teilfragestellungen zu Grunde liegen.

7.1.2 Begründung der ersten Teilfragestellung

Die erste Forschungsfrage nach der betrieblichen Nutzung einzelner Formen atypischer Beschäftigung soll den direkten Bezug der Analysen der Teilkapitel 7.3 bis 7.5 zur zentralen Fragestellung der vorliegenden Studie – die Bedeutung des sektoralen Wandels der deutschen Wirtschaft für die Veränderung betrieblicher Beschäftigungsstrukturen – herleiten. Jeweils bezogen auf die Nutzungszusammenhänge der einzelnen, im vorliegenden Kapitel weiter betrachteten atypischen Beschäftigungsformen, soll gefragt werden, inwiefern bestimmte Vertragsformen in den betrieblichen Organisationen verschiedener Wirtschaftssektoren genutzt werden. Dabei wird unterstellt, dass die verschiedenen atypischen Beschäftigungsformen Elemente der Flexibilisierung der Beschäftigungsarrangements in sich tragen, die sich an die Beschäftigungsstrukturen in den verschiedenen Wirtschaftssektoren besser oder weniger gut anpassen lassen. Es soll somit anhand der empirischen Befunde diskutiert werden, inwiefern sich die Nutzung spezifischer Formen atypischer Beschäftigung durch die Anpassungsträgheit betrieblicher Organisationsstrukturen beziehungsweise die zumeist „begrenzte Rationalität" betrieblicher Interessengruppen, die an der Nutzungsentscheidung von atypischen Beschäftigungsformen beteiligt sind (vgl. Kap. 2.3.2), begründen lässt. Aus dieser Diskussion können Rückschlüsse darauf gezogen werden, inwiefern wirtschaftsstrukturelle Wandlungsprozesse in der deutschen Wirtschaft auch mit einer Ausweitung oder Rückentwicklung der Nutzung atypischer Beschäftigungsformen einhergehen. Hinweise lassen sich aus dem angestrebten Vergleich auch im Hinblick auf die Veränderungen der Beschäftigungsformen in traditionellen Branchen geben.

In den empirischen Analysen werden somit die Annahmen, der in Kapitel 4.3 hergeleiteten Forschungshypothesen I beziehungsweise II, bezogen auf den Untersuchungsgegenstand der Nutzung atypischer Beschäftigung geprüft. Konkret wird entsprechend der Forschungshypothese I angenommen, dass sich aufgrund der Tätigkeitsinhalte der Beschäftigten auch die Nutzungsstrategien atypischer Beschäftigungsstrukturen vor allem zwischen der Gruppe von Produktionsbetrieben sowie der Gruppe von betrieblichen Organisationen, welche im Dienstleistungssektor aktiv sind, unterscheiden. Entsprechend der Forschungshypothese II sollen aber auch die unterschiedlichen Nutzenstrategien atypischer Beschäftigung zwischen den Gruppen „jüngerer" sowie „älterer Branchen" weiter hinterfragt werden.

7.1.3 Begründung der zweiten Teilfragestellung

In den empirischen Analysen des vorliegenden Kapitels soll des Weiteren gefragt werden, ob die betrachteten Gruppen atypischer Beschäftigter in den Betrieben vor allem, wie es transaktionskostentheoretische Erklärungsansätze (vgl. Kap. 2.2.2) vermuten lassen würden, zur Bewältigung von kurzfristigen und unregelmäßigen Auftragsschwankungen im Arbeitsvolumen herangezogen werden. Ein anderer Erklärungsansatz wäre, dass die Nutzung bestimmter Formen atypischer Beschäftigung als ein Merkmal der Umstellung der betrieblichen Personalpolitik betrachtet wird, wobei dieses Merkmal auf die Bestrebung der Betriebe hinweist, die Beschäftigungsstruktur insgesamt flexibler zu gestalten und hierbei neue Formen der Organisation und Kontrolle von Arbeit zu etablieren. Es soll somit untersucht werden, inwiefern die Nutzung atypischer Beschäftigungsformen eher einen langfristigen Veränderungsprozess betrieblicher Organisationsstrukturen widerspiegelt oder ob die Nutzung atypischer Beschäftigungsformen überwiegend der situativen Anpassung an kurzfristige Schwankungen im Auftragsvolumen dient. Dabei werden die Unterschiede in der Nutzungsstrategie von atypischen Beschäftigungsformen in den verschiedenen Wirtschaftssektoren diskutiert.

7.1.4 Begründung der dritten Teilfragestellung

In den Analysen des vorliegenden Kapitels soll letztlich auch das Verhältnis atypischer Beschäftigter zur Kernbelegschaft des Betriebes im Sinne der Ausdifferenzierung betrieblicher Stamm-Rand-Belegschaftsstrukturen (vgl. Kap. 3.3) hinterfragt werden. Konkret wird untersucht, ob der Einsatz beziehungsweise die Herausbildung einer flexibleren Randbelegschaft in Form von atypisch Beschäftigten mit der Vereinbarung von langfristigen und somit stabilen Beschäftigungsarrangements bei den Beschäftigten im Kernbereich in Zusammenhang steht. Diese Forschungsfrage greift dabei die Stamm-Rand-These auf, welche in der Arbeitsmarktforschung seit Längerem diskutiert wird (vgl. Kalleberg 2001; Dütsch/Struck 2011). Auch hierbei wird ein Vergleich der Herausbildung betrieblicher Stamm-Rand-Belegschaftsstrukturen zwischen Gruppen von Betrieben, die verschiedenen Wirtschaftssektoren zugeordnet werden können, angestrebt.

7.1.5 Bestimmung des Untersuchungsgegenstandes: Auswahl atypischer Beschäftigungsformen

Unter atypischen Beschäftigungsformen werden gemäß der Vorgabe des Statistischen Bundesamtes in der vorliegenden Studie zunächst alle Beschäftigungsformen verstanden, die formal von der für den deutschen Arbeitsmarkt typischen Form der Beschäftigung, dem Normalarbeitsverhältnis, abweichen (vgl. Kap 2.2.4 sowie Keller 2009).

In den im Folgenden vorgestellten Analysen wird aber der gängigen Definition atypischer Beschäftigungsformen des Statistischen Bundesamtes (ausführlicher vgl. Kap. 2.2.4) die Beschäftigung freier Mitarbeiter beziehungsweise Soloselbstständige im Betrieb ergänzend hinzugefügt[72] (vgl. auch Wagner 2010).

Für die Analyse der Nutzungszusammenhänge atypischer Beschäftigung werden im vorliegenden Kapitel die drei Vertragsformen „Leiharbeit“, „freie Mitarbeit“ und „geringfügige Beschäftigung“ beziehungsweise „Beschäftigung von Minijobbern“ ausgewählt[73]. Beschäftigte mit diesen Vertragsformen werden in den Betrieben häufiger als externe Mitarbeiter oder Randbelegschaft bezeichnet.

In den empirischen Analysen werden in den Teilkapiteln jeweils die abhängigen Variablen Nutzungshäufigkeit[74] der ausgewählten Vertragsformen in Form von Logit-Modellen als auch die intensivierte betriebliche Nutzung der Vertragsformen anhand von Zähldatenmodellen untersucht.

---

[72] Soloselbstständigkeit wird auch im Rahmen der Analysen des Statistischen Bundesamtes als atypische Beschäftigungsform diskutiert (vgl. Statistisches Bundesamt 2008, 6 bzw. 8; Kelleter 2010). Freiberufler, die in Betrieben in Form eines arbeitsvertragsähnlichen Beschäftigungsarrangements mitwirken, können aber aufgrund einiger Schwierigkeiten der Operationalisierung auf Basis der anhand des Mikrozensus vorliegenden Individual- und Haushaltsdaten nicht eindeutig identifiziert werden. Anhand der der SFB580-B2-Betriebsdaten ist es aber möglich, die Gruppe der Freiberufler, die in den Betrieben des Samples regelmäßig mitarbeiten, genauer zu identifizieren, sodass eine Analyse der betrieblichen Nutzungszusammenhänge freier Mitarbeit im Vergleich zur betrieblichen Nutzung der atypischen Beschäftigungsformen Leiharbeit und geringfügig Beschäftigungen realisierbar ist.

[73] Dass die Vertragsform Befristung und Teilzeit nicht weiter betrachtet werden, hat vor allem methodische Ursachen. Anhand der vorliegenden Daten aus dem Projekt "Betrieb und Beschäftigung im Wandel" können die Gruppen befristeter Beschäftigter in ein- bis dreijährigen Projekten nicht von Gruppen befristet Beschäftigter mit einer Befristungsdauer von wenigen Monaten unterschieden werden. Hierdurch ist die Heterogenität in dieser größeren Beschäftigtengruppe sehr groß. Ebenfalls lassen sich nicht unterschiedliche Gruppen von Teilzeitbeschäftigten gegeneinander abgrenzen. Eine multivariate Modellierung kann somit nur in sehr begrenztem Umfang eindeutige Hinweise auf die Zusammenhänge von betrieblichen Merkmalen beziehungsweise betrieblichen Kontextmerkmalen und die Nutzung befristeter Beschäftigter oder Teilzeitarbeit liefern. Auf die hohe Heterogenität in der Gruppe der befristet Beschäftigen sowie auf die sehr unterschiedlichen Motivlagen der Befristung von Beschäftigung seitens der Arbeitgeber weisen Hohendanner 2010 sowie Hohendanner/ Gerner 2010 hin.

[74] Es wird untersucht, welche Betriebe überhaupt atypisch Beschäftigte haben, unabhängig davon, wie viele atypisch Beschäftigte im Betrieb mitarbeiten.

7.1.6 Vergleichende Diskussion der ausgewählten atypischen Vertragskonstellation

Um in der folgenden Analyse die Nutzungszusammenhänge ausgewählter atypischer Beschäftigungsformen miteinander in einen Vergleich zu stellen, ist es zunächst nötig, die zentralen Unterschiede und Gemeinsamkeiten in den ausgewählten Vertragsarrangements atypischer Beschäftigung herauszustellen.

Beispielsweise lassen sich für die zwei atypischen Beschäftigungsformen Leiharbeit und freie Mitarbeit einige Parallelen im Hinblick auf das vereinbarte Beschäftigungsarrangement finden. Diese Vertragsformen werden in der Literatur häufig als zwei Instrumente einer betrieblichen Externalisierungsstrategie diskutiert (Dütsch/ Struck 2011). Gemeinsamkeiten ergeben sich aus den vertraglichen Konstruktionen, die letztlich dazu führen, dass die Zeitdauer der Beschäftigung im Betrieb zumeist wesentlich kürzer ist, als dies für ein sozialversicherungspflichtiges unbefristetes Beschäftigungsarrangement oder auch ein geringfügiges Beschäftigungsarrangement im Mittel zu beobachten ist (vgl. Bremer/ Seifert 2008). Dabei sind sowohl Leiharbeitsverhältnisse als auch Vertragsverhältnisse mit freien Mitarbeitern vonseiten des Arbeitgebers wesentlich schneller als sozialversicherungspflichtige Beschäftigungsverhältnisse aufkündbar, und es müssen bei Beendigung dieser Vertragsverhältnisse nicht die Kriterien der Sozialauswahl herangezogen werden. Extern-flexible Beschäftigungsformen bieten somit dem Arbeitgeber mehr Möglichkeiten, die Gesamtbeschäftigung dem vorliegenden Arbeitsvolumen zeitnah anzupassen.

Unterschiede zwischen den zwei Vertragsarrangements finden sich insbesondere im Hinblick auf das Kriterium der sozialen Absicherung und Eigenständigkeit der Arbeitsweise. So impliziert beispielsweise das Vertragsarrangement freie Mitarbeit eine starke Selbstverantwortlichkeit des Auftragnehmers für die Planung des

Arbeitsprozesses und die Erzielung des Arbeitsergebnisses sowie bei der Bewältigung sozialer Risiken. Dies geschieht dadurch, dass zwischen Betrieb und freien Mitarbeitern kein Arbeitsvertrag, sondern ein Leistungsvertrag geschlossen wird.

Etwas andersgeartet ist das Vertragsarrangement Leiharbeit. Hier wird für die soziale Absicherung des Leiharbeitnehmers zwar nicht vom Arbeitergeber selbst Sorge getragen, aber sie wird durch eine dritte Partei, das Leiharbeitsunternehmen, gewährleistet (Burda/ Kvasnicka 2006). Gleichzeitig gilt auch hier, dass in zeitlich festgelegten Intervallen eine regelmäßige Leistungsbewertung stattfindet, die einer Entscheidung der Weiterbeschäftigung beim Entleihbetrieb sowie beim Verleihunternehmen selbst zugrunde gelegt werden kann, was die stetige Leistungskontrolle des Arbeitnehmers befördert. Die Absicherung gegen soziale Risiken ist für den Leiharbeiter im Vergleich zu einem Normalarbeitsverhältnis aber insofern in geringerem Maße gegeben, dass trotz des per Gesetz festgelegten Gleichbehandlungsgrundsatzes[75] Leiharbeiter nach wie vor schlechter entlohnt werden als Beschäftigte in einem Normalarbeitsverhältnis und auch Benachteiligungen im Hinblick auf den Status in der innerbetrieblichen Hierarchie hinnehmen müssen (vgl. Holst et al. 2010, 2009, Brehmer/Seifert 2008).

Die Vereinbarung von geringfügigen Beschäftigungsarrangements, insbesondere eines Minijobs, stellt für Arbeitgeber eine weitere Möglichkeit dar, dauerhaft eine höhere Flexibilität hinsichtlich

[75] Mit den Änderungen des Arbeitnehmerüberlassungsgesetzes im Zuge des Reformpaketes „Moderne Dienstleistungen am Arbeitsmarkt“, welche zum 1.1.2004 in Kraft traten, wurden das besondere Befristungsverbot, das Synchronisationsverbot, das Wiedereinstellungsverbot und die Beschränkung der Überlassungsdauer auf höchstens zwei Jahre aufgehoben. Gleichzeitig wurde aber eine Klausel erarbeitet, die die Gleichstellung der Leiharbeiter mit der Stammbelegschaft hinsichtlich Arbeitszeit, Entlohnung und Urlaubsansprüche beinhaltet. Diese Gleichstellungsklausel kann offiziell nur durch Regelungen, die in einem Tarifvertrag der Zeitarbeitsfirmen festgesetzt sind, umgangen werden.
Das neueste Urteil des Bundesarbeitsgerichtes (BAG) von Dezember 2010, schiebt mit seiner Erklärung der Ungültigkeit der Tarifverträge des Christlichen Zeitarbeitsgewerkschaften aber nun dem offensichtlichen Missbrauch dieser Klausel einen Riegel vor, sodass für die Zukunft eine neue Bewertung des Einsatzes von Leiharbeitern in Betrieben zu erwarten ist.

der Bewältigung von Spitzen im täglichen oder wochentäglichen Arbeitsvolumen zu gewährleisten.

Dabei ist zu betonen, dass aufseiten der Beschäftigten selbst bei hoher Beschäftigungssicherheit ein Minijob allein aber in keinem Fall den Lebensunterhalt des Beschäftigten langfristig sichern kann. Aufseiten des Arbeitgebers kann somit davon ausgegangen werden, dass dem im Betrieb beschäftigten Minijobber eine zweite Finanzierungsquelle zur Sicherung des Lebensunterhalts zugänglich ist und dass somit der Arbeitgeber die Verantwortung für soziale Risiken des Minijobbers immer nur anteilig tragen muss. Die Vereinbarung von geringfügigen Beschäftigungsverhältnissen zielt somit aus Sicht des Arbeitgebers häufig auf die Beschäftigung spezifischer Arbeitnehmergruppen ab. Zum einen sind dies Frauen in der Rolle der Nebenverdienerin, zum anderen Beschäftigte in bestimmten Lebensphasen, die eine volle Erwerbstätigkeit nicht ermöglichen würden, wie beispielsweise Schüler, Studenten oder Rentner. (Voss-Dahm 2004; Eichenhorst et. al. 2010)

Minijobs bieten somit im Vergleich zu den extern-flexiblen Beschäftigungsarrangements freie Mitarbeit und Leiharbeit weitere ganz eigene Flexibilisierungspotenziale, wobei das Potenzial der Herausbildung von prekären Beschäftigungsverhältnissen bei dieser Beschäftigungsform besonders hoch ist, da das Einkommen aus Minijobs per Definition immer im Niedriglohnsektor liegt und das Risiko prekärer Lebensumstände von Minijobbern immer nur durch den Haushaltskontext oder eine Zweit- beziehungsweise Hauptbeschäftigung aufgefangen werden kann.

Die Nutzungszusammenhänge der drei ausgewählten atypischen Beschäftigungsformen sollen in den folgenden Analysen jeweils daraufhin untersucht werden, inwiefern Beschäftigte, welche sich in solche Vertragskonstellation begeben, vonseiten des Betriebes als „flexible Randbelegschaft“ genutzt werden. Ein Indikator dafür, um festzustellen, inwiefern atypische Beschäftigte als Randbelegschaft genutzt werden, ist ein hoher Anteil langfristig

Beschäftigter in der Beschäftigtengruppen sozialversicherungspflichtig unbefristeter Beschäftigter.

Mit dem Begriff der Randbelegschaft soll somit in den folgenden Analysen herausgestellt werden, dass atypisch Beschäftigte in Betrieben eingesetzt werden, welche über eine stabile Kernbelegschaft verfügen. Inwiefern Betriebe diese Gruppen von Beschäftigten auch selbst als Randbelegschaft definieren, kann dabei nicht überprüft werden. Es ist aber davon auszugehen, dass ein Wechsel von der Rand- zur Stammbelegschaft trotz der Schließung des Beschäftigungssystems der Kernbelegschaft zwar grundsätzlich möglich ist, sich aber mit zunehmender Größe der Randbelegschaft für die Mehrzahl der atypisch Beschäftigten als immer unwahrscheinlicher darstellt.

7.2 Die betriebliche Nutzung der atypischen Beschäftigungsformen Leiharbeit, freie Mitarbeit und geringfügige Beschäftigung

7.2.1 Deskriptive Analysen

7.2.1.1 Messkonzept und Interpretation

Bevor die im letzten Abschnitt hergeleiteten Teilfragestellungen in den Kapitel 7.3 bis 7.5 weiter bearbeitet werden, soll zunächst ein Blick auf die Deskriptivstatistik einen ersten Eindruck über die betriebliche Nutzung der ausgewählten atypischen Vertragsformen wiedergeben. Dabei werden sowohl die Entwicklungen des Anteils der Betriebe, die die Vertragsform nutzen sowie die Entwicklung der Nutzungsintensität im Zeitreihenvergleich für die einzelnen atypischen Vertragsformen dargestellt. Des Weiteren werden die deskriptiven Befunde, die die SFB580-B2-Betriebsdaten liefern, mit repräsentativen Erhebungen, die die Entwicklung der einzelnen atypischen Vertragsformen beschreiben, abgeglichen um dazustellen, welche Trends in der vorliegenden Quotenstichprobe überzeichnet werden.

Es liegen Stichtagmessungen jeweils zum 30.9. der Jahre 2002, 2004, 2006 und 2008 vor, sodass es möglich ist, die Entwicklung der Nutzung der genannten Beschäftigungsformen über den Zeitraum von 6 Jahren in denen die Umsetzung der Gesetzesänderungen im Rahmen der Hartz Reformen erfolgte, zu beobachten. Der Zeitpunkt der letzen Stichtagmessung fällt dabei direkt mit dem Zeitpunkt des Auftaktes der internationalen Finanzkrise, dem Zusammenbruch der Investmentbank Lehmann Brothers am 15. September 2008, zusammen. Zu diesem Zeitpunkt waren allerdings noch keine Auswirkungen der Finanzkrise auf die Beschäftigung in deutschen Betrieben messbar. Die im Folgenden geschilderte Entwicklung atypischer Beschäftigungsformen stellt somit vor allem die Situation nach Einführung der Gesetzesnovellen, aber vor Beginn der Finanzkrise der Jahre 2008 bis 2009 dar. Hinweise auf die weitere Entwicklung der Nutzung atypischer Vertragsformen in und nach der Krise können sich lediglich auf Ergebnisse anderer Studien, die Daten aus einer zeitlich später liegenden Feldphase nutzen, beziehen.

Für die Beschreibung und Interpretation der Entwicklung atypischer Beschäftigungsformen wird, wie bereits angekündigt, die Entwicklung gesetzlicher Vorgaben zur Regulierung des Einsatzes atypischer Vertragsformen als wichtige Referenzfolie herangezogen. Gerade in diesem Bereich gesetzlicher Regulierungsvorgaben gab es im Zuge der Hartz Reformen seit dem Jahre 2003 zahlreiche Neuregulierungen.

Hierbei ist insbesondere die Novellierung des Arbeitnehmerüberlassungsgesetzes mit Wirkung zum 1. Januar 2004 (vgl. Erstes Gesetz für moderne Dienstleistungen am Arbeitsmarkt; Crimmann et. al. 2009; Burda/ Kvasnicka 2006) für die Erklärung der Entwicklung von Leiharbeit zu berücksichtigen. Im Hinblick auf die

Entwicklung von freier Mitarbeit muss auf die Gewährung von Existenzgründerzuschüssen für Arbeitslosengeld II – Bezieher im Zeitraum vom 1. Januar 2003 bis 1. Juni 2006 (vgl. Zweites Gesetz für modernde Dienstleistungen am Arbeitsmarkt, Wagner 2010) und die Umstellung des Existenzgründerzuschusses auf einen Gründungszuschuss ausschließlich für Bezieher des Arbeitslosengeld I zum 1. August 2006 (SGBII-Fortentwicklungsgesetz, Caliendo/Kritikos 2007, Wagner 2010) hingewiesen werden.

Bezogen auf die Interpretation der Entwicklung der Nutzung geringfügiger Beschäftigung ist weiterhin die Einführung und Definition von Mini- und Midijobs zum 1. Januar 2003 (vgl. Zweites Gesetz für moderne Dienstleistungen am Arbeitsmarkt, Bäcker 2005, Eichenhorst et. al. 2010, Wagner 2010) besonders bedeutend. Die Neuregelung geringfügiger Beschäftigung zum 1. Januar 2003 bedeutet letztlich für den vorliegenden Zeitreihenvergleich auch, dass die Angabe für die Anzahl geringfügig Beschäftigter im Betrieb für das Erhebungsjahr 2002 nicht mit den ab dem Jahr 2004 abgefragten Anzahlen an Minijobbern im Betrieb vergleichbar ist.

7.2.1.2 Leiharbeit

Zunächst zeigt sich bezogen auf alle Querschnittstichproben (vgl. Tabelle 22) des vorliegenden Samples, dass Leiharbeit immer noch die atypische Beschäftigungsform darstellt, auf die die wenigsten Betriebe zurückgreifen. Gleichzeitig nahm aber in dem Beobachtungszeitraum über sechs Jahre seit dem Jahre 2002, also mit dem Inkrafttreten der Novelle des Arbeitnehmerüberlassungsgesetzes zum 1. Januar 2003, der Anteil der Betriebe, die Leiharbeiter beschäftigen in der jeweiligen Querschnittstichprobe im Zeitverlauf kontinuierlich zu.

Weiterhin ist auch hinsichtlich der Nutzungsintensität ein deutlicher Anstieg des Anteils an Leiharbeitern in betrieblichen Organisationen, die Leiharbeit nutzen zu verzeichnen (Tabelle 23). Anhand von T-Tests kann nachgewiesen werden, dass für die vorliegende Zeitreihe ein signifikanter Zuwachs des durchschnittlichen Anteils von Leiharbeitern in den Betrieben des Samples zu beobachten ist. Deskriptiv kann in etwa eine Verdopplung des durchschnittlichen Anteils von Leiharbeitern im Zeitraum der Jahre 2002 bis 2008 beobachtet werden (Tabelle 24).

Der Befund einer deutlichen Zunahme der Nutzungshäufigkeit sowie der Nutzungsintensität von Leiharbeit in deutschen Betrieben ist konform mit repräsentativen Ergebnissen, die vom Institut für Arbeitsmarkt und Berufsforschung im Rahmen des Forschungsberichtes zum Thema Arbeitnehmerüberlassung publiziert wurden. Crimmann et. al. (2009) berichten einen Anstieg des Anteils der Entleihbetriebe an allen Betrieben verschiedener Größenklassen im Zeitraum der Jahre 2003 bis 2008. Bei Großbetrieben mit mehr als 250 Beschäftigten stieg der Anteil von 31% auf 48% und bei mittelständischen Betrieben mit einer Mitarbeiterzahl von 50 bis 250 Beschäftigten von 15% auf 23%. Im Durchschnitt aller Betriebe ist der Zuwachs allerdings weniger deutlich ersichtlich, da der Anteil der Entleihbetriebe an allen Betrieben im genannten Zeitraum nur um 1-2% Prozentpunkte ansteigt. Hierdurch wird ersichtlich, dass insbesondere kleinere Betriebe mit weniger als 50 Beschäftigten, die die Mehrheit der Betriebe der deutschen Betriebslandschaft stellen, Leiharbeit noch nicht sehr häufig einsetzen[76] (vgl. Bellmann et. al. 2009).

Bezogen auf die Nutzungsintensität in den Entleihbetrieben zeigen Crimmann et. al. (2009), dass der Anteil im Durchschnitt aller Betriebe im Zeitraum der Jahre 2003 bis 2010 von 5% auf etwa 10% angestiegen ist.[77]

[76] Gerade diese Betriebspopulation wird aber in den SFB580-B2-Betriebsdaten aufgrund der gewählten Quotierung unterschätzt, sodass die vorliegenden Zahlen für den Anteil der Entleihbetriebe an allen Betrieben in den Querschnittstichproben der SFB580-B2-Betriebsdaten wesentlich über den repräsentativen Werten liegen.

[77] Diese Zahl ist mit den Angaben der vorliegenden Stichproben aus den SFB580-B2-Betriebsdaten nahezu identisch. Es lässt sich somit schlussfolgern, dass die in den SFB580-B2-Betriebsdaten erfassten Entleihbetriebe ein verhältnismäßig gutes Abbild der Realität widerspiegeln.

Zu beachten ist allerdings, dass der Anstieg des Anteils an Leiharbeitern von einem sehr geringen Nutzenniveau, von gerade einmal 5% der Beschäftigten in Leiharbeit im Beobachtungsjahr 2002 des vorliegenden Samples und 5% im Beobachtungsjahr 2003 des repräsentativen Samples des IAB-Betriebspanels aus erfolgt. Somit stellt sich zwar der Zuwachs der betrieblichen Nutzung von Leiharbeit im Zeitverlauf sehr deutlich dar, letztlich ist der durchschnittliche Anteil von Leiharbeitern an der Gesamtbeschäftigung aber nach wie vor relativ gering (Protsch/ Schmid 2010).

7.2.1.3 Freie Mitarbeit

Auch bezogen auf die Vertragsform freie Mitarbeit ist im Beobachtungszeitraum ein deutlicher Zuwachs des Anteils der Betriebe, die freie Mitarbeit nutzen, zu beobachten. Der Anteil der Betriebe, die mit freien Mitarbeitern zusammenarbeiten, steigt im Zeitraum von 2002 bis 2008 von etwa einem Fünftel auf reichlich ein Drittel aller Betriebe des Samples (Tabelle 22). Diese Beobachtung kann allerdings nicht auf die gesamte deutsche Betriebslandschaft übertragen werden, da ein Großteil der Betriebe im Sample der SFB580-B2-Betriebsdaten, die freie Mitarbeit nutzen, den Branchen Software sowie Weiterbildung zugeordnet werden können. Diese Branchen sind aufgrund des gewählten Gleichgewichtungskriteriums der Branchen des Samples, bezogen auf die Relationen in der deutschen Betriebslandschaft, überrepräsentiert.

Mit der Ausweitung der Nutzung von freier Mitarbeit bezogen auf alle Betriebe des Samples geht aber einher, dass der durchschnittliche Anteil an freien Mitarbeitern in den Nutzerbetrieben in den Beobachtungsjahren 2006 und 2008 signifikant geringer ist als im Erstbeobachtungsjahr 2002, in welchem fast ausschließlich Weiterbildungsbetriebe die Vereinbarung freier Mitarbeiterarrangements bestätigen (vgl. Tabellen 23, 24).

Dennoch scheint sich der im Sample beobachtbare Trend einer zunehmenden Ausweitung der Beschäftigungsform freie Mitarbeit auch bezogen auf den gesamtdeutschen Arbeitsmarkt zu bestätigen. Auszählungen des Forschungsinstitutes für freie Berufe Nürnberg zeigen, dass die auf amtlichen und eigenen Erhebungen beruhenden Schätzungen von in der deutschen Wirtschaft freiberuflich Tätigen auf ein starkes Wachstum dieser Beschäftigtengruppe schließen lassen. Während im Jahre 2000 die geschätzte Zahl von Freiberuflern in der deutschen Wirtschaft noch bei 705.000 Personen lag, konnte für das Jahr 2009 eine Zahl von 1.053.000 Personen geschätzt werden. Dieses deutliche Wachstum findet dabei vor allem im Tätigkeitsbereich freiberuflicher Geistes- und Wirtschaftswissenschaftler statt (Eichenhorst et. al. 2010).

Auch repräsentative Untersuchungen des Statistischen Bundesamtes zeigen, dass der Anteil der Beschäftigten, die als Soloselbstständige ihren Lebensunterhalt verdienen, am deutschen Arbeitsmarkt vor allem seit dem Jahre 2004 im Nachklang der Einführung des Existenzgründerzuschusses sowie der teilweisen Abschaffung des Meisterzwanges durch die Novelle der Handwerksordnung regelmäßig gewachsen ist (Kelleter 2009). Diese massive Zunahme geht aber auch mit der wirtschaftsstrukturellen Entwicklung in Richtung des Zuwachses der Beschäftigung im Dienstleistungssektor einher. Kelleter (2009) zeigt allerdings, dass die Zunahme des Anteils Soloselbstständiger an der Gesamtbeschäftigung die erwartete Entwicklung im Zuge des Tertiarisierungsprozesses übersteigt.

Dieser Befund soll in Kapitel 7.4 nochmals unter der Fragestellung aufgegriffen werden, inwiefern betriebliche Bestrebungen der strategischen Personalflexibilisierung die Ausweitung der Beschäftigungsform „freie Mitarbeit“ vorantreiben. Konkret soll untersucht werden, ob sich Beschäftigungsarrangements freier Mitarbeit zunehmend als Element der Personalflexibilisierung im gesamten Sektor der wissensintensiven Dienstleistungen etablieren und somit die Soloselbstständigkeit ein für den wissensintensiven Dienstleistungssektor zugeschnittenes Vertragsarrangement darstellt.

	Anteil der Betriebe 2002	Anteil der Betriebe 2004	Anteil der Betriebe 2006	Anteil der Betriebe 2008
Nutzung von Leiharbeit	9,0 (N=698)	10,7 (N=495)	12,5 (N=439)	11,8 (N=347)
Nutzung von freier Mitarbeit	22,1 (N=694)	29,6 (N=494)	32,3 (N=440)	36,3 (N=347)
Minijobber	-	52,7 (N=493)	52,3 (N=440)	53,6 (N=347)

Tabelle 22: Nutzung atypischer Vertragsarrangements, Anteile der Betriebe der Querschnittstichproben, gleichgewichtet nach Region und Branche, eigene Berechnungen

	Anteil 2002	Anteil 2004	Anteil 2006	Anteil 2008
Nutzung von Leiharbeit	5,0 (N=63)	7,0 (N=53)	7,4 (N=55)	9,4 (N=41)
Nutzung von freier Mitarbeit	25,6 (N=153)	27,0 (N=146)	19,9 (N=142)	19,7 (N=126)
Minijobber*	-	12,0 (N=260)	15,5 (N=230)	13,6 (N=186)

**2002 wurde nach der Anzahl der „geringfügig Beschäftigten" befragt; 2004, 2006 und 2009 wurde hingegen nach der Anzahl an „geringfügigen in Minijobs" gefragt – diese vom Gesetzgeber im Jahre 2002 durchgesetzte Spezifizierung vermindert die Vergleichbarkeit der Gruppen zwischen den Jahren 2002-2004 wie auch zwischen den Jahren 2002 – 2006.*

Tabelle 23: Nutzungsintensität atypischer Vertragsformen, Anteile querschnittgewichtet, eigene Berechnungen

	Differenz 2002-2004	Differenz 2004-2006	*Differenz 2002-2006*	Differenz 2006-2008	*Differenz 2004-2008*	Differenz 2002-2008
Anteil Leiharbeiter	*2,0*	*0,4*	-	*2,0*	-	**4,5****
Anteil freier Mitarbeiter	*1,4*	**-7,1****	-	*-0,2*	-	**-6,0***
Anteil Minijobber*	-	**3,5****	-	*-1,9*	*1,6*	-

**2002 wurde nach der Anzahl der „geringfügig Beschäftigten" befragt; 2004 und 2006 wurde hingegen nach der Anzahl an „geringfügigen in Minijobs" gefragt – diese vom Gesetzgeber im Jahre 2002 durchgesetzte Spezifizierung vermindert die Vergleichbarkeit der Gruppen zwischen den Jahren 2002-2004 wie auch 2002 – 2006.*

Tabelle 24: T-Test der Anteile atypischer Beschäftigung; querschnittgewichtet; eigene Berechnungen

7.2.1.4 Minijobs

Das Beschäftigungsarrangement Minijob erweist sich in der vorliegenden Stichprobe als eine häufig und auch verhältnismäßig intensiv genutzte Beschäftigungsform. So haben mehr als die Hälfte aller Betriebe der jeweiligen Querschnittsamples seit dem Beobachtungsjahr 2004 Minijobber eingestellt (vgl. Tabelle 22). Der durchschnittliche Anteil an Minijobbern liegt dabei in den Betrieben, die diese Beschäftigungsform nutzen im Zeitverlauf konstant bei über 12% (vgl. Tabelle 23).

Im Zeitreihenvergleich der Beobachtungsjahre 2004 und 2006 ist dabei sogar ein signifikantes Wachstum des durchschnittlichen Anteils an Minijobbern zu verzeichnen (vgl. Tabelle 24). Im Beobachtungsjahr 2008 liegt der durchschnittliche Anteil an Minijobbern allerdings wieder etwas unter dem Wert des Jahres 2006.

Es lässt sich somit anhand der SFB580-B2-Betriebsdaten zeigen, dass mit der Reform der geringfügigen Beschäftigung die Nutzung der Beschäftigungsform Minijob rasch von einem Großteil klein- und mittlerer Betriebe in Anspruch genommen wurde und in den ersten Jahren auch eine umfangreichere Ausweitung der Nutzung dieses Beschäftigungsarrangement zu beobachten ist.

Auf eine rasche und intensive Nutzung des Beschäftigungsarrangements Minijob nach Umsetzung der Reformen zur Regulierung geringfügiger Haupt- und Nebenbeschäftigung verweist auch die Statistik der Bundesagentur für Arbeit (vgl. Wagner 2010, Abbildung 18). Die Daten der Bundesagentur für Arbeit zeigen aber weiterhin auch auf, dass ein Anstieg der Beschäftigung in Minijobs seit Dezember 2006 ausschließlich aus der Zunahme von Beschäftigungsverhältnissen im Nebenerwerb erklärt werden kann. Die Anzahl der Beschäftigungsverhältnisse, die auf eine hauptberufliche Tätigkeit in Form eines Minijobs hindeuten, ist demgegenüber im Zeitraum Dezember des Jahres 2006 bis Dezember des Jahres 2008 weitgehend konstant. Anhand dieses Befundes kann vermutet werden, dass betriebliche Umbauprozesse, die mit dem Impuls der Neuregulierung geringfügiger Beschäftigung angeschoben oder verstärkt wurden vor allem im Zeitraum der Jahre 2003 bis 2006 stattfanden, da hier eine deutliche Ausweitung geringfügiger Beschäftigung zu beobachten ist. Seither findet der weitere Aufbau von Minijobs vor allem in Beschäftigungssegmenten, die sich durch Nebenerwerbstätigkeiten auszeichnen, statt. Hierbei spielt vor allem die Beschäftigung von Minijobbern in Privathaushalten eine bedeutende Rolle (vgl. Pfeiffer/Metzger 2009, Wagner 2010).

In Kapitel 7.5 soll somit näher untersucht werden, inwiefern in den Beobachtungsjahren 2004 und 2006 die intensive Nutzung des Beschäftigungsarrangements Minijob im Zusammenhang mit der Restrukturierung betrieblicher Arbeitsorganisations- und Beschäftigungsstrukturen steht.

7.2.2 Korrelationsanalysen

7.2.2.1 Beschreibung des Vorgehens

Um erste Hypothesen über den Zusammenhang der Nutzung sowie der Ausweitung der Nutzung atypischer Vertragsformen im Verhältnis zur Entwicklung der Kernbelegschaft, das heißt zum Anteil sozialversicherungspflichtig unbefristet Beschäftigter, zu formulieren, sollen im folgenden Abschnitt nochmals deskriptiv die Zusammenhänge zwischen dem Beschäftigungswachstum bezogen auf alle Mitarbeiter eines Betriebes und der Nutzung atypischer Beschäftigung dargestellt werden.

Hierbei geht es darum, die bereits im Teilkapitel 7.1 formulierte Annahme der Substituierbarkeit von „Normalarbeitsverhältnissen" durch atypische Beschäftigungsformen nachzuspüren (vgl. Bäcker 2005, Wagner 2010). Ziel der Analyse ist dabei zu untersuchen, ob der Einsatz atypischer Beschäftigungsformen einen Teil der sozialversicherungspflichtig unbefristeten Beschäftigungsverhältnisse schützt oder ersetzt.

Somit wurden für 166 Betriebe, welche in allen 4 Wellen des SFB580-B2-Betriebspanelfiles befragt wurden, für den Zeitraum der Jahre 2002 bis 2008 die Korrelationen des Wachstums der Beschäftigung in den verschiedenen Formen atypischer Beschäftigung mit dem Wachstum der Gesamtbeschäftigung sowie dem Wachstum der sozialversicherungspflichtig unbefristet Beschäftigten (Kernbelegschaft) und dem Wachstum der Beschäftigten der Kernbelegschaft mit langfristigen Beschäftigungsperspektiven berechnet.

Tabelle 27 bildet dabei die Korrelationen zwischen dem Wachstum der Anzahl der Beschäftigten in den verschiedenen Beschäftigungsgruppen (reales Wachstum) sowie die Korrelationen für das Wachstums des Anteils an Beschäftigten in den verschiedenen Beschäftigungsgruppen (Anteilswachstum) jeweils bezogen auf die Gesamtbeschäftigung ab.

Anhand der realen Wachstumsquoten lässt sich darstellen, ob das Wachstum der Anzahlen der Beschäftigten in atypischen Beschäftigungsformen in den Betrieben, die die jeweilige Vertragsform intensiver nutzen mit dem Wachstum der Gesamtbeschäftigung in direktem Zusammenhang steht.

Anhand der Korrelationen des Anteilswachstums, lassen sich Substitutionsprozesse atypischer Beschäftigter zuungunsten der Kernbelegschaft in den Betrieben die die jeweilige Vertragsform nutzen unabhängig vom Wachstum der Gesamtbeschäftigung sichtbar machen.

Bereits anhand der Durchschnittswerte des Wachstums der verschiedenen Beschäftigungsformen wird aber deutlich, dass im Zeitraum 2002 bis 2008 in den Betrieben der vorliegenden Stichprobe insbesondere die sozialversicherungspflichtig unbefristete Beschäftigung zurückgegangen ist, während sich die atypische Beschäftigung insgesamt deutlich ausgeweitet hat (vgl. Tabellen 25, 26[78]). Anhand dieses Befundes kann auf die Substitution sozialversicherungspflichtig unbefristeter Beschäftigung durch atypische Beschäftigungsformen in den Betrieben des vorliegenden Samples geschlossen werden. Fraglich ist dabei aber noch, ob die sozialversicherungspflichtig unbefristeten Beschäftigungsverhältnisse durch die in dieser Studie betrachteten atypischen Beschäftigungsformen substituiert werden. Dies soll im Folgenden näher untersucht werden.

[78] Anders als in Tabelle 24 wird hier der durchschnittliche Anteil für alle Betriebe der Stichprobe angegeben. Nicht der Anteil in den Betrieben, die die jeweilige Vertragsform nutzen.

7.2.2.2 Korrelationen des Wachstums in Leiharbeit mit dem Wachstum der Gesamtbeschäftigung und dem Wachstum der Kernbelegschaft

Die Korrelation des realen Wachstums an Leiharbeitern im Betrieb mit der realen Entwicklung der Gesamtbeschäftigung zeigt, dass die Ausweitung der Beschäftigung in Leiharbeit mit der Ausweitung der Gesamtbeschäftigung einhergeht. Der Zusammenhang ist aber mit einem Wert von 0.2060 noch relativ schwach.

Des Weiteren wird in Tabelle 27 für den Zusammenhang der Entwicklung von Leiharbeit in Bezug auf die Entwicklung der Beschäftigung der Kernbelegschaft deutlich, dass in den Betrieben, in denen der Anteil an Leiharbeitern an der Gesamtbeschäftigung steigt, häufiger auch der Anteil an sozialversicherungspflichtig unbefristet Beschäftigten mit einer langfristigen Beschäftigungsperspektive steigt. Dieser Zusammenhang deutet darauf hin, dass sich gerade bei der Intensivierung des Einsatz von Leiharbeit im internen Beschäftigungssegment des Betriebes eine stabile Kernbelegschaft herausbildet und die Flexibilisierung am Rand über Leiharbeit erfolgt.

7.2.2.3 Korrelationen des Wachstums freier Mitarbeiter mit dem Wachstum der Gesamtbeschäftigung und dem Wachstum der Kernbelegschaft

Bezogen auf die reale Entwicklung freier Mitarbeiter lässt sich kein signifikanter Zusammenhang mit dem realen Wachstum der Kernbelegschaft beobachten. Deutlich wird in der Korrelationsanalyse lediglich, dass die Ausweitung freier Mitarbeit in einem sehr starken Zusammenhang zum Wachstum der Gesamtbeschäftigung steht. Dies spricht dafür, dass in Betrieben, die mit freien Mitarbeitern zusammenarbeiten das Wachstum oder die Schrumpfung der

Beschäftigungsgruppe freier Mitarbeiter die Entwicklung der Gesamtbeschäftigung determiniert.

Auch bezogen auf das Anteilswachstum wird durch den signifikanten negativen Zusammenhang mit dem Anteil unbefristet Beschäftigter bestätigt, dass die Ausweitung oder Schrumpfung des Anteils freier Mitarbeiter unbefristete Beschäftigungsverhältnisse nicht ersetzt, sondern sich lediglich bei konstanter Anzahl unbefristet Beschäftigter der Anteil bezogen auf die Gesamtbeschäftigung entsprechend entgegengesetzt zum Anteil freier Mitarbeiter verhält. Es kann also davon ausgegangen werden, dass in den Betrieben des Samples, die mit freien Mitarbeitern zusammenarbeiten die Beschäftigung in der Kernbelegschaft wesentlich stabiler ist als die regelmäßige Anzahl freier Mitarbeiter.

	Leiharbeit		freie Mitarbeit		Minijobs		befristete Beschäftigung	
	reales Wachstum	Anteils-wachstum	reales Wachstum	Anteils-wachstum	reales Wachstum	Anteils-wachstum	reales Wachstum	Anteils-wachstum
Beobachtungszeitraum	2002-2008	2002-2008	2002-2008	2002-2008	2004-2008	2004-2008	2002-2006	2002-2006
Mittelwert	1,1	0,4	2	1,4	0	0,1	1	0,1
Minimum	-9	-9	-148	-54,7	-11	-35	-17	-63,8
Maximum	38	20,1	394	98,8	18	19,9	20	54,7

Tabelle 25: Deskriptivstatistik: Wachstumsangaben für atypische Beschäftigungsformen in der Teilstichprobe „Panelfile" der SFB580-B2-Betriebsdaten, eigene Berechnungen

	Gesamt-beschäftigung	sv-pflichtige Beschäftigung	sv.-pflichtig Unbefristete		sv.-pflichtig Unbefristete mit Langfristperspektive	
	reales Wachstum	reales Wachstum	reales Wachstum	Anteils-wachstum	reales Wachstum	Anteils-wachstum
Beobachtungszeitraum	2002-2008	2002-2008	2002-2008	2002-2008	2002-2008	2002-2008
Mittelwert	4	3	-10	-16,8	-16	-25,2
Minimum	-185	-150	-324	-100	317	-100
Maximum	393	301	123	54,7	224	79,7

Tabelle 26: Deskriptivstatistik: Wachstumsangaben für Gesamtbeschäftigung und Kernbelegschaft in der Teilstichprobe „Panelfile" der SFB580-B2-Betriebsdaten, eigene Berechnungen

	Leiharbeit		freie Mitarbeit		Minijobs		befristete Beschäftigung	
	reales Wachstum	Anteils-wachstum	reales Wachstum	Anteils-wachstum	reales Wachstum	Anteils-wachstum	reales Wachstum	Anteils-wachstum
Beobachtungszeitraum	2002-2008	2002-2008	2002-2008	2002-2008	2004-2008	2004-2008	2002-2006	2002-2006
Wachstum der Gesamtbeschäftigung	**0.2060*** (162)**	-	**0.7701*** (162)**	-	(.) (162)	-	**0.2286*** (161)**	-
reales Wachstum sv.-pflichtig Beschäftigte	(.) (164)	-	(.) (163)	-	(.) (164)	-	**0.2096*** (163)**	-
reales Wachstum sv.-pflichtig Unbefristete	(.) (163)	-	(.) (162)	-	(.) (164)	-	**0.2149*** (163)**	-
Anteilswachstum* sv.-pflichtig Unbefristete	-	(.) (159)	-	**-0.2299*** (159)**	-	(.) (162)	-	**-0.4512*** (160)**
reales Wachstum sv.-pflichtig Unbefristete mit langfristiger Beschäftigungsperspektive	(.) (156)	-	(.) (155)	-	(.) (164)	-	**-0.2844** (155)**	-
Anteilswachstum* sv.-pflichtig Unbefristete mit langfristiger Beschäftigungsperspektive	-	***0.1372* (156)***	-	(.) (155)	-	(.) (162)	-	(.) (153)

Tabelle 27: Korrelationen des Wachstums atypischer Beschäftigungsgruppen mit dem Wachstum der Beschäftigung allgemein beziehungsweise der Beschäftigung in der Kernbelegschaft in der Teilstichprobe „Panelfile“ der SFB580-B2-Betriebsdaten, eigene Berechnungen

7.2.2.4 Korrelation des Wachstums von Minijobbern mit dem Wachstum der Gesamtbeschäftigung und dem Wachstum der Kernbelegschaft

Die Korrelationsanalyse des Wachstums von Minijobs und des Wachstums der Kernbelegschaft bezieht sich auf den Zeitraum der Jahre 2004 bis 2008, da im Jahre 2002 das Beschäftigungsverhältnis Minijob vom Gesetzgeber noch nicht in dieser Form vordefiniert war.

In der Korrelationsanalyse zeigt sich, dass die Ausweitung von Minijobs in der vorliegenden Stichprobe in keinem eindeutigen Zusammenhang zum realen oder Anteilswachstum der Gesamtbeschäftigung steht. Somit kann anhand der Korrelationsanalyse nicht bestimmt werden, ob Minijobs zu sozialversicherungspflichtig unbefristeten Beschäftigungsverhältnissen in einem Substitutionsverhältnis stehen.

7.2.3 Zusammenfassung – Trends der Entwicklung atypischer Beschäftigung

Aus den letzten zwei Abschnitten lassen sich für die Betriebe der vorliegenden Stichprobe einige Trends der Entwicklung atypischer Beschäftigung allgemein und in Bezug auf die Entwicklung der Kernbelegschaft nachzeichnen.

Allgemein zeigt sich, dass im Zeitraum 2002 bis 2008 im Vergleich der vorliegenden gewichteten Querschnittstichproben vor allem die als extern-flexible Beschäftigungsformen bezeichneten Vertragsformen Leiharbeit und freie Mitarbeit im Mittel aller Fälle eine Ausweitung ihrer Nutzung erfahren haben. Für beide Beschäftigungsformen zeigte sich, dass sie im Querschnittvergleich von einem zunehmend größer werdenden Anteil der Betriebe des Samples genutzt werden.

Im Hinblick auf die Intensität der Nutzung zeigt sich dann allerdings, dass es vor allem die Beschäftigungsform Leiharbeit ist, welche in den Entleihbetrieben auch im Zeitvergleich zunehmend intensiver genutzt wird. Diese Entwicklung wird auch in anderen repräsentativen Studien beispielsweise des Instituts für Arbeitsmarkt- und Berufsforschung berichtet.

Für die atypische Vertragsform Minijobber ist dagegen im Zeitreihenvergleich nur für den Zeitraum der Beobachtungsjahre 2004 bis 2006 ein signifikanter Anstieg des Anteils an Minijobbern in den Betrieben, die diese Vertragsform nutzen zu beobachten. Der Anteil der Betriebe, der Minijobber nutzt ist dabei im Zeitreihenvergleich nahezu konstant.

Aus diesen Teilbefunden, lässt sich schlussfolgern, dass auch in den SFB580-B2-Betriebsdaten eine Tendenz zu Abnahme der Verbreitung von Normalarbeitsverhältnissen beobachtet werden kann. Dieser Befund wird nochmals durch die Beobachtung fundiert, dass bei der Betrachtung der 166 Betriebe, die vier Mal an der Befragung zur Erhebung der SFB580-B2-Betriebsdaten teilnahmen, eine Abnahme an sozialversicherungspflichtig unbefristeten Beschäftigungsverhältnissen zu Gunsten der Zunahme an atypischen Vertragsverhältnissen zu beobachten war.

Es zeigt sich, dass das absolute Wachstum der Beschäftigten in atypischen Vertragsverhältnissen, bei allen betrachteten atypischen Beschäftigungsformen[79], im Mittel zunimmt oder konstant bleibt. Demgegenüber verringert sich die Anzahl der sozialversicherungspflichtig unbefristeten Beschäftigungen im Zeitreihenvergleich im Mittel mit etwa 10 Personen sehr deutlich, wobei gleichzeitig die Gesamtbeschäftigung im Mittel aller Betriebe um 4 Personen wächst.

Anhand der weiterhin dargestellten Korrelationsanalyse im Sample der 166 Panelbetriebe wurde der Befund der sichtbaren Abnahme sozialversicherungspflichtig unbefristeter Beschäftigungsverhältnisse weiter hinterfragt. Konkret sollte geprüft werden, inwiefern mit der moderaten Abnahme an Normalarbeitsverhältnissen die Ausdifferenzierung von Stamm-Randbelegschaftsstrukturen einher geht.

Anhand der Korrelationsanalysen für die Zusammenhänge der Entwicklung atypischer Beschäftigungsformen und der Gesamtbeschäftigung sowie der Entwicklung atypischer Vertragsformen und der Entwicklung der Beschäftigung der Kernbelegschaft zeigt sich, dass sowohl die Entwicklung der Beschäftigungsform Leiharbeit und die Zusammenarbeit mit freien Mitarbeitern in einem positiven Zusammenhang mit dem Aufbau der Gesamtbeschäftigung allgemein stehen. Besonders stark ist der Zusammenhang für die Beschäftigungsform freie Mitarbeit. Bei der Entwicklung der Anzahlen freier Mitarbeiter lässt sich darüber hinaus beobachten, dass sich diese wesentlich stärker verändern als die Anzahlen der Beschäftigten in anderen Beschäftigungsformen. Interpretieren lässt

[79] Bei diesen Berechnungen wurden der Vollständigkeit halber die Entwicklungen befristeter Beschäftigungsformen mit betrachtet, wenngleich eine weitere Analyse der Nutzungszusammenhänge dieser Vertragsform in der vorliegenden Studie nicht erfolgt.

sich dieser Zusammenhang in die Richtung dass die Schwankung in der Beschäftigung freier Mitarbeiter die Entwicklung der Gesamtbeschäftigung in Betrieben, die mit freien Mitarbeitern zusammenarbeiten, wesentlich erklären.

Dabei lässt sich anhand des geschilderten Befundes darauf schließen, das sowohl die Beschäftigungsform Leiharbeit und die Beschäftigungsform freie Mitarbeit im beobachteten Zeitfenster nicht vorrangig dazu herangezogen werden, um bestehende Beschäftigungsverhältnisse mit sozialversicherungspflichtig unbefristet Beschäftigten zu ersetzen. Für die Beschäftigungsform Minijob lässt sich auch diesbezüglich keine Aussage treffen.

Die Befunde der Korrelationsanalyse für die Beschäftigungsformen Leiharbeit und freie Mitarbeit weisen aber des Weiteren auf die Ausdifferenzierung einer Stamm-Randbelegschaftsstruktur hin.

Die folgenden multivariaten Analysen sollen nun nochmals genauer aufzeigen, welche Faktoren, den intensivierten Einsatz der drei ausgewählten atypischen Beschäftigungsformen bedingen und erklären. Bei diesen Analysen wird auch die Ausdifferenzierung von Stamm-Rand-Belegschaften bei der spezifischen Nutzung der drei ausgewählten atypischer Vertragsformen in den verschiedenen Wirtschaftssektoren tiefer gehend hinterfragt und untersucht.

7.3 Die betrieblichen Nutzungszusammenhänge von Leiharbeit

7.3.1 Methodische Anmerkungen

Um die Nutzungszusammenhänge der Beschäftigungsformen „Leiharbeit" näher zu untersuchen, werden im Folgenden „logistische Regressionsanalysen" (Logit) (vgl. Andreß et. al. 1997) sowie „Zero-Truncated Poisson" Regressionen"[80] (ZTP) (vgl. Long/ Free-

[80] Die „Zero-truncated Poisson Regression wird angewendet, da es sich bei der abhängige Variable um Zähldatenvariable handelt und davon auszugehen ist, das die Entscheidung keine oder mindestens

se 2009) gerechnet. Dabei wird unterstellt, dass zum Einen die Beschäftigung mindestens eines Leiharbeiter sowie zum Anderen die Beschäftigung von vielen oder wenigen Leiharbeitern jeweils für sich stehende Entscheidung des Betriebes darstellen, die unabhängig voneinander untersucht werden sollten.

In den Logit-Modellen bildet die Dummy-Variable mit der Codierung 0 und 1 für die Nutzung der Vertragsform Leiharbeit, die abhängige Variable.[81] Des Weiteren wird die Nutzungsintensität der diskutierten Vertragsform anhand einer Modellierung von „Zero-truncated Poisson Regressionen näher untersucht. Diese Modellierung wird für alle Betriebsfälle angewendet, bei denen mindestens 1 % der Gesamtbeschäftigung Leiharbeiter sind.

Es muss weiterhin angemerkt werden, dass in den folgenden Analysen aufgrund der Fallzahlenproblematik die Modellierung eines unrestringierten Modells, welches alle relevanten unabhängigen Variablen berücksichtigt, nicht möglich ist. Somit werden verschiedene Modelle gebildet, die die relevante Teilfragestellungen beleuchten und zentrale Kontrollvariablen mit einbeziehen. Interaktionen zwischen den unabhängigen Variablen, die für die verschiedenen Teilfragestellungen in unterschiedlichen Modellen herangezogen werden, bleiben somit weitgehend unberücksichtigt, werden aber berichtet, insofern sie für die Interpretation der Ergebnisse relevant sind.

Weiterhin werden für die im Folgenden dargestellten Analysen aus den Querschnittdatensätzen der SFB580-B2-Betriebsdaten die Betriebsfälle ausgeschlossen, die mehr als 500 sozialversicherungspflichtig Beschäftigte haben.

---

einen atypsoch Beschäftigten einzustellen eine andere ist als einen oder mehr als einen atypisch Beschäftigten einzustellen. Die querschnittgewichteten Anteilswerte von Leiharbeitern und freien Mitarbeitern an der Gesamtbeschäftigung werden auf ganze Zahlen gerundet in die Analyse eingegeben.

[81] Die Dummy-Variable wird aus den abgefragten Anteil der Leiharbeiter an der Gesamtbeschäftigung generiert. Die jeweiligen Anteilswerte wurden vor Berechnung der Dummy-Variablen in den Querschnittsdatensätzen anhand der zur Verfügung stehenden Nonresponse-Gewichtung um zufällige Ausfälle in einzelnen Branchen und Regionen bereinigt.

7.3.2 Beschreibung der Analysemodelle

Wie in Kapitel 7.1 bereits ausführlicher diskutiert, stellt Leiharbeit eine spezifische Form der Flexibilisierung von Beschäftigungsarrangements dar. Dabei zeigen einschlägige Studien, dass gerade diese Form atypischer Beschäftigung in den vergangenen Jahren einen deutlichen Zuwachs erhalten hat (Crimmann et. al. 2009; Holst 2009), wenngleich auch ausgehend von einem sehr geringen Nutzungsniveau (vgl. Kap. 7.2).

In den folgenden Analysen wird zunächst untersucht, ob es eine branchenspezifische Nutzung beziehungsweise Ausweitung dieser Beschäftigungsform gibt. Des Weiteren wird in den im Folgenden dargestellten und diskutierten Erklärungsmodellen Logit und ZTP I bis IV hinterfragt, welche betrieblichen Faktoren mit der Nutzung der Beschäftigungsform Leiharbeit in direktem Zusammenhang stehen. Hierfür werden Indikatoren ins Feld geführt, die sowohl die Diskontinuität der Auftragslage der Betriebsstätte beschreiben, als auch den Zusammenhang zur Humankapitalstruktur sowie zur betrieblichen Ausgestaltung der Arbeitsorganisation aufzeigen (vgl. Anhang IV). Diese Analysen knüpfen dabei, an die im Rahmen des SFB580-Projektes „Betrieb und Beschäftigung im Wandel" generierten Befunde an.

Darüber hinaus wird in den im Folgenden beschriebenen Analysen nach Anhaltspunkten dafür gesucht, ob die Nutzung von Leiharbeit mit einer Ausdifferenzierung von Stamm-Randbelegschaftsstrukturen einhergeht. Diesbezüglich werden zwei Indikatoren in die Analyse aufgenommen. Ein erster Indikator ist hierbei das Verhältnis von Beschäftigten der Kernbelegschaft (sozialversicherungspflichtig unbefristet Beschäftigte) mit kurz- bis mittelfristiger versus langfristiger Beschäftigungsperspektive. Der zweite Indikator gibt an, ob alle Beschäftigten der Kernbelegschaft eines Betriebes eine langfristige Beschäftigungsperspektive aufweisen.

Die Darstellung der Ergebnisse der durchgeführten Analysen wird durch die in Teilkapitel 7.1 spezifizierten Forschungsfragen strukturiert.

7.3.3 Branchendifferenzierung bei der Nutzung von Leiharbeit

Bezüglich der Nutzung von Leiharbeit lassen sich anhand der Ergebnisse der Regressionsmodelle Logit und ZTP 7.1 erste Rückschlüsse auf eine branchenspezifische Nutzung atypischer Beschäftigungsformen ziehen.

Besonders häufig wird Leiharbeit in den Jahren 2002 und 2004 in Betrieben der Branchen Maschinenbau, Chemie, Bau und Software genutzt. Im Zeitverlauf konstant wird Leiharbeit aber vor allem in den Betrieben des Maschinenbaus sowie der Chemiebranche häufiger eingesetzt. Somit lässt sich schlussfolgern, dass vor allem in traditionellen Produktionsbranchen sich der Einsatz von Leiharbeit als ein geeignetes Flexibilisierungsinstrument betrieblicher Personalpolitik herausstellt (vgl. Tabelle 28 Modelle Logit 7.1a-d).

Darüber hinaus wird Leiharbeit im Zeitverlauf konstant in einigen Betrieben der relativ jungen Branche Software sehr intensiv genutzt. (vgl. Tabelle 28, Modelle ZTP 7.1a-d).

Es stellt sich somit die Frage, in welcher Situation Leiharbeiter in Betriebe der traditionellen Produktionsbranchen oder aber der jungen Branche Software hereingeholt werden.

7.3.4 Ist Leiharbeit ein personalpolitisches Kriseninstrument oder strategischer Flexibilisierungspuffer?

Wird nun die Frage gestellt, ob Leiharbeit in den Betrieben des Samples vor allem als Kriseninstrument oder eher als ein Instrument der strategischen Flexibilisierung der Beschäftigungsstruktur genutzt wird, so sollen zur Beantwortung der Frage anhand der vorliegenden Analysen Indikatoren ins Feld geführt, die die Diskontinuität der Auftragslage der Betriebsstätte beschreiben. Konkret wird unterschieden, ob die Auftragslage der Betriebe unregelmäßigen, konjunkturellen oder saisonalen Schwankungen unterworfen ist.

Die Befunde aus den Modellen 7.2 (Tabelle 29) verweisen darauf, dass Leiharbeiter insbesondere dann zum Ausgleich von Diskontinuitäten in der Auftragslage herangezogen werden, wenn deren Mitarbeit generell bereits im Betrieb implementiert ist. Gleichzeitig werden eher saisonale als konjunkturelle Schwankungen der Auftragslage durch die Nutzung von Leiharbeit ausgeglichen. So zeigt sich in den Zähldatenmodellen (vgl. Tabelle 29, Modelle ZTP 7.2) für die Teilstichprobe aller Entleihbetriebe im Beobachtungsjahr 2004 ein negativ signifikanter Zusammenhang zwischen der intensiven Nutzung von Leiharbeit und konjunkturellen Schwankungen der Auftragslage. Entleihbetriebe, die Leiharbeit intensiver nutzen, weisen im konjunkturschwachen Beobachtungsjahr 2004 seltener konjunkturelle Schwankungen auf als Entleihbetriebe mit einer geringeren Nutzungsintensität (vgl. Tabelle 29, Modell ZTP 7.2b). Weiterhin wird aber ein positiver Zusammenhang zwischen der intensiven Nutzung von Leiharbeit und saisonalen Schwankungen der Auftragslage deutlich.

Es sind also vor allem Entleihbetriebe mit saisonalen Schwankungen, die Leiharbeit intensiver nutzen. Gleichzeitig wird in den Logitmodellen (vgl. Tabelle 29, Logit 7.2) deutlich, dass Entleihbetriebe im Vergleich zu Nichtentleihbetrieben gerade im konjunkturschwächeren Jahr 2004 seltener saisonale Schwankungen in der Auftragslage berichten (vgl. Tabelle 29, Modell Logit 7.2b).

Logistische und ZTP Regression: Leiharbeit

	Nutzungshäufigkeit				Nutzungsintensität			
Beobachtungsjahr	2002	2004	2006	2008	2002	2004	2006	2008
Modelle	Logit 7. 1a	Logit 7. 1b	Logit 7.1c	Logit 7.1d	ZTP 7. 1a	ZTP 7.1b	ZTP 7.1c	ZTP7.1d
Branchen								
Maschinenbau	1.2***	1.6***	2.7***	1.5***	1.1 ***	-0.1 (0.23)	1.0***	2.6***
	(0.44)	(0.51)	(0.49)	(0.54)	(0.70)		(0.23)	(0.33)
	[3.4]	[5.1]	[15.0]	[4.6]				
Chemie	2.4***	2.4***	2.0***	2.3***	1.4***	0.3 (0.21)	1.1***	1.5***
	(0.43)	(0.49)	(0.51)	(0.55)	(0.70)		(0.25)	(0.31)
	[10.6]	[11.1]	[7.1]	[9.7]				
Bau	1.2**	1.6***	0.9 (0.72)	0.7 (0.83)	2.0***	-0.06	1.28***	1.9***
	(0.52)	(0.59)			(0.70)	(0.23)	(0.30)	(0.42)
	[3.3]	[4.7]						
Software	0.6 (0.70)	1.8***	0.9 (0.73)	0.4 (0.89)	2.5***	0.69***	1.78***	0.9**
		(0.58)			(0.71)	(0.24)	(0.27)	(0.40)
		[6.3]						
Beratung & Marktforschung	Ref.	Ref.	Ref.	Ref.	2.7***	0.37 (0.59)	0.89***	-
					(0.71)		(0.33)	
Verlag	Ref.	Ref.	Ref.	Ref.	Ref.	Ref.	Ref.	Ref.
Weiterbildung	Ref.	Ref.	Ref.	Ref.	Ref.	Ref.	Ref.	Ref.
medizinische Dienstleistungen	Ref.	Ref.	Ref.	Ref.	Ref.	Ref.	Ref.	Ref.
Handel	Ref.	Ref.	Ref.	Ref.	Ref.	Ref.	Ref.	Ref.
Kredit	Ref.	Ref.	Ref.	Ref.	Ref.	Ref.	Ref.	Ref.
Kontrollvariablen								
Ostbetrieb	0.16 (0.34)	-0.4 (0.36)	-0.23	0.4 (0.42)	0.34 **	0.75***	0.27**	-0.60***
			(0.37)		(0.16)	(0.14)	(0.12)	(0.15)
Ln Anzahl sv-pflichtig Beschäftigter	1.0***	0.9***	1.1***	1.1***	0.04	-0.60***	-0.21***	-0.35***
	(0.17)	(0.17)	(0.18)	(0.20)	(0.08)	(0.07)	(0.05)	(0.06)
	[2.6]	[2.42]	[3.06]	[2.85]				
Ln Betriebsalter in Jahren	-0.14	-	-	-	0.16	-	-	-
	(0.18)				(0.09)			
Anteil der Beschäftigten unter 35 Jahre	0.001	-0.02	0.008	0.01 (0.01)	-0.01	-0.006	0.002	0.01**
	(0.009)	(0.01)	(0.01)		(0.005)	(0.004)	(0.003)	(0.006)
Anteil der Beschäftigten über 50 Jahre	-0.002	-0.01	0.01	0.01 (0.01)	0.006	0.003	-0.005	*-0.009**
	(0.014)	(0.014)	(0.015)		(0.006)	(0.004)	(0.005)	*(0.005)*
Anteil der Beschäftigten zwischen 35 und 50 Jahren	Ref.	Ref.	Ref.	Ref.	Ref.	Ref.	Ref.	Ref.
Konstante	-6.8***	-5.7***	-7.7***	-7.8 ***	-0.5	3.9***	1.8***	1.9***
N	639	484	434	345	47	45	50	35
Pseudo-R	0.2243***	0.2594***	0.3348***	0.3093***	0.2242***	0.2368***	0.2168***	0.4485***

Tabelle 28: Logistische (Nutzungshäufigkeit) und ZTP-Regressionen (Nutzungsintensität) für Leiharbeit, Branchen und Kontrollvariablen, eigene Berechnungen[82]

[82] In der Tabelle sind jeweils die geschätzten Regressionsgewichte abgebildet. In den runden Klammern werden die Standardfehler angegeben und für signifikante Werte in den logistischen Regressionen relevanter unabhängiger Variablen auch die Effektkoeffizienten, häufig bezeichnet mit „odds

Logistische und ZTP Regressionen: Leiharbeit

	Nutzungshäufigkeit		Nutzungsintensität	
Beobachtungsjahr	2004	2006	2004	2006
Modelle	Logit 7.2b	Logit 7.2c	ZTP 7.2b	ZTP 7.2c
Branchen (Produktion, Bau & Software; Ref.: Traditionelle & wissensintensive Dienstleistungen)				
Maschinenbau	**1.5*** **	**2.6*** **	*-0.52**	**0.7*** **
	(0.50)	**(0.49)**	*(0.22)*	**(0.21)**
	[4.26]	**[12.84]**		
Chemie	**2.6*** **	**1.9*** **	-0.12	**0.6*** **
	(0.48)	**(0.49)**	(0.19)	**(0.22)**
	[13.3]	**[6.96]**		
Bau	**1.7*** **	1.0	*-0.45**	**1.1*** **
	(0.60)	(0.73)	*(0.24)*	**(0.26)**
	[5.4]			
Software	**1.8*** **	0.8	0.28	**1.5*** **
	(0.58)	(0.72)	(0.22)	**(0.27)**
	[5.8]			
Beratung & Marktforschung	Ref.	Ref.	Ref.	Ref.
Verlagswesen (ohne Druckgewerbe)	Ref.	Ref.	Ref.	Ref.
Weiterbildung	Ref.	Ref.	-	-
medizinische Dienstleistungen	Ref.	Ref.	-	-
Handel	Ref.	Ref.	Ref.	Ref.
Kredit	Ref.	Ref.	Ref.	Ref.
Diskontinuitäten der Auftragslage				
unregelmäßige	0.02	0.007	-0.2 (0.14)	-0.02
Auftragsschwankungen	(0.37)	(0.39)		(0.12)
konjunkturelle	0.4	-0.3	**-0.05*** **	-0.08
Auftragsschwankungen	(0.36)	(0.38)	**(0.12)**	(0.15)
saisonale Auftragsschwankungen	**-0.8** **	-0.4	**0.5*** **	-0.13
	(0.39)	(0.45)	**(0.14)**	(0.17)
	[0.46]			
Kontrollvariablen				
Ostbetrieb	-0.28	-0.1	**0.9*** **	0.14
	(0.35)	(0.37)	**(0.13)**	(0.12)
Ln Anzahl sv-pflichtig Beschäftigter	**0.92*** **	**1.1*** **	**-0.59*** **	**-0.20*** **
	(0.18)	**(0.18)**	**(0.07)**	**(0.05)**
	[2.5]	**[2.94]**		
Konstante	**-6.6*** **	**-6.9*** **	**4.2*** **	**2.3*** **
N	**474**	**423**	**46**	**46**
Pseudo-R^2	**0.2759*** **	**0.3385*** **	**0.2732*** **	**0.1804*** **

Tabelle 29: Logistische (Nutzungshäufigkeit) und ZTP-Regressionen (Nutzungsintensität) für Leiharbeit, Operationalisierung von Diskontinuitätsproblemen, eigene Berechnungen[83]:

ratios", in den eckigen Klammern. Das Signifikanzniveau einzelner Effekte wird in der Tabelle wie folgt angegeben * <0,1; ** <0.05; *** <0,01.

[83] In der Tabelle sind jeweils die geschätzten Regressionsgewichte abgebildet. In den runden Klammern werden die Standardfehler angegeben und für signifikante Werte in den logistischen Regressionen relevanter unabhängiger Variablen auch die Effektkoeffizienten, häufig bezeichnet mit „odds

Bei einer verhältnismäßig besseren allgemeinen Konjunkturlage, wie sie für das Beobachtungsjahr 2006 zu unterstellen ist (vgl. Kap. 5.4.2), steht die Nutzung von Leiharbeit allerdings in keinem Zusammenhang mit Diskontinuitäten in der Auftragslage (vgl. Tabelle 29, Modell Logit 7.2c; ZTP 7.2c). Hieraus lässt sich ableiten, dass es in den Betrieben des vorliegenden Samples nicht allein Schwankungen in der Auftragslage sind, die die Nutzung von Leiharbeit generell bedingen.

Basierend auf diesen Ergebnissen liegt die Annahme nahe, dass vor allem strategische Entscheidungen des Personalmanagements die Nutzung von Leiharbeit vorantreiben. Ist diese Beschäftigungsform aber im Betrieb einmal implementiert, dient sie als Flexibilitätspuffer zum Ausgleich von Schwankungen in der Auftragslage.

Folglich stellt sich die bereits in Kapitel 7.1 formulierte Frage, inwiefern die Beschäftigung von Leiharbeiter die Herausbildung betrieblicher Stamm-Rand-Belegschaften bedingt.

7.3.5 Geht die intensive Nutzung von Leiharbeit mit der Ausdifferenzierung von Stamm-Randbelegschaftsstrukturen einher?

Die Frage, ob die Herausbildung einer betrieblichen Stamm-Rand-Differenzierung mit dem intensiven Einsatz von Leiharbeiter einhergeht, soll anhand der näheren Betrachtung des Zusammenhangs der Nutzung von Leiharbeit und den Merkmalen der Qualifikations- und Stabilitätsstruktur der Beschäftigung in den Betrieben näher beobachtet werden. Konkret werden die Anteile an Beschäftigten mit einfachen, berufsfachlichen und höheren Qualifikationen sowie der Anteil der Beschäftigten mit kurzer Einarbeitungszeit, der Anteil der Beschäftigten, die in Forschung und Entwicklungstätigkeiten einbezogen sind und der Anteil der Beschäftigten mit be-

ratios“, in den eckigen Klammern. Das Signifikanzniveau einzelner Effekte wird in der Tabelle wie folgt angegeben * <0,1; ** <0.05; *** <0,01. Für die Beobachtungsjahre 2002/ 2008 liegen die Indikatoren zur Beschreibung der Diskontinuitäten in der Auftragslage nicht vor.

triebsspezifischen Qualifikationen als unabhängige Variablen in die Analysemodelle einbezogen (Logit 7.3a-d und ZTP 7.3a-d). Die Logitmodelle werden allerdings nur für die Betriebe der Produktionsbranchen berechnet.

In weiteren Berechnungen (Modelle 7.4) werden darüber hinaus die Variablen „Anteil langfristiger in Kernbelegschaft ist gleich 100%“ beziehungsweise die Variable „Verhältnis des Anteils Mittelfristiger zum Anteil Langfristiger in der Kernbelegschaft“ als unabhängige Variablen eingeführt um die These der Herausbildung betrieblicher Stamm-Randbelegschaftsstrukturen weiter zu untersuchen.

Logistische und ZTP Regression: Leiharbeit

	Nutzungshäufigkeit		Nutzungsintensität	
Beobachtungsjahr	2004	2006	2004	2006
Modelle	Logit 7.3b	Logit 7.3c	ZTP 7.3b*4	ZTP 7.3c*4
Branchen				
Maschinenbau	**-1.8**** **(0.76)** **[0.17]**	0.9 (0.71)	-	-
Chemie	Ref.	Ref.	-	-
Qualifikationsstruktur des Betriebes*1				
Anteil Berufsfachlicher	0.016 (0.01)	0.007 (0.012)	0.0003 (0.003)	0.003 (0.003)
Anteil Hochqualifzierter & Anteil ohne Qualifikation	Ref.	Ref.	Ref.	Ref.
Anteil mit betriebsspezifischen Wissen	-0.011 (0.01)	-0.01 (0.011)	**0.006***** **(0.002)**	**0.006***** **(0.002)**
Anteil Experten*2	0.011 (0.01)	-0.011 (0.020)	**-0.02***** **(0.006)**	0.007 (0.006)
Anteil Beschäftigte mit kurzer Einarbeitungszeit	-	-	**0.007**** **(0.002)**	**0.01***** **(0.002)**
Dummy Beschäftigte mit kurzer Einarbeitungszeit (ja/nein)	**2.7***** **(1.0)** **[14.62]**	**2.5***** **(0.95)** **[11.9]**	-	-
Kontrollvariablen				
Ostbetrieb	0.6 (0.66)	0.7 (0.6)	**0.7*****	*0.25**
Ln Anzahl sv-pflichtig Beschäftigter	**1.2***** **(0.35)** **[3.36]**	**1.0***** **(0.29)** **[2.61]**	**-0.32***** **(0.08)**	**-0.15***** **(0.05)**
Konstante	**-8.5*****	**-7.2*****	**2.3*****	**1.7****
N	**84*3**	**81*3**	**34**	**43**
Pseudo-R^2	**0.3240*****	**0.3167*****	**0.2408*****	**0.2532*****

*1 alle Variablen bezogen auf die Gesamtbeschäftigung; *2 Anteil Beschäftigter, die überwiegende in Forschung- und Entwicklung eingebunden sind; *3 In Analyse wurden nur die Betriebe der Branchen Maschinenbau, Chemie einbezogen. *4 Da die Branchenvariablen nur in sehr schwachen Umfang mit den Indikatoren der Qualifikationsstruktur interagieren, wurde aufgrund der Fallzahlenproblematik im Modell auf die Kontrolle der Branchenvariable verzichtet. Ins Modell wurden aber alle Betriebe einbezogen, die Leiharbeiter beschäftigen. Die Indikatoren der Messung der Qualilfikationsstruktur weisen eine vergleichsweise hohe Non-Response-Rate auf.

Tabelle 30: Logistische (Nutzungshäufigkeit) und ZTP-Regressionen (Nutzungsintensität) für Leiharbeit, Indikatoren für Strukturmerkmale der Qualifikationsstruktur der Betriebe, eigene Berechnungen[84]

[84] In der Tabelle sind jeweils die geschätzten Regressionsgewichte abgebildet. In den runden Klammern werden die Standardfehler angegeben und für signifikante Werte in den logistischen Regressio-

ZTP Regression: Leiharbeit

	Nutzungsintensität			
Beobachtungsjahr	2002	2004	2006	2008
Modelle	ZTP 7.4a	ZTP 7.4b	ZTP 7.4c	ZTP 7.4d
Branchen				
Maschinenbau	-1.04**	-0.08	0.9***	1.4***
	(0.43)	(0.23)	(0.25)	(0.40)
Chemie	-1.1**	-0.14	0.9***	0.41
	(0.44)	(0.21)	(0.26)	(0.40)
Bau	0.04	-0.77**	1.1***	1.02**
	(0.48)	(0.35)	(0.29)	(0.49)
Software	0.53	0.06	1.6***	-0.21
	(0.44)	(0.25)	(0.27)	(0.49)
	Referenz alle weiteren Branchen des Samples außer medizinische Dienstleistung & Weiterbildung			
Formen der Arbeitsorganisation/ Stamm-Rand-Differenzierung				
Betriebsrat	0.7**	-0.12	0.72***	-0.14
	(0.3)	(0.25)	(0.18)	(0.25)
Gruppen- und Projektarbeit in einigen Tätigkeitsbereichen	-0.3	1.4***	0.26	-1.3***
	(0.19)	(0.33)	(0.17)	(0.41)
Kernbelegschaft 100% langfristig Beschäftigte	-0.5**	1.4***	0.29**	0.40**
	(0.24)	(0.17)	(0.13)	(0.17)
VH Anteil Kurz- und Mittelfristiger/ Anteil Langfristiger in Kernbelegschaft*1	-0.1	-0.03	0.04	-0.05
	(0.09)	(0.04)	(0.03)	(0.07)
Kontrollvariablen				
Ostbetrieb	-0.04	0.49**	0.50***	-1.2***
	(0.17)	(0.23)	(0.14)	(0.18)
Ln Anzahl sv-pflichtig Beschäftigter	-0.25**	-0.66***	-0.31***	-0.39***
	(0.12)	(0.13)	(0.08)	(0.11)
Konstante	3.4***	3.1***	1.5***	4.9***
	(0.63)	(0.53)	(0.42)	(0.94)
N	41	41	44	30
Pseudo-R^2	0.2048***	0.4050***	0.2581***	0.4258***

*1 Kernbelegschaft = sozialversicherungspflichtig unbefristet Beschäftigte

Tabelle 31: ZTP-Regressionen (Nutzungsintensität) für Leiharbeit, Indikatoren für Strukturmerkmale der Arbeitsorganisations- und Stabilitätsstruktur der Betriebe, eigene Berechnungen[85]

nen relevanter unabhängiger Variablen auch die Effektkoeffizienten, häufig bezeichnet mit „odds ratios“, in den eckigen Klammern. Das Signifikanzniveau einzelner Effekte wird in der Tabelle wie folgt angegeben * <0,1; ** <0.05; *** <0,01.

[85] In der Tabelle sind jeweils die geschätzten Regressionsgewichte abgebildet. In den runden Klammern werden die Standardfehler angegeben. Das Signifikanzniveau einzelner Effekte wird in der Tabelle wie folgt angegeben * <0,1; ** <0.05; *** <0,01.

Die Berechnungen in den Logitmodellen 7.3 (Tabelle 30) zeigen, dass in den Betrieben der Produktionsbranchen in den Beobachtungsjahre 2004 und 2006 Leiharbeiter signifikant häufiger in den Betrieben eingesetzt, in denen sich Tätigkeitsbereiche mit einer sehr kurzen Einarbeitungszeit (unter einem Monat) finden (vgl. Tabelle 30, Modelle Logit 7.3b, 7.3c). Für die Betriebe aller anderen Branchen des Samples ist der Zusammenhang der zwei Variablen allerdings nicht signifikant[86].

Im Teilsample der Entleihbetriebe aller Branchen wird aber deutlich, dass unabhängig vom Branchenkontext die intensive Nutzung von Leiharbeit signifikant positiv mit dem Anteil der Beschäftigten mit kurzer Einarbeitungszeit korreliert ist (vgl. Tabelle 30, Modelle ZTP 7.3b, ZTP 7.3c).
Aus diesen Befunden kann zunächst geschlossen werden, dass die Nutzung von Leiharbeit offensichtlich für Betriebe an ein Umsetzungsproblem gekoppelt ist, welches durch die Standardisierung einiger Tätigkeitsbereiche im Betrieb gelöst werden kann. Insbesondere im Produktionssektor lässt sich dieser Zusammenhang beobachten. Somit ist die Nutzung von Leiharbeit nicht in jedem Fall ein effizientes Flexibilisierungsinstrument. Wird Leiharbeit aber intensiver eingesetzt werden, so ist davon auszugehen, dass die betrieblichen Strukturen der Arbeitsorganisation an den intensiven Einsatz von Leiharbeit angepasst wurden oder werden.

Einige Hinweise darüber, wie die intensive Nutzung der Beschäftigungsform Leiharbeit im betrieblichen Kontext organisiert wird, liefert die weitere Analyse des Zusammenhangs zwischen Merkmalen der betrieblichen Qualifikationsstruktur und der Nutzungsintensität von Leiharbeit. Eine intensive Nutzung lässt sich vor allem in den Entleihbetrieben des Samples, die sich durch einen höheren Anteil an Beschäftigten mit betriebsspezifischem Wissen

---

[86] Eine einfache Korrelationsanalyse der Variablen zeigt, dass lediglich in Betrieben der Branchen Chemie und Maschinenbau der in der Regressionsanalyse sichtbare Zusammenhang eines häufigeren Einsatzes von Leiharbeitern in Betrieben mit Tätigkeitsbereichen mit kurzer Einarbeitungszeit allgemein gilt.

auszeichnen, beobachten (vgl. Tabelle 30, Modelle ZTP 7.3b, 7.3c). Dieser Zusammenhang deutet bereits darauf hin, dass der intensive Einsatz von Leiharbeit mit der Ausdifferenzierung einer Stamm-Rand-Belegschaftsstruktur verbunden ist.

Für die Beobachtungsjahre 2004 – 2008 lässt sich darüber hinaus ein positiver Zusammenhang der intensiven Nutzung von Leiharbeit und der Dummyvariablen „Anteil der langfristigen Beschäftigung in der Kernbelegschaft ist 100%“ beobachten (vgl. Tabelle 31, Modelle ZTP 7.4a-d). Interessant ist hierbei, dass im Beobachtungsjahr 2002 vor den Reformen des Arbeitnehmerüberlassungsgesetzes dieser Zusammenhang noch negativ war.

Interpretiert werden kann dieser Befund dadurch, dass Leiharbeit vor der Reform eher eine Beschäftigungsform war, die in Betrieben mit einer allgemein höheren Fluktuation einsetzt wurde, während Leiharbeit nach der Abschaffung des Wiederbeschäftigungsverbotes und der Verlängerung der Einsatzdauer zunehmend von Betrieben mit einer stabilen Kernbelegschaft genutzt wird. Leiharbeiter werden dabei als Flexibilisierungspuffer, beziehungsweise zur Etablierung einer flexiblen Randbelegschaft in die Betriebe hereingeholt.

7.3.6 Zusammenfassung der Befunde

Aus den dargestellten Zusammenhängen lässt sich zusammenfassend ableiten, dass die Ausdifferenzierung unterschiedlicher Tätigkeitsbereiche im Betrieb eine wichtige Voraussetzung für die Durchsetzung einer strategischen Nutzung von Leiharbeit als Flexibilitätspuffer ist. Das Instrument Leiharbeit findet dabei vor allem in Betrieben des Produktionssektors häufiger Anwendung. Für diesen Wirtschaftssektor zeigt sich dann auch, dass der Einsatz von Leiharbeitern mit der Standardisierung von Tätigkeiten im Betrieb verbunden ist.

Unter Beobachtung dieses Zusammenhangs ist danach zu fragen, ob die vermuteten Ausdifferenzierungsprozesse auf dem Arbeitsmarkt rigide Strukturen erzeugen, die im Sinne der These sozialer Schließung zur systematischen Benachteiligung einzelner Beschäftigtengruppen führen können.

Ein mögliches Szenario wäre die Ausdifferenzierung eines Beschäftigungssegmentes von Leiharbeitern, die vor allem für standardisierte Tätigkeiten herangezogen werden, gegenüber einem Beschäftigungssegmenten von Facharbeitern in Kernbelegschaften, welche von einer zunehmenden fachlichen Spezialisierung profitieren. Der Schließungsprozess des Beschäftigungssegmentes „Facharbeiter im Kernbereich" gegenüber dem Beschäftigungssegment „Leiharbeiter in standardisierten Tätigkeiten" würde sich vor allem über die fehlenden Möglichkeiten der betrieblichen und berufsfachlichen Spezialisierung und Weiterbildung generieren. Allerdings eröffnet sich durch die zunehmende Standardisierung von Arbeitsabläufen für die Beschäftigten auch eine Chance, angeeignetes Erfahrungswissen einfacher und häufiger betriebsübergreifend nutzen und verwerten zu können.

Aus den oben dokumentierten Analysen lassen sich somit Indizien ableiten, die für eine Ausdifferenzierung unterschiedlicher Beschäftigungssegmente durch die intensive Nutzung von Leiharbeitern, insbesondere in den Betrieben des Produktionssektors sprechen. Es bedarf allerdings qualitativ angelegter Studien, um diese Prozess und seine sozialpolitisch relevanten Folgen detaillierter zu untersuchen (vgl. bspw. Holst et. al. 2009).

7.4 Die betrieblichen Nutzungszusammenhänge freier Mitarbeit

7.4.1 Methodische Vorbemerkungen

Im Folgenden sollen nun die Nutzungszusammenhänge von freien Mitarbeiterarrangements untersucht werden. Auch hierfür werden einerseits logistische Regressionen zur Untersuchung der Nutzungshäufigkeit von freien Mitarbeiterarrangements und andererseits Zero-Truncated Regressionsmodelle zur Untersuchung der Nutzenintensivität dieser Beschäftigungsform berechnet.

Freie Mitarbeiter im Sinne der Definition des Gesetzgebers sind Selbstständige in freiberuflichen Tätigkeitsbereichen, die eine wissenschaftliche, künstlerische, schriftstellerische, unterrichtende oder erzieherische Tätigkeit ausüben (§ 18 Abs.1 EstG). Darüber hinaus kann es sich bei freien Mitarbeitern auch um Soloselbstständige im Bereich der sogenannten Katalogberufe freiberuflicher Professionen handeln.

Eine repräsentative Untersuchung des Statistischen Bundesamtes verdeutlicht, dass gerade im wissensintensiven Wirtschaftssektor die Zahl der Soloselbstständigen im letzten Jahrzehnt sehr stark gewachsen ist (Kelleter 2009 sowie Kap. 7.2). Diese massive Zunahme geht mit der wirtschaftsstrukturellen Entwicklung der deutschen Wirtschaft in Richtung der Ausweitung des tertiären Beschäftigungssegmentes einher.

Kelleter (2009) zeigt allerdings, dass die Zunahme des Anteils Soloselbstständiger an der Gesamtbeschäftigung die erwartete Entwicklung im Zuge des Tertiarisierungsprozesses übersteigt. Anknüpfend an diesen Befund soll anhand der folgenden Analysen diskutiert werden, inwiefern betriebliche Bestrebungen der strategischen Personalflexibilisierung die Ausweitung der Beschäftigungsform „freie Mitarbeit" vorantreiben und inwiefern die Nutzung dieser atypischen Beschäftigungsform mit einer Ausdifferenzierung von betrieblichen Stamm-Randbelegschaftsstrukturen einher geht.

Die in Kapitel 7.1 spezifizierten Teilfragestellungen werden auch bei der Analyse der Nutzungszusammenhänge freier Mitarbeiterarrangements herangezogen um die Analyseschritte sowie die Ergebnisdiskussion zu strukturieren. Demzufolge wird im ersten Schritt der Analyse untersucht, in welchen Branchen freie Mitarbeiter besonders häufig und/oder besonders intensiv eingesetzt werden.

7.4.2 Branchendifferenzierung der Nutzung freier Mitarbeiterarrangements

Der Branchenbefund verweist im Umkehrschluss aber auch darauf, dass freie Mitarbeit in traditionellen Produktions- und Dienstleistungsbranchen seltener und weniger intensiv eingesetzt werden. Die vorliegenden Analysen verweisen somit auf deutliche Unterschiede zwischen traditionellen Branchen und neuen wissensintensiven Branchen beziehungsweise wissensintensiveren Branchen im Umbruch bezüglich der Nutzung von freien Mitarbeiterarrangements.

Dies lässt die Annahme nahe legen, dass es vor allem Unterschiede in der Struktur der Arbeitsorganisation sind, die den Einsatz von freien Mitarbeitern befördern. Es konnte ja bereits in Kapitel 6 gezeigt werden, das in wissensintensiveren Branchen häufiger dezentrale Formen der Arbeitsorganisation wie etwa in Form von Gruppen- und Projektarbeit etabliert wurden.

Logistische und ZTP Regression: freie Mitarbeit

	Nutzungshäufigkeit				Nutzungsintensität			
Beobachtungsjahr	2002	2004	2006	2008	2002	2004	2006	2008
Modelle	Logit 7.5a	Logit 7.5b	Logit 7.5c	Logit 7.5d	ZTP 7.5a	ZTP 7.5b	ZTP 7.5c	ZTP 7.5d
Branchen								
Software	**1.9*****	**1.4*****	**1.6*****	**1.5*****	**0.6*****	**0.42*****	**1.0*****	-0.18
	(0.38)	**(0.39)**	**(0.45)**	**(0.56)**	**(0.09)**	**(0.089)**	**(0.09)**	(0.11)
	[6.7]	**[3.9]**	**[4.9]**	**[4.51]**				
Beratung & Marktforschung	**0.7***	**0.83****	**1.4*****	**1.1****	**1.0*****	**0.56*****	0.12	**0.49*****
	(0.43)	**(0.39)**	**(0.43)**	**(0.46)**	**(0.08)**	**(0.076)**	(0.099)	**(0.1)**
	[2.1]	**[2.3]**	**[3.9]**	**[3.17]**				
Verlagswesen (ohne Druckgewerbe)	**2.7*****	**2.8*****	**3.1*****	**3.0*****	**1.5*****	**1.0*****	**1.2*****	**1.3*****
	(0.43)	**(0.45)**	**(0.47)**	**(0.57)**	**(0.07)**	**(0.057)**	**(0.07)**	**(0.07)**
	[14.1]	**[16.3]**	**[22.7]**	**[20.6]**				
Weiterbildung	**4.0*****	**3.8*****	**3.4*****	**3.6 *****	**1.5*****	**1.1*****	**0.7*****	**0.34*****
	(0.41)	**(0.46)**	**(0.37)**	**(0.41)**	**(0.07)**	**(0.055)**	**(0.07)**	**(0.07)**
	[55.3]	**[44.9]**	**[31.22]**	**[35.2]**				
Maschinenbau	Ref.	Ref.	Ref.	Ref.	Ref.	Ref.	Ref.	Ref.
Chemie	Ref.	Ref.	Ref.	Ref.	Ref.	Ref.	Ref.	Ref.
Bau	Ref.	Ref.	Ref.	Ref.	Ref.	Ref.	Ref.	Ref.
medizinische Dienstleistungen	Ref.	Ref.	Ref.	Ref.	Ref.	Ref.	Ref.	Ref.
Handel	Ref.	Ref.	Ref.	Ref.	Ref.	Ref.	Ref.	Ref.
Kredit	Ref.	Ref.	Ref.	Ref.	Ref.	Ref.	Ref.	Ref.
Kontrollvariablen								
Ostbetrieb	**-0.6****	**-0.8*****	**-0.62****	0.43	**-0.1*****	-0.01	**-0.72*****	**-0.61*****
	(0.25)	**(0.25)**	**(0.27)**	(0.30)	**(0.037)**	(0.033)	**(0.04)**	**(0.05)**
	[0.58]	**[0.47]**	**[0.53]**					
Ln Anzahl sv-pflichtig Beschäftigter	**0.3*****	0.02	0.11	**0.25****	**-0.2*****	**-0.4*****	**-0.30*****	**-0.24*****
	(0.11)	(0.10)	(0.11)	**(0.13)**	**(0.018)**	**(0.02)**	**(0.02)**	**(0.02)**
	[1.4]			**[1.28]**				
Ln Betriebsalter in Jahren	-0.03	-	-	-	**-0.09*****	-	-	-
	(0.13)				**(0.022)**			
Anteil Frauen an der Kernbelegschaft	0.005	0.0009	-0.001	0.003	**0.007*****	**0.004*****	**0.006*****	**-0.006*****
	(0.004)	(0.004)	(0.005)	(0.005)	**(0.0008)**	**(0.0008)**	**(0.0008)**	**(0.001)**
Anteil der Beschäftigten der Kernbelegschaft unter 35 Jahre	-0.001	0.009	0.002	-0.0009	**0.003*****	**-0.003*****	**-0.007*****	**-0.01*****
	(0.005)	(0.006)	(0.007)	(0.008)	**(0.0008)**	**(0.0009)**	**(0.001)**	**(0.001)**
Anteil der Beschäftigten der Kernbelegschaft über 50 Jahre	**-0.02****	0.004	0.006	***-0.17****	**0.008*****	0.003	**-0.003*****	**-0.005*****
	(0.009)	(0.008)	(0.009)	***(0.01)***	**(0.0011)**	(0.0009)	**(0.001)**	**(0.001)**
	[0.98]			***[0.98]***				
Anteil der Beschäftigten der Kernbelegschaft zwischen 35 und 50 Jahren	Ref.	Ref.	Ref.	Ref.	Ref.	Ref.	Ref.	Ref.
Konstante	**-3.0*****	**-1.9*****	**-2.2*****	**-2.73*****	**2.39*****	**3.5*****	**3.4*****	**4.38*****
N	**632**	**478**	**429**	**329**	**132**	**133**	**130**	**117**
Pseudo-R	**0.2782*****	**0.2521*****	**0.2966*****	**0.3024*****	**0.3344*****	**0.3822*****	**0.3210*****	**0.2534*****

Tabelle 32: Logistische (Nutzungshäufigkeit) und ZTP-Regressionen (Nutzungsintensität) für freie Mitarbeit, Branchendifferenzierung, eigene Berechnungen[87]

[87] In der Tabelle sind jeweils die geschätzten Regressionsgewichte abgebildet. In den runden Klammern werden die Standardfehler angegeben und für signifikante Werte in den logistischen Regressionen relevanter unabhängiger Variablen auch die Effektkoeffizienten, häufig bezeichnet mit „odds

Ein erster Blick auf die Zeitreihenanalyse der Nutzungszusammenhänge freier Mitarbeit zeigt, dass die erwartete Branchendifferenzierung der häufigeren Nutzung freier Mitarbeit im Sektor wissensintensiver Branchen, konkret Software und Weiterbildung für das vorliegende Sample bestätigt werden kann (vgl. Tabelle 32, Modelle Logit 7.5a-d). Darüber hinaus lässt sich für die Branche „Beratung & Marktforschung" im Zeitverlauf eine Zunahme der Stärke des Zusammenhangs aufzeigen (Tabelle 32, Modelle Logit 7.5a-d) und auch im Verlagswesen (ohne Druckgewerbe) werden sehr häufig und intensiver freie Mitarbeiter engagiert.

Dieser Zusammenhang zwischen der Form der Arbeitsorganisation und der Nutzungshäufigkeit sowie -intensität von freien Mitarbeiterarrangements soll somit im Rahmen der folgenden Analyse intensiver untersucht werden.

7.4.3 Die Nutzung freier Mitarbeit als Element betrieblicher Personalflexibilisierung

Anknüpfend an den Befund einer branchenspezifischen Ausdifferenzierung der Nutzungszusammenhänge zwischen traditionellen Branchen sowie neuen Branchen und Branchen im Umbruch, wird nun untersucht, inwiefern sich Beschäftigungsarrangements freier Mitarbeit zunehmend als Element der Personalflexibilisierung im Sektor der wissensintensiven Branchen etablieren.

Im zweiten Schritt der Analyse der Nutzungsbedingungen freier Mitarbeiterarrangements wird somit der Zusammenhang des Auftretens von Diskontinuitäten und dem Einsatz freier Mitarbeiter untersucht. Hierfür werden wiederum die Items „konjunkturelle", „saisonale" oder „unregelmäßige Schwankungen in der Auftragslage" als unabhängige Variablen herangezogen.

ratios", in den eckigen Klammern. Das Signifikanzniveau einzelner Effekte wird in der Tabelle wie folgt angegeben * <0,1; ** <0.05; *** <0,01.

Im Rahmen der Analysen wird zunächst deutlich, dass sich kein zeitkonstanter Zusammenhang zwischen der Nutzung von freien Mitarbeiterarrangements und Diskontinuitäten in der Auftragslage aufzeigen lässt (vgl. Tabelle 33).

Für das konjunkturstärkere Jahr 2006 ist aber ein schwacher negativer Zusammenhang zwischen der Zusammenarbeit mit freien Mitarbeitern und dem Auftreten konjunktureller Schwankungen der Auftragslage zu beobachten (Tabelle 33, Modell Logit 7.6c). Für das Beobachtungsjahr 2004 zeigt sich demgegenüber kein Zusammenhang von Diskontinuitäten in der Auftragslage und der Zusammenarbeit mit freien Mitarbeitern.

Gleichzeitig lässt sich für das Jahr 2006 verdeutlichen, dass unter den Betrieben, die mit freien Mitarbeitern zusammenarbeiten, diejenigen, deren Auftragslage in den letzten zwei Jahren durch konjunkturelle Schwankungen gekennzeichnet war, diese Beschäftigungsform intensiver nutzen (Tabelle 33, Modell ZTP 7.6c).

Für das Beobachtungsjahr 2004 ist demgegenüber ein positiver Zusammenhang zwischen der Nutzungsintensität freier Mitarbeit und unregelmäßigen Schwankungen in der Auftragslage zu beobachten (vgl. Tabelle 33, Modell ZTP 7.VIB).

Logistische und ZTP Regression: freie Mitarbeit

	Nutzungshäufigkeit		Nutzungsintensität	
Beobachtungsjahr	2004	2006	2004	2006
Modelle	Logit 7.6b	Logit 7.6c	ZTP 7.6b	ZTP 7.6c
Branchen (wissensintensive Branchen; Ref. Produktionsbranchen Maschinenbau				
Software	**1.3*** (0.39) [3.8]**	**1.8*** (0.46) [5.8]**	**0.3*** (0.08)**	**0.77*** (0.09)**
Beratung & Marktforschung	**1.0*** (0.38) [2.6]**	**1.5*** (0.41) [4.4]**	**0.6*** (0.07)**	0.1 (0.09)
Verlagswesen (ohne Druckgewerbe)	**2.6*** (0.44) [13.8]**	**3.3*** (0.49) [27.4]**	**1.0*** (0.06)**	**1.3*** (0.07)**
Weiterbildung	**3.6*** (0.43) [35.6]**	**3.5*** (0.4) [33.8]**	**1.2*** (0.05)**	**0.87*** (0.07)**
	Die Referenzgruppe bilden alle weiteren Branchen des Samples (vgl. Tabelle 33)			
Diskontinuitäten der Auftragslage				
unregelmäßige Auftragsschwankungen	0.001 (0.27)	-0.17 (0.30)	**0.12*** (0.03)**	-0.05 (0.04)
konjunkturelle Auftragsschwankungen	0.06 (0.24)	***-0.5* (0.29) [0.6]***	**-0.09*** (0.03)**	**0.14*** (0.04)**
saisonale Auftragsschwankungen	0.028 (0.27)	0.26 (0.31)	**-0.09** (0.04)**	-0.03 (0.05)
Kontrollvariablen				
Ostbetrieb	**-0.86*** (0.25) [0.42]**	**-0.81*** (0.27) [0.44]**	0.009 (0.003)	**-0.8*** (0.04)**
Ln Anzahl sv-pflichtig Beschäftigter	-0.002 (0.11)	***0.2* (0.11) [1.2]***	**-0.4*** (0.018)**	**-0.4*** (0.018)**
Konstante	**-1.3*** **	**-2.2*** **	**3.7*** **	**3.5*** **
N	**470**	**424**	**132**	**131**
Pseudo-R^2	**0.2429*** **	**0.3082*** **	**0.3575*** **	**0.3167*** **

Tabelle 33: Logistische (Nutzungshäufigkeit) und ZTP-Regressionen (Nutzungsintensität) für freie Mitarbeit, Operationalisierung von Diskontinuitätsproblemen, eigene Berechnungen[88]

Aus diesen Befunden lässt sich ableiten, dass der Einsatz freier Mitarbeiter allgemein den Umgang mit konjunkturellen Schwankungen erleichtert, da diese kurzfristig beauftragt werden können,

[88] In der Tabelle sind jeweils die geschätzten Regressionsgewichte abgebildet. In den runden Klammern werden die Standardfehler angegeben und für signifikante Werte in den logistischen Regressionen relevanter unabhängiger Variablen auch die Effektkoeffizienten, häufig bezeichnet mit „odds ratios“, in den eckigen Klammern. Das Signifikanzniveau einzelner Effekte wird in der Tabelle wie folgt angegeben * <0,1; ** <0.05; *** <0,01. .; Für die Beobachtungsjahre 2002/ 2008 liegen die Indikatoren zur Beschreibung der Diskontinuitäten in der Auftragslage nicht vor.

vorausgesetzt diese Beschäftigungsform wurde bereits im Betrieb implementiert. Im konjunkturschwächeren Jahr 2004 arbeiten demgegenüber vor allem noch solche Betriebe intensiver mit freien Mitarbeitern zusammen, die unregelmäßige, nicht kalkulierbare Diskontinuitäten in der Auftragslage haben.

Demzufolge werden im konjunkturschwachen Beobachtungsjahr 2004 andere Nutzungszusammenhänge freier Mitarbeiterarrangements deutlich als im konjunkturstärkeren Beobachtungsjahr 2006. Eine Analyse der Zusammenhänge zwischen Merkmalen der Qualifikationsstrukturen im Betrieb und der Nutzung freier Mitarbeiterarrangements soll im Folgenden weiteren Aufschluss über diese unterschiedlichen Nutzungsbedingungen geben. Hierbei werden die gleichen unabhängigen Variablen wie bei der Untersuchung der Nutzungsbedingungen von Leiharbeit herangezogen.

7.4.4 Ist freie Mitarbeit ein Element flexibler Strukturen der Arbeitsorganisation?

In den Logit-Modellen 7.7 (Tabelle 34) bestätigt sich der bereits in Abschnitt 7.4.2 berichtete Befund der stärkeren Nutzung freier Mitarbeiterarrangements im wissensintensiven Branchen nochmals. Deutlich wird dies anhand des signifikanten Zusammenhangs des Beschäftigtenanteils mit einem Hochschulabschluss und der Wahrscheinlichkeit, dass der Betrieb freie Mitarbeiter beschäftigt.

Im konjunkturschwächeren Jahr 2004 arbeiten außerdem häufiger Betriebe mit freien Mitarbeitern zusammen, die einen höheren Anteil an Beschäftigten in Forschung und Entwicklung aufweisen. Dieser Zusammenhang kann allerdings zum Beobachtungszeitpunkt 2006 nicht aufgezeigt werden (vgl. Tabelle 34, Modelle Logit 7.7b,c). Für die Teilstichprobe der Betriebe wissensintensiver Branchen, die zum jeweiligen Beobachtungszeitpunkt mit freien Mitarbeitern zusammenarbeiten, lässt sich nochmals zeigen, dass im konjunkturstärkeren Jahr 2006 Betriebe mit einem höheren Anteil an Beschäftigten mit höheren Qualifikationen noch intensiver mit freien Mitarbeitern zusammenarbeiten als andere Betriebe des wissensintensiven Sektors (vgl. Tabelle 34, ZTP 7.8b.c).

Logistische und ZTP Regression: freie Mitarbeit

	Nutzungshäufigkeit		Nutzungsintensität	
Beobachtungsjahr	2004	2006	2004	2006
Modelle	Logit 7.7b	Logit 7.7c	ZTP 7.8b	ZTP 7.8.c
Branchen				
Software	0.4 (0.43)	0.7 (0.67)	-0.9*** (0.09)	0.2** (0.08)
Beratung & Marktforschung	0.9** (0.45) [2.5]	1.8** (0.50) [6.3]	-0.7*** (0.07)	-0.5*** (0.09)
Verlag	2.2*** (0.54) [9.0]	2.4*** (0.61) [11.1]	-0.2*** (0.05)	0.6*** (0.06)
Weiterbildung	2.5*** (0.52) [12.1]	3.3*** (0.51) [26.8]	Ref.	Ref.
	Die Referenzgruppe bilden alle weiteren Branchen des Samples (vgl. Tabelle 33)			
Qualifikationsstruktur des Betriebes*1				
Anteil Berufsfachlicher & Anteil ohne Qualifikation	Ref.	Ref.	Ref.	Ref.
Anteil Hochqualifzierter	0.02*** (0.007) [1.02]	*0.01** *(0.006)* *[1.01]*	-0.002** (0.0007)	0.003*** (0.0008)
Anteil mit betriebsspezifischen Wissen	-0.006 (0.005)	0.003 (0.006)	0.005*** (0.0007)	0.003*** (0.0007)
Anteil Experten*2	*0.01** *(0.005)*	-0.001 (0.007)	0.0004 (0.0007)	-0.003*** (0.0009)
Anteil Beschäftigte mit kurzer Einarbeitungszeit	-	-	0.004*** (0.0006)	0.003*** (0.0005)
Dummy Beschäftigte mit kurzer Einarbeitungszeit (ja/ nein)	1.0*** (0.34) [2.8]	0.9** (0.37) [2.5]	-	-
Kontrollvariablen				
Ostbetrieb	-0.8** (0.31) [0.44]	-0.9** (0.33) [0.4]	0.04 (0.05)	-0.6*** (0.05)
Ln Anzahl sv-pflichtig Beschäftigter	-0.09 (0.13)	0.2 (0.15)	-0.5*** (0.02)	-0.4*** (0.02)
Konstante	-2.7***	-3.3**	4.8***	4.1***
N	358	319	72	89
Pseudo-R^2	0.3014***	0.3097**	0.3852***	0.3100***

*1 alle Variablen bezogen auf die Gesamtbeschäftigung; *2 Anteil Beschäftigter, die überwiegende in Forschung- und Entwicklung eingebunden sind

Tabelle 34: Logistische (Nutzungshäufigkeit) und ZTP-Regressionen (Nutzungsintensität) für freie Mitarbeit, Strukturmerkmale der Qualifikationsstruktur der Betriebe, eigene Berechnungen[89]

[89] In der Tabelle sind jeweils die geschätzten Regressionsgewichte abgebildet. In den runden Klammern werden die Standardfehler angegeben und für signifikante Werte in den logistischen Regressionen relevanter unabhängiger Variablen auch die Effektkoeffizienten, häufig bezeichnet mit „odds

Letztlich verweisen die Branchenvariablen in den oben dargestellten Modellen darauf, dass je nach allgemeiner Konjunkturlage sich freie Mitarbeiter in unterschiedlichen Nutzungszusammenhängen finden lassen. Im Beobachtungsjahr 2004 arbeiten vor allem noch betriebliche Organisationen der Branche Weiterbildung intensiv mit freien Mitarbeitern zusammen, während sich im konjunkturstärkeren Jahr 2006 für Betriebe der Branchen Verlagswesen und Software einen höherer Anteil an freien Mitarbeitern, bezogen auf die Gesamtbeschäftigung beobachten lässt.

Der Verweis auf den im letzten Abschnitt geschilderten Zusammenhang zwischen Diskontinuitäten in der Auftragslage und der intensiveren Nutzung von freier Mitarbeit im Jahre 2004 (vgl. Tabelle 33, Modell Logit 7.6, ZTP 7.6) vervollständigt hier das Bild. Freie Mitarbeit ist vor allem in Betrieben, die auch in konjunkturschwächeren Zeiten (Erhebungszeitpunkt 2004) intensiv freie Mitarbeit nutzen, also in betrieblichen Organisationen der Branche Weiterbildung eher ein Element einer auf numerische Flexibilität setzenden Beschäftigungsstrategie, denn ein Instrument zur Bewältigung konjunktureller oder saisonaler Schwankungen in der Auftragslage. Hierzu passt auch der Befund aus den Korrelationsanalysen des Kapitel 7.2, der zeigte, dass in Betrieben, die intensiver freie Mitarbeiter beschäftigten, die Personalanpassung zumeist über diese Beschäftigungsform erfolgt.

Anhand der Befunde der Modelle Logit 7.7b, c sowie ZTP 7.8b, c zeigt sich aber weiterhin, dass die Nutzung freier Mitarbeiterarrangements für die Betriebe sehr voraussetzungsvoll sein kann. Der signifikant positive Koeffizient für die unabhängige Variable „Anteil der Beschäftigten mit kurzer Einarbeitungszeit“ bzw. der Dummy dieser Variablen kann in die Richtung interpretiert werden, dass erst die Standardisierung bestimmter Tätigkeitsbereiche die Implementierung dieser extern-flexiblen Beschäftigungsform er-

ratios“, in den eckigen Klammern. Das Signifikanzniveau einzelner Effekte wird in der Tabelle wie folgt angegeben * <0,1; ** <0.05; *** <0,01.

möglicht. Der Zusammenhang ist für alle beobachteten Zeitpunkte positiv und hochsignifikant

Gemäß der geschilderten Interpretation kann demzufolge weiterhin angenommen werden, dass die Tätigkeitsfelder freier Mitarbeiter ähnlich dem Einsatz von Leiharbeitern durch Standardisierungsprozesse definiert und vorbereitet werden. Allerdings ist aufgrund der Beobachtung, dass freie Mitarbeiter eher im wissensintensiven Sektor tätig sind anzunehmen, dass sich die Tätigkeitsfelder und -merkmale von freien Mitarbeitern und Leiharbeit wesentlich voneinander unterscheiden Freie Mitarbeiter im wissensintensiven Tätigkeitsbereich übernehmen zumeist Arbeitspakete, vordefiniert Projekte oder Module, während Leiharbeiter eher einzelne Arbeitsschritte in einem Produktionsprozess oder spezifische definierte Arbeitsvorgänge übernehmen.

Folglich stellt sich die Frage, ob die Nutzung von freien Mitarbeiterarrangements seltener mit der Etablierung von Stamm-Randbelegschaftsstrukturen einher geht, als dies beim intensiven Einsatz von Leiharbeitern zu beobachten war.

7.4.5 Stamm-Rand-Differenzierungsprozesse in den Betrieben der Weiterbildungsbranche im Zusammenhang mit der Nutzung freier Mitarbeiterarrangements

Im vorangehenden Abschnitt konnten einige Hinweise dafür aufgezeigt werden, dass insbesondere in den betrieblichen Organisationen wissensintensiver Branchen und hierbei insbesondere im Weiterbildungssektors freie Mitarbeiter eingesetzt werden, um die betriebliche Beschäftigung dauerhaft flexibel zu gestalten.

Im Folgenden soll nun aufgezeigt werden, wie der Einsatz freier Mitarbeiter speziell in der Weiterbildung organisiert wird. Dabei wird nach der betrieblichen Struktur der Arbeitsorganisation sowie nach der Ausdifferenzierung voneinander verschiedener stabiler Beschäftigungssegmente gefragt.

Anhand der Ergebnisse aus den Berechnungen, die in den Modellen ZTP 7.9a-d sowie ZTP 7.10a-d (vgl. Tabelle 35) abgebildet sind, lässt sich für die Betriebe der wissensintensiven Branche Weiterbildung zeigen, dass die intensive Nutzung freier Mitarbeiterarrangements eher in betrieblichen Organisationen, welche Elemente dezentraler Strukturen der Arbeitsorganisation wie Gruppen- und Projektarbeit umgesetzt haben (ZTP 7.10a-d), beobachten lässt. Letztlich verhindert dies allerdings nicht, wie erwartet, die Herausbildung betrieblicher Stamm-Randbelegschaftsstrukturen, wie der hochsignifikante Zusammenhang zwischen dem relativen Verhältnis kurz- und mittel- zu langfristigen Beschäftigten der Kernbelegschaft und der intensiven Nutzung freier Mitarbeit in den konjunkturstärkeren Beobachtungsjahren 2002 und 2006 und 2008 zeigt (ZTP 7.10a, c, d). Gerade in Weiterbildungsbetrieben, die freie Mitarbeit intensiver nutzen, ist ein höherer Anteil an langfristig Beschäftigten im Verhältnis zu kurz- und mittelfristig Beschäftigten der Kernbelegschaft zu beobachten. Außerdem weisen auch Betriebe der Weiterbildungsbranche, bei denen allen Mitarbeitern der Kernbelegschaft eine längerfristige Beschäftigungsperspektive von über zehn Jahren eingeräumt wird, auch einen höheren Anteil an freien Mitarbeitern auf als die Vergleichsbetriebe, die mit freien Mitarbeitern zusammenarbeiten.

Die berichteten Befunde können so gedeutet werden, dass in konjunkturstärkeren Zeiten der intensive Einsatz freier Mitarbeit auch häufiger die Funktion eines Flexibilitätspuffers im Sektor der High Potentials innehat.

Demgegenüber kann der uneindeutige Zusammenhang der Variablen im vergleichsweise konjunkturschwächere Beobachtungsjahr 2004 so interpretiert werden, dass in konjunkturschwächeren Zeiten auch Betriebe mit einem höheren Anteil an kurz- bis mittelfristig Beschäftigten in der Kernbelegschaft, also einer insgesamt flexibleren Beschäftigungsstruktur, noch intensiver mit freien Mitarbeitern zusammenarbeiten als Betriebe mit einem höheren Anteil an langfristigen und einem geringeren Anteil an kurz-bis mittelfristigen Beschäftigten.

ZTP Regression: freie Mitarbeit

	Nutzungsintensität in Betrieben der Weiterbildungsbranche							
Beobachtungsjahr	2002		2004		2006		2008	
Modelle	ZTP 7.9a	ZTP 7.10a	ZTP 7.9b	ZTP 7.10b	ZTP 7.9c	ZTP 7.10c	ZTP 7.9d	ZTP 7.10d
Formen der Arbeitsorganisation/ Stamm-Rand-Differenzierung								
Kernbelegschaft 100% langfristig	**0.3*** **	-	**0.7*** **	-	**0.18*** **	-	**-0.22*** **	-
Beschäftigte	**(0.07)**		**(0.07)**		**(0.08)**		**(0.085)**	
VH Anteil Kurz- und Mittelfristiger/	**-0.04*** **	-	**0.06*** **	-	**-0.24*** **	-	**-0.04** **	-
Anteil Langfristiger in	**(0.01)**		**(0.009)**		**(0.04)**		**(0.02)**	
Kernbelegschaft*^{3}								
Gruppen- und Projektarbeit in	-	**0.4*** **	-	**-0.4*** **	-	**0.56*** **	-	**1.7*** **
einigen Tätigkeitsbereichen		**(0.05)**		**(0.09)**		**(0.12)**		**(0.52)**
Kontrollvariable								
Ostbetrieb	-0.05	-0.03	**-0.5*** **	***-0.3****	-0.7***	-0.6***	**-0.73*** **	**-0.76*** **
	(0.05)	(0.05)	**(0.06)**	***(0.05)***	(0.07)	(0.06)	**(0.07)**	**(0.06)**
Ln Anzahl sv-pflichtig Beschäftigter	0.04	**-0.16*** **	**-0.3*** **	**-0.3*** **	**-0.3*** **	**-0.3*** **	**-0.13*** **	**-0.11*** **
	(0.03)	**(0.02)**	**(0.03)**	**(0.03)**	**(0.04)**	**(0.03)**	**(0.03)**	**(0.03)**
Konstante	**3.7*** **	**4.0*** **	**4.3*** **	**5.1*** **	**4.4*** **	**3.7*** **	**3.9*** **	**1.9*** **
N	**42**	**52**	**38**	**44**	**49**	**62**	**50**	**60**
Pseudo-R^2	**0.067*** **	**0.064*** **	**0.228*** **	**0.151*** **	**0.314*** **	**0.217*** **	**0.126*** **	**0.142*** **

*^{3} Kernbelegschaft = sozialversicherungspflichtig unbefristste Beschäftigte

Tabelle 35: ZTP-Regressionen (Nutzungsintensität) für freie Mitarbeit, Strukturmerkmale der Qualifikationsstruktur der Betriebe, eigene Berechnungen [90]

[90] In der Tabelle sind jeweils die geschätzten Regressionsgewichte abgebildet. In den runden Klammern werden die Standardfehler angegeben und für signifikante Werte in den logistischen Regressionen relevanter unabhängiger Variablen auch die Effektkoeffizienten, häufig bezeichnet mit „odds ratios", in den eckigen Klammern. Das Signifikanzniveau einzelner Effekte wird in der Tabelle wie folgt angegeben * <0,1; ** <0.05; *** <0.01

7.4.6 Zusammenfassung der Befunde

Zusammenfassend lässt sich für die Nutzungszusammenhänge freier Mitarbeit feststellen, dass sich Ausdifferenzierungsprozesse betrieblicher Stamm-Randbelegschaften auch im wissensintensiven Dienstleistungssektor bei einer stärkeren Nutzung freier Mitarbeit beobachten lassen. Es ist zu vermuten, dass die Ausdifferenzierungsprozesse aber für die Personen, die als freie Mitarbeiter in Betrieben tätig sind, eher zu einer fachlichen Spezialisierung in einem sehr heterogenen Tätigkeitsfeld führen, als dass sie wie in Kapitel 7.3 für die Gruppe der Leiharbeiter diskutiert, von betrieblichen Weiterbildungsprozessen ausgeschlossen werden.

Freie Mitarbeiter sind aber bei gleichbleibendem Qualifikationsbedarf in geringerem Maße im Betrieb ersetzbar, als dies für Leiharbeiter zu vermuten wäre. Allerdings wird auch angenommen, dass die Halbwertszeit des angeeigneten fachspezifischen Wissens bei freien Mitarbeitern in Bezug auf die Nutzung im Betrieb wesentlich kürzer ist als bei Beschäftigten der Kernbelegschaft.

Letztlich ist somit das Prekarisierungspotenzial eines freien Mitarbeiterarrangements, insbesondere in wissensintensiven Tätigkeitsbereichen mit einer kurzen Halbwertzeit fachspezifischen Wissens, sehr hoch.

Um allerdings die soziale Lage und die Beschäftigungsbedingungen der Freiberufler im wissensintensiven Tätigkeitsbereich besser einschätzen zu können, wäre eine Analyse überbetrieblicher Netzwerkstrukturen in einzelnen Professionen und Tätigkeitsfeldern von Freiberuflern nötig, da im Beschäftigungssegment der Freiberufler überbetriebliche Prozesse der Ausdifferenzierung von Beschäftigungssystemen Beschäftigungssicherheiten generieren. Anhand der vorliegenden Daten können überbetriebliche Netzwerkstrukturen allerdings nicht abgebildet werden. Dies sollte das Ziel zukünftiger Analysen sein, die die Ausdifferenzierungsprozesse von Beschäftigungssystemen im Tätigkeitsbereich freier Mitarbeiter im Sektor wissensintensiver Dienstleistungen genauer beobachten und analysieren müssen (vgl. bspw. Apitzsch 2010 für die Beschreibung der Bedeutung überbetrieblicher Netzwerkbeziehungen in Architekten- und Medienarbeitsmärkten; Haunschild 2004 für Beschreibung der Bedeutung flexibler Beschäftigung für Theaterschauspieler).

Der Vergleich der analysierten Nutzungsbedingungen von Leiharbeit und freier Mitarbeit zeigt aber schon, dass die zwei analysierten Formen atypischer Beschäftigung jeweils an die betrieblichen Kontexte im Sinne der Strukturen der Arbeitsorganisation angepasst sind. Leiharbeit wird in Betrieben der Produktionsbranchen häufiger und intensiver genutzt, es lässt sich aber kein eindeutiger zeitkonstanter Zusammenhang zur Durchsetzung dezentraler Strukturen der Arbeitsorganisation beobachten. Demgegenüber wird für die Nutzungszusammenhänge von freien Mitarbeitern deutlich, dass diese in wissensintensiven Branchen häufiger eingesetzt werden und hierbei speziell in betrieblichen Organisationen des Weiterbildungssektors ein deutlicher Zusammenhang zwischen der intensiven Nutzung von freien Mitarbeitern und der Organisation der Arbeit in Form von eigenverantwortlichen Gruppen oder Projekten zu beobachten ist.

Gleichzeitig geht der intensive Einsatz beider Beschäftigungsformen, wie bereits erwähnt, mit der Standardisierung von Tätigkeitsbereichen im Betrieb einher, sodass insgesamt deutlich wird, dass die intensive Nutzung beider betrachteten Beschäftigungsformen einen Prozess sozialer Schließung vorantreibt, der sich in Form der Ausdifferenzierung verschiedener betrieblicher Beschäftigungssysteme beobachten lässt.

Allerdings ist zu erwarten, dass die Ausdifferenzierungsprozesse betrieblicher Beschäftigungssysteme im Zusammenhang mit der intensiven Nutzung von Leiharbeitern im Produktionssektor sich anders gestalten als die Ausdifferenzierungsprozesse im wissensintensiven Tätigkeitsbereich, welche mit der intensiven Nutzung von freien Mitarbeitern einhergehen.

Insgesamt wird deutlich, dass gerade die Ausdifferenzierungsprozesse im Tätigkeitssegment freier Mitarbeiter sowie auch der Leiharbeiter aus einer betriebszentrierten Analyseperspektive heraus nur ansatzweise untersucht werden können. Es bedarf der Analyse überbetrieblicher Netzwerkstrukturen, um diese besser zu beschreiben und deren Prekarisierungspotenzial intensiver zu untersuchen.

7.5 Die betrieblichen Nutzungszusammenhänge geringfügiger Beschäftigung

7.5.1 Konzeptionelle und Methodische Vorbemerkungen

In den vorangegangenen Kapitel 7.3 bis 7.5 wurden die Beschäftigungsformen Leiharbeit und freie Mitarbeit als Instrumente „extern-flexibler" Beschäftigungsstrategien diskutiert, und es wurde in Kapitel 7.1 bereits vorbereitend argumentiert, dass der vorrangige Vorteil der Vereinbarung dieser Vertragsarrangements für den Arbeitgeber darin besteht, dass diese Vertragsformen vonseiten des Arbeitgebers schneller und ohne die rechtliche Pflicht der Berücksichtigung der Kriterien der Sozialauswahl aufkündbar sind. Ein zentraler Anreiz für Personalverantwortliche, extern-flexible Beschäftigungsarrangements bei Neueinstellung zu vereinbaren, ist somit offensichtlich die Optimierung von Transaktionskosten bei Gewährleistung einer kurz- bis mittelfristigen Flexibilität in der Personalplanung.

Demgegenüber basiert der Vorteil des im folgenden näher untersuchten Beschäftigungsarrangements Minijob weniger darauf, dass die Gesamtbeschäftigung im Betrieb schneller auf- oder abgebaut werden kann. Vielmehr ermöglicht der Einsatz von Minijobbern oder allgemeiner Teilzeitkräften die dauerhafte Bewältigung von Spitzen des Arbeitsvolumens im täglichen Geschäft, indem das geringere Stundenvolumen einzelner Beschäftigter den tageszeitlich oder wochentäglich unterschiedlichen Einsatz der Arbeitskräfte erlaubt. Zu beachten ist hierbei aber, dass Minijobs am Arbeitsmarkt vor allem für Personengruppen interessant erscheinen, die anderweitig ins Netz sozialer Absicherung eingebunden sind, wie beispielsweise Schüler, Studenten, Rentner und Frauen im Nebenerwerb (vgl. Voss-Dahm 2004, 2005, 2009, 2011; Eichenhorst et. al. 2010).

Dies erklärt zunächst einmal, warum in den deskriptiven Analysen (vgl. Kap. 7.2) deutlich wurde, dass sehr viele Betriebe des vorliegenden Samples, nämlich etwa die Hälfte, mindestens einen Minijobber beschäftigen. Einschlägige Studien (Pfeiffer 2007, Voss-Dahm 2004, 2005) berichten darüber hinaus, dass Minijobs vor allem im Dienstleistungssektor intensiver genutzt werden und hierbei offensichtlich ein „personalpolitisches Pendant" zu einer Arbeitsorganisation bilden, die ihre Kostenvorteile durch eine „just-in-time"-Distribution zu realisieren versucht" (Voss-Dahm 2009, 2006, 2004). Dorothea Voss-Dahm (2004, 2005) zeigt diesbezüglich im Rahmen ihrer Studien für die Dienstleistungsbranche Handel auf, dass Minijobs vor allem dort eingesetzt werden, wo im Zuge von Reorganisations- und Rationalisierungsmaßnahmen der betrieblichen Arbeitsabläufe Tätigkeitsbereiche für Beschäftigte mit „Jedermannqualifikationen" beziehungsweise standardisierbaren Qualifikationen geschaffen wurden. Dies erfolgte, indem eine Entkopplung dieser Tätigkeitsbereiche von qualifizierten Tätigkeitsprofilen stattfand. Eine Entkopplung von Tätigkeitsprofilen diente dabei u.a. dazu, die Besetzung in einfachen Tätigkeitsbereichen, wie beispielsweise den Kassenbereich, bedarfsgenau steuern zu können (vgl. Voss-Dahm 2004).

Ausgehend von diesen Befunden und in Anlehnung an die in Kapitel 7.1 formulierte erste Teilfragestellung, soll im Folgenden anhand des vorliegenden Samples untersucht werden, inwiefern Minijobs insbesondere im Dienstleistungssektor allgemein ein attraktives Flexibilisierungsinstrument darstellen. Darüber hinaus soll unter Berücksichtigung der Befunde von Dorothea Voss-Dahm gefragt werden, ob der intensive Einsatz von Minijobbern mit Reorganisationsmaßnahmen im Betrieb einhergeht.

In einem ersten Analyseschritt soll somit im Folgenden geprüft werden, in welchen betrieblichen Kontexten das vom Gesetzgeber im Jahre 2003 neu geschaffene Beschäftigungsarrangement Minijob intensiver genutzt wird und inwiefern sich die Nutzungszusammenhänge gegenüber denen des Einsatzes geringfügig Beschäftigter vor Einführung der Gesetzesnovelle unterscheiden. Die Analyse der Nutzungszusammenhänge des Beschäftigungsarrangements dient dabei der Überprüfung der theoretischen Annahme, dass betriebliche Beschäftigungsarrangements an betriebliche Routinen der Aushandlung von Vertragsarrangements zwischen Personalmanagement und Arbeitnehmern und den etablierten Strukturen der betrieblichen Arbeitsorganisation angepasst sind (vgl. die in Kapitel 4.3 formulierten Forschungshypothesen). Somit wird weiterhin davon ausgegangen, dass ein vom Gesetzgeber angeregter Impuls der Veränderung von betrieblichen Beschäftigungsarrangements zur Durchsetzung im betrieblichen Alltag, der Anpassung betrieblicher Organisationsstrukturen sowie der Akzeptanz des Beschäftigungsarrangements aufseiten der Arbeitnehmer und Arbeitnehmervertretungen bedarf. Als Anreiz für die Etablierung von Minijobs ist insbesondere die vom Gesetzgeber durchgesetzte Befreiung des geringfügigen Teilzeitbeschäftigungsverhältnisses „Minijob“ von arbeitnehmerseitigen Steuer- und Sozialversicherungsabgaben zu benennen, die der Schaffung von Niedriglohnarbeitsplätzen dienen soll.

Die in Kapitel 7.1 formulierte Forschungsfrage wird für die folgenden Analysen wie folgt spezifiziert: Ist das Beschäftigungsarrangement Minijob an den Flexibilisierungsbedarf im Dienstleistungssektor optimal angepasst und findet somit auch in diesem Sektor einen intensiven Einsatz?

Dabei ergibt sich ergänzend eine zweite Forschungsfrage, für die Untersuchung der Nutzungszusammenhänge von Minijobs: Geht der intensive Einsatz des Beschäftigungsarrangements Minijob mit betrieblichen Rationalisierungs- und Reorganisationsprozessen im Dienstleistungssektor einher?

Somit werden in den folgenden Analysen neben den Branchenvariablen zunächst unabhängigen Variablen einbezogen, die unterschiedliche betriebliche Reorganisationsprozesse beschreiben. Darüber hinaus, werden auch die bereits in den vorangegangenen Teilkapitel angewendeten unabhängigen Variablen zur Operationalisierung unterschiedlicher Schwankungen in der Auftragslage für die Analysen herangezogen.

Entsprechend den in Kapitel 7.1 formulierten Teilfragestellungen wird in der folgenden Analyse des Weiteren untersucht, ob Minijobs zu einer Flexibilisierung der gesamten Beschäftigungsstruktur beitragen und ob die intensiven Nutzung von Minijobs mit der Herausbildung betrieblicher Stamm-Randbelegschaftsstrukturen einhergeht.

Die folgenden Analysen beziehen sich auf die Stichproben der Betriebe der SFB580-B2-Betriebsdaten, die Minijobber beschäftigen. Für die Analyse der Zusammenhänge wird nochmals auf die Modellierung von Logit-Regressionen und „Zero-truncated Poisson Regression" (vgl. Long/ Freese 2009) zurückgegriffen.

7.5.2 Untersuchung des Branchenkontextes

In der Tabelle 36 werden die Befunde der Logit- und ZTP-Regressionen für die Nutzungszusammenhänge des Beschäftigungsarrangements Minijob, bezogen jeweils auf die Gesamtstichprobe der Querschnittsamples 2004, 2006 und 2008, abgebildet. Für das Beobachtungsjahr 2002 stellt die abhängige Variable die Nutzungshäufigkeit und die Nutzungsintensität geringfügiger Beschäftigung in der Definition vor Einführung der Gesetzesnovelle im Jahre 2003 dar.

Anhand der Befunde der Logit-Regressionen kann aufgezeigt werden, dass das Beschäftigungsarrangement Minijob in nahezu allen Wirtschaftssektoren von einem jeweils fast gleichen Anteil der Betriebe genutzt wird. Dies gilt auch für die Nutzung geringfügig Beschäftigter im Erhebungsjahr 2002 (Tabelle 36, Modelle Logit 7.11a-d).

Deutlich wird in den Logit-Analysen für die Jahre 2004, 2006 und 2008 aber, dass unter Kontrolle des Branchenkontextes vor allem Betriebe mit einem höheren Anteil an jüngeren Beschäftigten sowie Betriebe mit einem höheren Anteil an weiblichen Beschäftigten mindestens einen Minijobber beschäftigen. Bezogen auf die Nutzung geringfügiger Beschäftigungsarrangements im Jahre 2002, wird allerdings nur der Zusammenhang zu einem höheren Anteil an weiblichen Beschäftigten sichtbar. Der Anteil jüngerer Beschäftigter steht demgegenüber unter Kontrolle der Branchenvariablen nicht mit der Nutzung geringfügiger Beschäftigung im Beobachtungsjahr 2002 in Zusammenhang.

Für die Nutzung des Beschäftigungsarrangements Minijob zeigt sich somit in den Logit-Analysen, dass vor allem demografische Merkmale der Beschäftigtenstruktur die Etablierung der Nutzung des Beschäftigungsarrangements bestimmen. Die Branchendifferenzierung ist für die Nutzungshäufigkeit des Beschäftigungsarrangements in den Betrieben einzelner Wirtschaftssektoren zunächst aber weniger entscheidend.

Den Ergebnissen der Logit-Regressionen stehen die Befunde aus den dargestellten ZTP-Regressionen (Tabelle 36, Modelle ZTP 7.11a-d), in welchen die intensive Nutzung des Beschäftigungsarrangements Minijob untersucht wird, zumindest im Hinblick auf die Branchendifferenzierung entgegen. Hier zeigt sich, dass ein intensiver Einsatz von Minijobbern vor allem im Dienstleistungssektor erfolgt. Im Zeitverlauf konstant werden im traditionellen sowie im wissensintensiven Dienstleistungssektor, konkreter in den Branchen Handel, Kredit und medizinische Dienstleistungen sowie in den Branchen Beratung & Marktforschung, Verlag und Weiterbildung, Minijobber intensiver eingesetzt als in den Betrieben der Produktionsbranchen Maschinenbau und chemische Industrie sowie der Handwerksbranche Bau. Für das Beobachtungsjahr 2006 ist dabei sogar in den Betrieben der neuen wissensintensiven Dienstleistungsbranchen noch eine intensivere Nutzung von Minijobs als in den Betrieben traditioneller Dienstleistungsbranchen zu beobachten.

Aus den Einzelbefunden lässt sich somit ableiten, dass Betriebe des Dienstleistungssektors im Zeitverlauf konstant das neu geschaffene Beschäftigungsarrangement Minijob intensiver nutzen als Betriebe der Produktionsbranchen beziehungsweise des Bauwesens. Die geschilderte Branchendifferenzierung kann aber auch schon für den intensiven Einsatz geringfügiger Beschäftigung im Jahre 2002 beobachtet werden.
Anhand der Befunde aus den ersten Regressionsanalysen zeigt sich zusammenfassend, dass „kleine Beschäftigungsarrangements" bzw. geringfügige Teilzeitarbeitsverträge den Flexibilisierungsanforderungen im Dienstleistungssektor allgemein entgegenkommen.

Anhand der Ergebnisse aus Tabelle 38[91], in welcher die Nutzungsintensität von Minijobs ausschließlich im Dienstleistungssektor untersucht wird, lässt sich aber deutlich herausstellen, dass Minijobber im Zeitverlauf konstant vor allem in der traditionellen Dienstleistungsbranche Handel und in den im Umbruch befindlichen Branchen medizinische Dienstleistungen, Verlagswesen sowie Beratung und Marktforschung intensiver als in den „neuen" wissensintensiven Branchen Software und Weiterbildung eingesetzt werden (Tabelle 38, Modelle ZTP 7.12a-c).

Für die Branche „Verlagswesen" ist allerdings eine Besonderheit zu beobachten. In dieser Branche nutzen die Betriebe Minijobber noch intensiver als in den traditionellen Dienstleistungsbranchen. Weiterhin ist auch für die Branche „Beratung und Marktforschung" kein deutlicher Unterschied hinsichtlich der Intensität der Nutzung von Minijobs im Vergleich zu den Dienstleistungsbranchen Handel und medizinische Dienstleistungen festzustellen.

---

[91] Die Berechnungen wurden für das Beobachtungsjahr 2008 nicht nochmals detailliert dargestellt. Der Branchenbefund gleicht den vorherigen Beobachtungsjahren. Für die Auftragslage sowie Reorganisationsmaßnahmen im Betrieb liegen allerdings für das Beobachtungjahr keine vergleichbaren Indikatoren vor.

Bereits anhand der deskriptiven Ergebnisse auf Ebene der Branchen zeigt sich somit ein deutlicher Zusammenhang des Qualifikationsanforderungsprofils der Betriebe mit dem häufiger intensiven Einsatz des Beschäftigungsarrangements Minijob. Insbesondere in Branchen, in denen die Betriebe einen höheren Bedarf an berufsfachlichen Qualifikationen haben, lässt sich häufiger der intensive Einsatz von Minijobbern beobachten. Es ist das Ziel der weiterführenden Analyse zu hinterfragen, ob es im Zusammenhang mit dem intensiven Einsatz von Minijobbern im Segment der berufsfachlich Qualifizierten zu weiteren Ausdifferenzierungsprozessen kommt.

Um den gerade skizzierten Zusammenhang weiter zu untersuchen, soll zunächst anhand weiterer Modellspezifikationen aufgezeigt werden, inwiefern betriebliche Rationalisierungsmaßnahmen und Restrukturierungsprozesse in Zusammenhang mit der Schaffung von Arbeitsplätzen für Minijobber stehen.

Die Befunde in Tabelle 37 zeigen diesbezüglich neben der detaillierten Ausdifferenzierung der Branchen des Dienstleistungssektors, dass geringfügige Beschäftigungsverhältnisse im Beobachtungsjahr 2002 und Minijobs im Beobachtungsjahr 2006 vor allem in Betrieben genutzt wurden, die in den jeweils vorangegangenen 2 Jahren entweder Prozessinnovationen wie die Einführung neuer Produktionstechnologien, Maschinen oder Computerprogramme durchgeführt oder im Betrieb Restrukturierungen von Abteilungen sowie Arbeitsbereichen vorgenommen haben (Tabelle 37, Modelle Logit 7.13a,c).

Es zeigt sich also, dass der Einsatz von geringfügig Beschäftigten im Allgemeinen häufiger in Betrieben genutzt wird, die gerade dabei sind, strukturelle Veränderungen in der betrieblichen Arbeitsorganisation durchzusetzen. Es wird in den Analysen allerdings auch deutlich, dass direkt nach der Einführung des Beschäftigungsarrangements Minijob im Jahre 2004 der Zusammenhang zu betrieblichen Restrukturierungsprozessen nicht signifikant ist. Dies lässt darauf schließen, dass direkt mit der gesetzlichen Einführung der Beschäftigungsform Minijobs in vielen Betrieben, unabhängig von anderen Reorganisationsmaßnahmen, mit der Nutzung des neuen Beschäftigungsarrangements experimentiert wurde (Tabelle 37, Modell Logit 7.13b).

Abbildung 12: Qualifikationsprofile der Beschäftigung in den Dienstleistungsbranchen für die Jahre 2004 und 2006, eigene Berechnungen

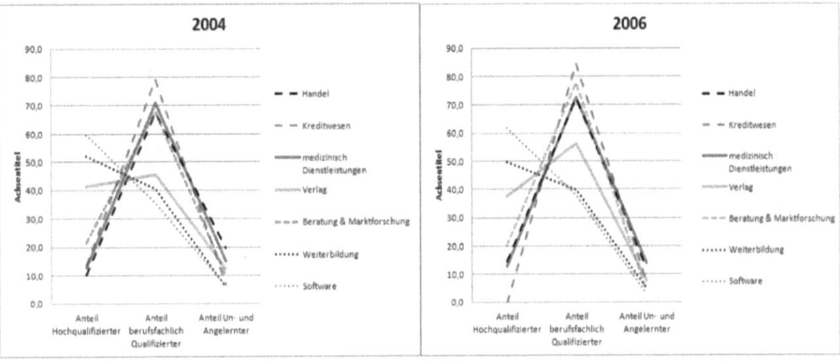

Logistische und ZTP Regression: geringfügige Beschäftigung/ Minijobs

	Nutzungshäufigkeit				Nutzungsintensität			
Beobachtungsjahr	2002	2004	2006	2008	2002	2004	2006	2008
Modelle	7.11a	7.11b	7.11c	7.11d	ZTP 7.11a	ZTP 7.11b	ZTP 7.11c	ZTP 7.11d
Branchen								
Produktion (Maschinenbau/	0.04	0.3	0.4	0.5	-0.7***	-0.7***	-0.6***	-0.6***
Chemie)	(0.30)	(0.349)	(0.34)	(0.42)	(0.07)	(0.074)	(0.07)	(0.08)
Bau	-0.3	0.5	0.2	-0.2	-0.5***	-0.3***	-0.3***	-0.2*
	(0.41)	(0.47)	(0.54)	(0.60)	(0.09)	(0.087)	(0.94)	(0.11)
neue wissensintensive	-0.3	0.09	0.3	0.07	0.51***	-0.05	0.2***	-0.2***
Dienstleistung (Beratung & Marktforschung, Verlag, Software, Weiterbildung)	(0.23)	(0.23)	(0.27)	(0.28)	(0.04)	(0.045)	(0.05)	(0.05)
traditionelle Dienstleistungen (medizinische Dienstleistung, Handel, Kredit)	Ref.	Ref.	Ref.	Ref.	Ref.	Ref.	Ref.	Ref.
Kontrollvariablen								
Ostbetrieb	-0.8***	-1.0***	-0.9***	-0.8***	-0.05	-0.27***	-0.05	-0.08*
	(0.17)	(0.20)	(0.22)	(0.24)	(0.03)	(0.04)	(0.04)	(0.04)
	[0.46]	[0.36]	[0.41]	[0.45]				
Ln Anzahl sv-pflichtig Beschäftigter	0.3***	0.06	0.12	*0.2**	-0.39***	-0.44***	-0.28***	-0.12***
	(1.0)	(0.08)	(0.09)	*(0.10)*	(0.02)	(0.018)	(0.017)	(0.02)
	[1.32]			*[1.2]*				
Anteil der Beschäftigten unter 35	-0.003	0.009**	0.01**	*0.01**	-	-0.004***	-0.0005	-0.02***
Jahre	(0.004)	(0.005)	(0.006)	*(0.006)*	0.006***	(0.0009)	(0.0009)	(0.001)
		[1.009]	[1.01]		(0.0008)			
Anteil der Beschäftigten über 50	0.001	0.01	0.006	0.005	-0.01***	-0.0009	0.003**	-0.02***
Jahre	0.006	(0.007)	(0.007)	(0.007)	(0.001)	(0.001)	(0.001)	(0.002)
Anteil der Beschäftigten zwischen 35 und 50 Jahren	Ref.	Ref.	Ref.	Ref.	Ref.	Ref.	Ref.	Ref.
Anteil Frauen an sv-pflichtiger	*0.007**	*0.008**	*0.009**	*0.009**	0.005***	-0.0006	-0.001***	-0.005***
Beschäftigung	*(0.004)*	*(0.005)*	*(0.005)*	*(0.005)*	(0.0008)	(0.0008)	(0.0007)	(0.001)
	[1.007]	*[1.008]*	*[1.009]*	*[1.010]*				
Konstante	-0.68	-0.61	-1.04*	-1.05*	3.87***	-0.27***	3.75***	4.54***
N	662	478	426	329	305	246	202	158
Pseudo-R	0.053***	0.054***	0.053***	0.057***	0.264***	0.267***	0.128***	0.137***

Tabelle 36: Logistische (Nutzungshäufigkeit) und ZTP-Regressionen (Nutzungsintensität) für Minijobs, Branchendifferenzierung, eigene Berechnungen[92]

[92] 2002 wurde noch nach der Anzahl geringfügig Beschäftigter gefragt; 2004 und 2006 wurden nur Minijobber erfasst. In der Tabelle sind jeweils die geschätzten Regressionsgewichte abgebildet. In den runden Klammern werden die Standardfehler angegeben und für signifikante Werte in den logistischen Regressionen relevanter unabhängiger Variablen auch die Effektkoeffizienten, häufig bezeichnet mit „odds ratios", in den eckigen Klammern. Das Signifikanzniveau einzelner Effekte wird in der Tabelle wie folgt angegeben * <0,1; ** <0.05; *** <0,01.

Logistische Regression: geringfügige Beschäftigung/ Minijobs

	Nutzungshäufigkeit					
Beobachtungsjahr	2002		2004		2006	
Modelle	Logit 7.12a	Logit 7.13a	Logit 7.12b	Logit 7.13b	Logit 7.12c	Logit 7.13c
Branchen						
Beratung & Marktforschung	**-0.70****	**0.71****	0.01	-0.10	0.032	-0.077
	(0.31)	**(0.31)**	(0.34)	(0.36)	(0.51)	(0.50)
	[0.49]	**[0.48]**				
Verlag	-0.68	-0.74	-0.20	-0.25	0.47	0.34
	(0.51)	(0.51)	(0.40)	(0.39)	(0.52)	(0.53)
Software	**-0.84****	**-0.96*****	**-1.13****	**-1.17****	-0.02	-0.01
	(0.38)	**(0.39)**	**(0.47)**	**(0.47)**	(0.49)	(0.55)
	[0.43]	**[0.38]**	**[0.32]**	**[0.31]**		
Weiterbildung	**-0.67****	**-0.71*****	-0.29	-0.39	**-0.69****	**-0.85****
	(0.32)	**(0.34)**	(0.34)	(0.35)	**(0.31)**	**(0.33)**
	[0.51]	**[0.49]**			**[0.50]**	**[0.43]**
Kredit	**-1.1*****	**-1.33*****	**-1.25*****	**-1.29*****	**-1.36*****	**-1.61*****
	(0.30)	**(0.33)**	**(0.38)**	**(0.27)**	**(0.41)**	**(0.43)**
	[0.33]	**[0.27]**	**[0.29]**	**[0.38]**	**[0.26]**	**[0.20]**
Handel	Ref.	Ref.	Ref.	Ref.	Ref.	Ref.
medizinische Dienstleistung	Ref.	Ref.	Ref.	Ref.	Ref.	Ref.
betriebliche Umbauprozesse in den letzten 2 Jahren						
Reorganisation von Abteilungen und Arbeitsbereichen	-	***0.40****	-	0.16	-	***0.60****
		(0.23)		(0.24)		***(0.31)***
		[1.40]				***[1.82]***
Einführung neuer Produktionstechniken, Maschinen oder Computerprogramme	-	***0.34****	-	0.06	-	**0.48****
		(0.20)		(0.23)		**(0.24)**
		[1.49]				**[1.62]**
Kontrollvariablen						
Ostbetrieb	**-0.89*****	**-0.94*****	**-1.23*****	**-1.21*****	**-1.2*****	**-1.23*****
	(0.23)	**(0.23)**	**(0.25)**	**(0.25)**	**(0.27)**	**(0.28)**
	[0.41]	**[0.39]**	**[0.29]**	**[0.30]**	**[0.31]**	**[0.29]**
Ln Anzahl sv-pflichtig Beschäftigter	**0.41*****	**0.37*****	0.15	0.12	0.18	0.11
	(0.08)	**(0.09)**	(0.11)	(0.11)	(0.12)	(0.13)
	[1.50]	**[1.45]**				
Konstante	**-0.30**	**-0.42**	**0.62**	**0.63**	**0.49**	**0.45**
N	**431**	**426**	**328**	**321**	**305**	**301**
Pseudo-R	**0.0974*****	**0.1122*****	**0.0887*****	**0.0859*****	**0.1014*****	**0.1261*****

* 2002 wurde noch nach der Anzahl geringfügiger Beschäftigter gefragt; 2004 und 2006 wurden nur Minijobber erfasst

Tabelle 37: Logistische Regression (Nutzungshäufigkeit) für Minijobs, nur Betriebe des Dienstleistungssektors; Branchendifferenzierung und betriebliche Umbauprozesse, eigene Berechnungen[93]

---

93 In der Tabelle sind jeweils die geschätzten Regressionsgewichte abgebildet. In den runden Klammern werden die Standardfehler angegeben und für signifikante Werte in den logistischen Regressionen relevanter unabhängiger Variablen auch die Effektkoeffizienten, häufig bezeichnet mit „odds

ZTP Regression: geringfügige Beschäftigung/ Minijobs

	Nutzungsintensität							
Beobachtungsjahr	2002		2004			2006		
Modelle	ZTP 7.12a	ZTP 7.13a	ZTP 7.12b	ZTP 7.13b	ZTP 7.14b	ZTP 7.12c	ZTP 7.13c	ZTP 7.14c
Branchen								
Beratung & Marktforschung	***0.12****	***0.11****	-0.01	-0.034	**-0.19*****	-0.02	0.04	***-0.11****
	(0.06)	***(0.059)***	(0.06)	(0.061)	**(0.06)**	(0.06)	(0.06)	***(0.07)***
Verlag	**1.49*****	**1.51*****	**0.46*****	**0.47*****	**0.34*****	**1.13*****	**1.12*****	**1.08*****
	(0.04)	**(0.043)**	**(0.06)**	**(0.06)**	**(0.06)**	**(0.49)**	**(0.05)**	**(0.05)**
Software	**-0.59*****	**-0.55*****	-0.13	**-0.16****	***-0.14****	-0.06	-0.06	-0.09
	(0.08)	**(0.083)**	(0.08)	**(0.08)**	***(0.08)***	(0.07)	(0.07)	(0.08)
Weiterbildung	**-0.54*****	**-0.50*****	**-0.67*****	**-0.65*****	**-0.78*****	**-1.4*****	**-1.43*****	**-1.33*****
	(0.07)	**(0.072)**	**(0.08)**	**(0.09)**	**(0.09)**	**(0.1)**	**(0.010)**	**(0.10)**
Kredit	**-0.19*****	**-0.09*****	0.25	**0.25*****	-0.04	0.14	**0.29*****	0.11
	(0.07)	**(0.073)**	(0.09)	**(0.09)**	(0.09)	(0.09)	**(0.09)**	(0.10)
Handel	Ref.	Ref.	Ref.	Ref.	Ref.	Ref.	Ref.	Ref.
medizinische Dienstleistung	Ref.	Ref.	Ref.	Ref.	Ref.	Ref.	Ref.	Ref.
betriebliche Umbauprozesse in den letzten 2 Jahren								
Reorganisation von Abteilungen	-	**-0.38*****	-	**-0.27*****	-	-	**0.16*****	-
und Arbeitsbereichen		**(0.040)**		**(0.047)**			**(0.04)**	
Einführung neuer	-	**0.13*****	-	0.07	-	-	**-0.45*****	-
Produktionstechniken, Maschinen		**(0.040)**		(0.043)			**(0.04)**	
oder Computerprogramme								
Wirtschafts- und Auftragslage								
gute Wirtschaftslage	-	-	-	-	**0.46*****	-	-	0.004
					(0.05)			(0.04)
konjunkturelle	-	-	-	-	**0.26*****	-	-	-0.05
Auftragsschwankungen					**(0.05)**			(0.05)
unregelmäßige	-	-	-	-	**-0.25*****	-	-	**-0.18*****
Auftragsschwankungen					**(0.05)**			**(0.05)**
saisonale Auftragsschwankungen	-	-	-	-	**-0.27*****	-	-	**-0.15*****
					(0.06)			**(0.06)**
Kontrollvariablen								
Ostbetrieb	**0.1*****	**0.12*****	**-0.22*****	**-0.21*****	**-0.22*****	-0.03	0.02	-0.04
	(0.04)	**(0.036)**	**(0.05)**	**(0.05)**	**(0.05)**	(0.04)	(0.04)	(0.04)
Ln Anzahl sv-pflichtig Beschäftigter	**-0.27*****	**-0.25*****	**-0.40*****	**-0.38*****	**-0.43*****	**-0.32*****	**-0.3*****	**-0.32*****
	(0.02)	**(0.018)**	**(0.02)**	**(0.02)**	**(0.021)**	**(0.02)**	**(0.02)**	**(0.02)**
Konstante	**3.48*****	**3.43*****	**3.91*****	**3.93*****	**3.95*****	**3.77*****	**3.87*****	**3.90*****
N	**208**	**206**	**170**	**166**	**163**	**152**	**150**	**147**
Pseudo-R	**0.4225*****	**0.4406*****	**0.2487*****	**0.2575*****	**0.3148*****	**0.3573*****	**0.3879****	**0.3652*****

* 2002 wurde noch nach der Anzahl geringfügiger Beschäftigter gefragt; 2004 und 2006 wurden nur Minijobber erfasst

Tabelle 38: ZTP Regression (Nutzungsintensität) für Minijobs, nur Betriebe des Dienstleistungssektors; Branchendifferenzierung und betriebliche Umbauprozesse, eigene Berechnungen[94]

ratios", in den eckigen Klammern. Das Signifikanzniveau einzelner Effekte wird in der Tabelle wie folgt angegeben * <0,1; ** <0.05; *** <0,01.

[94] In der Tabelle sind jeweils die geschätzten Regressionsgewichte abgebildet. In den runden Klammern werden die Standardfehler. Das Signifikanzniveau einzelner Effekte wird in der Tabelle wie folgt angegeben * <0,1; ** <0.05; *** <0,01.

7.5.3 Gehen betriebliche Umbauprozesse mit der betrieblichen Einführung des Beschäftigungsarrangements Minijob einher?

Ergänzend zu den bereits berichteten Befunden lassen die vorliegenden Ergebnisse aus den Modellen ZTP 7.13a,c (vgl. Tabelle 38) den Rückschluss zu, dass im Beobachtungsjahr 2002 vor allem Rationalisierungsmaßnahmen im Zusammenhang mit der Schaffung von Arbeitsplätzen für geringfügig Beschäftigte standen, während im Beobachtungsjahr 2006 vor allem Reorganisationsprozesse von Abteilungen und Arbeitsbereichen im Betrieb mit der intensiven Nutzung von Minijobs einhergehen (Tabelle 38, Modelle ZTP 7.13a,c).

Weiterhin können die Befunde der Regressionsmodelle ZTB 14b, c so interpretiert werden, dass insbesondere der intensive Einsatz von Minijobbern nicht, wie es transaktionskostentheoretische Überlegungen erwarten ließen, im Zusammenhang mit unregelmäßigen Auftragsschwankungen steht. Vielmehr etablieren Betriebe mit einer guten Wirtschaftslage, aber regelmäßigen konjunkturellen Schwankungen die Nutzung von Minijobs im Jahre 2004, während im Jahre 2006 kein positiver Zusammenhang zwischen der Auftragslage des Betriebs und der intensiven Nutzung von Minijobs zu beobachten ist. Die Ergebnisse der Modelle verweisen somit darauf, dass direkt nach Einführung der Gesetzesnovelle im Jahre 2004 vor allem Betriebe mit einer guten Wirtschaftslage mit der neuen Beschäftigungsform experimentieren. Deutlich wird darüber hinaus, dass im Zeitverlauf konstant Betriebe mit saisonalen Schwankungen der Auftragslage sowie Betriebe mit unregelmäßigen Auftragsschwankungen, Minijobber weniger intensiv beschäftigen.

In eine Zeitreihe gebracht, sprechen die Befunde dafür, dass Betriebe mit einer guten Wirtschaftslage im Zeitraum der Jahre 2002 bis 2004 mit Rationalisierungsmaßnahmen und moderaten Restrukturierungsmaßnahmen die Schaffung von Niedriglohnarbeitsplätzen vorantreiben, um dann durch betriebliche Umbauprozesse den intensiven Einsatz des neuen Beschäftigungsarrangements zu stützen und somit die betrieblichen Personalkosten durch die Nutzung des vom Gesetzgeber geschaffenen kostengünstigen Beschäftigungsarrangements weiter zu optimieren. Die so zusammengetragenen Befunde bestätigten dabei die Annahmen, auf die auch die Ergebnisse der Untersuchungen von Dorothea Voss-Dahm (2004) verweisen. Offensichtlich wird die Intensivierung des Einsatzes von Minijobbern durch betriebliche Rationalisierungsmaßnahmen und die Reorganisation von Abteilungen oder Arbeitsbereichen vorangetrieben.

7.5.4 Basiert der intensive betriebliche Einsatz von Minijobbern auf der Standardisierung von Tätigkeitsbereichen?

Bereits die Befunde aus Tabelle 38 deuten darauf hin, dass die intensive Nutzung von Minijobs mit einer Ausdifferenzierung unterschiedlicher Tätigkeitsbereiche der Beschäftigten im Betrieb einhergeht.

Anhand weiterer Berechnungen soll nun geprüft werden, wie sich die Ausdifferenzierungsprozesse betrieblicher Tätigkeitsbereiche, die mit dem intensiven Einsatz des Beschäftigungsarrangements Minijob im Dienstleistungssektor einhergehen, konkret ausgestalten.

Dabei wird zunächst angenommen, dass der intensive Einsatz von Minijobbern eine Standardisierung von Tätigkeitsinhalten zur Folge hat. Dieser Annahme zu Folge werden aufseiten des Betriebes Anstrengungen unternommen um den intensiven Einsatz von Minijobbern durch die Anpassung der Tätigkeitsprofile zu unterstützten und somit eine austauschbare und flexible Randbelegschaft im Bereich von Niedriglohntätigkeiten im Betrieb zu etablieren und zu verfestigen. Zu betonen ist hierbei nochmals, dass sich im Beschäftigungssegment der Minijobber überwiegend Beschäftigte finden, die auf der Suche nach Übergangs- oder Zuverdienerarbeitsplätzen sind, wie beispielsweise Studenten, Rentner oder Frauen in der Familienphase.

In den Modellen ZTP 7.15 b, c der Tabelle 39 zeigt sich dann auch innerhalb des Dienstleistungssektors ein positiver signifikanter Zusammenhang zwischen dem Anteil der Beschäftigten mit einer kurzen Einarbeitungszeit und dem Anteil an Minijobbern im Betrieb. Dieser Zusammenhang spricht für die Standardisierung von Tätigkeiten, wenn Betriebe Minijobs intensiver nutzen. Auch die Annahme, dass einfache oder berufsfachliche Tätigkeitsprofile erst den intensiven Einsatz von Minijobbern ermöglichen, kann anhand der Befunde aus Tabelle 39, Modelle ZTP 7.15b, c bestätigt werden.

Der weiteren Überlegung, dass sich betriebliche Anlernketten beim intensiven Einsatz von Minijobbern aufgrund einer erhöhten Personalfluktuation dieser Beschäftigtengruppe für den Arbeitgeber nicht rechnen, entgegen sprechend, zeigen die Befunde in Tabelle 39, Modelle ZTP 7.16b, c aber, dass der intensive Einsatz von Minijobbern gerade in den Dienstleistungsbetrieben erfolgt, in denen ein höherer Anteil an Beschäftigten fachspezifisches Erfahrungswissen, welches über betriebliche Anlernprozesse erworben wurde, aufweist. Dieser Befund lässt sich aber in die Richtung interpretieren, dass auch im Beschäftigungssegment der Minijobber anscheinend spezifische Wissensressourcen herausgebildet werden, diese aber im Gegensatz zu betriebsspezifischen Wissensressourcen zwischen den Betrieben transferierbar sind. Die Herausbildung von transferierbarem fachspezifischem Know-how im Beschäftigungssegment der Minijobber könnte im Zusammenhang mit der Einführung von neuen technischen Anlagen wie Kassensystemen (vgl. Voss-Dahm 2004) oder Ähnlichem stehen und somit eine Begleiterscheinung der Standardisierung von Tätigkeitsbereichen für Minijobber beschreiben.

Für das Beobachtungsjahr 2004 kann weiterhin ein negativer Zusammenhang zwischen dem Anteil von Beschäftigten mit betriebsspezifischem Wissen und der intensiven Nutzung von Minijobbern aufgezeigt werden. Allerdings kehrt sich dieser Zusammenhang für das Beobachtungsjahr 2006 um. Diese Umkehrung könnte sich dadurch erklären lassen, dass Minijobber im Jahre 2006 , wie bereits in den deskriptiven Analysen aufgezeigt, insgesamt intensiver eingesetzt werden und somit betriebliche Reorganisationsmaßnahmen im Zeitraum der Jahre 2004 bis 2006 dazu führen, dass mit der Durchsetzung des Beschäftigungsarrangements Minijob, diese zunehmend als flexible Randbelegschaft vor allem in den Betrieben etabliert werden, die gleichzeitig im Kernbereich Beschäftigte mit betriebsspezifischen Wissensressourcen langfristig binden.

Der Fragestellung, ob die Ausdifferenzierung von Tätigkeitsbereichen für Minijobber in Dienstleistungsbetrieben, die diese Beschäftigungsform intensiver nutzen, häufiger mit der Ausdifferenzierung einer betrieblichen Stamm-Rand-Belegschaftsstruktur einher geht, soll im Folgenden anhand der Befunde aus Tabelle 40 nachgegangen werden.

ZTP Regression: geringfügige Beschäftigung/ Minijobs

	Nutzungsintensität			
Beobachtungsjahr	2004		2006	
Modelle	ZTP 7.15b	ZTP 7.16b	ZTP 7.15c	ZTP 7.16c
Branchen				
Beratung & Marktforschung	**0.14****	-0.07	**0.11***	***0.12****
	(0.067)	(0.07)	**(0.07)**	***(0.06)***
Verlag	**0.69*****	**0.13***	**0.81*****	**0.99*****
	(0.08)	**(0.077)**	**(0.06)**	**(0.06)**
Software	**0.32*****	-0.12	**0.28*****	0.03
	(0.10)	(0.09)	**(0.09)**	(0.08)
Weiterbildung	**-0.27*****	**-0.68*****	**-0.99*****	**-1.36*****
	(0.11)	**(0.10)**	**(0.11)**	**(0.10)**
Kredit	**0.63*****	**0.28*****	**0.47*****	**0.31****
	(0.10)	**(0.10)**	**(0.10)**	**(0.11)**
Handel	Ref.	Ref.	Ref.	Ref.
medizinische Dienstleistung	Ref.	Ref.	Ref.	Ref.
Qualifikationsstruktur des Betriebes*1				
Anteil Berufsfachlicher	**0.004*****	-	**0.007*****	-
	(0.001)		**(0.001)**	
Anteil ohne Qualifikation	**0.02*****	-	**0.02*****	-
	(0.001)		**(0.001)**	
Anteil Hochqualifizierter	**Ref.**	-	**Ref.**	-
Anteil mit betriebsspezifischen Wissen	**-0.003***** (0.0009)	-	**0.004***** (0.0007)	-
Anteil Beschäftigte mit fachspezifischen Anlernqualifikationen	-	**0.008***** (0.001)	-	**0.007***** (0.0008)
Anteil Beschäftigte mit kurzer Einarbeitungszeit	-	**0.002**** (0.0007)	-	**0.004***** (0.0005)
Kontrollvariablen				
Ostbetrieb	-0.04	**-0.25*****	**-0.15*****	-0.02
	(0.051)	**(0.05)**	**(0.05)**	(0.04)
Ln Anzahl sv-pflichtig Beschäftigter	**-0.41*****	**-0.38*****	**-0.44*****	**-0.38*****
	(0.02)	**(0.02)**	**(0.02)**	**(0.02)**
Konstante	**3.18*****	**3.68*****	**3.16*****	**3.57*****
N	**143**	**141**	**139**	**139**
Pseudo-R	**0.3210*****	**0.2721*****	**0.4886*****	**0.4185*****

Tabelle 39: ZTP Regression (Nutzungsintensität) für Minijobs, nur Betriebe des Dienstleistungssektors, Branchendifferenzierung und Merkmale der Qualifikationsstruktur, eigene Berechnungen

7.5.5 Geht der intensive Einsatz von Minijobber mit der Ausdifferenzierung betrieblicher Stamm-Rand-Beschäftigungsstrukturen einher?

Zur Untersuchung einer Stamm-Randdifferenzierung der Belegschaft von Dienstleistungsbetrieben, die das Beschäftigungsarrangement Minijob intensiver nutzen, wird im Folgenden auf die zwei bereits in den letzten Teilkapitel 7.3 und 7.4 eingeführten Indikatoren zurückgegriffen. Vor allem der Zusammenhang zwischen dem Verhältnis kurz- bis mittelfristig Beschäftigter der Kernbelegschaft, bezogen auf den Anteil langfristiger Beschäftigter der Kernbelegschaft, und der Intensität des Einsatzes von Minijobbern soll untersucht werden. Dabei gilt für den Indikator der Herausbildung einer stabilen betrieblichen Kernbelegschaft: je höher der relative Wert, desto höher auch der Anteil kurz- bis mittelfristig Beschäftigter an der Kernbelegschaft, was auf eine höhere Personalfluktuation im Kernbereich sozialversicherungspflichtig unbefristeter Beschäftigter hindeutet. Bei einer höheren Personalfluktuation stehen dabei die Chancen für atypisch Beschäftigte höher, auch in ein sozialversicherungspflichtig unbefristetes Vertragsverhältnis aufzurücken, und die Herausbildung einer betrieblichen Stamm-Rand-Belegschaftsstruktur ist weniger starr. Ein weiterer eindeutiger Indikator dafür, dass sich im Betrieb eine geschlossene Kernbelegschaft herausgebildet hat, ist die Dummyvariable „100 % der sozialversicherungspflichtig unbefristet Beschäftigten haben eine langfristige Beschäftigungsperspektive von über zehn Jahren". Hat dieser Indikator eine positive Ausprägung, so ist zu erwarten, dass Beschäftigte einer flexiblen Randbelegschaft nur geringe Chancen auf einen Übertritt in das innerbetriebliche Segment haben.

ZTP Regression: geringfügige Beschäftigung/ Minijobs

	Nutzungsintensität								
Beobachtungsjahr	2004			2006			2008		
Modelle	ZTP 7.17b	ZTP 7.18b	ZTP 7.19b	ZTP7.17c	ZTP 7.18c	ZTP 7.19c	ZTP7.17d	ZTP 7.18d	ZTP 7.19d
Branchen									
Beratung & Marktforschung	-0.02	-0.02	-0.08	-0.08	-0.05	-0.02	-0.2**	-0.2**	-0.03***
	(0.07)	(0.06)	(0.06)	(0.7)	(0.07)	(0.06)	(0.8)	(0.8)	(0.06)
Verlag	0.4***	0.5***	0.5***	1.0***	1.4***	1.3***	1.4***	1.5***	1.4***
	(0.07)	(0.06)	(0.06)	(0.06)	(0.05)	(0.06)	(0.06)	(0.06)	(0.05)
Software	0.06	0.01	-0.1	0.02	0.08	0.02	-0.4***	-0.4***	-0.6***
	(0.09)	(0.09)	(0.09)	(0.09)	(0.09)	(0.09)	(0.12)	(0.12)	(0.09)
Weiterbildung	-0.4***	-0.5***	-0.6***	-1.1***	-1.1***	-1.1***	-1.5***	-1.5***	-1.6***
	(0.10)	(0.09)	(0.09)	(0.11)	(0.10)	(0.01)	(0.13)	(0.13)	(0.13)
Kredit	0.3***	0.3***	0.4***	0.1	0.1	0.1	-0.006	-0.02	-0.02
	(0.10)	(0.09)	(0.09)	(0.1)	(0.09)	(0.10)	(0.1)	(0.1)	(0.1)
Handel	Ref.	Ref.	Ref	Ref.	Ref.	Ref.	Ref.	Ref.	Ref.
medizinische Dienstleistung	Ref.	Ref.	Ref	Ref.	Ref.	Ref.	Ref.	Ref.	Ref.
Formen der Arbeitsorganisation/ Stamm-Rand-Differenzierung									
Kernbelegschaft 100%	0.2***	-0.03	-0.003	-0.3***	-0.4***	-0.4***	0.2***	0.2***	0.3***
langfristig Beschäftigte	(0.06)	(0.05)	(0.05)	(0.05)	(0.05)	(0.05)	(0.06)	(0.06)	(0.06)
VH Anteil Kurz- und	0.007	*-0.01**	-0.02**	-0.09***	-0.1***	-0.1***	-0.02	-0.02**	-0.02
Mittelfristiger/ Anteil	(0.01)	*(0.01)*	(0.01)	(0.01)	(0.01)	(0.01)	(0.01)	(0.01)	(0.01)
Langfristiger in									
Kernbelegschaft*[3]									
Anteil der Beschäftigten mit	0.0002	-	-	0.00049	-	-	-	-	-
Kontrolle im Arbeitsprozess	(0.0008)			(0.0006)					
Gruppen- und Projektarbeit in	-	-0.3***	-	-	-0.1**	-	-	-0.2***	-
einigen Tätigkeitsbereichen		(0.05)			(0.05)			(0.08)	
Betriebsrat	-	-	-0.4***	-	-	-0.2***	-	-	-0.5***
			(0.07)			(0.06)			(0.06)
Kontrollvariablen									
Ostbetrieb	-0.2***	-0.2***	-0.2***	-0.2***	0.07	-0.007	-0.004	-0.02	-0.05
	(0.05)	(0.05)	(0.05)	(0.05)	(0.04)	(0.04)	(0.05)	(0.05)	(0.05)
Ln Anzahl sv-pflichtig	-0.4***	-0.4***	-0.4***	-0.4***	-0.3***	-0.3***	-0.006	0.009	0.06**
Beschäftigter	(0.024)	(0.022)	(0.023)	(0.02)	(0.02)	(0.02)	(0.02)	(0.02)	(0.02)
Konstante	3.77***	4.12***	3.92***	4.13***	3.98***	3.95***	2.62***	2.75***	1.67***
N	130	155	153	123	129	129	112	112	112
Pseudo-R^2	0.242***	0.276***	0.278***	0.321***	0.377***	0.378***	0.382***	0.384***	0.406***

Tabelle 40: ZTP Regression (Nutzungsintensität) für Minijobs, nur Betriebe des Dienstleistungssektors, Branchendifferenzierung und Merkmale der Arbeitsorganisation bzw. institutioneller Kontext, eigene Berechnungen[95]

95 In der Tabelle sind jeweils die geschätzten Regressionsgewichte abgebildet. In den runden Klammern werden die Standardfehler angegeben. Das Signifikanzniveau einzelner Effekte wird in der Tabelle wie folgt angegeben * <0,1; ** <0.05; *** <0,01.

In Tabelle 40, Modelle ZTP 7.17b-19b wird deutlich, dass im Beobachtungsjahr 2004 der Zusammenhang zwischen den Indikatoren der Herausbildung stabilen betrieblicher Kernbelegschaften und der intensiven Nutzung von Minijobs von den institutionellen Rahmenbedingungen des jeweiligen Betriebes beeinflusst wird. Zunächst zeigt sich ein positiver Zusammenhang zwischen dem Indikator „stabile betriebliche Kernbelegschaft ist gleich 100 %" und der intensiven Nutzung von Minijobs.

Dieser Zusammenhang wird allerdings sowohl durch die Aufnahme der Variable „Existenz eines Betriebs- oder Personalrates" sowie die Indikatorvariable für „dezentrale Strukturen der Arbeitsorganisation" erklärt. Betriebe mit Betriebs- oder Personalrat nutzen dabei im Zeitverlauf konstant das Beschäftigungsarrangement Minijob weniger intensiv. Dies gilt auch für Betriebe mit flexibleren, weil stärker dezentralisierten Strukturen der betrieblichen Arbeitsorganisation.

Allerdings ist bei Kontrolle der beschriebenen institutionellen Kontexte immer noch der Zusammenhang beobachtbar, dass Betriebe mit einer tendenziell größeren Gruppe stabiler Beschäftigung im Kernbereich im Beobachtungsjahr 2004 Minijobber intensiver einsetzen. Dieser Zusammenhang zeigt sich auch für das Beobachtungsjahr 2006. In diesem konjunkturstärkeren Beobachtungsjahr wurde aber darüber hinaus deutlich, dass Betriebe, die das Beschäftigungsarrangement Minijob nutzen, auch häufiger berichten, gerade Rationalisierungs- oder Reorganisationsmaßnahmen durchzusetzen (vgl. Tabelle 37, Modell Logit 7.13b, c). Der Zusammenhang zwischen einer hochgradig stabilen Kernbelegschaft und dem intensiven Einsatz von Minijobbern für den Dienstleistungssektor fällt somit im konjunkturstärkeren Beobachtungsjahr signifikant negativ (Tabelle 40, Modell ZTP 7.17b-19b, Indikator: Kernbelegschaft 100% langfristig Beschäftigte) aus.

Die berichteten Befunde verweisen dabei darauf, dass insbesondere betriebliche Reorganisationsmaßnahmen in betrieblichen

Organisationen des Dienstleistungssektor dazu genutzt werden hochgradig stabile Stammbelegschaften durch den intensiven Einsatz von Minijobbern aufzubrechen. Deutlich wird aber des Weiteren, dass Dienstleistungsbetriebe mit einem tendenziell höheren Anteil an stabiler Beschäftigung Minijobber intensiver nutzen als Betriebe mit einem tendenziell höheren Anteil an Beschäftigten mit lediglich kurz- bis mittelfristigen Beschäftigungsperspektiven (Tabelle 40, Modell ZTP 7.17b-19b, Indikator: VH Anteil kurz-& mittelfristig zu langfristig Beschäftigten).

Für den Beobachtungszeitpunkt im Jahre 2008 scheinen die Reorganisationsprozesse in den Betrieben dann aber weitgehend abschlossen zu sein, da hier erneut ein hoch signifikanter positiver Zusammenhang zwischen den Indikatoren, die auf betriebliche Stamm-Randbelegschaftsstrukturen hinweisen und dem intensiven Einsatz von Minijobbern zu beobachten ist.

7.5.6 Zusammenfassung der Befunde

Die im vorliegenden Kapitel 7.4 präsentierten Analysemodelle der Beschreibung und Erklärung der Kontextbedingungen des intensiven Einsatzes von Minijobbern zeichnen ein Indizienbild, welches hier nochmals zusammenfassend interpretiert werden soll.

Es lassen sich einige Belege ins Feld führen, die die Ergebnisse der qualitativen Befunde von Dorothea Voss-Dahm (2004) für die Dienstleistungsbranche Handel anhand der vorliegenden Berechnungen für weitere Dienstleistungsbranchen wie medizinische Dienstleistungen, das Verlagswesen und das Kreditwesen bestätigen.

Insbesondere der deutliche Zusammenhang der Intensivierung des Einsatzes von Minijobbern und betrieblichen Reorganisationsprozessen im Zeitraum der Jahre 2004 bis 2006 verweist auf einen Ausdifferenzierungsprozess eines Beschäftigungssegmentes für

Minijobber im Beschäftigungssegment einfach und berufsfachlich qualifizierter Tätigkeiten des Dienstleistungssektors.

Weiterhin konnte gezeigt werden, dass der intensive Einsatz von Minijobbern vor allem in Betrieben mit einem größeren Anteil standardisierter Beschäftigung beobachtet werden kann. Und letztlich zeigen sich vor allem für das Beobachtungsjahr 2008 Befunde, die die These der Entstehung verhältnismäßig starrer Strukturen einer betrieblichen Stamm-Rand-Belegschaft in Betrieben, die das Beschäftigungsarrangement Minijob intensiver nutzen, bestätigen können.

Die Befunde der vorliegen Analysen weisen somit darauf hin, dass das Beschäftigungsarrangement Minijob vorrangig im Dienstleistungssektor sehr gut angenommen wurde. Es ist dabei den Befunden von Dorothea Voss-Dahm (2004) folgend davon auszugehen, dass ein größerer Anteil aller Dienstleistungsbetriebe den intensiven Einsatz von Minijobbern strategisch nutzt, um die Personalflexibilität im Betrieb wesentlich zu erhöhen und dabei auch Normalbeschäftigungsverhältnisse oder sozialversicherungspflichtige Teilzeitbeschäftigungsverhältnisse durch Minijobs ersetzt werden. Da die Umwandlung von Normalbeschäftigungsverhältnissen in Minijobs aber, wie oben gezeigt werden konnte, durch betriebliche Rationalisierungsmaßnahmen und Restrukturierungsmaßnahmen unterstützt wird, ist zu vermuten, dass sich im Zuge dieser Prozesse tatsächlich ein neuer Niedriglohnsektor, vor allem im Beschäftigungssegment traditioneller oder auch wissensintensiver Dienstleistungstätigkeiten, etabliert. Dabei werden Minijobs vor allem in Betrieben mit einem höheren Anteil an berufsfachlichen Qualifikationen intensiver genutzt.

Es ist allerdings anzunehmen, dass der so entstandene „neue Niedriglohnsektor“ nicht ohne Neuinvestitionen in weitere Restrukturierungsmaßnahmen vonseiten der Betriebe wieder aufgelöst werden. Somit ist davon auszugehen, dass sich das neu etablierte Tätigkeitssegment im Niedriglohnsektor auch institutionell verfestigt.

7.6 Zweites Zwischenfazit

Im vorliegenden Kapitel wurden anhand von detaillierten empirischen Analysen die Nutzungszusammenhänge der atypischen Beschäftigungsformen Leiharbeit, freie Mitarbeit und Minijobs untersucht. Ziel dieser Analysen war es, den Zusammenhang der Veränderung betrieblicher Beschäftigungsstrukturen, bezogen auf die Gesamtbeschäftigung in einem einzelnen Betrieb, und dem beobachtbaren Einsatz beziehungsweise beobachtbaren intensiven Einsatz atypischer Beschäftigungsformen näher zu beleuchten.

Die Analysen knüpfen dabei an die Ergebnisse des Kapitels 6 an. Diese verwiesen darauf, dass sich in unterschiedlichen Wirtschaftssektoren und in Abhängigkeit vom regionalen Arbeitsmarktkontext der Betriebe die Stabilität betrieblicher Beschäftigungsstrukturen im Kernbereich der Beschäftigung deutlich voneinander unterscheidet.

Konkret ließen sich die Ausdifferenzierungsprozesse betrieblicher Beschäftigungsstrukturen im Kernbereich der Betriebe verschiedener Wirtschaftssektoren zu einem großen Teil durch die Unterschiede in der Etablierung dezentraler Formen der betrieblichen Arbeitsorganisation und durch das Alter der Betriebe erklären. Weiterhin verwiesen die Analysen der betrieblichen Beschäftigungsstrukturen im Kernbereich darauf, dass der Anteil der Beschäftigten, die in Forschung und Entwicklungsaktivitäten (F&E-Aktivitäten) der Betriebe eingebunden sind, einen Erklärungsgehalt für die sektorale Ausdifferenzierung betrieblicher Beschäftigungsstrukturen leisten. Demgegenüber konnte unabhängig vom Branchenkontext gezeigt werden, dass eine direkte Einbindung betrieblicher Organisationen in das deutsche System industrieller Beziehungen eine Stabilisierung der Beschäftigungsstrukturen im Kernbereich betrieblicher Beschäftigung bewirkt.

In den Analysen des vorangegangenen Kapitels 6 wurden allerdings nur die Beschäftigungsstrukturen in der Kernbelegschaft der Betriebe näher untersucht. Es ist aber zu erwarten und konnte im vorliegenden Kapitel 7 auch empirisch belegt werden, dass im Zuge einer sich verstärkenden Konkurrenzsituation von Betrieben Randbelegschaften eine immer bedeutendere Rolle zur Sicherung des Arbeitskräfte- und Qualifikationsbedarfs in den Betrieben spielen. Somit wurden im vorliegenden Kapitel 7 die betrieblichen Nutzungszusammenhänge von den drei häufig als prekär bezeichneten Formen atypischer Beschäftigung – Leiharbeit, freie Mitarbeit und Minijobs – untersucht. Dabei wurde ein besonderer Fokus auch auf die Analyse der Entstehung betrieblicher Stamm-Randbelegschaft in Zusammenhang mit der Nutzung der untersuchten atypischen Beschäftigungsformen gelegt.

Zur Konkretisierung der vorliegenden Analysen wurden bereits in Kapitel 7.1 drei Forschungsfragen zur Spezifizierung des Untersuchungsgegenstand formuliert.

Aus den empirischen Analysen im Rahmen des vorliegenden Kapitels können bezüglich der avisierten Teilfragestellungen folgende Befunde herausgestellt werden:

Hinsichtlich der branchenspezifischen Nutzung einzelner atypischer Vertragsformen wurde in Kapitel 7.3 deutlich, dass Leiharbeit fast ausschließlich im traditionellen Produktionssektor intensiver genutzt wird, während freie Mitarbeit eher ein Element einer externen Flexibilisierungsstrategie in betrieblichen Organisationen der wissensintensiven Branchen darstellt, wie die Analysen in Kapitel 7.4 zeigen. Bezüglich der Beschäftigungsform Minijob zeigte sich in Kapitel 7.5 weiterhin, dass diese vor allem in der traditionellen Dienstleistungsbranchen Handel sowie in den im Wandel befindlichen Dienstleistungsbranchen medizinische Dienstleistungen, Verlagswesen und Beratung sowie Marktforschung intensiver genutzt wird. Anhand dieser Befunde lässt sich schlussfolgern, dass die verschiedenen atypischen Beschäftigungsformen als funktional äquivalent Flexibilisierungsinstrumente in den betrieblichen Organisationen verschiedener Wirtschaftssektoren betrachtet werden können. Dabei werden in den betrieblichen Organisationen der verschiedenen Branchen jeweils die atypischen Beschäftigungsformen als Elemente einer flexibilisierten Beschäftigungsstruktur gewählt, die den üblichen Beschäftigungsarrangements im Kernbereich ähneln. Dieser Befund bestätigt dabei die der vorliegenden Studie zu Grunde liegende theoretische Annahme, dass bei der Aushandlung neuer betrieblicher Beschäftigungsarrangements die bereits existierenden Strukturen eine sehr stark prägenden Einfluss auf die Akteure ausüben (vgl. Kap. 3.3). Dem Wandel betrieblicher Beschäftigungsstrukturen werden hierdurch selbst bei der Etablierung betrieblicher Randbelegschaften enge Grenzen gesetzt.

Bezüglich der Frage, ob transaktionskostentheoretische Überlegungen den Einsatz atypischer Beschäftigungsformen erklären können oder aber, ob der intensive Einsatz atypischer Beschäftigungsformen Ausdruck des strategischen Wandels betrieblicher Beschäftigungsstrukturen ist, deuten die Befunde der empirischen Analysen darauf hin, dass die Etablierung der Nutzung atypischer Beschäftigungsformen generell unabhängig von der wirtschaftlichen Situation des Betriebes erfolgt und somit sehr wahrscheinlich mit einer strategischen Entscheidung auf Ebene des betrieblichen Managements verbunden ist. Wurde die Nutzung einer atypischen Beschäftigungsform aber bereits etabliert, so lässt sich ein Zusammenhang zwischen der Intensität der Nutzung und der Konstitution der Auftragslage der betrieblichen Organisation beobachten. Die Nutzung atypischer Beschäftigung ist somit beides, sowohl ein strategisches Element betrieblicher Personalpolitik als auch ein Kriseninstrument zur Bewältigung von Auftragsschwankungen.

In den Analysen des vorliegenden Kapitels wird weiterhin in Bezug auf die in Kapitel 7.1 formulierte Fragestellung 3 deutlich, dass der „intensive“ Einsatz atypischer Beschäftigung häufig mit der Ausdifferenzierung einer betrieblichen Stamm-Rand-Belegschaftsstruktur einhergeht. Dies zeigt sich daran, dass die atypischen Beschäftigungsformen Leiharbeit, freie Mitarbeit und geringfügige Beschäftigung in den Betrieben intensiver genutzt werden, in denen der Anteil langfristig Beschäftigter an allen sozialversicherungspflichtig unbefristet Beschäftigten 100 % beträgt und somit in der Kernbelegschaft nur eine geringe Personalfluktuation zu erwarten ist. Die Ausdifferenzierungsprozesse betrieblicher Stamm-Rand-Belegschaftsstrukturen im Zusammenhang mit der intensiven Nutzung atypischer Beschäftigungsformen lassen sich dabei jeweils für die drei beobachteten Formen atypischer Beschäftigung aufzeigen.

Anhand der vorliegenden Befunde der Kapitel 7.3 sowie 7.4 lässt sich aber weiterhin zeigen, dass in den Betrieben, die atypische Beschäftigungsformen intensiver nutzen, unabhängig von deren Form, dies häufiger mit der Neudefinition oder Verfestigung von „standardisierten" Tätigkeitsbereichen im Betrieb einhergeht. Es zeigt sich, dass in betrieblichen Organisationen, die atypische Beschäftigte intensiver nutzen, sich auch ein größerer Anteil an Beschäftigten findet, deren Arbeitstätigkeiten eine Einarbeitungszeit von unter einem Monat aufweisen. Dieser Zusammenhang zeigt sich sowohl in Betrieben des Produktions- sowie des Dienstleistungssektors mit einem hohen Bedarf an einfach- und berufsfachlich qualifizierten Beschäftigten als auch in Betrieben des wissensintensiven Dienstleistungssektors, welche sich durch einen erhöhten Bedarf an hoch qualifizierten Beschäftigten auszeichnen.

Für das Beschäftigungssegment, einfach- und berufsfachlich Qualifizierter im Produktionssektor, in welchem Leiharbeiter die Randbelegschaft stellen, werden dabei zwei Szenarien diskutiert, die mit der durch Standardisierungsprozesse einhergehenden Spaltung zwischen Facharbeitern im Kernbereich und berufsfachlich oder einfach Qualifizierten in der Randbelegschaft auf der Individualebene wirksam werden könnten. Hierbei wird zum einen konstatiert, dass Leiharbeiter häufiger von betriebsinternen Weiterbildungsmaßnahmen und Möglichkeiten der berufsfachlichen Spezialisierung ausgeschlossen werden könnten, was sich auf der Individualebene negativ auf berufliche Karrierewege auswirken könnte. Gleichzeitig bieten aber Standardisierungsprozesse eine Chance für Arbeitnehmer, ihre Karriereprozesse in einer flexibleren Arbeitswelt positiv zu gestalten. Die Standardisierung von Tätigkeiten könnte es insbesondere Leiharbeitnehmern auch erleichtern ihr berufsfachliches Erfahrungswissen überbetrieblich jeweils neu anzuwenden und zu verwerten.

Für das Beschäftigungssegment einfach und berufsfachlich Qualifizierter im Dienstleistungssektor zeigt sich, dass die Offensive des Gesetzgebers zur Schaffung eines Niedriglohnsektors fruchtet, indem insbesondere das Beschäftigungsarrangement Minijob intensiv als Flexibilisierungspuffer Anwendung findet. Allerdings verdichten sich in anderen Studien die Indizien, dass hier nicht Beschäftigung geschaffen wird, die Arbeitslosigkeit abbaut, sondern dass geringfügige Beschäftigungsverhältnisse häufiger eingesetzt werden, um die Beschäftigung im Dienstleistungssektor zu optimieren und geringfügige Arbeitskräfte im Sinne einer „Just-in-time-Distribution" angepasst an Kundenströme einzusetzen. Es ist zu vermuten, dass hierbei eher eine Substitution von Normalbeschäftigung oder „normaler Teilzeitbeschäftigung" durch geringfügige Beschäftigungsarrangements stattfindet, als dass Beschäftigung neu aufgebaut wird. Dies würde bedeuten, dass Fachkräfte, die ehemals fest angestellt waren, häufiger in das Beschäftigungssegment geringfügiger Beschäftigung gedrängt werden.

Es kann aber auf Basis der geschilderten Befunde nicht davon ausgegangen werden, dass die Nutzung atypischer Beschäftigungsformen in den betrieblichen Organisationen verschiedener Wirtschaftssektoren per se „neue" Spaltungsprozesse auf dem deutschen Arbeitsmarkt hervorrufen.

Zwar differenzieren sich in betrieblichen Organisationen, die intensiver auf atypische Beschäftigungsformen zurückgreifen, jeweils verschiedene Beschäftigungssysteme aus. Allerdings müsste die Betrachtungsperspektive um die Dimension überbetrieblicher

Netzwerkbeziehungen geweitet werden, um aufzuzeigen, inwiefern die Ausdifferenzierung von Beschäftigungssystemen im Kernbereich betrieblicher Organisationen und an deren Rand einen Mechanismus der benachteiligten Outsider und der bevorteilten Insider auslöst. Letztlich sprechen die beobachtbaren Ausdifferenzierungsprozesse für einen Bedeutungszuwachs externer Arbeitsmärkte auf allen Qualifikationsebenen, deren konkrete Prekarisierungspotenziale anhand der vorliegenden Analysen nicht näher bestimmt werden können.

Aus den vorliegenden Befunden lassen sich aber konkrete Hinweise dafür finden, welche Folgeerscheinungen in Bezug auf die Ausgestaltung der Beschäftigungsbeziehungen ein weiterer sektoraler Wandel der deutschen Wirtschaft bewirken könnte. Hierauf soll im abschließenden Kapitel 8 der vorliegenden Studie nochmals eingegangen werden.

8 Schlussfolgerungen

8.1 Anliegen der Studie

Zusammenfassend war es das Ziel der vorliegenden Studie, die Umbauprozesse in der Wirtschaftsstruktur Deutschlands auf die von zahlreichen Sozialwissenschaftlern diskutierten Veränderungen in den deutschen Beschäftigungsverhältnissen zu beziehen. Anhand dieser Verknüpfung sollte eine neue Beobachtungsperspektive auf die stattfindenden Wandlungsprozesse betrieblicher Beschäftigungsstrukturen eröffnet werden, welche gleichzeitig einen neuen Ansatz bietet um die bisherigen Erklärungsmodelle der Entstehung und Erhaltung stabiler betrieblicher Beschäftigungsstrukturen neu zu hinterfragen und auf eigene Weise zu erweitern.

Konkreter wurde in den empirischen Analysen der Studie untersucht, welche Schließungs- und Flexibilisierungsprozesse betrieblicher Beschäftigungssysteme in den verschiedenen Wirtschaftssektoren zu beobachten sind und inwiefern diese Beobachtungen einen eigenen Beitrag zur Debatte um die Destabilisierung betrieblicher Beschäftigung leisten können. Untersuchungsgegenstand des umfassenden Kapitels 6 war dabei die Stabilität der Beschäftigungsstrukturen im Kernbereich betrieblicher Beschäftigung, während in den vielschichtigen Analysen des Kapitel 7 die Nutzungszusammenhänge atypischer Beschäftigungsstrukturen untersucht wurden.

Ausgangspunkt der konzeptionellen Vorüberlegungen der Studie waren zwei Debatten, die parallel nebeneinander in verschiedenen Fachdisziplinen geführt werden. Zum einen wurde auf die schon seit den 1990er Jahren andauernde intensive sozialwissenschaftliche Debatte über die Destabilisierung betrieblicher Beschäftigung auf dem deutschen Arbeitsmarkt Bezug genommen (vgl. Kap. 2.2). Zum anderen wurden die Fragestellungen der wirtschaftstheoretischen Debatte über die Veränderungen in der Wirtschaftsstruktur und den damit einhergehenden stetigen Veränderungen der Arbeitswelt sowie der Organisation von Arbeit und Beschäftigung in Betrieben und Unternehmen (vgl. Kap. 2.3) aufgegriffen.

Das Vorhaben, einen Bezug zwischen den zwei benannten Debatten herzustellen, knüpfte dabei an die Forschungsbefunde aus dem DFG-Projekt „Betrieb und Beschäftigung im Wandel“ (vgl. Kap. 1, 4.2) an. Im Rahmen dieses Teilprojektes des Sonderforschungsbereichs 580, einem Forschungsverbund der Universitäten Jena sowie Halle-Wittenberg, werden seit dem Jahre 2002 fortlaufend die Entstehungs- und Erhaltungsbedingungen stabiler betrieblicher Beschäftigungssysteme auf dem deutschen Arbeitsmarkt intensiv beforscht und anhand eigens erhobener Daten empirisch untersucht (vgl. Kap. 4.1, 4.2).

Die Zielstellung der vorliegenden Studie, branchenspezifische Muster betrieblicher Beschäftigungsstrukturen näher zu analysieren und zu hinterfragen, stellte eine Erweiterung der bisherigen Erklärungskonzepte und Erklärungsmodelle, die im Rahmen des Projektes „Betrieb und Beschäftigung im Wandel“ entwickelt wurden waren, dar. Dabei bestand die Erweiterung der Analyseperspektive in der vorliegenden Studie vor allem darin, dass im Rahmen der theoretischen Vorüberlegung eine Verknüpfung von theoretischen Annahmen aus zwei unterschiedlichen Strömungen der Organisationstheorie avisiert wurde (vgl. Kap. 3). Hierbei wurden die Konzepte des strukturfunktionalistisch geprägten Erklärungsansatz der Human Ressource Managementforschung, welche vor allem die Konzepte des ökonomischen Institutionalismus (vgl. Kap. 3.2) aufgreifen, mit Überlegungen eines stärker kontextbetonenden Theoriestranges (vgl. Kap. 3.3), welcher insbesondere von Paul Ostermann (2009) unter Rückgriff auf ältere in institutionalistische Ansätze der Arbeitsmarkttheorie (Gouldner 1954) in die aktuelle Theoriedebatte hereingeholt wird, zu verbinden.

8.2 Schlussfolgerungen für die empirische Arbeitsmarkt- und Gesellschaftsforschung

Die in der Studie vorgelegten Branchen vergleichenden Analysen zur Erklärung der Entstehung und Erhaltung betrieblicher Beschäftigungsstrukturen liefern einen eigenen Erklärungsbeitrag zur empirischen Arbeitsmarkt- und Gesellschaftsforschung und hierbei insbesondere zur Debatte um die Destabilisierung von Beschäftigung auf dem deutschen Arbeitsmarkt.

So konnte anhand der in Kapitel 6 dargestellten Befunde im Hinblick auf die Erklärung der Stabilität der Beschäftigung im Kernbereich betrieblicher Organisationen, eine Differenzierung der Beschäftigungsstrukturen zwischen Betrieben der „jungen Branche" Software und „traditionellen Produktions- und Dienstleistungsbranchen" aufgezeigt werden. Deutlich wurde dabei, dass es in den Branchengruppen einen Zusammenhang zwischen der Stabilität der Beschäftigung im Beschäftigungssystem und der Umsetzung spezifischer Formen der Arbeitsorganisation gibt. Aufgrund dieser Beobachtung könnte geschlussfolgert werden, dass in den Beschäftigungssystemen, welche in neuen Branchen angesiedelt sind, der Fokus auf eine betriebliche Bindung an Bedeutung verliert und überbetriebliche Netzwerke oder andere Institutionen wie etwa der Finanzmarkt für die soziale Absicherung der Beschäftigten in diesem Bereich an Bedeutung gewinnen. Dies entspräche der in Kapitel 2.3 referierten Prognose von Gerald F. Davis.

Allerdings zeigen sich anhand der Befunde der vorliegenden Studie, nur im wissensintensiven Tätigkeitsbereich, und hierbei insbesondere in betrieblichen Organisationen, in welchen ein größerer Anteil der Beschäftigten in Forschungs- und Entwicklungsaktivitäten eingebunden ist, eindeutige Indizien die auf eine abnehmende Bedeutung betriebszentrierter Bindung der Beschäftigten verweisen.

Demgegenüber sprechen aber auch zwei weitere empirische Befunde der vorliegenden Studie gegen eine Auflösung betriebszentrierter Beschäftigungsstrategien im Kernbereich der Beschäftigung betrieblicher Organisation wissensintensiver Branchen.

Einerseits konnte in Kapitel 6.3 gezeigt werden, dass der zunächst aufgefundene Zusammenhang zwischen der Herausbildung mittelfristiger Beschäftigungsstrukturen und der Umsetzung von neuen Formen der Arbeitsorganisation, beobachtet für die betrieblichen Organisationen der neuen Branche Software, in neuerer Zeit nicht mehr nachweisbar ist. Die Ergebnisse des Modells weisen dabei darauf hin, dass auch in den Betrieben der Produktionsbranchen, die stabilere Beschäftigungsstrukturen aufweisen, zunehmend neue Formen der Arbeitsorganisation umgesetzt werden.

Andererseits zeigte sich in den bivariaten Analysen in Kapitel 6.4, dass in den Betrieben der Branche Software, in denen ein höherer Anteil von Mitarbeitern mit betriebsspezifischen Wissensressourcen arbeitet, auch eher langfristig stabile Beschäftigungsstrukturen im Kernbereich der Beschäftigung zu beobachten sind. Somit ist offen, in welchem Maße es bei der in der vorliegenden Studie beobachteten und berichteten Differenzierung betrieblicher Beschäftigungsstrukturen zwischen verschiedenen Branchengruppen bleibt und inwieweit zukünftig Anpassungsprozesse der Beschäftigungsstrukturen in beide Richtungen stattfinden.

Im Hinblick auf die Untersuchung der Herausbildung betrieblicher Stamm-Rand-Belegschaftsstrukturen (vgl. Kapitel 7) ist dem Ergebnis einer branchenspezifischen Nutzung von flexiblen Randbelegschaften besonderes Aufmerksamkeit zu schenken. Auf Basis dieses Befundes, ist es zu erwarten, dass auch zukünftig keine vollständige Substitution zwischen den verschiedenen atypischen Beschäftigungsformen als Instrumente externer Personalflexibilisierungsstrategien möglich sein wird. Die verschiedenen atypischen Beschäftigungsarrangements decken, wie in der vorliegenden Studie deutlich gezeigt werden konnte, einen je branchen- und tätigkeitsspezifischen Flexibilisierungsbedarf ab. Somit ist beispielsweise das Wachstumspotenzial der derzeit noch im Aufwind befindlichen Leiharbeitsbranche ohne weitere institutionelle Änderungen vorrangig auf den traditionellen Produktionssektor beschränkt[193]. Weiterhin kann auch für die Beschäftigungsform Minijob prognostiziert werden, dass deren Einsatz auf den weiteren Aus- und Aufbau eines Niedriglohnsektors im traditionellen Dienstleistungsbereich beschränkt bleibt. Freie Mitarbeit etabliert sich des Weiteren zusätzlich im wissensintensiven Beschäftigungsbereich als eine Alternative zu befristeten Beschäftigungsarrangements.

Die Analysen des Kapitel 7 machten des Weiteren aber deutlich, dass mit der intensiven betrieblichen Nutzung insbesondere der atypischen Beschäftigungsformen Leiharbeit und Minijob eine Ausdifferenzierung stabiler Kern- und flexibler Randbelegschaften zu beobachten war, wobei sich in den Betrieben die die beobachten atypischen Beschäftigungsformen intensiver nutzen jeweils auch Tätigkeitsbereiche herausbildetet, in die Mitarbeiter in einer sehr kurzen Zeit von unter einem Monat eingearbeitet werden können.

Vor dem Hintergrund eines weiteren Bedeutungszuwachs von Dienstleistungsorganisationen als Arbeitgeber auf dem deutschen Arbeitsmarkt, lassen sich aus den Befunden der vorliegenden Studie abschließend folgende Implikationen ableiten.

Die Beschäftigungsstrukturen im Kernbereich betrieblicher Organisationen gestalten sich vor allem in wissensintensiven Tä-

[193] Allerdings ist für die nähere Zukunft aufgrund des aktuellen Urteils des Bundesarbeitsgerichts bezüglich der Ungültigkeit der Tarifverträge der Tarifgemeinschaft der Christlichen Gewerkschaften (CGZP) mit Leiharbeitsunternehmen (vgl. 1 ABR 19/10; Groll 2010; Gehler/ Rothe 2010) ein zumindest temporärer Bedeutungsverlust der Leiharbeit zu erwarten.

tigkeitsbereichen zunehmend flexibler, wobei aber insbesondere im Zusammenhang mit der Herausbildung betriebsspezifischer Qualifikation sich in diesem Tätigkeitssegment Beschäftigungssysteme mit stabiler Beschäftigung herausbilden. In traditionellen Branchen wird sich die Beschäftigung im Kernbereich nur sehr wenig destabilisieren.

Allerdings wird in der Betrachtung des Gesamtarbeitsmarktes der Anteil der Beschäftigten in atypischen Beschäftigungsformen zunehmen und zwar insbesondere in den Beschäftigungsformen freie Mitarbeit und Minijobs.

Da die Randbelegschaften wachsen, während die Kernbelegschaften stabil bleiben oder geringfügig schrumpfen, wird es für den Einzelnen aber immer schwerer ein langfristig sichereres und stabiles Beschäftigungsverhältnis zu erreichen. Dieser Trend wird zwar mittelfristig nicht zur vollständigen Auflösung traditioneller Beschäftigungsbeziehungen im Sinne des deutschen Normalarbeitsverhältnisses führen. Über politische Lösungen, die etwa eine soziale Absicherung sowie die höhere gesellschaftliche Integration von Niedriglöhnern und Soloselbstständigen gewährleisten, sollte aber bereits jetzt, auch im Rahmen von sozialwissenschaftlichen Debatten intensiver nachgedacht werden.

Eine ausreichende Einbindung sogenannter „betrieblicher Randbelegschaften" in das bestehende deutsche System der Arbeitsbeziehungen sowie das deutsche Sozialversicherungssystem wird nicht ohne einen fundamentalen Wandel dieser Systeme oder die Etablierung von Parallelsystemen gelingen können. Insbesondere Minijobber und Soloselbstständige wie auch die in die Analysen der vorliegenden Studie nicht einbezogene Gruppe von projektbezogen befristet Beschäftigten können aufgrund ihrer Beschäftigungssituation ja gerade keine betriebsbezogene soziale Absicherungsstrategie verfolgen.

8.3 Schlussfolgerungen für die Organisationstheorie

Als Abschluss der Diskussion der Befunde der vorliegenden Studie, soll nochmals darauf verwiesen werden, welchen Beitrag die in der Studie avisierte spezifische Analyseperspektive für die Weiterentwicklung der Organisationstheorie im spezifischen Feld der Arbeitsmarktforschung leistet.

Zur Begründung der spezifischen Analyseperspektive der vorliegenden Studie wurde auf ältere und neuere Überlegungen in der ökonomischen Organisationstheorie (Osterman 2009) verwiesen, und es wurden relevante konzeptionelle Überlegungen aus der institutionalistischen Arbeitsmarkttheorie (Doeringer/ Piore 1965, Lutz/ Sengenberger 1974, Krause/ Köhler 2010) unter einem spezifischen Beobachtungsfokus erneut aufgegriffen.

Ziel der vorliegenden Studie war es, bekannte Erklärungsansätze der Flexibilisierungs- und Schließungsprozesse betrieblicher Beschäftigungsstrukturen, welche auch für die Erklärung der Entstehung, Erhaltung oder Auflösung betrieblicher Beschäftigungssysteme herangezogen werden, anhand einer erweiterten Beobachtungsperspektive neu zu hinterfragen. Hierbei wurde erwartetet, dass die eingenommene Branchen vergleichende Analyseperspektive neue, die bestehenden Befunde ergänzende Ergebnisse liefert.

Die Besonderheit der eingenommenen Beobachtungsperspektive bestand somit in der Betrachtung und Betonung von sektoralen Unterschieden betrieblicher Beschäftigungsstrukturen, welche über einen Vergleich von theoriegeleitet bestimmten Branchengruppen operationalisiert wurden.

Das in der Studie angestrebte Vorhaben gleicht dabei einem Brückenschlag zwischen bislang unverbunden nebeneinanderstehenden theoretischen Überlegungen. Stärker strukturfunktionalistisch geprägte Erklärungsangebote für die Entstehung, Erhaltung und Auflösung betrieblicher Beschäftigungssysteme wurden in den Zusammenhang zu kontextbetonenden Erklärungen der Entstehung, aber insbesondere auch der Erhaltung von betrieblichen Beschäftigungsstrukturen gestellt. Die entwickelte Analyseperspektive lehnt sich dabei an die methodischen Überlegungen eines Mehrebenendesigns an.

Wie die Befunde der empirischen Analyse zeigen, erweist sich das entwickelte Analysedesign letztlich als äußerst fruchtbar. Die Untersuchung der Kontextabhängigkeit der Entwicklung betrieblicher Beschäftigungsstrukturen birgt Befunde, die insbesondere die Erhaltung stabiler betrieblicher Beschäftigungsstrukturen im Kernbereich betrieblicher Beschäftigung von traditionellen Produktions- und Dienstleistungsbetrieben aufklären können. Auch können die Entstehungs- und Erhaltungsprozesse betrieblicher Stamm-Randbelegschaften durch eine branchenspezifische Betrachtung deutlicher nachvollzogen und eindeutiger begründet werden.

Die Ergebnisse der vorliegenden Analysen deuten des Weiteren darauf hin, dass insbesondere eine nähere Analyse des Zusammenhangs der Entstehung und Entwicklung des „betrieblichen Beschäftigungssystems“ und der Entstehung und Entwicklung des „betrieblichen Arbeitssystems“ noch konkretere Hinweise zur Aufklärung von Gemeinsamkeiten und Unterschieden der Beschäftigungsstrukturen betrieblicher Organisationen unterschiedlicher Branchengruppen liefern kann.

Um allerdings die Entstehung und die für die Zukunft erwartete Erhaltung nur mittelfristig stabiler Beschäftigungssysteme im Kernbereich der Beschäftigung von neuen und wissensintensiven Branchen zu erklären, sollte den bereits von Bell (1973) formulierten Thesen der Entwicklung neuer Steuerungsprinzipien von wirtschaftlichen Entscheidungen im Dienstleistungsbereich weiter nachgegangen werden. Zu hinterfragen ist hierbei die Bedeutung von überbetrieblichen Netzwerkbeziehungen als neue gesellschaftliche Integrationsmechanismen und die abnehmende Bedeutung der sozialen Integrationswirkung von traditionellen betrieblichen Organisationen. Hierbei gibt das von Davis (2009a, b) geschilderte

Szenario der Auflösung der Organisationsgesellschaft wertvolle Hinweise, warum transaktionskostentheoretische Überlegungen, welche auf der Ebene betrieblicher Personalentscheider angesiedelt sind, zunehmend an Bedeutung verlieren könnten.

Literaturverzeichnis

ALDA, Holger; BELLMANN, Lutz (2002): Organisatorische Änderungen und betriebliche Beschäftigungs- und Qualifikationseffekte. 1999-2001. In: Mitteilungen aus der Arbeitsmarkt- und Berufsforschung 32. Nr. 4. S. 532 – 545.

ALEWELL, Dorothea (1993): Interne Arbeitsmärkte: Eine informationsökonomische Analyse. Steuer- und Wirtschaftsverlag. Hamburg.

ALLMENDINGER, Jutta; HINZ Thomas (Hrg.) (2001): Organisationssoziologie. Kölner Zeitschrift für Soziologie und Sozialpsychologie. Sonderheft Nr. 42.

ANDREß, Hans-Jürgen; HAGENAARS; Jaques A., KÜHNEL; Steffen (1997): Analyse von Tabellen und kategorialen Daten. Springer Verlag. Berlin.

APITZSCH, Birgit (2010): Flexible Beschäftigung, neue Abhängigkeiten. Projektarbeitsmärkte und ihre Auswirkungen auf Lebensläufe. Campus Verlag. Frankfurt am Main.

AGRYIS, Chris (1960): Understandig organisational behavior. Dorsey Press. Homewood.

AUER, Peter (2009): Towards a new Instiutional Labour Economics? Discussion. Socio-Economic Review 7, pp.708-714.

BACHER, Johann (1996): Clusteranalyse. Anwendungsorientierte Einführung. Oldenburg Verlag. München.

BACKHAUS, Klaus; ERICHSON, Bernd; PLINKE, Wulff; WEIBER, Rolf (2006): Multivariate Analysemethoden. Eine anwendungsorientierte Einführung. Springer Verlag. Berlin.

BÄCKER, Gerhard (2005): Was heißt hier geringfügig? Minijobs als wachsendes Segment prekärer Beschäftigung. In: WSI-Mitteilungen 05/2006.

BÄTHGE, Martin; WILKENS, Ingrid (Hrg.) (2001): Die große Hoffnung für das 21. Jahrhundert? Perspektiven und Strategien für die Entwicklung der Dienstleistungsgesellschaft. Leske +. Budrich. Opladen.

BARON, James N.; KREPS, David M. (1999): Strategic Human Resources. Framework for General Managers. New York.

BECK, Ulrich (1999): Schöne neue Arbeitswelt. Vision: Weltbürgergesellschaft. Suhrkamp Verlag, Frankfurt am Main.

BECK, Ulrich (1986): Auf dem Weg in eine andere Moderne. Suhrkamp Verlag. Frankfurt am Main.

BECKER, Gary S. (1975, 1993): Human Capital. A Theoretical and Empirical Analysis with Special Reference to Education, 3. Auflage, University of Chicago Press.

BECKER, Gary S.; MURPHEY, Kevin M. (1993): The Division of Labor, Coordination Costs, and Knowledge. In BECKER, Gary S. (1993): Human Capital. A Theoretical and Empirical Analysis with Special Reference to Education, 3. Auflage, University of Chicago Press. pp. 299-322.

BECKMANN, Michael; BELLMANN, Lutz (2002): Churning in deutschen Betrieben. Welche Rolle spielen technischer Fortschritt, organisatorische Änderungen und Persoanlstruktur? In BELLMANN, Lutz; KÖLLING, Arnd (Hrg.) Betrieblicher Wandel und Fachkräftebedarf. In: BeitraAB 257, Nürnberg. S.133-171.

BELL, Daniel (1973): The Coming of the Post-Industrial Society. Campus Verlag. New York.

BELL, Daniel (1976): Die nachindustrielle Gesellschaft. Campus Verlag. Frankfurt am Main.

BELLMANN, Lutz; FISCHER, Gabriele; HOHENDANNER Christian (2009): Betriebliche Dynamik und Flexibilität auf dem deutschen Arbeitsmarkt. In: MÖLLER, J./WALWEI, U. (Hrsg.): Handbuch Arbeitsmarkt des IAB. WBV Regensburg. S. 360-399.

BERNHARD, Janine; KRAUSE, Alexandra; KÖHLER, Christoph (2008): Sicherheitserwartungen und Konstruktionen im Normalarbitsverhältnis – Qualitative und Quantitative Befunde. In: KÖHLER, Christoph et al. (Hg.): Offene und geschlossene Beschäftigungssysteme – Risiken und Nebenwirkungen. VS Verlag für Sozialwissenschaften. Wiesbaden. S. 275 – 306.

BLAU, Peter M. (1968): Exchange and Power in Social Life. Wiley Press. New York.

BLIEN, Uwe; HIRSCHAUER, Franziska; ARENDT, Manfred; BRAUN, Hans Jürgen; GUNST, Dieter-Michael; KILCIOGLU, Sibel; KLEINSCHMIDT, Helmut; MUSATI, Martina; Roß, Hermann; VOLLKOMMER, Dieter; WEIN, Jochen (2004): Typisierung von Bezirken der Agenturen für Arbeit. In: Zeitschrift für Arbeitsmarktforschung, Jg. 37, H. 2, S. 146-175.

BLIEN, Uwe; HAAS, Annette; HIRSCHAUER, Franziska; MAYERHOFER, Erich; TASSSINOPOULUS, Alexandros; VOLLKOMMER, Dieter; WOLF, Katja (2002): Konzeption regionaler Arbeitsmarktforschung am IAB. In: KLEINHENZ, Genhard (Hrg) Beiträge zu Arbeitsmarkt und Berufsforschung 250. S. 293-308.

BLIEN, Uwe; HAAS, Annette; HIRSCHAUER, Franziska; MAYERHOFER, Erich; TASSSINOPOULUS, Alexandros; VOLLKOMMER, Dieter; WOLF, Katja (2001): Regionale Arbeitsmarktforschung im IAB. In: Mitteilungen aus der Arbeitsmarkt und Berufsforschung. 34 Jg. Nr. 1. S. 45-73.

BLOSSFELD, Peter; BUCHHOLZ, Sandra; HOFÄCKER, Dirk (Ed) (2006): Globalization, uncertainty and late careers in society. Routledge. London.

BOSCH, Gerhard (2003): Das Normalarbeitsverhältnis in der Informationsgesellschaft. In: Institut Arbeit und Technik: Jahrbuch 2002/2003. Gelsenkirchen.

BOSCH, Gerhard (1986): Hat das Normalarbeitsverhältnis eine Zukunft. In: WSI-Mitteilungen. 1986 Nr. 3, 163-176.

BONß, Wolfgang (1999): Jenseits der Vollbeschäftigungsgesellschaft. Zur Evolution der Arbeit in globalisierten Gesellschaften. In SCHMID, Gerd (Hrg.): Kein Ende der Arbeitsgesellschaft. Arbeit, Gesellschaft und Subjekt im Globalisierungsprozess. Sigma Verlag. Berlin. 145 -175.

BOURDIEU, Pierre (1998): Prekarität ist überall. In: Gegenfeuer. Wortmeldungen im Dienste des Widerstands gegen die neoliberale Invasion. Universitätsverlag Konstanz. 96-102.

BUCHHOLZ, Sandra (2008): Die Flexibilisierung des Erwerbslebenslaufs. Eine Analyse von Einstiegs- und Ausstiegsprozessen in Ost- und Westdeutschland. VS Verlag. Wiesbaden.

BUDE, Heinz (2010): Die Ausgeschlossenen: das Ende vom Traum einer gerechten Gesellschaft. Deutscher Taschenbuchverlag. München.

BULTEMEIER, Anja; LOUDOVICI, Kai; LASKOWSKI, Nadine (2008): Ist Prekarität überall? Unsicherheit im Zentrum der Arbeitsgesellschaft. In: KÖHLER, Christoph et al. (Hg.): Offene und geschlossene Beschäftigungssysteme – Risiken und Nebenwirkungen. VS Verlag für Sozialwissenschaften. Wiesbaden.

BURDA, Michael C.; KVASNICKA, Michael (2006): Zeitarbeit in Deutschland. Trends und Perspektiven. In: Perspektiven der Wirtschaftspolitik. Nr. 2. S. 195-225.

BUTTLER, Günther; FICKLER, Normen (1999): Statistik mit Stichproben. Rohwolt. Tübingen.

CLARD, Colin G. (1940): The conditions of economic progress. Macmillan Press. London.

CLEGG, Steward; LOUNDSBURY, Michael (2009): Weber: Sintering the Iron Cage: Translation, Domination and Rationality. In ADLER, Paul S. (Ed.): Sociology and organizations studies. Classical Foundations. Oxford Handbook. Oxford University Press.

CRAMER, Ulrich; KOLLER, Martin (1988): Gewinne und Verluste von Arbeitsplätzen in Betrieben – der Job-Turnover Ansatz. In: Mitteilungen aus der Arbeitsmarkt und Berufsforschung. H.3; S. 361-377.

DAVIS, Gerald F. 2009a: Managed by the Markets: How Finance Re-Shaped America. Oxford.

DAVIS, Gerald F. 2009b: The rise and fall of finance and the end of the society of organizations. In: Academy of Management Perspective 23. No. 3. 27-44.

DELERY, John E.; DOTY, Harold (1996): Modes of Theorizing in Strategic Human Ressource Management: Test of universalistic, contingency and configurational performance prediction. In: Academy of Management Journal 39. No. 4, pp.802-835.

DIMAGGIO, Paul J.; POWELL, Walter M. (1983): The Iron Cage Revisited: Institutional Isomorphism and Collective Rationality in Organizational Fields. In: American Sociological Review, Vol. 48, No. 2, pp. 147-160.

DIEWALD, Martin (2010). Lebenslaufregime. Begriff, Funktion und Hypothesen zum Wandel. In: BOLDER, Axel (Hrg.): Lebenslaufregime. Begriff, Funktion und Hypothesen zum Wandel. Wiesbaden: VS Verlag. Wiesbaden.

DIEWALD, Martin; SILL, Stephanie (2004): Mehr Risiken, mehr Chancen? Trends in der Arbeitsmarktmobilität seit Mitte der 1980er Jahre. In: KÖHLER, Christoph; STRUCK, Olaf (Hrg) (2004): Beschäftigungsstabilität im Wandel? Empirische Befunde und theoretische Erklärungen. Hampp Verlag. München.

DOERINGER, Peter B.; PIORE, Michael J. (1971, 1985): International Labor Markets and Manpower Analysis. D.C. Heath and Company. Massachusetts.

DÖRRE, Klaus (2010): Überbetriebliche Regulierung von Arbeitsbeziehungen. In: BÖHLE, Fritz; VOß,Günter; WACHTLER, Günther (Hrg.): Handbuch Arbeitssoziologie. Wiesbaden. S. 873-912.

DÖRRE, Klaus (2009) Die neue Landnahme. Dynamiken und Grenzen des Finanzmarktkapitalismus. In: DÖRRE, Klaus; LESSENICH, Stephan; ROSA, Hartmut (2009) Soziologie-Kapitalismus-Kritik. Eine Debatte. Suhrkamp. Frankfurt am Main. S. 21 -m86.

DÖRRE, Klaus (2005): Prekarität – Eine arbeitspolitische Herausforderung. In: WSI-Mitteilung. Jg. 2005 Nr. 5. 250 – 258.

DÖRRE, Klaus (2002): Kampf um Beteiligung. Arbeit, Partizipation und industrielle Beziehungen. Westdeutscher Verlag. Wiesbaden.

DÖRRE, Klaus; LESSENICH, Stephan; ROSA, Hartmut (2009) Soziologie-Kapitalismus-Kritik. Eine Debatte. Suhrkamp. Frankfurt am Main.

DÖRRE, Klaus; KRÄMER, Klaus; SPEIDEL, Frederic (2004): Prekäre Arbeit. Ursachen, soziale Auswirkungen und subjektive Verarbeitungsformen unsicherer Beschäftigung. In: Das Argument 256, S. 378 – 397.

DOMBOIS, Rainer (1999): Der schwierige Abschied vom Normalarbeitsverhältnis. In: Aus Politik und Zeitgeschichte. Beilage zur Wochenzeitung Das Parlament. B 37/99, Bonn 1999. S. 13 – 20.

DOSTAL, Werner (2001): Quantitative Entwicklung und neue Beschäftigungsformen im Dienstleistungsbereich. In: BÄTHGE, Martin; WILKENS, Ingrid (Hrg.) (2001): Die große Hoffnung für das 21. Jahrhundert? Perspektiven und Strategien für die Entwicklung der Dienstleistungsgesellschaft. Leske + Budrich. Opladen.

DÜTSCH, Matthias; STRUCK, Olaf (2011): Muster interner und externer Personalanpassungsformen. Eine Analyse anhand des IAB-Betriebspanels 2007. In: VOSS-DAHM, Dorothea; MÜHGE, Gernot; SCHMIERL, Klaus; STRUCK, Olaf (Hrsg.). Qualifizierte Facharbeit im Spannungsfeld von Flexibilität und Stabilität. VS Verlag. Wiesbaden. S. 289 – 302.

EBERS, Mark; GOTSCH, Wilfried (2006): Institutionenökonomische Theorie der Organisation. In: KIESER, Alfred; EBERS, Mark (Hrg.) Organisationstheorien. Kohlhammer Verlag. Stuttgart.

ERLINGHAGEN, Marcel (2006): Job Stability, Mobility and Labour Market Restructuring. Evidence from German Microdata. In: management revue, 17. No. 4. 372-394.

ERLINGHAGEN, Marcel (2005): Entlassungen und Beschäftigungssicherheit im Zeitverlauf. Zur Entwicklung unfreiwilliger Arbeitsmarktmobilität. In: Zeitschrift für Soziologie. Jg. 34. Heft 2. 147-168.

ERLINGHAGEN, Marcel (2004): Die Restrukturierung des Arbeitsmarktes : Arbeitsmarktmobilität und Beschäftigungsstabilität im Zeitverlauf. VS Verlag. Wiesbaden.

ERLINGHAGEN, Marcel; KNUTH, Matthias (2004): In Search of Turbulence. Labour Market Mobility and Job Stability in Germany. In: European Societies 6. 49-70.

ESSER, Harmut (1996) Soziologie. Allgemeine Grundlagen. Campus Verlag. Frankfurt am Main.

EVERIT, Brian; LANDAU, Sabine; LEESE, Mooren (2001). Cluster Analysis. John Wiley & Sons Ltd. Chichester.

FAHRMEIER, Ludwig; KNEIPP, Thomas; LANG, Stefan (2009): Regressionen. Modelle, Methoden, Anwendungen. Springer Verlag. Heidelberg.

FOURASIÉ, Jean (1954): Die große Hoffnung des 20. Jahrhunderts. Bund Verlag. Köln.

FRIEDLAND, Roger; ALFORD, Robert R. (1991): Bringing Society Back In: Symbols, Practices, and Institutional Contradictions. In: DIMAGGIO, Paul J.; POWELL, Walter W. (eds.): The New Institutionalism in Organizational Analysis. University of Chicago Press.

GAULIC, Charles D.; ANDERSON, Erin (2000): From Security to Mobility. Generalized Investments in Human Capital and Agent Commitment. In: Organization Science 11. No. 1. pp.1-20.

GAUTIÉ, Jérôme (2009): Institutional Labour Economics: from survival to revival? Comments on Paul Osterman. Discussion. In: Socio-Economic Review 7. pp.714-719.

GIESECKE, Johannes; HEISIG, Jan Paul (2010): Destabilisierung und Destandardisierung, aber für wen? Die Entwicklung der westdeutschen Arbeitsplatzmobilität seit 1984. In: Kölner Zeitschrift für Soziologie 62. S. 403-435.

GIESECKE, Johannes (2009): Socio-economic Risks of Atypical Employment Relationships: Evidence from the German Labour Market. In: European Sociological Review vol. 25, Nr. 6, pp. 629–646.

GOULDNER, Alwin W. (1984): Etwas gegen Nichts: Reziprozität und Asymmetrie. In: GOULDNER, Alwin: Reziprozität und Autonomie. Ausgewählte Aufsätze. Übersetzt von Elmar Weingarten und Horst Ebbinghaus. Suhrkamp. Frankfurt am Main. S.118-164.

GOULDENER, Alwin W. (1954): Patterns of Industrial Bureaucracy, Free Press. New York.

GRANOVETTER, Mark (1985): Action and Social Structure. The Problem of Embeddednes. In: American Journal of Sociology 91. No 3. Pp.481-510.

DEMENSZKY V. D.HAGEN, Alma; VOß, Günter G. (2010): Beruf und Profession. In: BÖHLE, Fritz; VOß, Günter G.; WACHTLER, Günther (Hrsg.): Handbuch Arbeitssoziologie. Wiesbaden: VS Verlag. S. 751-803.

HAAK, Carroll; SCHMID, Günther (1999): Arbeitsmärkte für Künstler und Publizisten. – Modelle einer zukünftigen Arbeitswelt? Wissenschaftszentrum Berlin. S.99-506.

HALL, Peter A.; SOSKICE, David (Ed.) (2001): Varieties of Capitalism: The Institutional foundations of Comparative Advantage. Oxford University Press.

HAUNSCHILD, Axel (2004): Flexible Beschäftigungsverhältnisse. Effizienz, institutionelle Voraussetzungen und organisationale Konsequenz. Habilitationsschrift. Universität Hamburg.

HEIDENREICH, Martin; TÖPSCH, Karin (1998): Die Organisation von Arbeit in der Wissensgesellschaft. In: Industrielle Beziehungen, Jg. 5; Heft 1; S. 13-43.

HOHENDANNER, Christian; GERNER, Hans-Dieter (2010): Die Übernahme befristet Beschäftigter im Kontext betrieblicher Personalpolitik. In: Soziale Welt. S. 27-50.

HOHENDANNER, Christian; JANIK, Florian (2008): Praktika und betriebliche Personalpolitik. – Verbreitung und Nutzungsintensität von Praktika in deutschen Betrieben. In: Zeitschrift für Arbeitsmarktforschung. Nr.4. S. 471-487.

HOLST, Hajo; NACHTWEY, Oliver; DÖRRE, Klaus (2010): The Strategic Use of Temporary Agency Work – Functional Change of a Non-standard Form of Employment. In: International Journal of Action Research, 6(1), 2010: 108-138.

JANN, Ben (2009): Diagnostik von Regressionsschätzungen bei kleinen Stichproben (mit Exkurs zu logistischen Regressionen) In: KRIWY, Peter; GROß, Christane (Hrg): Klein aber fein. Quantitative empirische Sozialforschung mit kleinen Fallzahlen. VS Verlag. Wiesbaden. S.93-126.

KALLEBERG, Arne L. (2001): Organizing Flexibility: The Flexible Firm in a New Century. In: British Journal of Industrial Relation 39:4. pp. 479-504.

KASPER, Helmut (1987): Organisationskultur. Fachverlag an der Wirtschaftsuniversität Wien.

KELLER, Bernd (2009): Atypische Beschäftigungsverhältnisse: Formen, Verbreitung und soziale Folgen. In: Das Parlament. Nr. 27. 2009.

KELLETER, Kai (2009): Selbstständige in Deutschland. Ergebnisse des Mikrozensus 2008. In: Wirtschaft und Statistik 12.

KERN, Horst; SCHUMANN, Michael (1984, 1990): Das Ende der Arbeitsteilung. Rationalisierung in der industriellen Produktion. Beck Verlag. München.

KIESER, Alfred (Hrg.) (2002): Organisationstheorien. Kohlhammer Verlag. Stuttgart.

KIESER, Alfred; EBERS, Mark (Hrg.) (2006): Organisationstheorien. Kohlhammer Verlag. Stuttgart.

KIESER, Alfred; WALGENBACH, Peter (2010): Organisation. Schäffer-Poeschel Verlag. Stuttgart.

KÖHLER,Christoph; KRAUSE, Alexandra (2010): Betriebliche Beschäftigungspolitik. In: BÖHLE, Fritz; VOß,Günter; WACHTLER, Günther (Hrg.): Handbuch Arbeitssoziologie. Wiesbaden. S. 387-412.

KÖHLER, Christoph; STRUCK, Olaf (2008): Offene und geschlossene Beschäftigungssysteme. Ansätze-Ergebnisse-Ausblicke. In: KÖHLER, Christoph et al. (Hg.): Offene und geschlossene Beschäftigungssysteme – Risiken und Nebenwirkungen. Wiesbaden: VS Verlag für Sozialwissenschaften. Wiesbaden. S.11-30.

KÖHLER, Christoph; LODOVICI, Kai (2008): Betriebliche Beschäftigungssysteme und Arbeitsmarktsegmentation. In: KÖHLER, Christoph et al. (Hg.): Offene und geschlossene Beschäftigungssysteme – Risiken und Nebenwirkungen. VS Verlag. Wiesbaden. S.31 – 63.

KÖHLER, Christoph; STRUCK, Olaf Struck; GROTHEER, Grotheer; KRAUSE, Alexandra; KRAUSE, Ina; SCHRÖDER, Tim (Hrg.) (2008): Offene und geschlossene Beschäftigungssysteme – Risiken und Nebenwirkungen. VS Verlag. Wiesbaden

KÖHLER, Christoph; SCHRÖDER, Tim; GÖTZELT, Ina (2006): Employment stability, firm employment systems and labour market segmentation, First findings and ideas for an international research network. In SFB580-Mitteilungen. Heft 16. Jena/Halle.

KÖHLER, Christoph; SCHRÖDER, Tim; SCHWIEDERRECK, Frank; STRUCK, Olaf (2004): Betriebe und Beschäftigungsperspektiven. Ergebnisse einer Betriebsbefragung in zehn Branchen. In: KÖHLER, Christoph et al.: Beschäftigungsstabilität und betriebliche Beschäftigungssysteme in West- und Ostdeutschland. SFB580-Mitteilungen. Nr. 14. Jena/ Halle

KÖHLER, Christoph; STRUCK, Olaf; BULTEMEIER, Anja; GROTHEER, Michael; SCHRÖDER, Tim; SCHWIEDERECK, Frank (2004): Beschäftigungsstabilität und betriebliche Beschäftigungssysteme in West- und Ostdeutschland. SFB580 Mitteilungen Nr. 14. Jena/ Halle.

KOHLI, Martin (1985): Die Institutionalisierung des Lebenslaufs – Historische Befunde und theoretische Argumente. In Kölner Zeitschrift für Soziologie und Sozialpsychologie. Jg. 37. S. 1 – 29.

KOHLSDORF, Thimo (2008): Branchenkultur und Netzwerke – eine komplexitätstheoretische Analyse. In HIMPEL, Frank; KALUZA, Bernd; WITTMANN, Jochen (Hrg.): Spektrum des Produktions- und Innovationsmanagements Komplexität und Dynamik im Kontext von Interdependenz und Kooperation. Gabler Verlag. Wiesbaden.

KRAFT, Susanne; SEITTER, Wolfgang; KOLLEWE, Lea (2009): Professionalitätsentwicklung des Weiterbildungspersonals. Bertelsmann Verlag. Bielefeld.

KRAUSE, Ina (2011) Neue Prozesse sozialer Schließung am deutschen Arbeitsmarkt? Betriebliche Nutzungszusammenhänge der Beschäftigungsformen „Leiharbeit“ und „freie Mitarbeit“. In: VOSS-DAHM, Dorothea; MÜHGE, Gernot; SCHMIERL, Klaus; STRUCK, Olaf (Hrsg.). Qualifizierte Facharbeit im Spannungsfeld von Flexibilität und Stabilität. VS Verlag. Wiesbaden. S. 303 -328.

KRAUSE, Ina (2008) Mixed-Mode-Erhebungsverfahren in CATI-Betriebsbefragung. Verbesserte Ausschöpfung durch Kombination mit PAPI. In: MARTENS, Bernd; RITTER, Thomas (2008): Eliten am Telefon. Neue Formen von Experteninterviews in der Praxis. Nomos. Baden-Baden. S. 115-127.

KRAUSE, Ina; SCHRÖDER, Tim; STRUCK, Olaf (2008): „Innovationstätigkeit und Beschäftigungsstabilität“ in KÖHLER, Christoph et.al. (Hrg.): Offene und Geschlossen Beschäftigungssysteme. VS Verlag. Wiesbaden.

KRECKEL, Reinhard (2004): Politische Soziologie der sozialen Ungleichheit. 3., überarb. und erw. Auflage. Campus Verlag. Frankfurt am Main.

KRESS, Ulrike (1998): Vom Normalarbeitsverhältnis zur Flexibilisierung des Arbeitsmarktes. Ein Literaturbericht. In Mitteilungen aus Arbeitsmarkt- und Berufsforschung. No. 3. Jg. 31.

KRONAUER, Martin (2010): Exklusion. Die Gefährdung des Sozialen im hoch entwickelten Kapitalismus. Campus Verlag. Frankfurt am Main.

KRUGMAN, Paul (1991:) Geography and Trade. Leuven University Press. Leuven.

LEAZER, Edward P.; SHAWN, Kathryn L. (2007): Personal Economics: The Economist's View of Human Ressources. In Journal of Economic Perspectives. Vol. 21. Nr. 4. pp. 91-114.

LESSENISCH, Stephan (2009) Mobilität und Kontrolle. Zur Dialektik der Aktivgesesellschaft. In: DÖRRE, Klaus; LESSENICH, Stephan; ROSA, Hartmut (2009) Soziologie-Kapitalismus-Kritik. Eine Debatte. Suhrkamp. Frankfurt am Main. S. 126 – 180

LIEBIG, Stefan; LENGFELD, Holger (2002): Arbeit, Organisation und moralische Überzeugungen. Eine Grid-Group-Theorie der Gerechtigkeit in Unternehmen. Soziale Welt 53. S.115 – 140.

LINDBECK, Assar; SNOWER, Dennis J. (2000): Multitasking Learning and the Reorganization of Work: From Tayloristic to Holistic Organisation. Journal of Labor Economics. Vol. 18. No. 3. pp. 353-376.

LONG, Scott; FREESE, Jeremy (2009); Regression Models for Categorical Dependent Variables Using Stata. Stata Press. Texas.

LUTZ, Burkart; SENGENBERGER, Werner (1974): Arbeitsmarktstrukturen und Arbeitsmarktpolitik. Verlag Otto Schwarz & Co. Göttingen.

LUTZ, Burkart (1987): Arbeitsmarktstruktur und betriebliche Arbeitskräftestrategie. Campus Verlag. Frankfurt am Main.

LUTZ, Burkart (1989): Der kurze Traum immerwährender Prosperität. Campus Verlag. Frankfurt am Main.

MARSDEN, David (2009): The revival of institutional labour economics: a societal dimension. Discussion. Socio-Economic Review 7. pp.719-726.

MARSDEN, David (1999): A Theory of Employment Systems: Micro-foundations of societal diversity. Oxford University Press.

MARSDEN, David (1982): Career structure and training in internal labor markets in Britain and comparison with West Germany. Manpower Studies. 4. pp. 10-17.

MARTENS, Bernd; KRAUSE, Ina (2008): Wann lohnt sich die Akquisition nicht mehr? Antworten auf der Basis von Erfahrungen mit telefonischen Expertenbefragungen im Paneldesign. In: MARTENS, Bernd; RITTER, Thomas (2008): Eliten am Telefon. Neue Formen von Experteninterviews in der Praxis. Nomos. Baden-Baden. S. 163-179.

MAUSS, Marcel (1968): Die Gabe. Form und Funktion des Austauschs in arabischen Gesellschaften. Übertragen ins Deutsche von Eva Moldenhauer. Suhrkamp. Frankfurt am Main.

MAYER, Karl-Ulrich, 1990: Lebensverläufe und sozialer Wandel. Anmerkungen zu einem Forschungsprogramm. In: MAYER, Karl-Ulrich (Hrsg.): Lebensverläufe und sozialer Wandel, Sonderheft 31 der Kölner Zeitschrift für Soziologie und Sozialpsychologie. Westdeutscher Verlag. Opladen. 7-21.

MAYER, Karl-Ulrich; GRUNOW, Daniela; NITSCHE, Natalie (2010): Mythos Flexibilisierung? Wie instabil sind Berufsbiographien wirklich und als wie instabil werden sie wahrgenommen. In Kölner Zeitschrift für Soziologie 62. S.369-402.

MÜCKENBERGER, Ulrich (1985): Die Krise des Normalarbeitsverhältnisses. Hat das Arbeitsrecht noch eine Zukunft? In: Zeitschrift für Sozialreform 31. 415 – 434.

MÜLLER-JENTSCH, Walther (2003): Organisationssoziologie: eine Einführung. Campus Verlag. Frankfurt am Main.

MUTZ, Gerd; LUDWIG-MAYERHOFER, Wolfgang; KOENEN, Elmar J.; EDER, Klaus; BONß, Wolfgang (1995): Diskontinuierliche Erwerbsverläufe. Analysen zu postindustriellen Arbeitslosigkeit. Leske + Budrich. Opladen.

NIENHÜSER, Werner (2004): Political [Personal] Economy – a Political Economy Perspective to Explain Different Forms of Human Ressources Managment Strategies. Management Revue. Vol. 15. Issue 2. pp.228-248.

OSTERMAN, Paul (2009): The Countours of Institutional Labour Economics: Notes towards a rivived discipline. Socio-Economic Review 7, pp. 695-708.

OSTERMAN, Paul (1987): Choice of Employment Systems in Internal Labor Markets. Industrial Relations 26. No. 1. pp. 46-67.

PFEIFFER, Christian (2007): Eine theoretische und empirische Analyse der Determinanten von Teilzeitarbeit, Mini- und Midi-Jobs. In Zeitschrift für Arbeit. S.65-76.

PFEIFFER, Roland; METZGER, Herbert (2009): Minijobbs im Haushalt. Aus der Schmuddelecke zum Arbeitsmarkt. – Erfahrungen mit der Öffentlichkeitskampange gegen Schwarzarbeit in Privathaushalten. In RV-aktuell. Nr. 9.

POHL, Hans-Joachim (1970): Kritik der Drei-Sektoren-Theorie. Mitteilungen aus der Arbeitsmarkt und Berufsforschung. Nr. 4.

PREISENDÖRFER, Peter (2008): Organisationssoziologie. Grundlagen, Theorien und Problemstellungen. 2. Auflage. VS Verlag. Wiesbaden.

ROSA, Hartmut (2009): Kapitalismus als Dynamisierungsspirale – Soziologie als Gesellschaftskritik. In: DÖRRE, Klaus; LESSENICH, Stephan; ROSA, Hartmut (2009) Soziologie-Kapitalismus-Kritik. Eine Debatte. Suhrkamp. Frankfurt am Main. S. 87-125.

ROSS, Stephen A. (1973): The economic theory of agency: The principal's problem. In American Economic Review 63. pp 134-139.

SAGA, Daniel Thomas (2009): Human Ressource Management. Best Practices in Europe. Eine empirische Untersuchung. Doctoral Thesis. WU Vienna University of Economics and Buisiness.

SCHMID, Günther (2002): Wege in eine neue Vollbeschäftigung. Campus Verlag. Frankfurt am Main.

SCHULTZ, Theodore W. (1972): Human Capital. Policy Issues and Research Opportunities. In Economic Research: Retrospective and Prospectives Vol. 6: Human Resources. pp 1-84.

SCHULTZ, Theordore W. (1961): Investment in Human Capital. American Economic Review 51. No. 1. pp. 1-17.

SEIFFERT, Hartmut (Hrg.) (2005): Flexible Zeiten in der Arbeitswelt. Campus Verlag. Frankfurt am Main.

SEIFERT, Matthias; PAWLOWSKY, Peter (1998): Innerbetriebliches Vertrauen als Verbreitungsgrenze atypischer Beschäftigung. In Mitteilungen aus der Arbeitsmarkt und Berufsforschung. 31 Jg. H3.

SENGENBERGER, Werner (1978): Der gespaltene Arbeitsmarkt. Campus Verlag. Frankfurt am Main.

SENNETT; Richard (2000): Der flexible Mensch. Die Kultur des neuen Kapitalismus. Goldmann. Berlin.

SIMON, Herbert A. (1991): Organizations and Markets. Journal of Economic Perspectives 5, Nr. 2.; pp. 21-44.

SMITH, Adam (1974): Wohlstand der Nationen. Dt. Übersetzung. Wissenschaftlicher Buchverlag. Darmstadt.

SOERENSON, Age B. (1983): Processes of Allocation to Open and Closed Positions in Social Structure. Zeitschrift für Soziologie, Jg. 12. Heft. 3. S.203-224.

SPÄT, Helmuth (1977): Cluster-Analyse-Algorithmen zur Objektklassifizierung und Datenreduktion. 2 Auflage. R. Oldenbourg Verlag. München.

STATA CORP (2007): Multivariate Statistics. Stata Press. Texas.

STINCHCOMP, Arthur L. (1965): Social structure and organisations, In: March, James G. (ed.): Handbook of Organisations, Chicago: Rand McNally. 142-193.

STREECK, Wolfgang (2001): Kontinuität und Wandel im deutschen System der industriellen Beziehungen: Offene Fragen" In: Zeitschrift für Arbeit. H. 4, Jg 10. S. 299-313.

STREECK, Wolfgang; YAMAMURA, Kozo (2001) The Origins of Neoliberal Capitalism. Germany and Japan, Cornell University Press. Ithaca.

STRUCK, Olaf (2006): Flexibilität und Sicherheit. VS Verlag. Wiesbaden.

STRUCK, Olaf; SCHRÖDER, Tim; WLODARSKI, Carola (2008) „Vordringlichkeit des Befristeten“? Zur Theorie und Empirie offener Beschäftigungssysteme. In: KÖHLER, Christoph et al. (Hg.): Offene und geschlossene Beschäftigungssysteme – Risiken und Nebenwirkungen. Wiesbaden: VS Verlag. Wiesbaden. S.143 – 200.

STRUCK, Olaf; KÖHLER, Christoph; GROTHEER, Michael; SCHRÖDER, Tim (2007): Beschäftigungsstabilität: Entwicklungen und Ursachen. In: Kölner Zeitschrift für Soziologie und Sozialpyschologie. Heft 2. S. 294-317.

STRUCK, Olaf; GÖTZELT, Ina; GROTHEER, Michael; KÖHLER, Christoph; SCHRÖDER, Tim (2006): Beschäftigungsdauern und betriebliche Beschäftigungssysteme (BBSS)“ In: Zeitschrift für Arbeit Schwerpunktheft Nr.3; 2006.

STRUCK, Olaf; SCHRÖDER, Tim (2006): Ursachen betrieblicher Beschäftigungsdauern: Theoretische Zugänge und empirische Befunde anhand des SFB580-B2-Betriebspanel. In: NIENHÜSER, Werner (Hg.): Beschäftigungspolitik von Unternehmen. Theoretische Erklärungsansätze und empirische Erkenntnisse. Rainer Hampp. München/ Meiring. S. 39-67.

SÜSS, Stefan (2008): Soziologischer Neoinstitutionalismus. Aussagen, Anwendungsbereiche, Kritik. In: WiSt Heft 2, 2008.

VOSWINKEL, Stephan (2005): Reziprozität und Anerkennung in Arbeitsbeziehungen. In ADLOFF, Frank; MAU, Steffen (Hg.) Vom Geben und Nehmen. Zur Soziologie der Reziprozität. Campus Verlag. Frankfurt am Main.

VOß, Günter; PONGRATZ, Hans Jürgen (1998): Der Arbeitskraftunternehmer. Eine neue Grundform der Ware Arbeitskraft. Kölner Zeitschrift für Soziologie und Erziehung und Sozialisation. 20. No. 2.

VOSS-DAHM, Dorothea; MÜHGE, Gernot; SCHMIERL, Klaus; STRUCK, Olaf (Hrsg.) (2011): Qualifizierte Facharbeit im Spannungsfeld von Flexibilität und Stabilität. VS Verlag. Wiesbaden.

VOSS-DAHM, Dorothea (2011): Die Bedeutung beruflicher Bildungsabschlüsse für die Karriere im Betrieb. In: VOSS-DAHM, Dorothea; MÜHGE, Gernot; SCHMIERL, Klaus; STRUCK, Olaf (Hrsg.). Qualifizierte Facharbeit im Spannungsfeld von Flexibilität und Stabilität. VS Verlag. Wiesbaden. 163-185.

VOSS-DAHM, Dorothea (2009): Verkaufsarbeit im Einzelhandel. Sigma. Berlin.

VOSS-DAHM, Dorothea (2006): Minijobs als Triebkräfte der Ausdifferenzierung betrieblicher Beschäftigungssysteme: das Beispiel Einzelhandel. In: NIENHÜSER, Werner (Hrsg.): Beschäftigungspolitik von Unternehmen: theoretische Erklärungsansätze und empirische Erkenntnisse. München: Hampp. S. 75-94.

VOSS-DAHM, Dorothea (2005): Verdrängen Minijobs „normale“ Beschäftigung? In: Jahrbuch des Institutes für Arbeit und Technik des Jahres 2005.

VOGEL, Bernhard (2009): Wohlstandskonflikte: Soziale Fragen, die aus der Mitte kommen. Hamburger Verlag.

VOBRUBA, Georg (2000): Alternativen zur Vollbeschäftigung. Die Transformation von Arbeit und Einkommen. Frankfurt/Main.

WILLIAMSON, Oliver E. (1985) The Economic Institution of Capitalism. Firms, markets, relational contracting. Free Press. New York/ Oxford.

WINDZIO, Michael (2004): Kann der regionale Kontext zur „Arbeitslosenfalle“ werden? Der Einfluss der Arbeitslosigkeit auf die Mobilität zwischen regionalen Arbeitsmärkten in Westdeutschland. In: Kölner Zeitschrift für Soziologie. Jg. 56. Heft 2. S. 257-278.

WINKELMANN, Rainer; ZIMMERMANN, Klaus F. (1998): Is job stability declining in German? Evidence from count data models. In: Applied Economics. Vol. 30. pp. 1413 – 1420.

Weitere Quellenverweise

Graue Papiere

ALDA, Holger; BENDER, Stefan; GARTNER, Hermann (2005): The linked employer-employee dataset of the IAB (LIAB). IAB-Discussion Papier. Nr. 06/05.

BÄTHGE, Martin (2000): Abschied vom Industrialismus: Kontoren einer neuen gesellschaftlichen Ordnung. Sofi-Mitteilungen Nr. 28.

BELLMANN, Lutz; KIRCHNER, Stefan Kirchner; OPPEN, Maria (2008): Zur gesellschaftlichen Einbettung von Organisationenwandel. Einführungsdynamik dezentraler Organisationsstrukturen. IAB-Discussion Paper. Nr. 37.

BLIEN, Uwe; AMEND, Elke; BOGAI, Dieter; FUCHS, Stefan; SCHANE, Nobert (2006): Regionales Forschungsnetz. All Business is local. IAB Forum 01/06.

BOSCH, Gerhard; KALINA, Thorsten; LEHNDORFF, Steffen; WAGNER, Alexandra; WEINKOPF, Claudia (2001): Zur Zukunft der Erwerbsarbeit. Eine Positionsbestimmung auf der Basis einer Analyse kontroverser Debatten. Hans-Böckler-Stiftung. Arbeitspapier 47.

BREMER, Wolfram; SEIFFERT, Harmut (2008): Sind atypische Beschäftigungsverhältnisse prekär? Eine empirische Analyse sozialer Risiken. Arbeitspapier Wirtschafts- und Sozialwissenschaftliches Institut (WSI) in der Hans-Böckler-Stiftung. Herbst 2008.

BRINKMANN, Ulrich; DÖRRE, Klaus; RÖBENACK, Silke; KRAEMER, Klaus; SPEIDEL, Frederic (2006): Prekäre Arbeit. Ursachen. Ausmaß. Soziale Folgen und subjektive Verarbeitungsformen. Gutachten für das Wirtschafts- und sozialpolitischen Forschungs- und Beratungszentrum der Friedrich-Ebert-Stiftung. Abteilung Arbeit und Sozialpolitik. Bonner Universitätsdruckerei.

CALIENDO, Marko; KRITIKOS, Alexander (2007): Die reformierte Gründungsförderung für Arbeitslose: Chancen und Risiken. IZA Discussion Papers. No. 3114.

CRIMMANN, Andreas; ZIEGLER, Kerstin; ELLGUTH, Peter; KOHHAUT, Susanne; LEHMER, Florian (2009): Forschungsbericht zum Thema „Arbeitnehmerüberlassung". IAB Endbericht. Mai 2009.

DAUTH, Wolfgang (2010): Agglomeration and regional employment growth. IAB-Discussion Paper Nr. 7.

DAUTH, Wolfgang; HIRSCHAUER, Franziska; RÜB, Felix (2008): Vergleichstypen 2008: Neufassung der SGB-III-Typisierung. IAB-Forschungsbericht 08, Nürnberg.

DÖHRN, Roland; DEHIO, Jochen; GRASKAMP, Rainer; JANSSEN-TIMMEN, Ronald; SCHEUER, Markus (2008): Potenziale des Dienstleistungssektors in Deutschland für Wachstum von Bruttowertschöpfung und Beschäftigung. Forschungsvorhaben des Bundesministeriums für Wirtschaft und Technologie. Endbericht. Rheinisch-Westfälisches Institut für Wirtschaftsforschung.

DÖRRE, Klaus; KRÄMER, Klaus; SPEIDEL, Frederic (2003): Prekäre Arbeit. Ursachen sozialer Desintegration und Rechtsextremismus?. Projektzwischenbericht. BMBF-Forschungsverbund „Desintegrationsprozesse – Stärkung von Integrationspotentialen einer modernen Gesellschaft".

EICHENHORST, Werner; MARX, Paul; THODE, Eric (2010): Atypische Beschäftigung und Niedriglohnarbeit Benchmarking Deutschland: Befristete und geringfügige Tätigkeiten, Zeitarbeit und Niedriglohnbeschäftigung. Bericht der Bertelsmannstiftung.

FISCHER, Gabriele; JANIK, Florian; MÜLLER, Dana; SCHMUCKER, Alexandra (2008): Das IAB-Betriebspanel – von der Stichprobe über die Erhebung bis zur Hochrechnung. FDZ-Methodenreport. No. 1. IAB.

HOHENDANNER, Christian (2010): Befristete Arbeitsverträge zwischen Auf- und Abschwung. Unsichere Zeiten, unsichere Verträge? In: IAB-Kurzbericht.Nr. 14/ 2010.

HOLST, Hajo; NACHWEY, Oliver; DÖRRE, Klaus (2009): Funktionswandel von Leiharbeit. Neue Nutzungsstrategien und ihre arbeits- und mitbestimmungspolitischen Folgen. Eine Studie der Otto-Brenner-Stiftung. Frankfurt am Main. August 2009.

INSITUT FÜR FREIE BERUFE (2006): Freier Beruf oder Gewerbe?. Gründungsinformationen Nr. 1. Aktualisierte Kurzfassung. Online verfügbar unter: www.ifb.uni-erlangen.de.

INSITUT FÜR FREIE BERUFE (2005): Freie Mitarbeit =/= freier Beruf. Gründungsinformationen Nr. 7. Online verfügbar unter www.ifb.uni-erlangen.de.

KALINA, Torsten/ VOSS-DAHM, Dorothea (2005): Fluktuation und Mobilität im Einzelhandel. Analysen auf Basis von Auswertungen des Beschäftigtenpanels der Bundesagentur für Arbeit. Arbeitspapier des Institut für Arbeit und Technik.

KIRCHNER, Stefan; OPPEN, Maria (2007): Das Ende der Reorganisationsdynamik? High Performance Work Practices als Muster der Reorganisation in Deutschland. WZB-Discussion Paper.

LECKIE, George (2010a): Introduction to Multilevel Modelling. Module 5. Stata Practical. LEMMA VLE, Centre for Multilevel Modelling. Accessed at http://www.cmm.bris.ac.uk/lemma/course/view.php?id

LECKIE, George (2010b): Regression Models for Binary Responses. Module 6. Stata Practical. LEMMA VLE, Centre for Multilevel Modelling. Accessed at http://www.cmm.bris.ac.uk/lemma/course/view.php?id

SCHMID, Günther/ PROTSCH, Paula (2009): Wandel der Erwerbsformen in Deutschland und Europa. Discussion; Paper SP I 2009-505. Wissenschaftszentrum Berlin für Sozialforschung. Berlin.

SCHUMANN, Michael (2003): Struktureller Wandel und Entwicklungen in den Qualifikationsanforderungen. Vortrag auf dem 4.ten BIBB Fachkongress. November 2002. Veröffentlicht in SOFI-Mitteilungen Nr. 1.

STATISTISCHES BUNDESAMT 2008: DESTATIS, Pressemitteilung Nr. 340 vom 09.09.2008.

STEELE, Fiona (2009): Multilevel Models for Binary Responses. Center for Multilevel Modeling. Online Module Nr. 7 inklusive Stata Practical. Online verfügbar unter http://www.cmm.bristol.ac.uk/learning-training/course.shtml

STEELE, Fiona (2008) Introduction to Multilevel Modelling Concepts. LEMMA VLE, Centre for Multilevel Modelling. Accessed at http://www.cmm.bris.ac.uk/lemma/course/view.php?id=13.

VCD – VERBAND DER CHEMISCHEN INDUSTRIE (2010): Chemiewirtschaft in Zahlen. Frotscher Druck GmbH im Auftrag des VDC. Abteilung Wirtschaft, Finanzen und IT. September 2010. Darmstadt.

VOß, Günter (2001): Der Arbeitskraftunternehmer. Ein neuer Typus von Arbeitskraft und seine Folgen. ZWE „Arbeit und Region" Arbeitspapier Nr. 43.

VOSS-DAHM, Dorothea (2004): Geringfügige Beschäftigung und Veränderung innerbetrieblicher Arbeitsmärkte im Einzelhandel. Beitrag zur Arbeitstagung „Empirische Personal- und Organisationsforschung" der Universität Duisburg-Essen am 2./3. Dezember 2004.

WAGNER, Alexandra (2010): Atypische Beschäftigung. Eine wissenschaftliche Bilanzierung. Abschlussbericht. Hans-Böckler-Stiftung. Berlin. Mai 2010.

Gesetzestexte und Rechtsbeschlüsse

Arbeitnehmerüberlassungsgesetzes (AÜG)

Bundesarbeitsgericht Beschluss vom 14.12.2010, (Az: 1 ABR 19/10); Tariffähigkeit einer Spitzenorganisation – Tarifgemeinschaft Christlicher Gewerkschaften für Zeitarbeit und Personalserviceagenturen (CGZP)

Einkommenssteuergesetz (EstG) § 18 Abs.1

Gesetz zur Änderung der Handwerksordnung und anderer gewerberechtlicher Vorschriften vom 24. Dezember 2003, BGBl. 2003 Nr. 66 S. 2934ff

SGBII-Fortentwicklungsgesetz vom 20. Juli 2006, BGBl. 2006 Nr. 36. S. 1706ff

Zweites Gesetz für modernde Dienstleistungen am Arbeitsmarkt vom 21. Dezember 2002, BGBl. 2002 Nr. 87. 4607ff

Zweites Gesetz für modernde Dienstleistungen am Arbeitsmarkt vom 21. Dezember 2002, BGBl. 2002 Nr. 87. 4621ff

Onlineressourcen:

LEMMA – Online Tool zur Einarbeitung in die Mehrebenenmodellierung; verfügbar unter: http://www.cmm.bristol.ac.uk/learning-training/course.shtml

Deskriptive Statistiken des statistischen Bundesamtes zur Entwicklung der Wirtschaftsstruktur Deutschlands, verfügbar unter: www.destatis.de

Angewandte Statistiksoftwarepakete:

STATA 9.0, 11.0;
SPSS 11.0, 13.0;
CONCLUS

Anlagen

Anlage I: Nähere Beschreibung der statistischen Gütemaße zur Bewertung des Ergebnisses der Clusteranalyse

AI_1. Grafische Bestimmung der optimalen Clusterlösung

Es gibt zwei Möglichkeiten die in einer hierarchischen Clusteranalyse erzeugten Clusterlösungen vergleichend zu bewerten.

Einerseits kann anhand der Ellbow-Kurve (vgl. Backhaus et. al. 2006, 534ff) die Veränderung des Heterogenitätsmaßes im Vergleich der Clusterlösungen abgebildet werden. Die Ellbow-Kurve zeigt dabei die Veränderung des Heterogenitätsmaßes mit zunehmender Clusterzahl

Andererseits bietet ein Dendrogramm (Baumdiagramm), welches den hierarchischen Clusterbildungsprozess vollständig abbilden kann, die Möglichkeit Clusterlösungen vergleichend zu bewerten.

Sowohl für das Ward-Verfahren wie auch im K-Means-Verfahren wird als Maßzahl zur Steuerung der Zuordnung der Fälle zu Clustern die Euklidische Distanz (Fehlerstreuungssumme; Streuungsquadratsumme) verwendet. Dies kann wie nahezu alle Distanzmaße aus der verallgemeinerten Minkowski-Metrik abgeleitet werden[97] und ist wie folgt zu berechnen:

[97] Beispielhaft findet sich die Ableitung in Backhaus et. al. 2006, 504.

$EUkLID_{g,g^*} = d(r = 2, q = 2) = Sum((x_{gi} - x_{g^*i})^2)^{1/2}$ (vgl. Bacher 1996, 222)

Mit
d, r ... Konstanten der Minowski Metrix
xgi, xg*i ... Werte der Variablen g bei Objekten i, *i

Anhand der Ellobow-Kurve wird grafisch nach Sprüngen gesucht. Je kleiner die Abnahme der Fehlerstreuung, desto willkürlicher die Clusterbildung.

Im Dendrogramm lässt sich nachverfolgen, aus welchen Teilclustern die Gruppen einer Clusterlösung entstanden sind, sowie wie hoch die Streuung in den Cluster im Vergleich zur Gesamtstreuung ist.

Allerdings ist dieses und vergleichbare Maße bezogen auf die Suche nach der „besten“ Clusterlösung sehr subjektiv, da die Sprünge vom Anwender selbst beurteilt werden müssen und somit Vorüberlegungen die Wahrnehmung beeinflussen können.

AI_2. Berechnung von statistischen Bewertungsmaßen in Stata

Aufgrund der hohen Subjektivität der grafischen Clustergütemessverfahren wurde in den 1970er und 1980er Jahren diverse formale Techniken entwickelt um die optimale Clusterlösung zu bestimmen (vgl. Everitt/ Landau/ Leese 2001).

Stata bietet von diesen formalisierten Techniken das Calinski und Harabasz (1974) Kriterium sowie das Duda/ Hart Maß (vgl. Stata Corp 2007, 160) an. Beide Maße wurden laut einer Studie von Milligan und Cooper 1985 als die „top performers“ bei der Bestimmung der Clusterzahl benannt (vgl. Everitt/ Landau/ Leese 2001, 102ff).

Das Calinski – Harabasz - Kriterium ist maximal, wenn die optimale Clusterlösung bezogen auf die Varianzerklärung in den Daten vorliegt. Der Algorithmus der Bestimmung des Maßes ist mit dem F-Max-Wert nach Beale gut vergleichbar. Eine beispielhafte Beschreibung findet sich hierzu in Bacher 1996. Das Calinski – Harabasz – Kriterium errechnet sich aus der Streuungsquadratsumme zwischen den Cluster geteilt durch die Streuungsquadratsumme in den Clustern einer Clusterlösung (Stata Corp 2007, 160). Die Entwicklung des Kriteriums lässt sich wie die Ellbow-Kurve grafisch veranschaulichen, wobei das globale Maximum der Kurve, die optimale Clusterlösung anzeigt.

Das Duda-Hart-Kriterium vergleicht die Summe der Summen der quadrierten Distanzen in den einzelnen Cluster einer Clusterlösung mit der nächst tieferen (n+1) Clusterlösung. Die Zielstellung ist dabei die Lösung mit der geringsten Streuungsquadratsumme in den Cluster zu finden. Ein vergleichsweise höherer Wert des Duda-Hart-Kriteriums verweist somit auf die optimale Clusterlösung (Stata Corp 2007, 154).

In der in Kapitel 5 beschriebenen Clusteranalyse werden diese beiden Gütemaße zur Bestimmung der optimalen Zahl der Clusterlösungen herangezogen. Allerdings lässt sich das Duda – Hart – Kriterium generell nur auf hierarchische Clusteranalysen anwenden.

AI_3. Untersuchung Homogenität der Cluster einer Clusterlösung

Neben des Bestimmens der optimalen Clusterlösung gilt es weiterhin die optimale Clusterlösung hinsichtlich der Homogenität der Cluster in der als optimal bestimmten Typisierung zu untersuchen. Zur Bewertung der einzelnen Clusterlösung schlägt Backhaus et. al. (2006) zwei Maße, die die Homogenität der Clusterlösung messen, vor. Zum einen kann anhand des sogenannten F-Wertes geprüft werden wie stark die Klassifikation der Untersuchungsfälle, die

Streuung in den einbezogenen Variablen verringert. Der F-Wert spiegelt somit der Anteil der Streuung einer Variablen in der Clustergruppen verglichen mit der Streuung der Variablen in der Erhebungsgesamtheit wider. Homogene Cluster zeichnen sich dadurch aus, dass der F-Wert aller Variablen, die in die Clusteranalyse aufgenommen wurden kleiner Eins ist.

Zum anderen dient der T-Wert der Ermittlung, der Bedeutung einzelner Variablen zur Ausdifferenzierung der verschiedenen Clusterlösungen. Der Wert errechnet sich dabei aus dem Verhältnis des Mittelwertes einer in die Clusteranalyse einbezogenen Variable jeweils der einzelnen Clusterlösungen bezogen auf den Mittelwert derselben Variablen in der Grundgesamtheit.

Ein dem von Backhaus et. al. vorgeschlagenen T-Wert vergleichbares Maß stellt der von Stata, in Verbindung mit dem Duda-Hart-Kriterium, ausgegebenen Pseudo-T-Wert dar. Mathematisch ist der Pseudo-T-Wert der Kehrwert des Duda-Hart-Maßes. Das heißt, die Summe der Streuungsquadratsummen in den Clustern einer niederen (n+1) Clusterlösung werden durch die Streuungsquadratsummen einer höher Clusterlösung (n) geteilt. Der Wert ist besonders klein, wenn die niedere Clusterlösung eine hohe Streuungsquadratsumme aufweist und somit nicht homogen ist (vgl. Stata Corp 2007, 161). Ein lokales Minimum des Pseudo-T-Wertes des Duda-Hart-Kriteriums deutet somit auf eine optimale Clusterlösung hin.

Die F und T-Werte der in der Studie durchgeführten Clusteranalyse (vgl. Kap. 5) finden sich in den Tabellen 42 in der Anlage II.

Anlage II: Darstellung weiterer Bewertungsmaße der durchgeführten Clusteranalyse

Number of clusters	Duda/Hart Je(2)/Je(1)	pseudo T-squared
1	0.7965	406.97
2	0.8160	135.77
3	0.6900	124.92
4	0.8393	189.35
5	0.4836	167.63
6	0.7098	255.93
7	0.7447	180.66
8	0.6231	71.37
9	0.5563	94.92
10	0.5723	191.35
11	0.8136	73.77
12	0.7341	85.50
13	0.5933	101.45
14	0.3871	153.56
15	0.5865	31.03
16	0.7348	97.06
17	0.4443	48.78
18	0.5300	69.18
19	0.7014	30.66
20	0.6444	82.79

Tabelle 41: Duda/ Hart Kriterien für durchgeführte Clusteranalyse, eigene Berechnungen

F-Wert				
Clusterzahl	kfa	mfa	befa	flexa
1	0,045835	0,158132	0,164056	0,136248
2	0,067757	0,320934	0,239701	0,251023
3	0,352324	0,392717	0,285767	0,155742
4	2,334661	0,307793	0,769786	0,891156
5	0,510707	1,486864	2,320558	0,528042
6	0,458783	1,26462	0,397177	1,405001
T-Wert				
Clusterzahl	kfa	mfa	befa	flexa
1	-1,26914	-3,92453	-0,73899	-1,08053
2	-1,11804	7,695207	-0,50044	-0,62289
3	4,029375	2,358405	-0,27286	-1,02734
4	17,75759	-2,40644	0,209995	0,0851
5	-0,38945	2,148244	13,83135	0,368736
6	-0,57931	1,534473	-0,14467	13,73786

Tabelle 42: F-und T-Statistik für die einzelnen Cluster, berechnet nach Backhaus et. al. 2006, 545ff; eigene Berechnung

Anlage III: Modelle 6.7 jeweils mit Interaktionseffekt Gruppenarbeit * Software

Logistische Regression: Cluster Dominanz Mittelfrist versus Cluster Dominanz Langfrist

Erhebungsjahr	2002	2004	2006
Modellspezifikation	Modell 6.7a mit Interaktionseffekt	Modell 6.7b mit Interaktionseffekt	Modell 6.7c mit Interaktionseffekt
Branchen			
Maschinenbau	Ref.	Ref.	Ref.
Software	0.22 (1.22)	Ref.	1.47 (1.53)
Chemie	0.29 (0.41)	-0.38 (0.58)	0.12 (0.66)
Beratung & Marktforschung	0.56 (0.43)	0.27 (0.56)	0.66 (0.57)
Kredit	0.11 (0.47)	-0.64 (0.66)	-1.13 (0.86)
Handel	0.40 (0.41)	***0.85* (0.51)***	0.11 (0.64)
weitere Betriebmerkmale			
Gruppen- oder Projektarbeit (Dummy)	**0.66** (0.30)**	***0.93* (0.50)***	0.03 (0.44)
Interaktionseffekt: Gruppen- oder Projektarbeit x Software	0.32 (1.3)	0.74 (0.50)	0.08 (1.56)
Ostbetrieb	-0.07 (0.28)	**-0.73** (0.34)**	-0.44 (0.38)
Anzahl sv-pflichtig Beschäftigter (logarithmiert)	**-0.23* (0.12)**	0.02 (0.14)	-0.32* (0.17)
Betriebsalter in Jahren (logarithmiert)	**-0.44*** (0.16)**	-	-
Konstante	0.81	-2.0	-0.33
N	310	236	192
Pseudo-R	0.0795***	0.0695***	0.1101***

In der Tabelle sind jeweils die geschätzten Regressionsgewichte, bezeichnet als „Logits", abgebildet. In den runden Klammern werden die Standardfehler angegeben und für signifikante Werte relevanter unabhängiger Variablen auch die Effektkoeffizienten, häufig bezeichnet mit „odds ratios", in den eckigen Klammern. Das Signifikanzniveau einzelner Effekte wird in der Tabelle wie folgt angegeben * <0,1; ** <0.05; *** <0,01.

Tabelle 43: Logistische Regressionen; Betriebe des Clusters „Dominanz Mittelfrist" versus Betriebe des Clusters „Dominanz Langfrist", unabhängige Variablen: sektoraler Kontext und Arbeitsorganisation; Branchenauswahl mit Interaktionseffekt Software x Gruppen- und Projektarbeit, eigene Berechnungen

Anlage IV: Dimensionen und Fragebogenfragen der Erfassung der Merkmale betrieblicher Tätigkeitsstrukturen

AIV-I: Indikatoren zur Beschreibung der betrieblichen Tätigkeits- und Qualifikationsstruktur

Indikatoren für Erfassung der Qualifikationsstrukturen:

- Für Arbeiter → „Wie viele der Arbeitsplätze der Arbeiter erfordern mittlere Qualifikationen auf Facharbeiterniveau und wie viele einfache Qualifikationen auf Un- und Angelernten-Niveau?"
- Für Angestellte → „Wie viele der Arbeitsplätze Ihrer Angestellten erfordern hohe Qualifikationen auf Hochschulniveau, wie viele mittlere Qualifikationen auf berufsfachlichem Niveau und wie viele einfache Qualifikationen auf Un- und Angelernten-Niveau?"

Indikatoren für die Bedeutung spezifischer Qualifikationen:

- Wie viele Ihrer Mitarbeiter verfügen über einen hohen Anteil spezifischen inhaltlichen Wissens, der kaum in anderen Betrieben genutzt werden kann?
- „Wie viele Ihrer Mitarbeiter üben eine Tätigkeit aus, die deutlich von Ihrem beruflichen oder akademischen Abschluss abweicht und über langjährige praktische Erfahrung erworben wurde?"

Indikator für den Grad der Standardisierung der Tätigkeiten in Betrieb:

- „Die Einarbeitungszeit, um die wichtigsten Funktionen am Arbeitsplatz auszufüllen, kann unterschiedlich lang sein. Wie viele der Arbeitsplätze Ihrer Mitarbeiter erfordern eine kurze Einarbeitungszeit von höchstens einem Monat?"

Indikator für die Halbwertzeit des Wissens:

- „Wie viele der Mitarbeiter sind an der Fortentwicklung von Produkten oder Verfahrensprozessen beteiligt?"

AIV-II: Indikatoren zur Beschreibung betrieblicher Beschäftigungs- und Arbeitsorganisationsstrukturen

Indikatoren für die Herausbildung von Stamm-Rand-Belegschaftsstrukturen:

- Dummy für Betriebe, bei denen für alle Beschäftigten der Kernbelegschaft (sozialversicherungspflichtig Unbefristete) eine langfristige (über 10 Jahre) Beschäftigungsdauer im Betrieb erwartet wird;
- Verhältnis des Anteils kurz- und mittelfristiger Beschäftigter mit einer erwarteten Beschäftigungsdauer bis zu 10 Jahren bezogen auf den Anteil langfristig Beschäftigter mit einer erwarteten Beschäftigungsdauer von mehr als 10 Jahren unter den sozialversicherungspflichtig unbefristet Beschäftigten (berechnet für Beschäftigungsgruppe aller sozialversicherungspflichtig unbefristeter Beschäftigter: Anteil Kurz- und Mittelfrist/ Anteil Langfrist).

Indikator für Strukturen betrieblicher Arbeitsorganisationen:

- Gibt es im Betrieb eigenverantwortliche Gruppen- oder Projektarbeit";
- Gibt es in Ihrer Betriebsstätte Einheiten mit eigener Kosten- oder Ertragsverantwortung, z.B. Cost- oder Profit-Center?

Indikator für Kontrollformen im Betrieb:

- Bei wie vielen Ihrer Mitarbeiter wird die Arbeitsleistung direkt im Verlauf des Arbeitsprozesses kontrolliert und bei wie vielen erst spät im Ergebnis?

Indikatoren für Einbindung des Betriebes in das deutsche System industrieller Beziehungen:

- „Gibt es in der Betriebsstätte einen Betriebs- oder Personalrat?"
- Und gibt es in Ihrem Betrieb einen Branchentarifvertrag oder einen Haus- oder Firmentarifvertrag mit der Gewerkschaft oder keinen Tarifvertrag?

FSC
www.fsc.org
MIX
Papier | Fördert
gute Waldnutzung
FSC® C083411

Kolibri 360 GmbH
Ferdinand-Jühlke-Straße 7
99095 Erfurt, Deutschland
produktsicherheit@kolibri360.de